ASAHI SENSHO

朝日選書 988

〔天狗倶楽部〕快傑伝

元気と正義の男たち

横田順彌

朝日新聞出版

〔天狗倶楽部〕快傑伝

目次

第2部 〔天狗倶楽部〕熱血録 365

本文デザイン 児崎雅淑（芦澤泰偉事務所）

［凡例］

一、本文中の引用部分については、原文を読みやすくするため、以下のような整理をおこなった。
1 原則として漢字は新字体、仮名づかいは新仮名づかいに改めた。ただし、一部については旧漢字、旧仮名づかいを残した所もある。
2 原文のルビは、読みにくい漢字を除いて省略した。また、ルビのない原文では、読みにくい漢字に筆者の判断により付けた部分もある。
3 漢字の送り仮名は原文のまま残した。
4 副詞、代名詞等に用いられる漢字のいくつかを平仮名に改めた。
5 句読点を整理し、句点を補った。また句点を読点に替えた部分もある。
6 明らかに誤字、脱字と思われるものは筆者の判断で修正したが、ママとルビをふり、そのまま残した部分もある。
7 原文中、印刷不明瞭等で、文字の判読が不可能な部分は□で表した。

一、資料を整理するため、以下のような記号で分類した。
『　』＝書籍ならびに雑誌・新聞掲載の長篇論文、研究、エッセイなどのタイトル。
「　」＝雑誌・新聞に掲載された短篇論文、研究、エッセイなどのタイトル。
〈　〉＝雑誌・新聞・年鑑名。〔　〕＝グループ名など。

一、本文中の人名は、歴史的記述の通例にしたがい、故人については、すべて敬称を省略した。

一、参考文献は、タイトル・発行年月日・発行所を明記したが、一度、明記したものについては、二度目以降、タイトルのみにとどめた。

※引用文には今日的に不適切な表現も含まれるが、原文を尊重し、そのままとした。

〔天狗倶楽部〕快傑伝
元気と正義の男たち

横田順彌

はじめに

〔天狗倶楽部〕とは？

むかし、むかし、そう、今から、八十余年前、日露戦争が終結して間もない明治四十二年（一九〇九年）五月、大日本帝国は東京市の片隅に〔天狗倶楽部〕という、実にユニークな社交団体が誕生した。社交団体といっても、政界人や財界人、あるいは現在のロータリークラブのような金持ちや地位のある人の集まりの社交クラブではない。早稲田大学出身者を中心に、バンカラとスポーツと文学と美術に関係する人々を核とした団体だ。

一応、〔天狗倶楽部〕に代表者はいないことになっているとはいうものの、事実上の頭目は、筆者が三十年前に、その作品に出会った時から心酔してしまい、その研究をライフワークにしている日本ＳＦの祖といわれる、冒険小説作家の押川春浪《おしかわしゅんろう》だ。

第１部の銘々伝のところでも紹介するように、春浪は体力もなく蒲柳《ほりゅう》の質であったが、バンカラ精神の横溢したスポーツ大好き人間で、明治四十二年、日本に本格的なスポーツ団体がないから、国民に対するスポーツ意識を目覚めさせようと、自ら音頭を取り〔日本運動倶楽部〕という団体を作った。

これは、公的にスポーツ選手を養成し、振興するのを目的とした団体だったが、同時に私的に春浪の仲間たちが集まってレクリエーションとしてのスポーツを楽しむクラブを結成した。これが〔天狗倶楽部〕だ。

その生い立ちについては、春浪自身が明確な発言をしている。その原文は拙著『快男児　押川春浪』（會《あい》津《ず》信吾《しんご》氏と共著・徳間書店）と『熱血児　押川春浪——野球害毒論と新渡戸《にとべ》稲造《いなぞう》』（三一書房＝両書のタイトルが、まぎらわしくて申しわけありません）に二回とも収録した。

しかし、〔天狗倶楽部〕発足の貴重な言であるし、本書の読者が必ずしも、前記二書を読んでいるとは考えられないので、だめ押しの意味で、もう一回、ここに収録する。もういいという読者は、読まずに飛ばしてしまって結構。この部分を読まなくても、本書は充分におもしろい。


天狗倶楽部の成立かい。まず神変不可思議さね。知っての通り、いつ成立《でき》てそれがどういう事になるなどの筋の立った話はない。蓋《けだ》し世評のごとく人知の及ぶべからざる神業かもしれないてな。だがまず少くともそのきっかけはという奴はあるよ。つまりさ、羽田の運動場が出来たので中沢《なかざわ》君やその他の連中と一日を豪快に健全に遊ぼうという……それも各々が昔取った杵柄《きねづか》——いやありし昔の香《か》だけでも留めている野球がよかろう、それがよかろうと天晴《あっぱ》れ一角やる積《つもり》で、一味徒党をかり催《だ》して、羽田運動場へ押し寄せた。前座の小手調べというのが内輪同士の五月二十四日。この日には柳川春葉《やながわしゅんよう》子が出て来る、岩野泡鳴《いわのほうめい》子を引張ってくる、今は支那に行ってる鷲沢与四二《わしざわよしじ》君もやってくる、弓館《ゆだて》、水谷《みずたに》、その他早稲田の選手連も大分やってきて、所謂《いわゆる》神武以来の珍試合を演じたよ。次が同じく羽田で、その時偶然来ていたやまと新聞ティーム、即ち正岡芸陽《まさおかげいよう》和尚を総大将とせる日本一の下手ティームとの対戦だ。無論頗《すこぶ》る容易に勝ってのけた。しかしこれが天狗倶楽部対外試合の皮切りで、この点においては、やまとティームの光栄頗る大なりといわざるを得ぬ。爾来《じらい》、敵さえあればいつでもやる。羽田、早稲田、向島、はてはいよいよ高飛して横浜の外人とも戦った。特に土用中の奮闘ときては我も許し人も許した離れ業だね。かくのごとくにして天狗の名は一時に天下に喧伝され、一同の鼻は九天の高きに上ったという訳。それからこの辺でいっておくのは天狗倶楽部という名称だ。その初めやまとティームとやった頃は、都下の新聞でも文士ティーム対云々《うんぬん》と書いてござったが、ある日の万朝（横田注・万《よろず》朝報《ちょうほう》）に天狗ティームと書いてある。巧《うま》い巧い、天狗ティームとは善《よ》う出来た。ただし我党の士は向う所敵なし、正に天軍ティームだ。爾来、天軍ティームと称すべしと極《き》めていたが、世間様ではやはり天狗ティームの方が句調がいいと見えて、天狗天狗といってくれる。いつの間にやら天狗ティームが固有名詞となってしまった。つまり元来こっちでつけた名称じゃない、人様がつけてくれた形容詞から転じた固有名詞だねえ。まあ名前などはどうでもいい。どの方面《むき》から面付《つらつき》を覘《うかが》っても天狗連には相違ないさ。

　そもそも天狗倶楽部の由来といえば、まずこの通り要領を得ず、暢気《のんき》千万の始末であるが、またその間には多少の理屈も目的もある。この互に室内で運動の足らぬ仕事をやっている向の者には、気分までが萎《いじ》け込んで、娯楽といっても余り健全な事は考え付かない。そこへ戸外の爽快な空気に触れて、肉体の凜々《りり》しい活動を試みるのじゃないか。飯も頗《すこぶ》る巧《うま》いし、気も心も非常に爽《さわや》かで、活動の力が倍にも三倍にもなる。勘定づくからいって大分の利益だ。いずれにしても華々しい仕事をやる者はやはり肉体の盛んなる活動が必要で、心気転換法としても天狗倶楽部ごときものの存在は、我々実務に従事している若年寄には、ぜひとも必要を見得べきじゃないか。

　それから今一つは、天狗倶楽部が心身の衛生機関というばかりじゃなく、一個の社交倶楽部として存在の意義を繋ぎたい。趣味に集る団結……最も健全なる趣味に結合する団体、幅においては諸種の人物の連合、縦においては先輩後進の連絡、少くともかかる社交団の存在は必要でまた頗る有益である。天狗倶楽部の団結が、何かの効能があるとまでは明言しなくとも、必ず世人はある意味を認めてくれるに相違ない。その意味を拡張し発展して大《おおい》にやる事がまた我輩の本懐である。大にやる大にやる、また実際大にやらなければならない。

　天狗倶楽部では野球もやった、角力もやった。まだまだ将来は柔道もやれば、演説もやる。男子のやるべき事なら何でもやる。昨年は太田に遠征したが、今年は一つ関西へ出掛けてみたい。いいや、天狗を提げて少なくとも日本国中回歴してみたい。元より理想をいえば、「朝日」の回遊見た様に我天狗趣味で世界を押回してみたいものじゃが、何はさて時と金じゃ……がそのうちには時も出来よう、金もめっかろう。この時こそはいよいよこの希望を実行するのじゃ……理想だ理想だといって実施しない理想なら何の役に立つ……思立った事ならぜひともやり上げるという事において、男子の意気があるじゃないか。

　ここで、ちょっと説明をしておくと〔日本運動倶楽部〕というのは、後に詳しく説明する、押川春浪、中《なか》沢臨川《ざわりんせん》たちが、当時の東京市長・尾崎行雄《おざきゆきお》（咢堂《がくどう》）を会長、法学博士の和田垣謙三《わだがきけんぞう》を副会長に結成した、日本初の本格的スポーツ団体で、その本拠地をいまの羽田空港のあるところに置いた。同時に押川春浪らは、この場所に六万坪の土地を有していた京浜電気鉄道会社（現・京浜急行電鉄）に交渉して一万坪の土地の提供を受け、羽田公開運動場という貸しグラウンドを設立した。

これは現在の甲子園球場など、電鉄会社経営のグラウンドの嚆矢《こうし》といえるもので、最初は野球場、テニス場、器械体操場とクラブハウスのみだったが、後に陸上競技用のグラウンドも設置されている。だが、場所が海に近く、地目が砂だったので、グラウンドとしてはあまり使いやすくなく、大正初期、台風で破壊された折り、会社は補修をせず、そのままにしてしまい、自然消滅した。はっきりしないが、その後、〔大日本運動協会〕という、嘉納治五郎《かのうじごろう》を会長としたよりしっかりしたスポーツ組織ができたため、〔日本運動倶楽部〕も、グラウンドの消滅とともに自然解体してしまったようだ。

〔天狗倶楽部〕は、昭和初期まで名前は残っていたようだが、その最盛期は明治末から大正初期で、メンバーは大正四年の段階で約百人を数えている。本書第2部に判明しているかぎりの名前を掲載したが、その中の主だったメンバーが、押川春浪をはじめとして、当時、それぞれの分野で名のあるバンカラ、奇人、変人ぞろいだったので、マスコミの格好の取材対象になり、世間も、それをおもしろがったのは事実だ。

押川春浪没後は、多少、元気もなくなったようだが、大正五年には、十数名で朝鮮・満州（現・中国東北部）に遠征し、地元チームと野球・テニスなどをやり、大いに気炎をあげている。

もっとも、押川春浪の狙い通り、ただ、スポーツをやるだけのクラブではなかった。早稲田大学周辺にいかがわしい売春宿が乱立した時は、一大キャンペーンを張って、これを排除し、〈東京朝日新聞〉（現〈朝日新聞〉、当時は〈大阪朝日新聞〉と系列ではあるが、別会社だった）が野球害毒論を主張した時は、真正面からこれに対抗して、野球を擁護して大活劇を演じ（といっても、暴れたわけではなく紙、誌上で）、また学生相撲を開催して、これの振興に努める。現在の高校野球の地区予選の前身となった大会を主催する。日本が最初に参加した第五回ストックホルム・オリンピックの予選選考会を行うなど、数多くの歴史に残るべき事業も成し遂げている。

なんだ、その程度のことしかやっていないのかという評価もあろうが、明治の末から大正の初期にかけて、これだけの行動をとった民間グループは他にない。筆者は、〔天狗倶楽部〕の行動を、大いに評価する。

こうして、仲良しクラブとして発足した〔天狗倶楽部〕だが、当時、世間に名前が知られていたにもかかわらず、その全貌を言い表した文章は、多くは残っていない。また、これまで〔天狗倶楽部〕を研究しようとした人間がいなかったのも、事実だろう。

けれど、この〔天狗倶楽部〕からは、後に、スポーツ界をはじめ、各方面で名を残す、重要人物が多数輩出されている。それを紹介しようというのが本書の目的だが、その前に、筆者が二十五年間の研究で見つけ出すことのできた、数多くの〔天狗倶楽部〕紹介記事の中から、よくクラブの性格を描写していると思われるものを、いくつか紹介しておきたい。

となると、これまた他書に二回紹介しているが、やはり〔天狗倶楽部〕のナンバー2だった中沢臨川の文章を紹介しないわけにはいかない。さすがに、文芸評論家の文章だけあって、短い中に、実に的確に描写されているのだ。

△天狗倶楽部は何年に出来しか記憶せず。恐らく明治四十一、二年の交なるべし。発会式なし、誓盟式なし。人事の逢遇、気運のうちかくのごとく自然なるは稀れと言うべし。しかし、今にして多少の記録を作り置き、後来に記念する必要あるべし。ただその記録は当年の面影を偲《しの》ばせ得ば可。年月を詮索せずともよし。この為には「天狗号」は好個の賜物なり。

△天狗倶楽部の名前の出所、名付け親——それも余は記憶せず。おそらく一場の座談より弘《ひ》ろまり

しものか。
△天狗倶楽部に会員名簿なし。出入自在なり。来る者にして曾《かつ》て拒みしことなし、去りし者にして曾て追いしことなし、また、怨みしことも嘲《あざけ》りしこともなし。かように自由なる社交倶楽部は、事実において天下一品ならん。
△規約し、調停し、強制してなおかつ保ち能《あた》わざる会あり。わが天狗倶楽部は自然に放任しても少しも衰えず。その間おのずから節制あり徳義あり。会員の胸裡、何らか一道の気脈靄々《あいあい》として相通ず。
△天狗倶楽部は運動の会にあらず、また酒仙の会にあらず。ただ運動家をも酒仙をも拒まざりしのみ。老書生をも美少年をも拒まざりしのみ。言葉に現わしうるがごとき囚われたる目的あることなし。ひとり共同の感激に依て動く。
△宣言や趣意書や我に要なし。法千章、規則万条、われ等のためには徒爾《とじ》のみ。
△法を議せんとしたることあり。会費を徴集すべく動議したることあり。遂に今日まで成立せざりき。煩なるかなその事や。ただ今後必要に応じてはこれなきを保《ほ》すべからず。
△我等はいまだ曾て天狗倶楽部の未来を気にしたることなし。
△天狗倶楽部には曾て会長も幹事も置きたることなし。いまだ一人も会長を希《ねが》いし者なし。いまだ一人も無名の幹事たることを辞したる者なし。好個の共産団体なり。
△天狗倶楽部はかくのごとき有様にて四、五年の試練を積みたり。我等は未来を憂慮すべき何等の理由もを有せず。
△ただ、遠く欧米に冒険する者あり。支那に志を延ばす者あり。旧会員の場所において四散するはやむべからず。居残者の発憤を望まざるべからず。
△押川春浪は天狗倶楽部の元老なり。この人、近代に稀に見る志士。志高くしてしかも自ら顕わさず。清廉にしてしかも潔癖を装わず。直情径行に

してしかも狷介《けんかい》ならず。素朴にして親切心あり。近来やや酒に害せられしは憂うべし。

△内垣《うちがき》老天、獅子《しし》内謹一郎《うちきんいちろう》。共に今、満州長春《ちょうしゅん》にあり。老天は同じく倶楽部の元老。この人ベースボールを愛すること三度の食よりも甚し。技もまた黒人《くろうと》たるを慙《は》じず。近信に依れば、時々同相携えて奉天《ほうてん》より遠くは大連《だいれん》に遠征すという。彼は恐らく死するまでボールを手より離す能《あた》わざる人ならん。真に「老天」の名に慙《は》じず。

△獅子内氏の通信に依れば、天狗倶楽部の名、満州に嘖々《さくさく》たりという。わが倶楽部もまた、北亜細亜に働く諸健児のために万歳を三呼せんかな。

△天狗倶楽部の他の遠征団には、北米に山脇《やまわき》、三《み》島《しま》の諸氏あり。共に当年運動界の俊豪、今遠くその活動振を想見するだに快なり。

△田《た》村江東《むらこうとう》は調和の人、気の若き人。天狗の気を外に吐くにおいて最も努む。

△倶楽部を飾る者に画家小《こ》杉《すぎ》未《み》醒《せい》、倉田《くらた》白羊《はくよう》あり。

白羊は今小笠原に労作す。未醒はテニスを得意とす。彼に奇骨、風骨、蛮骨相具《そな》わり、その人の画を見るがごとし。

△未醒、近《ちかく》は、観山大観等の日本画家と日本美術院を起す。その趣意書は彼の筆に成りしもの。僅かに三章、簡にして含蓄あり。その気韻《きいん》の頗る天狗式なるところ面白し。

△名物吉岡《よしおか》将軍、今、読売新聞にあり。彌次の人が一面において趣味の人たるは最も珍。かれ世上万事を趣味眼を以て見る。絵画に文学に園芸に、そのほか彼の興味を牽《ひ》かざる物なし。

△大村一蔵《おおむらいちぞう》、純潔無汚の人なり。諸事に熱心にして着実。余はかくのごとく好《よ》き人を見しことなし。

△橋戸《はしと》頑鉄《がんてつ》。洒脱軽快のうち、鉄のごとき「負け惜み」を蔵す。

△押川清《おしかわきよし》。最も俗臭の無き人、老いても書生の資格ある人はこの人なるべし。兄春浪を奉じて忠。負け惜みにおいて頑鉄に譲らず。

△弓館小鰐《ゆだてしょうがく》。素朴にして誠実を欠かざる人。義理堅き人。頑鉄、清と相並んで倶楽部員中負け惜みの三幅対なり。
△飛田忠順《とびたちゅうじゅん》。水戸男子の自尊心を汚さず、この人も負け惜みは強そうなり。
△「負け惜み」は倶楽部員の通性なり。一々付加するの煩を避くべし。
△水谷竹紫《みずたにちくし》。寛豁《かんかつ》なる性格を珍とす。演劇と相撲に趣味を有し、テニスは黒人《くろうと》なれども、ベースボールは天狗式なり。
△天狗倶楽部のベースボールには、そのメンバーに春浪、吉岡、小鰐の三人を欠くべからず。
△泉谷祐勝《いずみたにすけかつ》。軽快無比にして、この人の運動振りは最も心持良し。物に熱心忠実にして、瑣事《さじ》をも忽《ゆる》がせにせず。
△阿武天風《あぶてんぷう》。海軍出身。意気の人。「冒険世界」主筆たると読者の知らるる通り。
△平塚断水《ひらつかだんすい》。今、中央新聞にあり。事を見るの煩を厭《いと》わず、筆に健にして事務に敏、有事の日、倶楽部に欠くべからざる人。
△針重敬喜《はりしげけいき》。どこに行きても好かれる人なり。調和の人なり。テニスは堂に入る。
△天狗倶楽部にはなお幾多の大賢小賢あり。あるいは奇峭山《きしょう》のごとき、あるいは茫洋海のごとき。追憶して胸中に指呼すれば、怪頭顱《とうろ》点々として相次ぐ。今は暫《しばら》く二、三を記するのみ。妄評《もうひょう》多罪。
△今後の天狗倶楽部は従来の意気を継承すべし。しかして、従来よりも事物において趣味において、より多産的なるべし。余が至嘱《ししょく》はただこれのみ。

この中沢の文章で、〔天狗倶楽部〕の雰囲気は、だいたいわかってもらえると思うが、もうひとり、有力メンバーであった弓館小鰐が、その雰囲気をいかにも楽しそうに伝えている『天狗放談』を原文で載録しよう。実は、これも『熱血児　押川春浪』に収録してあるのだが、やはり、当時〔天狗倶楽部〕の中心にいて活動した人の文章を読んでもらわないと、そのおもしろみが伝わらない。

▲天下、倶楽部の名少からず。上院に清交倶楽部あり。下院に中央倶楽部あり。野球団に東京神戸横浜等の倶楽部あり。雑誌に文芸倶楽部あり。新橋に新橋倶楽部あり。牛込に神楽坂倶楽部あり。洗粉《あらいこ》にクラブあり。その他世界各国の倶楽部と名するものを挙げたならば、その数数百千を以てするもなお足らぬだろう。しかして我輩が属している天狗倶楽部ほど理想的な倶楽部は、鉄の草鞋《わらじ》で捜して行《あ》いても、天下いずこにも見出す事は出来まい。イヤ絶対にないと断言する。

▲何が故に理想的だ？　何が故に愉快だ？　など と愚劣極まる質問をなすなかれ。理由も糸瓜《へちま》もない。理想的だから理想的だというのである。愉快だから愉快だというのである。我輩の誤らざる直覚が左様認めておるので、何が故にだの、いかなる理由でだのという容喙《ようかい》は断じて受付ける限りでない。

▲天狗倶楽部にはいうにいわれぬ愉快な空気が籠《こも》っておる。何だか判らぬが愉快である。総《すべ》て、嬉しいとか面白いとかいう事に、どういう訳とか、どういう理由とかそんな理屈や□□□並べるようでは、真の嬉しいのでもなければ愉快なのでもない。ただ訳も理屈もなく嬉しい、愉快だという直覚が真の嬉しいのであり、愉快なのである。天狗倶楽部はこの訳も理屈もない真の愉快な倶楽部なのである。

▲しかし、こういったばかりでは局外者にはその味を解する事は出来まい。一つ奮発してその愉快だという点を列挙しようと思うが、こう列挙すると愉快な理屈となり、訳になる。いくらシクスピーアが出て来ても、ユーゴーが出て来ても、トルストイでも紅葉山人《こうようさんじん》でも、身天狗倶楽部員たらざる以上、その愉快な味が判るものでないし、ヨシ

倶楽部に入会さしてやっても、その愉快な味を彼等ごとき筆で書現わせるものじゃない。この世界の文豪でも書現わせないものを我輩が一つ書いてみようと思うのだが、いかに我輩天下の能文家を以て任じておるとはいい、流石《さすが》にこの愉快なる心そのままを書現わす事は出来ぬ。だから、ともかく書く事は書くが、見る人は、天狗倶楽部の愉快な味はここに我輩が書いた千倍も万倍も億倍もいや無窮大倍も、愉快なものだという事を予《あらかじ》め承知していて貰いたい。

▲天狗倶楽部は三、四十人の集合から成ってるものだが、その精神はまるでただ一人の精神と同じ事である。三、四十人寄集まっていてもその心持は悉《ことごと》く同一である。所謂《いわゆる》同心一体、一人の心は即ち倶楽部の心で、天狗倶楽部なるものは一の人格と見て差支ない。だから、一人が善い事と思ってる事は総員皆善い事と思ってるし、一人が悪い事と思ってる事は総員悉く悪い事と思っておる。一人がこうしようといえば皆そうしようという。そして正義に反してる事は断じてやりもしなければ始めから考えもしない。名は倶楽部といっても、心が皆同じだから唯の一個人のようなもので、誰がどうしたのが気に喰わぬとか、面白くないとかいう不平は微塵もない。国民党の中に広軌案賛成のものもあれば反対の者もあるというようなのとは質が違う。一人の想う所は総員の思う所、総員の思う所は一人の思う所、何等の背馳《はいち》もなければ不満もない。世の中に不平不満のないほど愉快な事はあるまいが、天狗倶楽部は即ちその愉快それ自身なのである。

▲天狗倶楽部部員は悉く元気の権化である。そして悉く頑張屋である。だからベースボールなどをやる時に、どんなに焼けるような暑い日でも凍るような寒い日でも平気な顔でやる。そして一日に打続《ぶっつづ》けて四度も五度もやる。生理学上からいったら苟《いやしく》も感覚を具えてる人間が、暑いとか、寒いと

ないか、労《つか》れたとか、草疲《くたび》れたとか感じない訳はないのだが、誰一人屁古垂《へこた》れるものもなければ、イジケルものもない。実際は寒暑疲労を感じていても皆頑張ってこれを口にするを、屑《いさぎ》よしとせぬ。屑よしとせぬのではない。天狗的の精神は物理学や生理学の問題に打勝って、そんな事を感じないのである。（中略）

▲天狗倶楽部には会長も、会則も、会費もない。会則の会長の役員のとある所にはかえってきっと会則違反者や幹部に対する不平者があるものだ。天狗倶楽部は前にいったごとく同心一体で、一人の心は倶楽部の心であるから、会則などという面倒臭いものの必要はない。これを取締る幹部員も要せない。世間の凡俗はそんな事でどうして成立って行くかと不思議がるだろうが、それで結構。円満に平穏に不平なく紛擾《ふんじょう》なく極めて健全に成立って行く。会員には社会上流の紳士として立ってる人もあり、またホンの一寒書生もあるが、上下の差別はないから権利も義務も悉く平等、何の隔てなく相対し相交っている。会長もなく法律もなく、会費も取らぬなどというと、無政府主義者と間違えられたりしては迷惑だが、衣食の問題は別にして、社会主義の学理からいったら恰《あたか》もその理想郷であろうと思う。

▲吾人と会心の人間は、別に入会するといわなくとも自然に入会して部員となってしまう。天狗式の心を持《もた》ぬものは入れもしないし、ヨシ入ってからが淘汰されて逃げてしまう。そして一心同体の健全な天狗ばかり固まる。かくして各方面に天狗の旌旗《せいき》を揮って痛快なる活動を共にするのだ。

▲要するに天狗倶楽部なるものは、これを強《し》いて文字で現わせば一心同体、円満平穏、無不平無紛《ふん》紜《うん》、無差別平等、無理屈頑張主義、天真爛漫、元気横溢《おういつ》、精神を第一として邁進して行く痛快なる団体なのである。しかして倶楽部の快趣、天狗道の精神は前に記したごとく到底貧弱なる文字では

書現わす事は出来ないのだから、その痛快さ加減は我輩の以上書いた無限大倍である事を承知して貰いたい。アアなんと痛快な理想的な倶楽部だろう。我輩はきっと天狗倶楽部の一員たるべくしてこの世の中に生れて来たのかも知れない。天狗倶楽部の存在している時にちょうど我輩をこの世の中に生んで下された神と祖先に対し、我輩は熱烈なる、感謝の意を表するものである。（後略）

どうであろう。ある程度、〔天狗倶楽部〕というグループの雰囲気が、わかっていただけたであろうか。とにかく、現在には比較するもののないグループだったといえよう。

話をもどして、この弓館の文章を読むと、〔天狗倶楽部〕を美化しすぎ、オーバーに書いているように思われるかもしれないが、これは、決して、美化でもオーバーでもなさそうだ。中沢臨川の書いたものもそうだし、別のメンバーが断片的に、〔天狗倶楽部〕について書いているものを見ても、これとほとんど変わらない。

弓館の文章の中に、野球を一日に四度も五度もやると書いてあるが、これも事実だ。明治四十二年八月十五日、〔天狗倶楽部〕は横浜グラウンドで二試合、羽田グラウンドで二試合、計四試合をこなし全勝している。一日三試合の日も、何回か見受けられる。しかも発会野球大会の五月二十四日から八月三十一日までの約三か月に二十五回の野球試合と一回の相撲大会をこなしている。ほとんど、殺人的なスケジュールだ。

それでは、その〔天狗倶楽部〕の野球試合とはどんなものであったのか、結成されて間もない明治四十二年八月号の野球雑誌に、斗云という人が、『天狗の正体』と題して、〔天狗倶楽部〕野球の冗談評をしている。これまた、実にうまく〔天狗倶楽部〕の紹介になっており、おもしろいので紹介しよう。この文章は、これが初紹介だ。全員、読むべし！

謂称《がくしょう》して天狗チームというこれも、野球倶楽部の名称なり。昔エッキス倶楽部あり、今は東京倶楽部あり、さりとて天狗チームとは豈《あに》奇抜ならずや。

ベースボールは手と足と頭にて遊ぶものなりという、近世の野球観は、徹頭徹尾間違いなり。それ野球術は三寸の舌の操縦によって、底の知れぬ憎まれ口を叩き、一竿の筆に大法螺《ぼら》を吹き立て、負けても勝ったように、理が非でも自分をほむるものなりと。これが天狗チームの野球観なり。故に球とバットと、ダイヤモンドを利用するだけ、ベースボールの名称はあれど、実は口の戦争なり、口の間に合わざる時は腕の戦争なり。腕節の功も空しければ、遂に本音の筆の戦争となるなり。しかれども今日まで、対手《あいて》の人間の温和《おと》なしき故や、一寸《ちょつと》バットを振回して審判官殿の宣言を強請せるより他に、いまだ口以上の奥の手を用いたる事なきは、対手の為に至幸なり。

天狗チームの特長を挙ぐれば幾らでもあり。世間の野球チームにありて、常に不足と困難とを感ずる点は、天狗チームにありては悉く容易満足の点ならざるはなく、毫《すこし》も不足と困難は感ぜず。いかなる大問題も、大問題とならざる先に、チャンと解決され既定されおるなり。第一にキャプテンの事なり。世間並にいわば、チームキャプテンを定むる事は、難事中の難事なるがごとし。しかれども天狗チームに至っては、キャプテン問題のごときはテンデ問題にならず。「今日は吾輩がキャプテンだ」という声は必ず九人の口より出づ。根気善《よ》く終りまで、ガンバリ通せる者がその日のキャプテンなり。従って余り規則には通ぜず、無暗《むやみ》に威張散らすばかりなれど、その代り、敵に対して押し強く、洒々《しゃしゃ》として、面の皮厚き点は、無類なり。そしてキャプテンに洩れたる小天狗は、さぞかし不平にても鳴らすやと思わるれど、そのところはまた天狗なり。大将の椅子が取れなくとも、他に鼻を伸ばす余地は幾らでもあるなり。彼のバッチングオーダーのごときはこれなり。試合に当って、バッチングオーダーを作る事は、キャプテン問題に譲らぬ難問題なり。キャプテン、マネージャーの頭を悩ますところなれども、天狗チームにあっては毫《すこし》も然《しか》らず。「僕がファーストバッターだ」とバットを担いでボックスにつッ立ってしまえば、それで、この難問が定るなり。「僕は打てないからバントをやる。どうしてもセカンドバッターだね」と、サッサと自分で極《き》めてしまうから楽なものなり。「僕はヘビーバッターだから三番目」「吾輩は五番目」「おれは投手ゆえ当然殿軍《しんがり》かな」と、見ているうちにオーダーは定まる。キャプテンなどの権力はこういう方面には、カラ駄目なり。

もう一つの特長は、負けても勝っても、法螺《ほら》と負惜みだけは人並以上に吹く事なり。たとい点の上では、グーの音も出づべき筈のなき負戦にも、負けたなどとは夢にもいわず。もし間違っていうにしても、負けてやったというから妙なり。もしそれ、一点たりとも勝ちたりとせんか、手の付け様なく膨脹し、方四尺苟《いやしく》も人影を印せしめざるなり。詮《（ママ）》り近くに寄れぬ訳合《わけあい》なり。

試合中は球が打てるも打てざるも、捕れるも捕れざるも、そんな事に頓着する手合にあらず。ただ、たまさかヒットが飛び、思わぬ晴技《あっぱれ》が出来れば、何十日過ってもそればかり吹聴して、下手な事や、まずかった事は、スッカリ忘れてしまう程、天真爛漫なり。蓋《けだ》し世の中に、運動としてベースボールを善用する青年紳士の中、天狗チームのごとく、運動的ベースボールをするものはなし。責任を感ずるなどの野暮はせざる代わり、他人の楽に取る球を、命懸に追回し、二歩で行けるところを、五歩十歩によろめき、絶えず腹の皮をよりながら、大抵の試合に三時間以上を費すところを以て見れば、運動としてこれより可なるはなきなり。

ただし翌日全身筋肉の緊張を来《きた》し、発熱するとせざるとは、自ら別問題なれど。午前に二回試合い、親子丼に腹をこさいて、午後にまた二回ゲームをするなどは、ぜひともよき運動といわざるべからず。寧《むし》ろやり過ぎの体なり。

さるにても天狗チームの鼻伸ばしに、手のつけ様なく増長せしめたるものは、かの芸陽の率ゆるやまとチームなり。芸陽ともあろうものが天狗に勝たせるとは、野暮も野暮なれば、また世間に対してトンダ罪作りをしたものなり。対手の強弱によって、吹加減をするような、もともと天狗にあらず。対手が弱かろうが、まるでベースボールが訳《わか》らなかろうが、勝ったという後日の証拠にさいなる事ならば、百年も千年も、その古証文一つでタンカを切ろうという仕組なり。この証文には時効に罹《かか》る事は永久になきなり。思えば、さてさて、やまとチームは愚劣なるかなへナチョコなるかな。天下公衆、苟《いやしく》も天狗チームに接近する人士のために、負けてくれたやまと軍を恨らむものなり。

まず天狗チームとはドンナものなるかは、大抵説明し終りたり。イデこれよりは、天狗の一味、徒党の面々、化けの皮を引きはいで、批評ならぬ批難をしてやろうぞ。

春浪居士《こじ》。冒険世界の頭領だけ、やり方が万事奇抜物騒なり。始め「おれが投手だ」と打って出てはみたものの、十も投げれば球の縫目が見え出してき、そのうちに腰が砕けて、プレート上にグダグダとつぶれてしまうところから、昨今退いて遊撃の栄職に鞍替えしたり。遊撃としての伎倆に至っては、他の儕輩《さいはい》に比して、中の上位は占めおれど、十も来る球の中、一つも取ればゲーム後の気炎が大変なり。況《いわ》んやラインナー《(マママ)》を鷲づかみ、熱球を四つ這になってでも捕えようものなら、その日のゲームは居士一人のお陰のごとく吹き捲くらる。従って同士はなるべく、居士に功名手柄なきを祈るとは、甚《はなは》だ以て心細き次第なり。打撃は余り振う方にあらざるも、寧《むし》ろ球を気で打つ方。マグレ球がバットのハジッコに当り、Pゴロのよ うな、バント臭い球にでもなり、おまけにそれが成功でもしようものならば、「吾輩のバントは時宜《じぎ》に適した、実に立派なものだ」と、天狗の鼻は正に三千丈、迚《とて》も真面《まとも》に立っては話が出来ず。されど練習の効は恐ろしきものなり、フィールディング、バッチング、ランニング等一通りの芸当は、日に日に進歩して、天狗中の重鎮選手、好キャプテンの名を為している。もしそれ、幾十百年の後、東都野球界の大選手中に、押川の二字を見出すあらば、そは居士の息子か乃至《ないし》は孫なるべく、お父っさんは現代に子孫のために美田を耕しつつあるなり。居士幸に自重せよ。

弓館小鰐坊。自らチャンスと僭称し、誰がなんといっても一塁手はこの人の手に落つるなり。流石《さすが》の春浪居士さい、一塁だけには手をつけぬ程、御坊の御手《おて》のものなり。ただし技術の点は御多分に洩れず別問題なり。御坊は万朝の産、春浪居士の冒険とは、口と筆において近い親類なり。その図々しき美点は兄たり難く弟たり難く、この二人者なくては天狗の気炎はいつも挙《あが》らざるなり。対手に対する外交談判、小難かしいゴタゴタの起りたる場合、つかぬ苦情を無理にでもコジ付けなくては、天狗大禁物の「負」けとなるようなドタン場に、強弁執着胡魔化《ごまか》し翻弄、凡《あら》ゆる悪辣《あくらつ》を都合よく調合して、敵も審判官も遂には観客をも、煙に捲いた上に、なお我を折らせる絶技に至っては、本物のチャンス以上の凄腕あるもの、御坊にまつより外は無きなり。もしそれ自分がボックスに立ちたる時、振らぬ球にストライクでも取られ、しかもそれが三度目なるような時に至っては、憤然としてバットを担ぎながら、喰い付きそうな面色にテクテクと審判官に肉迫し、二寸遠かったの、一寸高かったの、審判官が頭を下げるまで、居直り談判、座り込み手詰めの強談に及ぶ。どうしてそのまま引下がるような事は夢にもない。引下る時は必ずある物を手土産にして帰る。蓋《けだ》し天狗の試合中、観客をして砂を嘗《な》めしむるほど腹をヨラせるものは、御坊掛け合いの一幕で、この悪たれが四隣の同情を惹《ひ》く事、また更に妙、味方はもちろん観客一同ならば、ゴタゴタが起ってほしと願う程なり。天狗中唯一の花役者は小鰐坊なり。満都野球児の声名を一方に博したる御坊、希《ねがわ》くは長《とこし》えに、口鋭利なれ、技《わざ》拙なかれ。

水谷武ちゃん。武ちゃんは元がテニスの出なり。テニスは御手の物なれど、野球はお門違いなり。されどテニスの論鋒を直に野球技に向けるところ、流石《さすが》に、器用な質《たち》なり。十九貫にも余るからだをオッ振回して、ヘビーバッターを自任するだけ、とにかくチーム中の強打者たるには間違いなし。シートは二塁より外に身体が重いゆえに勉《つと》めざれど、やったら下手にはあらざるべし。ただ氏も雑誌屋のことゆえ、口や筆の物騒なるは、他の連中に譲らず、陰に回って色々画策をしそうなり。キャプテン春浪居士や、小鰐坊を煽動して、非に理を付ける対手困らせなり。従って天狗チーム中無くて叶《かな》わぬ、重鎮選手なり。

中沢臨川。野球技昨今の進歩が幾ら急速でも、工学士京浜電車技師長の研究を待たなくては駄目なほど、残念ながら日本の野球技は進歩しておらず、ただヤンチャンな、物好きな臨川氏が、「おれもやる」と飛出したるに外ならず。天狗チームはいずれを見ても藪育ち、ズラリ併《なら》べてさて絵になりそうもなき御連中。臨川氏独り混じて、チームに俳味《はいみ》を帯ぶるところは、氏もまた無くてならぬ、あってほしき大選手なり。「おれだって国にいた時はやったものだ」と管《くだ》となって時々捲くだけ、マンザラ腕に覚えは無きにあらぬ様なれど、明治十五年と来ては、余り新らしき方にはあらぬかし。この人、小鰐坊のごとく言葉多からぬも、一言一句人を笑わせる力あり。笑わせて敵の力を抜きグタグタにさせる俳味は、臨川先生の特色か。常に遊撃を勉め、時々春浪居士と縄張争いをしでかし、己《おの》れが己れがの鞘当てをすれど、大体は負けてライトあたりに引下がる方多きようなり。バットを八ツ割にせるような細腕に、見ていてむごたらしく感ぜらるる程なれど、時々思わぬ功名に、「どうだい」ナンカンと吹かるる事あり。質《たち》の悪い皮肉屋で、肩を怒からして（肩を怒らすといえばさも恐ろしく聞ゆれど、元来がやせぎすのところへ、ことに首根ッ子に肉が無ければ、自然肩を怒からす様に見ゆるなり）ショートに鎮座ましますところ、ソマートゼ呑まぬ人が立小便する様なるは、大選手として唯一の欠陥なり。加餐摂養偏《ひと》えに肥満を望む事、豈《あに》ただに吾輩のみならんや。

以上は天狗チーム中の錚々《そうそう》たる大選手にして、爾余《じよ》の選手は、これら御歴々の尻ぬぐいばかりしている連中。ただ技が少々甘いというだけなれど、技の上手は天狗チームの禁物なり。技を禁物とするだけ、昨今小鰐坊さえ善くはいわぬ程の不出来、対手選ばず負けてばかりいるようなり。まず天狗が負ける時代こそ、天下太平というべけれ。それ天狗連、敢《あえ》て自重するなかれや。

よっぽど相手が弱いのか、いざ試合となると、ほんとうに天狗式の力が出てくるのか、これで実際、かなりの勝負に勝っているからふしぎだ。もっとも、試合の後に待っている、どんちゃん騒ぎが、実力以上の力を引き出している可能性もある。とにかく、試合が終われば、いつの場合も、飲めや歌えの大騒ぎなのだ。たとえば、明治四十三年二月に行われた相撲大会の終わりは、こうだ。

こんな風で天狗の鼻息ますます荒くなり、二月二十日には戸塚村なる旧野球部合宿所の土俵で本式に春場所をやるという勢です。ちょうどこの日は小雪サラサラと降る北風の寒い日でしたが、吹《ふき》曝《ざら》し土俵で歯を喰縛りながらの格闘はいかにも天狗式でした。東西各二十人ずつで、二段目の尻の方には内垣、春浪、未醒、臨川、天風、断水などの老天連も交り、滑稽百出の間に五日分を取終《とりおわ》せましたが、さてその後《のち》での馬食牛飲会の騒ぎと来たらありません。庭前数ヶ所に炭火を焚《た》き、大鍋で煮た豚汁を手掴みで食いながら四斗樽を控えて痛飲する光景は、宛《さなが》ら山賊の巣を見るような光景です。法螺《ほら》を吹合い蛮歌を怒鳴り合うまでは無事でしたが、そのうち春浪君と小鰐君とが吉例によって大口論を始める、天風君が真の裸踊をやる、飛田君がまた相撲を取出して前歯を折る、吉岡君が転んで豚鍋に足を突込む、南里《なんり》君が飯と一緒に寝てゴタゴタになる、その他様々の珍事を演じて十二時過散会しました。

まさに、『水滸伝《すいこでん》』の梁山泊《りょうざんぱく》を思わせる光景だ。現在でいうなら、お花見の時の、無礼講のどんちゃん騒ぎのようなようすだろうか。それが、毎週のように行われているところが異常といえば異常だ。ただ、〔天狗倶楽部〕がお花見の騒ぎのグループと異なるのは、前述したように、すでに発足の時点である程度名のある人物もいたが、その時はさほど名を知られていなかったが、後になってそれぞれのジャンルの大家になった人が少なくないことだ。

そして、さらにおもしろいのは、その人たちが、筆者のようなやや狂的な研究家など一部の人を除いて、いまは世間から、ほとんど全員、忘れ去られてしまっていることだ。頭目であった押川春浪にしてすら、最近になって、少年文学史にわずかに名を残すようになった程度で、以前は文学史研究家からさえ完全に無視されていたのだ。これが、おもしろい。

戦後の民主主義社会においては、発展途上の軍国主義時代に活躍した人々が、無視され忘れ去られるのもわかるし、世代交代して〔天狗倶楽部〕のメンバーを知っていた人々が少なくなってしまったのも、その理由のひとつだが、それにしても、業績のわりには名が残っていなさすぎる。

もちろん、〔天狗倶楽部〕のメンバーの性格からいって、誰も自分たちの名前を百年の後まで残したいとは思っていなかったにちがいないが、たった八十余年、いや自然消滅した時期を基点にすれば、わずか六十年前まで存在した、こんなおもしろいグループを歴史の波の中に沈めてしまうのは、あまりにも惜しい。

そこからなにかを学び取れとか、参考にしろなどという気は筆者にはない。けれど、そういうおもしろいグループがあり、おもしろい人々がいたということだけは、後々に伝えたいと考える。もし本書執筆の目的を説明しろといわれたら、他には、なにもない。

ただ、〔天狗倶楽部〕のメンバーを紹介し、かれらがどんな馬鹿騒ぎをやったかを、読者に読んでもらいたい。それだけだ。この作業は文化的事業だとは思わないが、押川春浪に、また〔天狗倶楽部〕にのめり込んでしまった売れない一ＳＦ作家が、その楽しさを伝えようとするだけの、そんな本が存在しても、悪くはないだろう。

第1部

〔天狗倶楽部〕銘々伝

〔天狗倶楽部〕エール

テング、テング、テンテング、
テテンノグー。
奮え、奮え、天狗！

〔天狗倶楽部〕の面々。前列中央の髯の人物が吉岡信敬。中列左二人目から①押川清、その右隣が②三島彌彦

橋戸頑鉄

はしと・がんてつ
本名・信（まこと）
1879〜1936

早大野球部の名主将。社会人野球の父として、野球殿堂入り。

橋戸は〈天狗倶楽部〉から野球殿堂入りした四天王のひとりで、中では一番の年長者だ。明治十二年三月十日に東京府芝区（現・港区東、南部）の金杉のお寺に生まれた。だが、幼少時、小学校時代などの記録が残っておらず（これは、筆者の調査が足りなかったのかもしれないが）、したがって、両親の名前なども不明だ。

　橋戸の略歴がようやくわかってくるのは、中学時代からで、学校は青山学院だった。ただし、これも何年に入学したのかは、わからない。ただ、早くからスポーツとは親しんでいたようで、青山学院では野球部に入り、ピッチャーを務めた。当時の強豪、一高（現・東京大学教養学部）に二度まで土をつけた実力者で、青山学院にこの人あり、といわれた存在だった。

　この時代に橋戸は退学にされかかったことがある。ことの始末は、こういうことだ。

　　青山学院にいる時、同級の長井某なる者で佞奸《ねいかん》極まる奴がいた。巧みに教師連に取入り、橋戸らの蚕骨連を悪しざまに讒訴《ざんそ》し、そして自分の為にせんとしている。橋戸等憤慨措《お》く能わず、こんな奴には天誅を喰わしてやらねばならぬと、ある日、今天狗倶楽部にいる工科大学の松井、青森県の奇人姥名《えびな》等同士三、四人で、無理々々その男を運動場の中央へ引摺り出し、その罪状を呼上げたうえ、哀訴嘆願して赦《ゆる》しを乞うのを、鉄拳を振うて滅茶々々に撲り付けた。この事忽《たちま》ち教師連の聞くところとなり、粗暴の行為赦すべからずとあって、学校より退校の命令が下った。橋戸等は一向平気なもので、大《おおい》に痛快を叫び、退校命令書を携えて紀念の撮影をなし、意気揚々として校を去らんとしたが、元より邪はその男の方にあるので、学生中の有志は退校処分の非なるを説き、学校に迫ったから、正邪ここに明かになって、忽ちその命令書を撤回され、復校する事になった。豪骨俠骨概《おおむ》ねこの類である。

こんな騒ぎをやらかした橋戸も、ぶじ青山学院を卒業、明治三十四年、東京専門学校（現・早稲田大学）文学部哲学科に入学した。しかし、橋戸はベースボール部（三十五年九月野球部と改称）には、すぐに入らなかった。この理由ははっきりしていないのだが、当時、野球部には一年先輩に当たる、私立中学郁文館《いくぶんかん》（現・郁文高校）からきた初代主将・大橋武太郎がおり、この人と性格が合わなかったため入部しなかったとも伝えられているが、正確なところは不明だ。

明治三十四年、野球部は、当時の強豪・学習院と創部初試合を行い、大方の予想を覆して、これに勝利する。その年の冬期休暇、部長の安部《あべ》磯雄《いそお》は選手を率いて神奈川県鎌倉師範学校（現・横浜国立大学教育学部）の校庭で、練習をする。この時、橋戸もテニス（軟式）の練習にきていたが、前々より、橋戸の野球選手としての実力を知り、入部を勧誘していた安部は、橋戸を説得して野球部に入れた。

翌年春には、郁文館で名選手と誉れの高かった押川清も入部し、ようやく野球部の陣容が整った。けれど、早稲田には練習をするグラウンドもなく、正式な練習もできない。駒場農科大学（現・東京大学農学部）から挑戦状がきた時は、これに応じたものの、グラウンドではじめて顔を合わすものも多く、惨敗したという珍談も残っている。

この年の夏休み後、大橋が家庭の事情で退部したため、橋戸が、第二代の主将となった。橋戸は明治十二年の生まれだから、この時、二十二、三歳。若い部員を統率するには、適役だった。翌年には、河野安通志《あつし》、森本繁雄、小原益遠《おばらますお》なども加わり、着々と早稲田野球部は充実していった。

橋戸は、明るい性格で、当時から髭を蓄えた豪傑肌の人物であったが、厳しい面もあった。後に河野安通志は、こんな回想をしている。


明治三十六年四月のある日、早大のグラウンドで野球の紅白勝負が行なわれた。私はこの時入学早々であったが、志願して一方の投手を勤めた。試合の劈頭《へきとう》、遊撃に猛烈なゴロを打たれた。いけない、ひげのはえたおじさんが遊撃を守っている。するとは綺麗に取って一塁でアウト。人は見かけに寄らぬものだと思った。それもその筈、このおじさんが当時早大野球部主将橋戸君ではないか。私はこの紅白試合で橋戸、押川両君に認められて早大の投手となった。

ある土曜日、それは練習の休みの日であった。私はグラウンドの側の土俵で友人と頻《しき》りに相撲をとっていた。十二、三番取ってへとへとに疲れて止めようとしたら「河野君、あす試合が午前と午後と二回あるから、今日は練習を休みにしたのに、相撲を取ったりする位なら、これからキャッチボールをやろう」と突然橋戸君の声。びっくりした私は止むを得ない、グラウンドに連れて行かれて二、三百位球を投げさせられた。大抵の事なら負けない私も、相撲でへとへとになっていたから、こんな弱った事はなかった。とうとう学校（当時は夜学）を休んで、芝のうちへ帰ろうと思って、今の学習院のところの原っぱを通って目白まで行こうと思ったが、その原っぱまで来ると、脳貧血を起して結局、野ぐそをたれた。それでも負けん気の私は、何をとばかりに目白まで行って汽車に乗った。乗るが早いか今度は吐瀉《としゃ》。それでも翌日は午前、午後二回とも投手を立派に勤めた。

明治三十六年十一月二十一日、歴史的な早慶戦の第一回戦が行なわれたが、この時、外国の例にならって安部は慶応野球部に挑戦状を送ったが、これを書いたのは橋戸だといわれている。この挑戦状は野球体育博物館に保存されているが、墨痕淋漓《ぼっこんりんり》、みごとなものだ。

そもそも、この早慶戦を計画したのは橋戸だそうで、芝に住んでいた関係から慶応の選手とも親しかったので、試合をしてみようじゃないかということになったのだといわれている。この早慶戦の始まりについては、異説もあるが、これが事実なら、橋戸は伝統ある早慶戦開始の大功労者ということになる。

主将になり、野球殿堂入りするほどの人物であったから、名選手だったことはまちがいないが、作戦面でも、奇策をあみだしたことがある。明治三十七年の早慶戦の際、慶応の主戦投手・桜井彌一郎が、肩を傷めてなげられなかった。で、第二投手がピッチャーを務めたのだが、これがコントロールが悪い。

そこで橋戸は、カウントがスリーボールになると、バッターのボックスを右から左、左から右に移るという攪乱戦法を取り、十九の四球を得た。これ以後、この戦法は〔橋戸式〕と呼ばれたという。

豪傑肌の人物であったから、橋戸にはバンカラ的なエピソードも少なくない。明治三十五年の宇都宮の野球部合宿は雨にたたられて、あまり練習ができなかった。酒好きの橋戸や押川は飲みたくてしかたがないが、部長の安部は選手には禁酒を厳命していた。

ところで一策を案じた橋戸、昼飯に牛肉の馳走だったので、

『酒を入れると牛肉が旨くなる』

といい出したが、元より先生も異議なく可決決定したから、橋戸は早速宿の台所に飛んで行って、

牛肉のダシとして持参に及んだのが驚くなかれ、貧乏徳利で一本、

『徳利が大きくてもいくらも入っていません』

とか何とか旨く誤魔化し、野球術応用の巧みにモーションを盗んで連中に失敬したが、腹の虫が待兼ねていた事ゆえ、効験著《あらた》かで、忽ち意気軒昂《けんこう》、いずれも大飯を食ったうえ、今度は腹こなしとあって、押川に相撲を挑み、隣室で座敷相撲が始まった。橋戸は力では押川の敵でないから、肩透かしやハタキ込みを以てこれを対し、押川は憐れこの手に嵌《は》められ頭を襖に突込んだり、障子の中に飛込んだりするので、橋戸始めは大得意であったが、追々その手を呑込まれ、後ではどうも負けが込む。両方名うての意地張だから、もう一番々々と容易に止さないので、安部部長、余り騒がしいから差止めを命じに来られたが、橋戸は、

『どうかもう一番だけですから……先生行司を願います』

と無理やり行司を頼み、とうとう最後の一番も負けてしまった。安部部長の行司は蓋し天下の珍であった事だろう。


そんな橋戸主将の指導がよかった（?）のか、早稲田野球部は明治三十七年、東都の強豪チームをなぎ倒し、七戦全勝で日本一になった。そこで、安部部長は、以前からの約束であったアメリカ西海岸への野球遠征をする。これが明治三十八年四月から六月にかけてのことだ。日露戦争の真っ最中で、学校当局は反対したが、安部の熱意と早稲田大学創始者・大隈重信《おおくましげのぶ》の鶴の一声が、これを実現させた。

スタンフォード大学やカリフォルニア大学などと戦い、成績は七勝十九敗で勝負は見るべきところがなかったが、本場の野球に接した早稲田は、数々の技術を学び取り、これによって日本の野球技術や野球に取り組む姿勢は、飛躍的に進歩した。これらの新技術を、安部の命によって橋戸は十一月に『最近野球術』とい

う本にして紹介している。ちなみに、この書は本名の橋戸信で発表しているが、押川春浪の前書きを見ると、すでにこの当時から橋戸は頑鉄の号を名乗っており、多くの書に、後に頑鉄と名乗るようになったと書いてあるのは、まちがいだ。

ところで、その新技術を輸入してきた早稲田は、その年からアメリカの大学の例にならって、早慶戦を三回戦勝負にするが、その第一回戦に5対0で大敗してしまった。

何しろ早稲田が亜米利加から帰って来たホヤホヤの第一回戦に、五対零という大負けをやらかし、選手連さえも大分その先を心配していたところを、二回には一対零、三回には三対一でとうとう最後の勝を得たのだから、その嬉しさは全く一通りではない。

『勝った勝った、大に祝おう、大に飲もう』

と橋戸の音頭取りで、押川、森本、吉岡なんど同勢七、八人、早稲田から神楽坂までの往来を嬉し紛《まぎ》れに『煙も見えず』だの『あな嬉し』だの、果ては『デカンショ』に至るまで知った限りの軍歌を唄い散らして、行人の度胆を抜いた末、何とかいう鳥屋に上ったものだ。いずれも当代の痛飲漢、鯨のごとく飲み、虎のごとく吼《ほ》え、吉岡の目茶苦茶踊り、橋戸の拙い義太夫、押川のなお拙い琵琶なども出尽して、翌日の午前一時頃その家から嘆願的に追出されて外に出たが、この大勝利にまだ飲足らぬ食足らぬ。しかしどこの家も皆寝てしまって灯さえ見えぬが、ただ一軒毘沙門《びしゃもん》前の蕎《そ》麦《ば》屋がまだ灯を消してないので、橋戸は早速飛んで行ったけれども、城内閉ざしてもう開かない。橋戸は鴻門《こうもん》の会の樊噲《はんかい》よろしく『オイオイ』と盛に格子戸を叩き付け、中で『もう仕舞いです』というのも聞かず、無理無理戸を引張ったから、鴨居が毀《こわ》れてガリガリと戸が外れ、橋戸は格子戸と共にゴロリと後ろに転んだ。蕎麦屋の若い者はこ

の物音を聞付け、

『何をしあがるんでい、書生ッポ奴等《めら》……』

と蕎麦切棒を提げて躍り出たが、橋戸が髯の中から目鼻を出したような面をしてノソノソ起上がり、酔眼朦朧と睨め付けた恐ろしい相好に、流石《さすが》元気の若い者も度胆を抜かれ、かえって向こうから、平誤《あやま》りに誤り、

『どうも粗相を致しまして、今晩はもう全く仕舞いですから、どうぞ明晩……』

と慄い上がって詫入る。

『ウン何も詫る事もないが、も少し丈夫な戸を作っておかなくては損だぞ……内《なか》に酒があるだろう、その酒を売ってくれ……』

と正宗を五、六本買ってかつ呷《あお》りかつ怒鳴り、一同酔歩蹣跚《まんさん》と肴町へ差懸る。交番の巡査が、

『コラコラ、喧騒しちゃいかん』

『ヤア査公、僕等は今日慶応に勝ったんだ。まあ勘弁して一杯祝ってくれたまへ』

と二合瓶を出すのを見ると、顔は知ってる早稲田の橋戸だ、

『そうか、そりゃお目出とう。早稲田万歳』

橋戸輿に入り、自ら音頭を取って、

『フレイ、フレイ、警官殿』

とにかく、当時のバンカラ書生、やることが勇ましい。ところで、この話の中で橋戸は義太夫をうなったとあるが、橋戸の義太夫好きは有名だった。ところが、当時、ライバルであった慶応野球部主将の桜井彌一郎も、大の義太夫好き。あちらこちらの寄席に聞きにいくのだが、いつも、よく見る顔がある。

ところが彌ちゃん所々方々に行ってみると、いつも眼に付く一人の男、真黒な顔に髯むじゃむじゃ、ズングリムックリした格好がなんとも早稲田の橋戸君に似ているような気がして仕方ない。と思うと向こうでもこっちをジッと見ているようだ。

がしかし、まさか橋戸君がこんな所まで義太夫を聴きに来もすまいと、その場はそのままに済《すま》しておくと、また眼に付く。とうとう堪らなくなって近くへ行ってみると、確かに橋戸君。向こうでも、『やあ、やはり桜井君か』と大笑い。それから後は両主将ここに妥協して、相共に義太夫を聴きに回っていたそうだ。

義太夫ばかりでなく、橋戸は趣味人で、碁は初段、書画を愛し、大森、葉山で鍛えた投網の腕は、本職の漁師顔負けという名人だったそうだ。

〔天狗倶楽部〕のメンバーには、どうも汚い話がつきものだが、橋戸にも、やはり、そんなエピソードがある。まずは、おならの話だが、橋戸のおならは早稲田野球部の中でも、ずば抜けていたそうだ。

瓦斯《ガス》といえば、今の選手はどうか知らんが、昔の野球仲間にはこの道の大家が実に多かった。早大二代目の主将押川清は、沈毅寡黙の豪傑で、平素は碌《ろく》にモノもいわん癖に、下の方では空襲のサイレンのような長く続くのを放発して、そしてニヤリと笑ったものだ。捕手山脇正治は、ヒョイと腰を捻りさえすれば、いついかなる時でも発射するというピストル式、橋戸はドカンと大もの一発の巨砲型だった。伊東で冬期練習があった時、森本繁雄と私が一日遅れて出かけたが、東京湾汽船の船脚が予定よりバカに早く、夜中の三時ごろに到着した。宿の名前を聞いていなかったので、暗闇の町を方々叩き起して尋ね回ったが、どこでもケンツクを喰わされる、犬には吠付かれる。当惑し切ってさまよいあるいているうち、桜屋という旅館の中で耳を劈《つんざ》くような砲音が聞えた。これは橋戸に違いないと思って声をかけると、オウと答えて現われ出たのは寝巻姿の頑鉄入道、小用に起きたついでに一発やったのだという。「平常何のかのというが、どうじゃ、役に立ったろう」と大得意だった。

これは弓館小鰐の話だが、実際、こんなことがあるものだろうか。しかし、まあ、話としておもしろいから、あったことにしておこう。さらにすごいのを、もうひとつ。これも、弓館の暴露話だ。

これは試合の時が違うが、同じ祝捷《しゆくしよう》の杯を神楽坂辺に挙げて、二、三人の友達と早稲田の下宿へ帰るさい、牛込《うしごめ》郵便局前で鍋焼饂飩《うどん》屋に出会った。『オイ、うどん屋、鍋焼をくれ。それからどこかへ行って水を持って来い……』

饂飩屋は命《めい》を畏《かしこ》み鍋焼の調整に取り蒐《かか》ったが、いずれも食うわ食うわ。橋戸は往来に通り蒐る俥屋《くるまや》を捕えたり、その辺の商店を叩き起して、『まあ一杯、お祝いに喰ってくれ』

と盛んに勧める。果ては車夫の身の上話に同情して金銭を恵んだりした後、饂飩屋に水の周旋を頼み、自分で団扇《うちわ》をバタバタやらかし鍋焼を拵《こしら》えては面白がっていたが、何と思ったか、傍らの電柱にスラスラと登って行った。一同は別に気にもかけずズルズル啜《すす》っていると、天上忽《たちま》ち声あり、『そうら、裏見の滝々々』

というと同時に、臭瀑落下して来り。飛沫《しぶき》散って鍋焼の台を濡らす有様、一同怒るにも怒られず遠方に難を避ける。水を汲んで持って来た鍋焼屋も呆気に取られてると、橋戸は『愉快……』と叫びながら下りて来て、饂飩屋にはまだ余ってる分の代金まで払って引揚げた。あの晩のあの残りの饂飩を食った人ありとすれば、この裏見の滝の飛沫を頂戴した訳である。

傍若無人も、ここまでくると表彰ものだが、へこたれ話もないわけではない。これで、へこたれ話がなければ、天は公平を欠くというものだ。

橋戸の禿頭《はげあたま》は全く有名なものである。自分では、

『哲学者は皆早く頭が禿げる、カントもそうだへーゲルもそうだ』

といい加減に名前を並べて駄法《だぼ》っていたものだ。だから真の年よりは十か十五位はきっと多く見られる。偶《たま》に橋戸の内を訪ねる人などは御父様の兄弟と間違いたり、姉さんの夫と思ったりして滑稽を演ずる事もある。曾《かつ》て慶応の運動場で早慶試合があった時、一塁から二塁に突進した橋戸、二塁間際で猛然と滑込むと、その調子に帽子がパッと後ろへ脱げた。見物の幼稚舎の生徒が、

『ヤア爺だ爺だ』

『爺のチャン、爺のチャン』

と囃《はや》し立てた。この爺が先に立って若い者よりも勇敢に滑り込でも何でもするから、当時の早稲田チームには一道の頑鉄式の精神が籠っていたものので、かれ近頃故国の戦況など聞く毎に、例の頭を撫《ぶ》しつつ、

『この俺がいたならば……』

と大に憤慨しているそうだ。

まだまだ、橋戸には酒にまつわる珍談なども、数多くあるが、このあたりにしておこう。

こんな橋戸だから、豪放磊落《らいらく》な生きかたに終始していたかというと、そうでもなく、感激家でもあった。明治三十九年のことだ。この年、橋戸は卒業（得業）のはずだったが、もう一度、早慶戦に出場したかったらしく、卒業せずに専門科に進んだ。そして、秋の早慶戦に臨んだ。

三回戦勝負だったが、二回戦を終わったところで、あまりにも両校の応援合戦が過激になり、第三回戦は中止。以後、十九年間にわたって両校は戦わず、反目しあうことになるのだ。

それはさておき、慶応先勝で迎えた第二回戦の時、一点リードしている早稲田に、ふたたびチャンスがきた。八回の表ワンアウトでランナー二、三塁。二塁ラ

ンナーは橋戸で、バッターは押川清だった。ここで押川の一打は二塁打となり、ふたりのランナーがホームベースを踏み、早稲田の勝利を確定的なものにした。

この時、肥っている橋戸は、必死にホームベースに走っても、なかなか先に進まないので、三塁コーチが橋戸のお尻を押して、ホームインさせた。現在なら、これはルール違反だが、当時は許されたのだ。さて、お尻を押されてホームに入った橋戸、よほどこの得点がうれしかったらしく、ベンチでキャッチャーと抱き合って、男泣きに泣いたというエピソードが残っている。

橋戸は明治四十年に早稲田大学を卒業すると、アメリカに渡った。明治三十八年の渡米で、アメリカに夢を見たようだ。大地主を志したというが、そのへんの真相はわからない。当時、アメリカに渡ってポテト王と呼ばれるまでに出世した牛島謹爾《うしじまきんじ》に、早稲田野球部は、三十八年の渡米の際、非常にお世話になっているからそれに影響されたのかもしれない。

カリフォルニア州に渡り、はじめオレンジの摘み取り、次には材木の伐採などをやって稼いだが、宵越しの金を持たない江戸っ子気質が顔を出し、ちっとも金はたまらず、最後はロングビーチに落ちついた。その家から弓館宛てにきた写真に"JAPANESE Y.M.C.A."と看板が掛かっているので、信仰生活に入ったのかと思ったら、つぎの手紙で、「あのC．A．はキリスト教ではなく、クリーニング屋の略だ」と書いてあって、笑わされたという話もある。在米四年、結局、大地主にはなれず、日本に帰ってきた。年月ははっきりしないが、帰国した橋戸は黒岩涙香《くろいわるいこう》社長の新聞社〈万朝報〉に入社する。たぶんスポーツ記者をやっていたのだと思うが、そのころの橋戸の日本野球の進歩のなさを嘆いた文章がある。

日本に野球が輸入されてからもう二十何年を経たが、その進歩の頗《すこぶ》る鈍いのに驚く。ことに日本人が球を打つに下手なるは呆れ返ってしまう。米国の小供等がボールを遊んでいる所を見ると、彼等は少しも球を恐れない。球の来る方へ突進して打捲くる。日本人は球を無性に恐れる。小供は無論の事、一校の選手連でも、足を引いて逃支度をしながら打つ臆病者が多い。私の信ずる所に従えば、臆病者は一校を代表すべき選手の資格を、既に精神的に有しておらぬ。自分一人が選手としての任務に耐えぬのみならず、臆病風を他へ伝染するという憂いがある。一人が敵の球を打ち出すと他の一人がまた打つ。かくて全体が敵の投手を恐れざるに至るは、自信の伝染であって甚だ結構であるが、虚弱、臆病などの伝播《でんぱ》は有難くない。チーム全体を空虚にするバチルスである。（中略）

僕は先頃沙市《シアトル》野球団が連れて来た老エングルのために、早慶選手が枕を並べてバタリバタリと倒されるのを見て、一種深い悲哀を感じた。毎日々々猛烈な練習で鍛え上げた現選手が、あれしきの球をどうして打てないであろうか。結論の帰着点は日本に偉大な投手がいないからである。日本にはまだ、エングルが有するスピット・ボールのごとき高級の投球法を知らない。イヤ知らぬのではない。これを練習して我物とする投手が一人も無かった。更に換言すれば日本の野球界は、そんな面倒なものを苦心して習得せずとも、アウト・ドロップ一つ覚えていれば大概の打者を閉口させるほど幼稚なものであったのである。何しろ我が野球界は残念ながら、まだまだ低級なものである。

こういう考えを持つ橋戸であったから、大正五年、大阪朝日新聞社に移ると、前年から開催されるようになった〔全国中等学校優勝野球大会〕（現・全国高等学校野球選手権大会）の育成に尽力した。

この大阪朝日新聞社入りは、最初、河野安通志が招請されたのだが、河野は、その器ではないと断り、橋戸を紹介したのだという。「当時橋戸君はこれを徳として、東京へ来る度毎に真先に私を訪ね、よく酒を飲んだものだ。お互に酔うと何やらわけの解からぬブロークン・イングリッシュで話し合うのが常であった。ある時ある料亭の女中が二人の会話を聞いていて、橋戸君をどこか異国の人とのみ込んだりした事があって、一段と興を添えた事などを覚えている」とは河野の言だ。

大正十年には、河野安通志、押川清らと日本最初のプロ野球球団〔日本運動協会〕を設立し、役員、コーチとして選手の指導に当たった。ここでは、河野、押川の指導が厳しかったが、橋戸は厳しい中にもユーモアがあり、「ここで一本ヒットを打ったら、褒美にアメリカ製のバットをやるぞ」などといった調子だったという。

橋戸が、〈大阪朝日新聞〉から、〈東京日日新聞〉に客員待遇で移ったのは、大正十四年のこと。この当時、野球といえば、学生野球を指すに等しかったが、実業団野球、いまでいう社会人野球も、おいおいと盛んになりつつあった。

都市対抗野球の歴史は、その前史もあるが、正式の発足は昭和二年で、主催は東京日日新聞社だった。現在の毎日新聞社の前身会社だ。この〔全国都市対抗野球大会〕の基礎を作ったのが橋戸だった。

橋戸は、各地で展開されていた実業団野球の一本化に奔走し、野球は学生野球、プロ野球、社会人野球の三本柱が揃って、健全な発達が望めるという理想をもっており、そのために、努力を惜しまなかった。この時の橋戸の奮闘ぶりは目を見張るものがあったという。

計画の実現のため、単身各地を遊説して歩いた。日本全国だけでなく、朝鮮、満州までを一年余にわたって走り回った。「会社の中には、他の職員の手前もあり、選手だけを休ませて、野球の試合に出すわけには行かぬわい、という道学者的な石頭の重役もあったが、彼は選手制度が、会社員の意気を昂揚させ、選手その者の人間鍛練が、他の社員に及ぼす好影響を主張して、膝詰めにこれを説得するやら、優秀な選手を持ちながら、チームのないところには、野球の効能を説いて、新たにチームまで作らせる、という熱心さで、ともかく、各地を代表する十二チームを糾合して、昭和二年八月三日、第一回都市対抗野球大会は、明治神宮球場に呱々《ここ》の声をあげた」のだった。

そして、その理想どおりの、都市対抗野球を現実のものとした。この大会は「大盛況に終始して、この催の興隆を裏書きしたのであった。橋戸氏は、努力が報いられたその夜、余りの嬉しさにとうとう一夜眠れなかったという述懐は、よく彼の熱意と純真を物語って余りある話題である」。

ちなみに、優勝チームに与えられる〔黒獅子旗〕は、橋戸と友人であり〔天狗倶楽部〕メンバーの画家・小杉未醒がデザインしたものだ。

橋戸は、その後、運動課顧問・嘱託、特別取扱社員を経て、ふたたび客員となり、昭和十一年に没したが、大会開催委員会では、この年から、〔全国都市対抗野球大会〕で、もっとも活躍した選手に与えられる最高殊勲選手賞として〔橋戸賞〕を設置した。四人の野球殿堂入りした〔天狗倶楽部〕メンバーの野球関係者の中でも、賞にその名を残すのは橋戸だけだ。それだけ橋戸の野球にかける意気込みが評価された証拠といっていい。

それにしても、押川清、河野安通志、飛田穂洲《とびたすいしゅう》と同様、橋戸も、常に野球とかかわり、日本野球の発展に力を注いだ。黎明期に早稲田大学野球部に所属した人たちは、ほんとうに野球が好きで好きでたまらなかったのだろう。

これは、安部磯雄部長の指導のたまものでもあるのはもちろんのことだが、ただ、それだけではないような気がする。彼らが、心から野球というスポーツを愛していたからにほかならない。

橋戸は昭和十一年一月、肝臓癌で入院、いったん退院したが感冒から急性肺炎を併発し、三月二十三日死去した。五十七歳であった。

昭和三十四年、第一回表彰による野球殿堂入りをしている。

〔参考文献〕
『最近野球術』（橋戸信・明治三十八年十一月・博文館）
『早稲田大学野球部五十年史』（飛田穂洲編・昭和二十五年三月・早稲田大学野球部）
『慶応義塾野球部史』（昭和三十五年二月・慶応義塾体育会野球部）
『ニヤニヤ交友帖』（弓館小鰐・昭和二十九年一月・六興出版社）
『野球興国譜』（服部喜久男編著・昭和二十五年三月・スポーツ興国同盟）
『野球ローマンス』（小泉葵南・大正八年十二月・実業之日本社）
『野球百物語』（小泉葵南・大正四年八月・菊屋出版部）
『ああ中日ドラゴンズ』（鈴木武樹・昭和四十六年十一月・白馬出版）
『もうひとつのプロ野球』（佐藤光房・昭和六十一年一月・朝日新聞社）
『日本の野球発達史』（広瀬謙三編・昭和三十二年十月・内外タイムス社）
〈冒険世界〉〈武侠世界〉〈運動世界〉〈野球界〉

押川 清

おしかわ・きよし
1881～1944

早大野球部の頑固者。
日本野球界を陰から支えた大功労者。

〔天狗倶楽部〕には、ふたりの押川姓の人物がいる。ひとりが押川春浪、もうひとりが、この押川清だ。その関係は、別に変わったことではない。兄弟だ。押川春浪が五歳、年上ということになる。どちらも野球の振興に生涯をかけたが、その伎倆は雲と泥、提灯に釣鐘。

　春浪も早稲田大学野球部前史に、一応、名を残す人物だが、こちらは、からっぺた。弟の清は名選手で、早稲田大学野球部が明治三十八年、日露戦争の最中に、日本ではじめてアメリカ西海岸に野球遠征した際のメンバーのひとりでもあり、明治三十九年から四十年にかけては、橋戸頑鉄（信）の後を受けて、第三代主将を務めたほどの人物だった。もちろん、野球殿堂入りしている。

押川は明治十四年一月一日、仙台で生まれた。愛媛県出身の父・押川方義《まさよし》がキリスト教伝道者で、宮城県の仙台に東北学院（設立当時は仙台神学校）を設立し、ここに定着したことから、幼少時を仙台で過ごした。

この当時の押川の記録は、あまり残っていないが、東北学院の高等科で方義に学び、後、パンの中村屋を夫とともに創始し、文学者でもあった相馬黒光は、当時の押川を、ほんのちょっとだけ描写している。

春浪さんは後に東北学院の付属小学校に行き、私は高等科へ通っておりました。ところが、毎朝両方からパッタリ出会って行き交うとき、私はソット挨拶する。と弟の清さんはツンとして知らんふりをしていましたけれど、春浪さんは顔をポット赤らめて黙礼して行くほど、内気な方でした。（中略）弟さんとはいつも一緒で、絣《かすり》の姿でなかなかの美男子でした。

これは、春浪のことを書いた部分に出てくる文章だが、後の行動からすると、逆ではないかと思われるような話だ。しかし、このころから仲のいい兄弟であったことは、たしかなようだ。

春浪も押川も、この仙台で野球のおもしろさを知り、一説には、そのおもしろさを教え込んだのは作家の岩野泡鳴だともいわれているが、野球に関連する当時のおもしろいエピソードが残っている。方義が渡米中のことというから明治二十二、三年、押川が九歳ぐらいの時のことだ。

それまで、自分たちで作った糸巻のボールでキャッチボールをやって遊んでいた春浪と押川は、ほんもののボールが欲しくなった。そこで、アメリカの父に、ボールを送ってくれと手紙を出したのだ。そして、待ちこがれていると、ボールが送られてきた。ところが、そのボールは、ひどく大きい。

アメリカのボールはこんなものか、と思いながら、ふたりはキャッチボールをはじめたが、どうにも大きすぎて扱いきれない。しかたなく手を真っ赤にしてやめてしまったが、それもそのはず、それは、野球のボールではなくてフットボールのボールだったのだ。方義は、野球もフットボールも区別がつかず、まちがってしまったという。

方義一家が、仙台から上京し、東京の本郷区（現・文京区東部）に居を構えたのは明治三十三年三月のことだが、ひと足先に上京した押川は早稲田中学（現・早稲田高校）に入学した。だが、当時、早稲田中学には野球部は、まだ存在しなかった。そこで寄宿舎仲間と盛んに野球をやったらしいが、その中に、〔天狗倶楽部〕メンバーで、後に世界柔道武者修行家として名声を博し、晩年はアマゾンに入植して、アマゾン開拓の父と呼ばれた前田光世（別名・コンデ・コマ）がいた。ふたりは明治三十年に、一緒に講道館にも入門している。

押川が早稲田中学を辞め、野球の名門校、私立中学郁文館《いくぶんかん》（現・郁文館高校）に転校したのは、三十年の秋と思われる。ここで押川はベースボール部に入部した。転校の理由は不明だが、おそらく野球部のない早稲田中学では、つまらないというのが、その理由ではなかろうか。

そのベースボール部の一年先輩に、大橋武太郎という男がいた。茨城県の出身で、当時、郁文館にこの男あり、といわれた名選手だった。押川は、この大橋とバッテリーを組んだ。押川がピッチャーで大橋がキャッチャーだ。どちらも、いじっぱりではひけを取らない。このふたりのバッテリーぶりを飛田穂洲は、次のように紹介している。

それが押川君とバッテリーであるから無事ではすまない。押川君のコントロールが乱れてボールが多くなると、大橋はみるみる青筋をたててその返球に物をいわせる。当時の投手は素手であるから、ふつうなら捕手は柔らかに返してやるのであるが、かんしゃくを起こしてきた武太郎の返球は猛烈をきわめたもので、清の掌《てのひら》を貫くようないきおいである。たいていのものなら手出しをごめん蒙《こうむ》ってしまうのだが、相手が相手だ。そんなことに驚く押川ではない。平気でこれを受け止めるけれども、血の通っている掌なら痛くないはずがない。三度、四度くり返されると、

「おい大橋、貴公《きみ》ピッチをやれ。きょうはどうも肩の調子が変だ」

「そうだろう、ボールばかりじゃないか。よしおれがやる。押川キャッチになれ」

たちまちにして投手と捕手の位置が変わる。ここぞとばかり押川の返球は大橋の掌を虐《さいな》んでまっかにはれあがってしまうが、これもまた容易に屈しない。

がまんができなくなると、肩の故障を申したて、交替する。やじはそれ、がまんくらべが始まったぞと、試合をよそにこのほうへ興味をそそられた。後年押川、大橋がまんのピッチとして話柄《わへい》に残ったものである。

兄・春浪のやせがまんも有名だが、押川もまた、頑固さにかけては、一流だったようだ。

明治三十四年三月に郁文館を卒業した押川が、東京専門学校に入学したのは、明治三十五年春だった（同年九月に早稲田大学と改称）。ただし、早稲田野球部との接触は早く、三十四年の鎌倉の冬期練習に参加している。というのは、当時、押川は母・常の体調が悪いので、その療養のつきそいで鎌倉にきていた春浪に、しばしば父の伝言を伝えるなどして鎌倉にくることが多かったからだ。

この時、早稲田野球部には、後に初代主将になる郁文館先輩の大橋がおり、押川は再会をする。また、弓館小鰐をはじめとする、その他のメンバーとも親しくなり、一緒に練習に励んだから、翌年四月の入学と同時の入部の時には、部員の大半と顔見知りだった。青山学院で野球選手として勇名を馳せていた橋戸もまた、鎌倉でテニスの練習をしており、押川は、ここで顔見知りになったようだ。

早稲田の野球部の本格的な歴史は、この明治三十五年からはじまるが、これはいずれ稿を起こす予定の『早稲田大学野球部アメリカ遠征史』（仮題）に詳しく述べる予定なので、ここでは押川の個人の行動を追うことにしよう。

橋戸と押川の入部で、陣容の整った野球部だったが、当時は外国のスポーツには理解の少ない時代だった。だから野球部選手は、剣道部や柔道部の猛者連に迫害を受けることもしばしばだった。その時、野球部のために奮闘を続けたのは押川だった、と飛田穂洲は書いている。

いまは語り草であるが、彼ともっとも激しく争ったのは柔道部の加藤九三郎であった。（中略）新しいのと古いのとはとかく衝突しやすい。加藤もまた野球を好まなかったらしい。一日押川君と衝突した。腕に十分の自信をもつ加藤九三郎、野球部のハイカラ何するものぞとタカをくくって応戦したが、柔道に段はなくとも、けんか段というものがあれば押川清は九段、十段の強味をもつ驚異的勇士であった。

相手につかまるまでには必ず先手を打つ。火鉢を投げつける。もうもうたる煙の中からコップがボール代わりに飛ぶ。ビールビンがバットのごとくふられる。投げられたら起き上がってまた挑む。際限がない。勝つまで戦う。むろん好敵手であるから一回では勝負が決しない。第二回戦が行われ、日を改めて第三回が開戦される。命を投げ出しての行動であるから、大がいのものは和解を申し込む。

かくして野球部を侮るものがなくなり、のちには柔道部も剣道部もそうとう野球に力こぶを入れるようになり、大敵と戦う場合は、牛肉や鶏卵を贈り、奮闘をいのるという美しい対部関係を生じた。（中略）早稲田の野球部が今日まで他部におかされることなく十分面目を保っているのは、実にこの人のおかげである。

運動場における押川君は口をきかぬ人であり、笑わぬ人である。そうしてどんなことにも驚かぬ人である。それでものちには年のせいであろうか、少しずつ愛嬌のつやが出てきたが、何にしても寄りつきにくい人にみえた。

しかし一度親しめば真に忘れることのできない人である。後進のためには愛と熱とがあり、情味豊かな性格は、その大器にしっくりと合って、あくまでも敬慕されねばやまぬ人でもある。もし政治家にでもなっていたら、安く見積っても党の首領くらいは請け合いであろう。

兄・春浪が能弁であったのに対し、押川はほんとうに無口で、めったなことでは口を開かなかったというのは、押川を知る人のすべてが語るところだが、その心の内に秘めた強い心は、やはり父親譲りのものであったようだ。

さて、そんな無口な押川だが、〔天狗倶楽部〕らしいエピソードは少なくない。この当時の〔天狗倶楽部〕周辺のおもしろ話を、何冊もの本にまとめている小泉葵南《こいずみきなん》は、こんなエピソードを紹介している。

早稲田が今のように強くならない前、まだ勃興時代の話だが例の豪傑押川君と橋戸君とが、あるところで痛飲したその帰り、急にお腹が減り出したので、豪傑連何か食おうというので所々方々と捜し回ったが、何にせよ、時は夜の十二時過ぎ、何もあろう筈がない。ぐるぐる回って歩くうちに段々腹の虫が騒いで来る、腰が弱くなって来る、もうヘトヘトになった。ちょうどその時だ、曲り角からいきなり鍋焼うどんが飛び出した。コイツと捕えてバタバタやらせる。食うわ食うわ餓狼のごとく瞬く間にありったけを食ってしまって、ケロリとして「オイもっと作れ作れ、何？　無い。不景気な奴だな、まだ三つか四つしかくわんじゃないか」「旦那、冗談いっちゃいけません、お代は九十八銭になりますぜ、お銭《あし》があるんですかい全体」

ふたりで九十八銭のうどん、諸君は幾つ食ったと思う。その頃は一杯二銭、豪傑二人でうどんを四十九杯とは驚くじゃないか。

うどん四十九杯は、いささかオーバーなようだが、押川も橋戸もやってくれる。次は、いささか、お下品なエピソード。早稲田大学野球部が、明治三十八年、アメリカ西海岸に遠征した時の話だ。

話は大分ずうっと以前、早大野球部が渡米した時のことである。ある所のホテルで、押川君と陶山君（当時の三塁手で軽快無比といわれた名物男。今は福岡なる住友銀行の支店員である）と同室に寝る事となった。ところが押川君が早大選手名物の放屁を盛にやり続け、異臭室に充ちてどうもこうもなった話じゃない。逌《さすが》の陶山君も堪《たま》りかねて抗議を申込むと、大将すましたもので、「よしよし失敬した、しかしこれならよかろうと」と、やにわに香水の壜を取り、尻の穴へブウブウと振りかけた。前代未聞の離れ業に陶山先生涙を流して苦笑したそうだ。

けれど、まだ、こんなことでは、おどろいてはいられない。当時のスポーツ雑誌には、次のような猛烈な珍談が載っている。

今は昔、早大に名だたる押川清、ある日、親友の工科大学生松井氏を森川町の下宿屋に訪問し、両人大《おおい》に痛飲して大に高論放談した。時しも押川大に便通を催して来たので、千鳥足を踏みしめながら便所まで行ったはいいが、便所の壺でない所にやってしまって、そのうえグーグー高いびき。そのままそこに眠ってしまったから、衣服から足まで皆黄色く染られた。フト眼を覚ましてみると便所に寝ているから、御当人そんな事とは知らず、そのままそこを出て松井氏の室に来て、そこでまた翌朝までグッスリ寝込んだ。驚いたのは朝早く眼を覚ました下女で、廊下に出てみると大きな黄色い足跡がポツリポツリとある。それを伝わって行ってみると、便所の中まで続いている。一方を伝わって行ってみると松井氏の室である。障子を開けてみると大の男が黄金仏と化している。臭気ブンブン何ともかともいえない。怒るにも怒られず、松井氏を起してようよう仕末をしたとはヤレ。

〔天狗倶楽部〕に糞尿譚はつきもので、似たような話は、兄の押川春浪にも、吉岡信敬にもあるが、まあ、とにかく、すごいとしかいいようがない。このエピソードが紹介された雑誌の次号に、『オシャベリは嫌いだが』と題した押川の談話がある。めったに、軽い談話など載せない押川の珍しい話なので、前記の糞尿譚にも多少触れてもいるし、これも紹介しておこう。押川の口調そのままかどうかはわからないが、語り口もわかるというものだ。

▲新年号に何にか話せって？　大きな事をぬかすでない。土台、我が輩はペチャクチャとしゃべる事が大嫌いだ。男なんてものは飛雀《ひばり》のように囀《さえず》るものではないからな。物言えば唇寒しだろうハハ……一寸《ちょつと》シャレタネ。新年だってなにも変った事はないじゃないか、我輩はいつも新年のような景

気だ。（中略）
▲ボールは一寸《ちよつと》でもやめるといかんな。若いものにはかなわんよ。東京と稲門の時など、心ではきっと打って見せるなど思うておっても、いざというてボックスに立つと、どうも昔のようなわけにはいかんネー。だが元気だけは若い者には負けはせぬよハハ……（中略）
▲ボールの話なら沢山あるが、記者などというものは輪に輪をかけて書きたがるからもうよしだ。なにそんなことはないと？　前号にあんな事実無根の汚い話を書いたくせに、失敬も甚だしいぞ。発売禁止を命ずべきところだったが許してやった。今後大《おお》いに注意したまえ。もう話しはない。お帰りになったらいかがです。

これは押川が、早稲田大学を卒業して三年ほど後の話だが、火鉢の前で、編集者を相手に、あぐらをかいて気炎を吐いているのが目に見えるようなシーンだ。

前のふたつが汚い話だったから、次は武勇談といこう。時代ははっきりしないが、やはり早稲田大学卒業後のことと思われる。ある春の一日、後輩の飛田穂洲の家を訪れ、一杯やった押川先生、飛田をむりやり誘って散歩にでかけた。実は、この散歩の前にも、押川は便所で眠りこけていたというエピソードがあるのだが、その部分は省こう。

糸のような雨の降っている夜で、ふたりは洋傘を持って外に出たが、反対方向から番傘をさして、「半七さん……」とかなんとかいって、義太夫を語りながら歩いてくる書生ふうの男がいる。飛田は、まずいなと思ったが、時すでに遅し。押川は、すれちがいざま、書生の腹にいきなり一本突きを食らわした。書生は、ぬかるみに尻もちをつく。

「文句があるか」

文句はもちろんあろうが、したたか一本まいられては、居催促《いざいそく》をされてもそうそうは言葉も出まい。

「ラ、ラ、乱暴な」

「何が乱暴だ。国家多難のおりから、柔軟な義太夫を語って横行するなどとは、けしからんやつだ」

「義太夫を語って悪いという法律があるか」

「法律？　いよいよなまいきなやつ。こんなやつが生きているから、だんだん日本の士気が衰えてしまう。息の根を止めてやろう」

洋傘はあたかもホームランを打つ意気そのものの気合いがかかって振り上げられた。半七さんはその勢いに驚くまいことか。飛び上がると、飛鳥のごとく四、五間（約八メートル）逃げ去る。

大義名分はなくもないが、これは、ちょっとばかり乱暴だ。義太夫男も悔しかったらしく、一旦は逃げたが、追いかけてきた。と押川は洋傘を片手上段にとって、ただ一声「何をッ」。それから、追いつ追われしたが、ついに押川は約一町（約百九メートル）追いかけ、とうとう義太夫男を追い払ってしまった。

よほど気分がよかったのか、このあと、ふたりは近くのそば屋に入ったが、めったに歌など歌わない押川が、ここで隠し芸の琵琶歌川中島を歌ったという。飛田にいわせれば、これは異例中の異例で、〔天狗倶楽部〕の仲間でも押川の隠し芸を聞いたのは、数人しかいないそうだ。それにしても、軟弱な義太夫がいけなくて、勇壮な琵琶歌ならいいというところが、いかにも〔天狗倶楽部〕らしくて、おもしろい。

で、押川先生、機嫌よく外に出たが、またもや活劇とは、あいなった。さらにぶらぶら歩きを続けながら、神楽坂の果物屋でみかんを買うことになったのだが……。

美しい娘の手からみかんの袋が渡される。押川君の手から値が払われる。押川君でなければちょっとはうつるところだが、いっこう栄えない。そ

こへ通りかかった二人の書生、

「よう別嬪《べっぴん》、すてきすてき」

といいながらピューと口笛を吹いた。振り返ってジロリとにらんだが、無言のままツーとみかんの袋を私の方に差し出した。よけいな事をいいおったなと思ったが、私もまた無言のまま袋を受け取った。

「まてッ、不良」

二人が驚いて立ち止まったうしろから、一人をいっぱいの力で押し飛ばした。タタラを踏んで消し飛ぶと、他の一人の襟がみ取って引きもどし、仏壇返しに投げ出した。人集まりのする間もない早業、半七さんと同じ運命の二人、グウもスウもない。

気の毒になったのはただ一人の見物人、若かりしときの穂洲、そぞろに物の哀れを感じ、二人を引き起こしてやったあげく、おもむろに袋のみかんを取り出した。

「がまんしなさい、これを進ぜる」

多分に飛田の脚色もありそうだが、これぞまさしく〔天狗倶楽部〕の行動。褒めるわけにもいかないが、痛快この上ない。しかし、これだけでは、ただの乱暴者だから、押川先生、一世一代の得意話も紹介しておこう。

時は明治三十九年十一月三日の早慶戦、早稲田1対0で迎えた八回の表。ランナー一、三塁で、四番の獅子内謹一郎の打った球がフェアグラウンドに落ち、足に当たった当たらないでもめた末、審判はアウトを宣告した。次のバッターは押川だ。

凝議数分、どちらとも分からぬ。この時早軍の主将押川は、バットを手にしながらプレヤースベンチから出て来て、

『アウトでよろしい。しかし獅子内、僕が引受けたぞ』

これだけ言ってボックスに入った。猛然としてバット一揮、球は碧落《へきらく》を縫って中堅を超えた。三塁の河野は勇躍して本塁に入った。二塁の橋戸も我後《おく》れじと長駆して本塁に帰った。

三万の観衆は思わず喊《とき》の声をあげた。

この追加点で早稲田はだめ押しをし、慶応を敗るのだが、ふだん無口で、めったに自慢話をしない押川も、これだけは、興が乗ると、だれかれなしに話していたという。もっとも、この試合の四回には、満塁だというのに、なにを勘違いしたか二塁に盗塁して、アウトになるというチョンボをしているから、差引きはゼロか？

明治四十年七月、早稲田大学を卒業した押川は、軍隊に一年志願兵として入隊。除隊後は、鉱山事業をやるために、東北各地を調査して歩いたようだが、結局、これには成功しなかった。

そして、大正十年、押川は早稲田野球部時代の盟友、河野安通志、橋戸頑鉄らとともに、日本最初のプロ野球チーム〔日本運動協会〕を設立する。監督は河野安通志で、押川は顧問兼コーチ役だった。押川は、早稲田野球部時代から、主将は務めたものの、とにかく表面に出ることを嫌い、常に縁の下の力役に回ったが、ここでも、行動は同じだった。

ただ河野安通志とは極めて仲がよく、これ以後、一時期河野が宝塚にいって野球をやった時を除き、常に行動を共にしている。時期尚早で〔日本運動協会〕（＝〔宝塚運動協会〕）が失敗に終わり、昭和十一年二月〔日本職業野球連盟〕が設立されたが、その年の一月に〔大日本野球連盟名古屋協会名古屋軍〕（現・中日ドラゴンズ）が結成された時、押川は河野とともに名古屋軍に招かれ、相談役兼顧問兼マネージャーを務めていた。

翌十二年、内部のごたごたから河野が〔名古屋軍〕を辞めると、押川も辞め、新球団を作ることになった。

一方、プロ野球は自前の球場を持たなくてはならないと、球場作りに奔走し、あちらこちらの資本家に頭を下げ、〔株式会社後楽園スタジアム〕の創立にこぎつけた〔発起人会自体の発足は昭和十年十二月のことでふたりは名を連ねていた〕。

けれども、河野とともに役員にはなれず、ふたりは、その子会社球団である〔後楽園野球倶楽部イーグルス〕の役員にとどめられ、十二年二月、名古屋軍より移った押川は社長、河野は常務取締役で総監督になった。しかし、河野安通志の項にも述べるが、当時の日本は軍事色一色で、まっしぐらに泥沼の戦争に向かって進んでいた。

〔黒鷲軍〕〔大和軍〕と名を変えた〔イーグルス〕だったが、昭和十八年、河野安通志は、この時期にプロ野球をやっているべきではないと判断し、〔大和軍〕を解散した。

押川が病魔に冒されたのは、この〔大和軍〕の解散と期を一にしていた。いささか長くなるが、押川の人生の最後の様子を飛田穂洲の追悼文から引用しよう。

昭和十八年秋から、健康に異常ありとの報を得て、目黒の富士見台に駆けつけてみると、押川は独り書斎にあって何か整理中であられたが、態度、容貌、いささかも変るところがなかった。

久濶《きゅうかつ》を叙《じょ》して病気見舞いを述べると、泰然たる口調でいよいよ来たよと、神色自若《しんしょくじじゃく》たるものがあった。この頃、食道に異状があるように感じたので、医者の診察を受けたところ、食道には異常が起っていないという。ひとまず医師を信じて安心をしたものの、その後自分にはどうしても変だと思うし、まさしく難病のごとく考えられてならない。定命《じょうみょう》から大分お剰《つ》りを貰っているし、命が惜しいとも思わないが、どちらにかはっきりきまらぬと気持が安定しないからネ。

そこでまた、一昨日、別な医師に診察して貰うことにして、自分は決して驚かないから、いかなる病名でもはっきり教えてくれるようにと、前以て頼んでおいた。結果は果して自己診断通り食道癌という宣告であった。その時は予期した通りであり、覚悟の前ともいうべく狼狽もしなかったし、あらゆる方法を講じて、生き延びようとも思わなかった。

しかし、これから地上にある幾日かが凡人には並々ならぬ問題だ。安部先生の門下として、永年修養した積りの自分が、自らを嗤《わら》わねばならぬような死に方をしたくない。静に天命を俟《ま》つ態度で、残り少ない人生に別れを惜みたいと、こう思いながらひょいと我に返れば、自分はいま万松山泉岳寺の門前に立っている。はっとした瞬間、自責的にこんな事で他人に笑われぬ死方が出来るものかと呟いた。(中略)

家人に心配させるでもないと思って、そのままいまに病名も明していない。幸いに存外気楽であり、安心立命とまではいかぬまでも、中江兆民の一年有半位には、ジタバタせずに死ねそうだから安心してくれ給え。

押川には稀《まれ》に見る雄弁を以て、病気の経過とその心境を語られた。私は首を垂れ耳を傾けて、その一言一句を筆記しながら、ほとほと押川の偉さに感服した。この諦観は押川のごとき修養至高の人によって達しられることであり、万人の企及し難いところであろう。

長話が病気に障ってはと懸念し、辞して帰えろうとすれば、君にぜひ頼みがある、ここにボールが三個あるから、その中の二個に先生のサインをして貰い、一個には君がサインをして届けてくれないか、ウムなあに冥土への土産さ、と戯談《じょうだん》らしく言われて私に手渡された。これは日ならず江戸川アパート安部先生の許に持参して、サインを乞うたのであるが、八十歳の恩師の落胆はいうばかりではなかった。久しく神経痛のため筆をとられない恩師が、慄《ふる》える手にペンをとりながら、愛弟子のために白球にサインする姿、崇高ではあるが涙なしに見られぬいたましさであった。これらのボールは後日、押川君の柩の中に納められたという事である。

かくて押川は六十四歳の偉大なる生涯を、都下吉祥寺《きちじょうじ》の仮寓に閉じた。戦運日に非なるものあって、同門の後輩多く戦野にあり、親しく英霊を送る遑《いとま》もなかった。それを押川はよく知っておられたし、地味な押川は、特に時局を考慮されてか、死の前日、令息昌一君に死亡通知を発すべき友人、知己の氏名を記した紙片を渡された。記名僅に十数氏、淋しくも巨人を葬送した。

押川という人は常人の全く真似の出来ない一ツのものを持っていた。押川の魂の中には、一切虚栄心というものを含んでいなかった。命もいらぬ、地位もいらぬ、という男ほど、世の中に始末におえぬものはないと、大西郷が述懐したといわれるが、虚栄心を持たぬ人ほど、信念に対して忠実なものはない。これが、正しいと思えば必ず断行する。情実というものがない。押川はまさにそうした人であり、吾々に与えた感化は安部先生と共に実に大きい。

筆者には、押川についてこれ以上なにもいうことがない。若い時には、馬鹿さわぎもした、乱暴もやった、しかし、早稲田大学野球部の育成、そしてプロ野球、アマチュア野球の発展に、常に陰の立場から援助を惜しまなかった押川は、日本野球界の大恩人のひとりとして、高く評価されなければならない。

昭和十九年三月十八日死去。昭和三十四年、第一回の表彰により、野球殿堂入りした。

〔参考文献〕

『飛田穂洲選集』（飛田穂洲・昭和三十五年三月・ベースボール・マガジン社）
『後楽園スタジアム五十年史』（株式会社後楽園スタジアム社史編纂委員会編・平成二年四月・後楽園スタジアム）
『早稲田大学野球部五十年史』

『野球ローマンス』『野球百物語』『もうひとつのプロ野球』『ああ中日ドラゴンズ』『ニヤニヤ交友帖』

〈冒険世界〉〈武俠世界〉〈運動世界〉〈野球界〉〈運動界〉〈新青年〉

河野安通志

こうの・あつし
1884〜1946

日本プロ野球の父。
橋戸、押川らと日本初のプロチームを結成。

〔天狗倶楽部〕は、基本的にはスポーツ社交団体であったから、その構成メンバーはスポーツマンが多数を占める。中でも早稲田大学の野球選手、テニス（軟式）選手が多く名を連ねている。

名選手は目白押しで、野球選手だけをとってみても、後に野球殿堂入りしている〔天狗倶楽部〕のメンバーは、橋戸頑鉄、押川清、飛田穂洲そして、この項で取りあげる河野安通志と四人もいる。いかにすぐれたメンバーがそろっており、〔天狗倶楽部〕が、ただのバンカラ男の集まりでなかったかが、これによっても、よくわかる。

上記の四人は、いずれも名選手で、早稲田大学野球部の貢献者であるばかりでなく、黎明期の日本野球の功労者でもあるが、当時の大花形選手でありながら、他の三人にくらべて、やや評価の低いのが河野安通志だ。他の三人が、いずれも早稲田大学野球部の主将を務めたのに対し、河野は一選手にとどまった。それが、評価を下げている理由のひとつかもしれない（早稲田大学野球部部長・安部磯雄は、後の回顧録で、河野がたまたま人材の豊富な時期の選手であったため、主将にしてやれなかったことを、非常に残念がっている）。

しかし、筆者は断言するが、河野は、そんな評価が低くていい人間ではない。日本の野球発展のためにその一生を捧げた、偉大な野球人だった。現代の野球に関係する人々、特にプロ野球に関係する人々は、河野の功績を、もう一度、評価しなおす必要があるだろう。

河野安通志は、明治十七年三月三十一日、石川県に生まれた。父・通理半三郎、俗称・信一は加賀国藩士で、安通志はその次男だった。河野家は、その起源を探ると蒙古襲来のころにまで遡ることができ、襲来の時には、先頭に立って勇猛果敢に戦った伊予の武士だという。その後は、越智《おち》郡を中心に、水軍を擁して勢力を張り、天正十三年の豊臣秀吉の四国征伐の際には、秀吉軍と壮烈な戦いを演じている。

河野が、野球に親しむようになったのは、父・信一が英語の教師となり、次々と学校を移り、一家が福井市に住んでいた時だ。河野は福井師範付属小学校（現・福井大学教育学部付属小学校）に学んでいたが、その高等科一年生の時に、東京の中学を卒業した八歳年上の兄・通久郎が帰郷し、野球のボールを持ってきたのを見て、はじめて野球を知ったという。おそらく、十一、二歳のころであろう（ちなみに、河野家では、男の子には、すべて名前に通の一字を入れることを家伝としている。なお、兄・通久郎の妻は、新劇女優の東山千栄子）。

しかし、当時はグラブもミットも使わない時代だったので、ボールの硬さにたえかね、野球に興味をいだかなかった。翌年、学校に、よく野球を知った生徒が入学してきて、多少、野球が流行《はやり》だしたが、やはり河野は興味を示さなかった。

明治三十年、河野家は横浜市に転居した。河野、高等科四年生の六月だった。転入校は、老松町（現・同市西区内）の老松小学校。横浜は、明治四年に外国人同士が試合をして、日本にはじめて野球を紹介した野球の盛んな土地だった。ここで河野は、はじめて野球をやる。授業で四年対二年の試合が行われることになったのだが、四年生は、河野を入れて九人しかいない。したがって、いやもおうもなく、試合に引っ張り出されたのだ。だが、これが河野の一生を決定づけることになったのだから、人生というのは、わからないと同時にふしぎなものだ。

この時の経験は、「滑稽百出で噴飯に堪えざるものだった」と、河野は述懐しているが、これが河野に、野球のおもしろさを教えこんだのだ。その後、野球のじょうずな仲間とキャッチボールをやってみると、結構、うまく捕れる。河野は野球に夢中になった。しばらくすると四年生を中心に、他校の野球好き少年と語らって、〔日の出倶楽部〕という野球チームを作って、キャッチャーを担当した。

そして、翌年、横浜商業学校（現・横浜市立横浜商業高校、通称＝Y校）に入学した。ところが、たまたま、その年の六月、横浜には赤痢が流行し、学校は四か月間休校になってしまった。友人もいない河野は、野毛山《のげやま》付近を散歩しながら、各所で野球が行われているのを見学し、やがて、正確なルールを覚えてしまう。

もちろん、横浜商業では野球部に入った。この当時、横浜商業の野球部は、創部まもなかったが、活発に活動しており、河野の入学した年、それまでの一軍に加えて二軍ができた。選手の数は多かったが、河野は入部早々、二軍のキャッチャーに登録された。この時のよろこびを、河野は次のように書いている。

この瞬時、余が喜悦の溢れ出でたるは、今なお記憶《きおく》に鮮やかなる所とす。この喜びは余を駆りて熱心なる練習に赴かしめ、次でいずれの年を以てか第一撰手たらんかとの希望を起さしめたり。

この努力が報いられたのか、明治三十二年、一軍選手のひとりが、ある事情で除名された。その時、代役として河野が一軍に抜擢されて、レフトをまかされたのだ。これによって、河野の野球熱はますますエスカレートしていった。もともと素質があったところに、熱心に練習したが、その河野の実力を見抜いたのが、東京帝国大学（現・東京大学）からコーチにきていた第一高等学校（現・東京大学教養学部）時代の名選手・青井《あおい》鉞男《じゅつお》だった。

河野の一年先輩の長浜顕達は、こう述べている。

河野安通志君の少年選手時代を記憶のままに書いてみよう。同君は早大野球部中興の大選手だけあって、その素質もその頃から非凡であった。十五、六才の可愛い坊っちゃんであったが、投げる捕る走るの三拍子で、青井師も特に目をつけ、河野君に対しては猛練習を続けたが、これを《（ママ）》同君をして大選手たらしめたことに与《あずか》って力がある。河野君があれまでになるには非常な苦心であり、Y校時代にも練習中前歯を折って、選手はもう廃《や》めると悲壮な決心を抱いたこともあろうと想像される。

けれど、河野は野球をやめなかった。やめるどころか、めきめきと腕をあげ、当時の数々の野球名門校との試合に出場して、活躍を続ける。ところが、明治三十五年九月、河野は突然、横浜商業を退学し、東京の、やはり野球の名門校であった明治学院に転校してしまう。この理由はわからない。河野は、〔天狗倶楽部〕の中でも、まじめで、後に早稲田大学の講師を務めるほどの勉強家であり、秀才だったたから、事件を起こしたとは思えないが、なにか理由があったのだろう。

だが、理由はなんであれ、この転校は河野にとってプラスに作用した。明治学院に入ると、それまで経験がなかったにもかかわらず、その強肩を買われて、ピッチャーに転向するのだ。明治学院では、わずか四試合しか対校試合をしなかったが、そのうち、三試合をピッチャーとして勝ちに導いた。

明治三十六年、河野は早稲田大学に入学し、野球部に入る。ここで、主将の橋戸信（頑鉄）と副主将格の押川清は、明治学院時代の実績を買って、一年生ながらレギュラーに据え、河野にピッチャーのポジションを与える。

この年から、早慶戦がはじまる。早稲田が慶応に挑戦をする形で試合が行われたが、試合前は、伝統ある慶応の圧勝と見られていたのが、予想に反して11対9と、わずか二点差の負けだった。いうまでもなく、この試合の早稲田のピッチャーは河野だったが、以後、河野は明治三十九年の秋に、両校応援隊の過激な応援合戦で早慶戦が十九年間の中止になるまでの九試合のすべてを投げぬいた（早慶第一回戦から中止、再開までには、それはおもしろいドラマがあり、それについては、拙著『早慶戦の謎――空白の十九年』に詳述したので、興味のあるかたは、ぜひ、お読みいただきたい）。

明治三十八年四月、日露戦争の真っ最中に、早稲田大学野球部は、日本の野球チームとして、はじめてアメリカ西海岸へ渡り、スタンフォード大学をはじめとする、大学や高校、セミプロチームなどと対戦する。野球部長の安部磯雄が、創部当時、早稲田が日本一のチームになったら渡米させる、と約束していたところ、明治三十七年、なんと慶応、一高、学習院などの強豪をことごとく破り、七戦全勝で日本一になってしまったのだ。

紆余《うよ》曲折があったものの、早稲田野球部はアメリカ西海岸に渡り、本場のチームと二十六戦する。結果は七勝十九敗と、相手にならなかったが、ここで学んだものは多く、日本の野球は飛躍的進歩をする。

河野は、この遠征でもピッチャーを務めたが、当時の日本野球は、複数のピッチャーのローテーション登板というのを知らなかったので、連日の二十六試合中、肩の痛みを感じて交代するまで、二十四連投をして、アメリカ人の度胆を抜き、当地の新聞に鉄人河野と書かれ、人気者となった。

このアメリカ遠征には、選手たちが学生服を着ていったので、ホテルのボーイや楽隊にまちがえられるなど、おもしろいエピソードが目白押しだったらしいが、なんといっても惜しいのは、河野が日本で最初のプロ野球チーム選手になりそこなったことだ。

二十六連戦中、早稲田はアメリカ・コーストリーグのプロチームの試合を観戦にいく機会があった。この時、タコマというチームのマネージャーが、河野の人気に目をつけて、自分のチームのピッチャーとして投げさせてみないかと、安部部長に話を持ち込んだのだ。ところが安部は、これを、とんでもないと断ってしまった。

当ロースアンゼルスにおいては、目下タコマと当地の本職の野球家が毎日その技を戦わせているが、一日余等は見物に出かけているに、タコマ方のマネージャーが余に来りて、今度の日曜日にはぜひ河野に願ってタコマ組のために、投手の役を勤めて貰いたいと請求した。これはもちろん例外の事をなして人気を取らんという商売上の策略に過ぎないから、余は断然拒絶した。

もし、これが実現していればと悔やまれる。たとえ特例の、専業ではないといえ、ここでピッチャーを務めていれば、河野はアメリカのプロ野球の歴史に、最初に名を残す日本人になったのだ。これればかりは、野球理解者の安部も頭が固すぎた。

それはともかく、この遠征で、日本が本場アメリカ野球から学び取ったものは、数多い。それまで日本の野球選手は足袋裸足《たびはだし》だったが、スパイクシューズをはくことを覚え、正確なミットやグラブの使いかたも知った。そして、河野はワインドアップ投法を学んできた。

日本に帰ると、さっそく、この投法をするようになるが、ある新聞など、孔雀《くじやく》の舞いのような華麗さと表現したものだ。美人画で有名な竹久夢二は、早稲田中学の出身だが、すっかりこの河野の投法に魅せられたひとりだ。処女画集である『夢二画集　春の巻』の前書きに、「河野君が、あの赤いジャケツをきてプレートに立って球を投げていた頃」と述べ、別の絵葉書や書籍の挿絵に、何枚も、河野の勇姿を描いている。

明治四十年、早稲田大学卒業後、河野は友人の経営する呉服店に勤めた。この時、反物の巻きかたを覚え、後年、鮮やかな手つきでやって見せ、家人を笑わせたという。また母校、横浜商業で簿記と英語の講師を務め、野球部のコーチもした。軍隊には、この年の十二月に入ったが、近衛連隊で主計少尉を務めたそうだ。

翌年、除隊すると早稲田大学商科の簿記講師となり、野球部の監督にもなっているが、専任ではなかったので、正式記録には初代監督として記載されていない。〔天狗倶楽部〕が明治四十二年に結成されると、もちろんメンバーに加わり、野球や相撲に活躍した。〔天狗倶楽部〕のメンバーは、相撲を取る時は、『水滸伝《すいこでん》』の登場人物の名前をしこ名にしたが、河野は霹靂火《へきれきか》を名乗っている。それほどの体格ではなかったが、相撲はかなり強かったようだ。ちなみに、この〔天狗倶楽部〕の相撲大会は学生相撲に発展していき、現在の学生相撲の基礎をなした。

明治四十四年八月から九月にかけて、明治時代の三大野球紛争事件のひとつである、野球害毒論論争が持ち上がった。これは、〈東京朝日新聞〉が部数拡張のために、野球を攻撃したキャンペーンに対し、〔天狗倶楽部〕を中心にした野球擁護派が大論戦を演じた事件だが、この時の河野の活躍は目ざましかった。

新聞に演説会に、野球有益論を展開し、その先頭に立って、戦っている。〈読売新聞〉が主催した野球擁護派の演説会〔野球問題演説会〕では、壇上で腕を捲くりあげて見せ、「この腕を見よ！　野球のどこに害があるか」と、弁舌さわやかに、聴衆をなっとくさせている。ふだん〔天狗倶楽部〕にあっては、一、二を争う紳士で、また、そのハイカラぶりを「河野氏がゴールドリングきらつかせ、眼鏡キョロキョロレフトを守る」などと、雑誌でからかわれたりしている河野も、こと問題が野球となると、全力でその擁護に奔走した。

もっとも、紳士とはいっても、そこは〔天狗倶楽部〕のメンバーだ。他の仲間に負けない、馬鹿騒ぎもやっている。大正五年三月に茨城県の大洗《おおあらい》に、数人の仲間と観梅にいった時のエピソードを紹介しよう。

今の今までとても間に会わぬものと思い込んでいた河野君が『やあ遅くなって、失敬』とばかりにこれはまた呑気だ。近所へでも行く気かなんかで、珍しくも和服へ、お父さんからのお譲り物たる狐の毛を裏へ付けたマントを無雑作に羽織り、黒のソフトを阿彌陀《あみだ》に、例によって例のごとく手垢で真黒い光りを放ちそうなステッキを一本、右手に持って、しかも下駄履きでテクテクやって来たのであった。(中略)

安仲独特の磯節や追分、二上《にあが》りに次いで出たわ出たわ、都々逸《どどいつ》、米山甚句、二上り甚句、デカンショ、応援歌、エールという風に、一行が知っているという唄は悉く《ことごと》さらけ出し、それでも足りずに河野君御自慢の三拳に次いで、火鉢を片付けて今度は座り相撲をドシンバタン。遂には立上って安仲を行司に拙者と河野君とが、柄にもなく相撲の形を演ずるなぞ散々に騒ぎ通し、ヘトヘトになって床へ入ったのは午前一時半であった。(中略)

河野君、腰を下すより早くギーギーゴーと大蛇《うな》る。水戸から二つ来たばかりの内原駅に停車するや、フト目を覚まし、上野の心算《つもり》か何かで大周章《あわて》で帽子も大事なお土産の階楽焼もすてて、三人には目もくれず降《お》下りたのは、確かにこの行の圧巻だった。(中略)

河野君、酔の醒めるに従って、じっとしていられず、例の美声で音頭を取れば一同負けていず、葵南君の桶の底を叩いたような声、嶺夫画伯の一銭蒸気の汽笛に似た声を以て、相和し相不和して怒鳴る程に唱う程に、車中を驚倒笑殺せしめ、この中において僕一人超然として、引受けてあるこの帰路誌に没頭している。読者諸君、正に感謝して可なりだ。

同じ水戸から帰京する早稲田工手の一学生、運悪くも河野君の前へ座ると、河野君曰く『オイ君、今日学校休んだな』。一体全体昨夜から茨城県下まで出張出来たのは何曜日のお陰だい。『ああそうか今日は日曜か、そんなら宜しい。よく勉強しなくっちゃいかんよ。英語を教えてやろうか。君は立川先生を知ってるだろう。これを翻訳するとStand River……』(中略)

無尽蔵と称された河野君の歌も流石《さすが》に店浚《たなざら》いを終る。

酒を飲んで馬鹿騒ぎをやるのは、他の仲間とちっとも変わらない。ただ、河野の、こうした騒ぎの記録は、あまり東京では行われておらず、だいたい地方が多い。ひょっとすると、早稲田大学の講師であることを意識していたのかもしれない。いや、たまたま、残っている記録が地方のものだけなのか……。

次は、時代はもう少し下って、大学講師を辞めて汽船会社の事務長をやっていたころのへこたれ話。日時の記述がないが、多分、大正五、六年ごろのことだろう。報告者は、先のどんちゃん騒ぎを記録したのと同じ、友人の小泉葵南。やはり茨城県の龍ヶ崎中学(現・県立龍ヶ崎第一高校)に、野球のコーチにいった時のことだそうだ。

ちょうどコーチに赴いてから三日目の事であったと覚えている。バッテングも終り、ピッチングのコーチも終えて、いよいよ中学の選手と中学の先輩へ我々が加わった練習試合に移った時、選手の一人が突然河野君に、フックスライドの要領を質問に及んだが、しかし河野君の選手時代には、滑り込みといえば、手の方からやったもので、足の方からなどやる者は一人もなかった。という訳で、フックスライドなどというものは、最近に輸入されたもので君は格好だけは知っているが、要領などは余りよく飲み込んでいない。もちろん著者に至ってはそれ以上知らないのである。が、コーチをする以上、その面目からいっても知らないという訳にはいかない。と同時に、コーチをする場合にはなるべく模範を示しながら説明をする方がいいのである。が、今もいった通り、滑った経験がないのだからどうにもしようがない。これには流石《さすが》の河野君も閉口して、暫時の間は考えていたが、そこは何事にも抜目のない君の事だから、襤褸《ぼろ》を表わすようなヘマはやらない。早速選手を集めて『今フックスライドの遣方《やりかた》に就ての質問があった。早速その模範を示して説明をする筈であるのだが、不幸にして先頃ゲームをやった時に余り滑ったため、両方の尻を擦り剝いているので滑って見せる事が出来ない。であるからして、格好だけ示してその要領を説明する』といいながら、格好を示した後に要領を簡単に説明して、巧くその場を逃れた。そして宿へ帰ってから著者に向って述懐して曰く、『あの時は実際脇の下から冷汗が流れたよ。だから君、コーチは若手に限るね。老人なんか出掛けるもんじゃない』と。真実それに違いない。

先に河野が、汽船会社に勤めていた時と書いたが、この時期、河野はいろいろ職業を変えている。オゾン発生器を売る会社に勤めていたのも、このころのことのようだ。しかし、やはり河野は、あくまでも野球界の人だった。

大正十年、河野は早稲田野球部時代のチームメイト、押川清や橋戸頑鉄らと語らい、日本で最初のプロ野球チームを結成した。日本のプロ野球チームの第一号は、昭和九年の〔株式会社大日本東京野球倶楽部〕（現・読売ジャイアンツ）というのが通説だが、これはちがう。それよりも十三年も早い大正十年に、河野たちは〔日本運動協会〕（通称・芝浦協会）という、プロ野球チームを結成しているのだ。

その動機は、それがすべてではないと思うが、野球界の清浄化が主たるものだった。つまり、当時、大学野球の選手はスターとしてモテモテで、人気に溺れる者が多く、ろくすっぽ授業にも出ないで、女遊びなどばかりしている。そこで、厳然とした態度で野球をやる職業野球ができれば、大学生選手がちやほやされることもなくなるだろうというのだ。のちに河野は、プロ野球チームを結成した動機を、次のように書いている。

この盛なる気運に乗じて職業野球団を作らざれば学生の野球のみ盛となり、遂に日本の野球は変態とはなりはせぬか。この変態的旺盛とならんとするを押さえれば野球は沈衰し、沈衰すれば所謂《いわゆる》角を矯《た》めて牛を殺す事になるというのが、吾人が職業野球団を起さんとした主張の一で、しかもその重なるものであった。

いかにも、まじめな性格の河野らしい主張だ。と同時に、河野が、どれほど野球の発展に力をそそいでいたかわかる発言だ。

河野は、この〔日本運動協会〕の監督に就任した。河野安通志こそ、日本のプロ野球の父なのだ。同じ〔天狗倶楽部〕のメンバーで、プロ野球を否定し、生涯をアマチュア野球の育成に注ぎ、その妹が河野の妻である、つまり河野の義理の兄の関係になる飛田穂洲でさえ、こんな発言をしている。

押川、河野以外に日本プロ野球の元祖があったり、育ての親などというものがあったら、私は真向から反対もするし否定もする。私は日本のプロ野球には門外漢であるけれども、私の知る日本の野球は正確であることを自認する。（中略）とにかく日本のプロ野球をあくまで健全に有意義な存在として、日本の野球界に活歩せしめようとした高遠な理想の下に、これを育成しようとした意図は疑うべくもない。

筆者も断言する。日本プロ野球の父は、河野安通志以外にはあり得ない。ジャイアンツの産みの親である正力松太郎も、プロ野球界の大恩人ではあるが、父ではないのだ。これだけは、野球に興味のない読者にも、はっきり記憶しておいていただきたいと思う。

さて、こうして、〈日本運動協会〉を発足させた河野だが、選手の育てかたにも一流のものがあった。まず、大学生の選手をひとりも採用しなかった。だが、いやしくもプロを名乗る野球選手とあれば、世間に出て恥ずかしくないだけの学力を身につけなければいけないと、集めた選手たちに、野球の練習の合間を見て、英語や数学、漢文、簿記などの勉強をさせたのだ。

しかし、現在とは野球界の状況は、大きく異なっていた。当時のプロ野球は、一般の野球ファンには評価されなかった。ゲーム中に観客は、選手たちを「商売、商売」と怒鳴り、エラーをすると「月給が下がるぞ」と弥次り、どんな高度なプレーを見せても、サーカスを見るような目でしか見ず、選手たちは、芸人扱いされたのだ。

また、河野にとって不運なのは、〈日本運動協会〉が発足すれば、次々とプロ野球チームができると考えていたのだが、あとを追うものがなかったのだ。そこで、朝鮮や満州の実業団チームと対戦したり、学生野球やアメリカからきた二流プロ野球チームと試合をしたが、もうひとつ、盛り上がりに欠けた。

やがて、奇術界の大物・松旭斎天勝一座が〈天勝野球団〉というプロ野球チームを作り、日本のプロ同士の試合が行われた。大正十二年六月二十一日、場所は当時、日本に併合されていた、いまの韓国のソウル。

試合は3A対1で〔日本運動協会〕の勝ちとなった。これこそが日本最初のプロ野球試合の始まりだ。

だが、相手チームがひとつでは、興行は成り立たない。苦しい立場にある河野だったが、これに追い撃ちをかけたのが、大正十二年九月一日の関東大震災だった。この地震によって、〔日本運動協会〕の本拠地である芝浦球場は破壊されてしまう。ついに力尽きた河野は、翌大正十三年一月、チームの解散を宣言した。わずか三年間のプロ野球チームだった。

ところが、この時、阪急電鉄の代表・小林一三が、関西にくるなら河野のチームを引き取ってもいいと申し出てくれた。河野は迷ったが、この誘いに乗り〔宝塚運動協会〕として再生した。ここでは、関東と関西のファン気質が異なり、温厚な河野がファンの執拗な彌次に怒り、殴り合いをしたというエピソードも残っている。

関西での相手チームは〈大阪毎日新聞〉（現〈毎日新聞〉）が経営するプロ野球チーム〔大毎野球団〕だった。今度こそ、プロ野球は成功するかに見えた。しかし、河野は、あくまでもついていない。昭和四年、〔大毎野球団〕が不況で解散すると、〔宝塚野球協会〕も解散せざるを得なくなり、今度こそ、ほんとうにチームは消滅した。

この時、河野の人がらに惚れ込んだ阪急電鉄の小林社長は、宝塚音楽学校の校長に就任をすすめたが、河野は「若い女性は苦手だ」と、懇望を振り切って、東京に帰ってきてしまった。このあたり、さすがに〔天狗倶楽部〕のメンバーらしい。

その六年後の昭和十一年、読売新聞社社長・正力松太郎の尽力で〔日本職業野球連盟〕が創立されると、河野は〔名古屋協会名古屋軍〕（現・中日ドラゴンズ）の総監督を要請され、プロ野球界にカムバック。ふたたび野球界の人となった。ここでは、はじめて、アメリカ人選手を助っ人に採用するなど、先見性を示す実績を残した。

河野は〔名古屋軍〕を一年で辞め、一方、昭和十一年に押川清などと後楽園スタジアムの創立に参加していたので、今度は〔株式会社後楽園スタジアム〕の子会社として、〔後楽園野球倶楽部イーグルス〕を作り、河野が総監督に就任した。

けれど、河野はまたもツキに見放された。日本は軍国主義の道をまっしぐらに進みはじめ、野球どころではなくなってきたのだ。敵国アメリカの国技である野球は、軍部に目をつけられ、球団名も日本式に改められた。〔イーグルス〕は〔黒鷲軍〕になり、さらに〔大和軍〕になった。

野球用語も日本式に改めろと命令が下り、ストライクは正球、ボールは悪球。審判はストライクが入ると「よし一本!」と怒鳴った。いまでは笑い話だが、そういう時代だったのだ。

昭和十六年十二月八日、日本は遂にアメリカと戦争を始める。太平洋戦争だ。その時点で、プロ野球はなんとか存続していたが、河野は昭和十八年の暮れ、〔大和軍〕を突然、解散した。日本存亡の危機に、野球をやっているわけにはいかないというのが、その主張だった。

周囲の関係者は、戦争が終わればまた野球のできる日がくるから、解散は思いとどまってはどうかと説得したが、野球以上に日本という国を愛している河野は、これを受け入れず、解散の意志を変えなかった。これが明治人の気骨であり、〔天狗倶楽部〕メンバーのメンバーたるゆえんでもあろう。

結局、日本がアメリカに負け、ふたたびプロ野球ができるようになった時、河野は〔東京カブス〕というチームで参加しようとするが、〔大和軍〕を解散したことが問題となり、河野に敵対する人間の反対にあって実現できなかった。それでも河野は泣き言をいわず、正々堂々と行動した。

おそらく、もう少し運動すれば、〔東京カブス〕は参加を認められただろう。だが、まだ実現しない昭和二十一年一月十二日、河野は脳出血で急死した。六十一歳だった。

河野の死後、その膨大な野球に関する蔵書は故・元セ・リーグ会長、鈴木龍二によって買い取られ、それが元となって、野球体育博物館の図書室になった。

「潔癖すぎるくらい潔癖な人だったのです」と鈴木は河野を回顧している。ある意味では、河野は失意のうちに世を去ったといえるが、筆者には、いかにも〔天狗倶楽部〕メンバーらしい死だったと思える。男らしい潔さこそ、〔天狗倶楽部〕の売り物だったのだ。

昭和三十五年、河野は第二回目の表彰者として野球殿堂入りしているが、当然といえるほど当然だ。なぜ、一回目に入らなかったのかと、筆者など首をかしげるくらいだ。

真のプロ野球の父・河野安通志の評価は、不当に低すぎる。そういうと、本人は首を横に振るかもしれない。しかし、これだけプロ野球が盛んになった現在、もう一度、その生涯を見直し、評価しなおされなければならないと思うのは、あながち筆者ばかりではないだろう。

〔参考文献〕
『横浜の野球』（小玉順三・昭和六十二年七月・私家版）
『スポーツ人国記』（弓館小鰐・昭和九年六月・ポプラ書房）
『茶目さんの旅日記』（小泉葵南・大正七年五月・河野出版部）
『天皇の野球チーム』（桑原稲敏・昭和六十三年一月・徳間書店）
『鈴木龍二回顧録』（鈴木龍二・昭和五十五年十月・ベースボール・マガジン社）
『ああ中日ドラゴンズ』
『後楽園スタジアム五十年史』
『早稲田大学野球部五十年史』
『飛田穂洲選集』
『もうひとつのプロ野球』
〈冒険世界〉
〈武侠世界〉
〈運動世界〉
〈野球界〉
〈運動界〉
〈東京朝日新聞〉

飛田穂洲

とびた・すいしゅう
本名・忠順（ただより）
1886～1965

学生野球、アマチュア野球の父。〈武俠世界〉の編集でも大活躍。

〈天狗倶楽部〉はスポーツ社交団体だが、その中でも、一番、活動に力を入れたのが野球だった。メンバーも早稲田野球部出身者がかなりの数を占めている。その中から、後に四人の野球殿堂入りした人物が出ている。その四人の野球殿堂入りした人物は、同じ野球でも、それぞれプロ野球、社会人野球、学生野球などと、異なった道を歩んでいくが、学生野球に多大の貢献をなし、学生野球の父と呼ばれているのが飛田穂洲だ。

飛田は明治十九年十二月一日、茨城県東茨城郡大場村字横須賀（現・同郡常澄《つねずみ》村）に、父・忠兵衛、母・伊恵の次男として生まれた（姉ふたり、兄ひとり、四人の弟妹がある）。飛田家の先祖は佐竹侯の家臣で、土地の素封家だった。父は明治初年に町村制度ができた時の初代・大場村村長だった。人望の厚い進歩的な人で、三カ村組合の高等小学校を設立したり、入植者を優遇したり、印旛《いんば》沼の干拓を計画したりしたという。

実母は乳の出が悪かったのと、すぐ後に妹が生まれたので、飛田は小学校にあがるまで、門前に住んでいた乳母の家で育てられた。この乳母は文字は読めなかったが人格者で、郷土誌に節婦・せつ女として名が残っているほどの心がけのいい人だったという。

乳母の夫もできた人で、家は貧乏だったが、飛田が駄菓子屋で菓子を買うからお金をくれというと、財布から勝手に持っていけといい、いくら持っていったかを調べようともしなかった。もっとも飛田も、一銭銅貨以外は持ち出したことはないという。

この夫婦は、昔から飛田家に仕え、貧しくはあったが、義に厚く、忠実で、お金にきれいな人間だったので、一面で飛田家がかれらを扶助する目的で、飛田をせつ女に預けたという部分もあったらしい。

近くに天神山と呼ばれる小高い丘があり、少年たちは、ここに集まって遊んだ。飛田ももちろん、そのひとりだったが、内気ではなかったものの、餓鬼大将というタイプでもなく、自分から喧嘩をしかけたことは一度もないという。

ただ、このころの武勇伝としては、正月に乳母の家のことを、むさ苦しいあばら家と馬鹿にした元相撲取りの老人を待ち伏せして、小桶一杯の水を一張羅の羽織、袴にぶっかけたことがあったそうだ。飛田は、このせつ夫婦に非常に慣れ親しみ、乳離れした後、両親があの手この手で生家にもどそうとするが、いつのまにか乳母の許に走り、小学校入学を機に、父が生家に飛田専用の勉強部屋を造るまで帰らなかったという。

成人してからの飛田の意地っ張りには定評があったようだが、喧嘩はしなくても、すでにこのころから、飛田は相当な意地っ張りだったらしい。実家にいる兄と、乳母の家に住む飛田がいい合いをして、兄が二階に昇り、飛田のところには二階がないだろうというと、飛田はむきになり、平屋の天井裏に昇って、ここが二階だといい張ったという。

飛田は明治二十六年、民家を借りた寺子屋式の小学校に入ったが、一年生の時、大きないたずらをした。正月、親戚の子供と一緒に、校長先生の家に年始の挨拶にいったはいいのだが、先生が安倍川餅を作ってくれているあいだに庭に出て、ふたりで椿の木に咲き誇っていた花を全部、摘み取って投げ合いをしてしまったのだ。さすがにふたりも、いけないと思った時は、後の祭り。庭には椿の花が散乱し、嵐の後のようだった。

校長先生の奥さんは、なにもいわずに、安倍川餅やみかんをごちそうしてくれ、返礼の鉛筆までくれた。怒られないうちに帰ろうとしていると、先生から「待ちな」の声。これはもう叱られると覚悟していると、先生は散らかされた椿の花を拾い集めて、紐に通して花輪にし、「今日は良く来てくれたネ、ありがとう。そして、よく遊んだね。その御褒美に勲章のお土産を上げる」と、ふたりの首にかけてくれたそうだ。この校長先生は児島武之介という、非常に人徳の高い先生で、退職後、教え子の手で記念碑が立てられたほどの人物だったという。

飛田が二年生の時、父の肝いりで新校舎ができ、ここで勉強した。三年生を修業すると、常澄高等小学校に入学した。明治二十九年のことだ。飛田が野球を見たのは、この高等小学校でだった。けれど、この学校は猫の額ほどの運動場しかなかった。「しかし面白いことにはこの狭い運動場を皮のボールがころがり初めていたのだ。私はこの不思議な皮のボールに魂を引きつけられ、先輩達が投げたり、打ったり、走ったりする三角ベースの野球の興味にすっかり魅せられてしまった。因縁というものほど不可思議でしつこくつきまとうものはないかもしれない。皮のボールを一目見たその日から、少年の心はすっかりその球の中に同居したも同然であった」。

飛田は弓がうまかった。飛田の家には弓場が二か所もあって、飛田もよく練習していたが、明治三十年の秋、那珂湊《なかみなと》で弓道大会があった時、大の大人に交じって、飛田は特別出場し、見事に的を射止めて観客から拍手喝采を浴びた。翌日の新聞は、十二歳の少年が見事に金的を射止めた、弓矢八幡那須の与市の権化と賛辞したそうだ。

けれども、飛田が夢中になったのは、弓よりも野球だった。だが、常澄小学校では、グラウンドが狭く本式の野球はできなかった。そうこうするうちに飛田は、大洗高等小学校に転校することになった。常澄小学校の生徒が増えて、二部授業をしなければならなくなったので、それではしっかりした勉強ができないと、父から転校を命ぜられたのだ。

大洗高等小学校に移った飛田は、本式の野球を習い、キャッチャーや三塁を守らされた。この時、大洗中学校（現・県立大洗高等学校）から村田というピッチャーだった人が、よくコーチにきてくれたが、ある日、キャッチャーをやってみろというのでやってみると、案外、うまく捕球できた。これが縁になって、大洗高等小学校では選手に選ばれることになるのだ。

とはいうものの、飛田は安心して野球の練習をできる状況にはなかった。飛田は成績もよかったので、両親は勉強しろとはいわなかったものの、父は野球を西洋人のスポーツとして極度に嫌った。そこで、隠れるようにして練習したらしい。

大洗高等小学校を卒業した飛田は、明治三十四年、水戸中学校（現・県立水戸第一高等学校）に入学した。水戸中学校は、明治二十四年に、中学校としては全国でもっとも早く野球部を作った名門校だった。もちろん飛田は野球部に入った。飛田が一年生の時、下妻中学校（現・県立下妻第一高等学校）から試合の申し込みがあった。伝統のある水戸中学は、楽勝の気持ちでいたが、意外に下妻中学の勝利となった。この時、下妻中学のコーチをしていたのは、農民文学の名作『土』の作者・長塚節《ながつかたかし》の弟の長塚順次郎だった。

この試合には飛田は選手として出場していなかったが、意気揚々と賞品を持って、水戸中学のグラウンドを去っていく下妻中学の選手たちを見て、飛田は、この時、本気で野球の選手になることを決意したという。それから、厳しい練習をして、飛田が選手になったのは、明治三十六年の春のことだった。

そのころ、下妻中学が東京の郁文館中学（現・郁文館高校）との試合に負けたとの知らせが入ってきた。飛田たちは、この知らせを聞くと、下妻中学の復讐戦を思いたち、郁文館に挑戦することになった。郁文館は、早稲田大学初代野球部主将・大橋武太郎や押川清、森本繁雄といった早稲田野球部黎明期の名選手を輩出し、第一高等学校（現・東京大学教養学部）ですら歯が立たないほどの野球名門校だった。

試合は飛田のファインプレーなどもあって、水戸中学の勝利に帰した。意気あがる水戸中学は、翌日、今度は慶応義塾に試合を申し込んだ。慶応はこれをころよく受けたが、さて試合を始めようとすると、出てきたのは普通部（中学）ではなく、大学野球部だった。これでは、さすがの水戸中学も手も足も出ない。15対0の大差で敗れてしまった。飛田たちは、全員、丸坊主になって水戸に帰ったという。

けれど、飛田は野球ばかりやっていたわけではない。後に飛田は雑誌記者や新聞記者をやり、名文家として、数多くの書を残しているが、この当時、校友会雑誌などにも原稿を書いたりしていた。その時、先生につけてもらったのが穂洲という雅号だったそうだ。特別に理由はなく、飛田に語呂が合うということで穂洲になったという。

もっとも、この雅号については別の説がある。後に早稲田大学野球部に入った飛田が、明治四十三年にハワイ遠征をして帰朝した際、早稲田の創立者である大《おお》隈重信《くましげのぶ》が、選手たちを屋敷に招待して歓迎の宴会をしてくれた。その時に、隠し芸で飛田が十八番の磯節を歌うと、大隈が大変に気に入り、その場で穂洲の雅号を与えてくれたというものだ。どちらの説も、それを主張している人が飛田本人から聞いた話だといっており、真相は明らかでないが、大隈は飛田が豪農の息子なので穂洲としたというから、やや、こちらのほうが真実に近いかもしれない。

飛田が早稲田大学法学部に入学したのは、明治四十年の九月だった。前年、両校応援隊（団）のもめごとから、早慶戦こそ中止になっていたが、早稲田と慶応の黄金時代だ。

しかし、その入学は、すんなりとはいかなかった。やはり父親が反対したのだ。各種の飛田の伝記類を読むと、父親が「農家だから、仕送りができないので、あきらめろ」といったとあるが、当時の飛田家は村長でもあったし、資産家だったから、実際には飛田が野球をやることに反対する口実だったのではあるまいか。

これに対して、飛田は、すでに水戸中学時代にコーチを受けて、顔見知りになっていた早稲田大学野球部第三代主将の押川清の縁から、その兄の押川春浪が主筆の雑誌〈冒険世界〉や西村渚山《にしむらしょざん》の〈中学世界〉に原稿を書いて学資を作るといって、上京した。そして念願の早稲田大学に入学したが、その時の保証人になったのは押川春浪だった。

飛田は、後の〔天狗倶楽部〕の仲間で、少し先輩にあたる針重敬喜と同じ下宿で同室することになった。そして、〔天狗倶楽部〕メンバーの水谷竹紫が創刊した〈運動世界〉という雑誌の編集を手伝って、お金のあるうちはスキヤキなどを食べ、なくなると、一個二銭の豆腐に醤油をかけたのばかり食べていたという。

飛田の強情さは先にも述べた通りだが、歳をとるとともに、ますます強情になったようだ。飛田本人は、自分は強情だとは書いてはいないが、飛田の意地っ張りを示すエピソードは、数多い。弓館小鰐は、こんな話を披露している。

彼の水戸ッポ的頑張りについて、一、二の例を引いてみよう。学生時代、後の講道館七段半田義麿が鹿児島七高へ赴任に際し、上野の丸万で送別会を催したことがある。宴半ばに畳の上で相撲が始まり、飛田対半田の取組になったが、折重なって倒れた拍子に、飛田は右肩を脱臼した。列席の押川春浪その他が、驚いて介抱する中に、シカメ面で起上った飛田は、腕をブラ下げたまま一言も痛いといわない。左手でなお盃を挙げようとするのを、一同で宥《なだ》めすかし、付近の接骨医に連れて行って、どうやら元通りハメて貰うと、彼は更に会の続きをやり直そうというのである。結局同じ下宿の友人を付添わせて、無理矢理帰したが、左手だけでは野球が出来ず、その後数日練習を休んだため、安部部長にミッチリ訓戒され、これには彼も閉口頓首《とんしゅ》する外はなかった。

また、これは別人の書によるものだが、こんな話も残っている。

早稲田大学の旧選手飛田忠順君の頑張りの強い事は有名なものだが、ここにもまた珍無類の事実談がある。

君はある年所用があって郷里へ帰った。その時何か急な用事があったので、水戸の停車場前の自働電話から、弓削《ゆげ》早大応援団世話係の許へ電話をかけた。すると、その頃弓削君の家では電話を他へ譲り渡して、代りのを申込んだがまだ出来ていなかった。それを知らぬ飛田君、いくらその趣きを交換手が断っても、有るといってどうしても承知しない。流石《さすが》の交換手も遂に呆れ返って、違っている事を承知でその番号を繋いだ。が、もちろん違っているのだから通じよう筈がない。

さあ先生怒るまい事か、火のように憤慨して、例によって口の先を尖がらかしながら交換手に談判に及んだ。

その談判がまた頗《すこぶ》るふるっている。違っている処《ところ》へ繋いで要領を得ないから、電話料金大枚五銭を返せというのだ。その上、停車場前の自働電話にいるのだから持って来いと威張り返える。

交換手先生、最初のうちはからかっているのだろうと思って、いい加減に応《あし》らっていたが、真剣に怒っているので大に驚嘆して、詮方がないから と郵便局から五、六町もある、弓削君の許まで迎えに行って、漸《ようや》く事なく済んだと。頑張りもこの位強ければまず横綱といえよう。

飛田は、明治四十年秋から二塁手として正選手になったが、野球選手としては、早慶戦が中止時代だったので、あまり大試合を経験しておらず、不運だったといえるかもしれない。明治四十一年には、当時は早慶より格下となっていた一高にも負けている。また翌四十二年にも負けた。

そのため、明治四十三年の一高戦に際しては、三連敗はできないと、猛烈な練習が行われた。毎日、押川清がグラウンドにきてノックをするのだ。この練習で飛田は、ひどい突き指をしながらも、がんばった。試合の前夜、選手一同が安部部長や押川清先輩と作戦会議を開いていると、太鼓やドラム缶を叩きながら、三百人の応援隊がやってきた。そして、激励文を読み上げ、ビールの樽を寄付した。

これに対して、この年、早稲田大学野球部第五代主将に選ばれていた飛田は「深く諸君の厚意を謝す。明日はもちろん全力をあげて戦い、諸君の期待に背かないよう大なる決心をもっている」といったが、ここで、よけいなことをつけ加えてしまった。「もし……不幸にして明日敗戦を重ねるようなことがあれば、われわれ……選手一同は、いさぎよく選手を辞退する」。

よろこんだ応援隊は、喚声をあげ『都の西北』を歌って引き揚げたが、安部部長は渋い顔だ。一高に負けたぐらいで選手一同辞退というのは、大袈裟《おおげさ》すぎる。でも、いってしまったものは、しかたがない。飛田は、さすがに事の重大さに安眠できなかったという。

さて、翌日、押川春浪が筆頭になって、〔天狗倶楽部〕のむしろ旗を振りまわす中、試合が開始された。試合は、早稲田の選手が二年連続負けのプレッシャーからか、飛田の前夜のことばからか、固くなって苦戦したが、延長十回、どうやら一点を取り、からくも勝利し、飛田たちは選手を辞めずにすんだ。

ところで一同合宿所に帰ったが、自分も酒を飲まず、選手には禁酒を命じている安部部長は、前夜、応援隊によって持ち込まれたビール樽がなんだかよくわからなかった。合宿所のおばさんが説明すると、すぐに返しなさいという。選手たち、「はい」と答えたが、いつのまにか、樽は空っぽになっていたという。

この年、早稲田大学は初のハワイ遠征をした。滑稽百出の旅行で、飛田は大学生活中、もっとも印象に残る楽しいできごとだったといっている。成績も、セミプロチームや海兵隊チームなどを中心として戦い、十三勝十二敗一無勝負という、まあまあの成績だった。しかし、飛田のよろこびも、ここまでだった。

明治四十三年九月末、飛田の人生に大きな影響を与えることになる、アメリカのシカゴ大学チームが早稲田の招きで来日したのだ。それまでにも、明治四十一年に来日したワシントン大学、四十三年に来日したウィスコンシン大学と対戦していた早稲田、慶応は、このシカゴ大学チームを侮っていた。ところが、快腕投手ページを擁するシカゴ大学チームの強さは、これまでの大学チームとは比較にならなかった。

早稲田は2対0、5対0、15A対4と全敗。慶応も全敗したが、早稲田よりは善戦した。さらに、〈大阪毎日新聞〉の招聘《しょうへい》で、早稲田とシカゴは関西遠征し、三戦したが、これも8対4、20対0、12対2という大差で全敗。帰途、三高チームにも敗れ、早稲田野球部は、世間からごうごうたる非難を浴びた。

これ以前、早稲田が東京で三連敗した時、押川春浪はあまりの悔しさに、押川清、伊勢田剛、泉谷祐勝などの早稲田OBと現役選手の混合チーム（〔天狗倶楽部〕より、ややできのいいチーム）を組織して、シカゴ大学に挑戦したが、試合前夜の水垢離《ごり》も功を奏さず11対2で大敗した。

この早稲田の全敗に、飛田は責任を取って、他の三選手とともに引退し、新チームを組織し、飛田らはコーチ役にまわることになった。そして、翌明治四十四年三月、早稲田はシカゴ大学に招かれて渡米することになったが、ここに、ひとつの紛争が起こった。

安部部長が、飛田を遠征チームに加えなかったのだ。飛田は、当然、自分も行けるものと考えていたので、新聞種になるほど野球部内はもめ、一時、安部は部長を辞めた。あまり知られていないことだが、飛田も、この事件の時、野球部はもちろん早稲田をもやめ、明治大学に転校している。おそらく、これがショックだったためだろう。

押川春浪先生は早大出身者として、野球部に縁故が浅くなかったから、市俄古《シカゴ》開戦以来、猛烈な憤慨であった。ある時は私を呼び寄せて『どうしても市俄古に勝てなければ、貴公《きみ》この槍を提げてページを訪《おとな》い、もし早稲田に勝ちを譲らねば汝をたちどころに突き殺すと脅かせ。そうすれば元来毛唐は臆病だから、次の戦いには球が乱れる。乱れぬまでも遠慮する。そこに付け込んでセーフヒットをカッ飛ばすんだ』。

春浪一流の妙計であるが、私は苦笑しながら、『そんな卑怯な事が出来るもんですか』といえば、酒気を帯びた先生は、やがて呵々《かか》大笑《たいしょう》して『困ったもんだな。これが戦争ならば、ページなんどという奴、生かしておくではないが』。(中略)

一番安部先生と私とを攻撃したのは、やまと新聞であった、これは平塚断水が大《おおい》に春浪先生の命を受けてやったものであろうが、尾鰭《おひれ》をつけて書きなぐった。なんでも春浪先生も寄書したように覚えている。報知新聞も書いていた。報知のは最も滑稽なるヨタであった。

この記事は本誌などにも時々見ゆる後藤矢峰《ごとうしほう》(又男)が報知新聞時代に書いたものであった。しかし矢峰も断水も野球には門外漢である。それから中央新聞に田村三治(江東)という禿げ頭がいる。こやつまた野球を知る薬罐《やかん》ではない。こんな中に私に唯一人同情を寄せたのは、当時米国にあった橋戸頑鉄氏であった。私は私の心中を知ってくれた大先輩に対して、今でもその厚意を忘れる事が出来ない。(中略)

私が登校してちょうど大隈伯(その頃は伯だ)の銅像の前の芝生にぼんやりしていると、春浪先生がヒョコヒョコやって来た。それを見つけた私は先生を呼止めると、『アツ、君を探していたところだ。一寸《ちょっと》そこまで来てくれないか』。私は先生の後について校門前の高田舎に入った。

『実は昨夜、僕等と先生と逢ってよく話した結果、二人の選手は渡米さすことになった。同時に人数上君には渡米をやめて貰いたいというのである。甚《はなは》だいい憎い事だが春浪が頭を下げて頼むから、やめてくれまいか』

春浪先生は僕の保証人であった。その保証人が急先鋒となって市俄古《シカゴ》の時は私や安部先生を攻撃したのであるから、随分変っている。

その保証人が頭下げて、他の人々に譲れという。私は主張さえ通れば、快く若い選手に譲る。ただあくまでも市俄古敗戦の歴史を振り冠《かぶ》って断念せよというならば、男の意地でもやめない。私はハハハと笑った。

『あなたはもう引受けて来たんでしょう。飛田の行くことは断じてやめさせますって』

『いやこれは閉口した。そういった』

『じゃもう仕方がないじゃありませんか。あなたが引受けたのを、僕が頭を振れば先生は立場に困るでしょう。若い人が行く事は僕も賛成ですから』

先生はこの時ホロリとした。感情的な先生は私がいかにも無雑作に万事を任したことをいたく感謝したらしい。

年譜を見ると、この明治四十四年春、飛田は在学のまま〈報知新聞〉の記者をやっている。いつ早稲田に復校し、どういう経緯からの記者活動か知らないが、毎月十円もらって、運動記事、時には競馬の記事も書いた。ところが、ある時、飛田の書いた記事が、手を入れられて新聞に載ったはいいが、「大飛球砂を嚙んで左翼を脅かし云々」と載っていた。いくらなんでも、大飛球が砂を嚙んではあんまりだと文句をいうと、次からは手は入れないから、なるべく形容詞を多く使ってくれといわれたという笑い話もある。

大正二年七月、早稲田大学を卒業した飛田は、押川春浪が明治四十五年一月に創刊した〈武俠世界〉の編集者になった。軍隊に入隊したのかどうかは、ちょっと調べがついていない。当時、〈武俠世界〉の主筆の押川春浪は、体調を悪くしており、これも〔天狗倶楽部〕メンバーの針重敬喜と飛田のふたりが、実質上の編集長となって、雑誌を支えていたようだ。そして、押川春浪の人がらに惚れ、かなり影響を受けたらしい。

この時代の飛田の武勇伝を、ふたつほど紹介しよう。まずは、仲のよかった元明治大学相撲部主将で〔天狗倶楽部〕メンバー、後の明治大学理事の大西俊明の話だ。

大正二年の秋頃であったが、小生は友人珍田氏（元の侍従長の二男）の招きを受けて神楽坂の料亭「田毎」に赴き、数名の芸妓を侍らせて痛飲放歌していると、襖一つ隔てて、物凄《ものすご》いドラ声で桃中軒雲右衛門張りの浪花節を怒鳴り、更に磯節を本調なりと自称して更に大声を張り上げるので、ツイ「ウルサイ、止めろ！」と珍田君が怒鳴った。これを聞いた隣りの連中が「何おっ、この野郎」とやり返す。「何が何だ」の応襲。双方、合間の襖を蹴破って飛び込んでみると、振り上げたげんこつのまま顔見合せて、「何だお前か」と見れば、この歌と浪花節の主は穂洲先生で、他に押川清、橋戸頑鉄、針重敬喜、大村幹、等早大野球部の大先輩一同と弓館小鰐氏の、共に天狗倶楽部門人ばかり。「大合同で飲み直そう」と辺りを見ると、双方で呼んだ芸妓共は「スワ大事件」と皆逃げ帰ったので、一同口あんぐり。「馬鹿野郎共だからエライ損した」と手酌で飲んだ失敗は終生の笑草となった。

次は弓館小鰐の紹介するエピソードで、武俠世界社が小石川区（現・文京区南部）三軒町にあった時のことだ。押川春浪、小杉未醒、吉岡信敬ら〔天狗倶楽部〕の面々が花見をやった。例によって大騒ぎをやり、弓館と飛田は、それから出勤というのだが、酒が惜しいと薬罐《やかん》に入れて、電車の中に持ち込んだ。そして、別組の酔客と酒を酌み交わした。車掌が注意するが、ふたりとも、聞く耳を持たない。怒った車掌は、数寄《すき》屋橋《やばし》で、ふたりを交番に突き出した。
薬罐をブラ下げた二人は、その頃あった三十間堀署に引立てられたが、調べの警部が氏名を尋問しても、飛田は「ワシは水戸浪人じゃ」と答えるばかり。その上「警部君、一杯やりたまえ……」などと薬罐を差出したので、スッカリ感情を害してしまい、容易に帰してくれないのだ。結局同じ新聞社の警察記者に口をきいてもらい、留置所泊りは免れてやっと釈放された。

飛田の酒の上での失敗談はかなりあるようだが、本来は酒はあまり好きではなく、甘いものに目がなかった。酒は、すすめられれば飲むが、ただし、飲み出すと、とどまるところを知らず、相当に強かったそうだ。

飛田は大正三年二月に、親同士が決めた許嫁《いいなずけ》の土信田ひろ子と結婚して、牛込区（現・新宿区東部）弁天町の借家に住んだ。〈武俠世界〉の月給では、ぎりぎりの生活だったらしい。

大正八年、早稲田野球部は専任の監督を置こうということになった。しかし、適任者がいない。安部部長と押川清が、どうしたものかと頭を抱えているのを見た飛田は、生活のことも考えずに、即座に監督に名乗り出た。

これには理由があった。飛田は、どうしても、明治四十三年のシカゴ大学戦の屈辱が忘れられなかったのだ。自分が監督になって、必ずシカゴ大学を倒したい。それは執念といってもよかった。その時には、飛田には子供がふたりあって、決して生活は楽ではなかった。妻に相談すると、「それ程あなたが決心なさったのなら、わたしはこの上何も申しませぬ」と答えてくれた。

しかし、シカゴ大学は強かった。飛田が監督に就任直後の大正九年に来日した時も、早稲田は三連敗だった（大正四年にも三連敗していた）。だが、大正十四年の秋、飛田監督率いる早稲田大学野球部は、ついに二勝一敗二引分けと、十八年目にして宿敵シカゴ大学を破った。その日、飛田は選手一同を集め「自分は念願であったシカゴに勝った。これを機会に監督を辞任する。あとはきみたちで早稲田の伝統を守ってもらいたい」と、周囲が留意するのを振りきって監督を辞めた。

この間、大正九年には、太田四州や押川清らとともに、総合スポーツ雑誌〈運動界〉を創刊して、編集長を務めた。この雑誌は、押川春浪のスポーツ観を反映させたような雑誌で、春浪の飛田に対する影響力がかいま見られるようだ。

大正十四年には、十九年間杜絶していた早慶戦を復活させるのに、おおいに貢献した。大正十五年、新聞記者として〈東京朝日新聞〉に入り、スポーツ記事に健筆を揮った。

監督辞任後は、一貫して大学野球、中等野球（現・高校野球）など、アマチュア野球の発展、振興に尽力した功績は、はかり知れないものがある。

戦後、郷里の大場村の村長にもなっているが、これは飛田の家系が代々、村長を務めてきたので、野球のある時は仕事をしない、という条件で引き受けたという。だが、ここでも飛田は立派な行動を取っている。

就任したばかりの秋、関東一帯に大雨が続き、村が大洪水になった。村民の食糧がない。村の食糧営団の米や麦はあるが、これは県庁の許可がないと手をつけられない。飛田は県庁に連絡しようとしたが、電話も通じず、連絡ができない。

無断で倉庫を開けることはならんという規則は、十分心得ていましたけれども、これにこだわっている場合ではありません。

「責任はおれが引き受ける——すぐ倉庫をあけて、村中に配給しろ！」

「よござんすか。県庁からしかられますよ」

「かまうもんか、村民の命にはかえられん」

しりごみする役人をはげまして、倉を開き、村中をにぎわしました。村民がよみがえった顔で新村長の決断をほめたたえたことはいうまでもありません。

昭和三十一年、毎日スポーツ賞受賞。三十二年、紫綬褒章受章。三十三年、朝日文化賞を受賞。三十六年、野球殿堂入り。昭和四十年、大場村で死亡。七十八歳だった。従五位勲四等を拝受。

四十一年、日本学生野球協会等により、胸像が早稲田の戸塚球場に建立された。四十二年、水戸一高に胸像建立。

〔参考文献〕
『日本三球人』（五十公《いずみ》野《の》清一《せいいち》・昭和四十三年七月・世界文庫）
『名選手物語』（弓館芳夫・昭和三十一年六月・毎日新聞社）
『早稲田大学野球部五十年史』
『飛田穂洲選集』
『ニヤニヤ交友帖』
『野球ローマンス』
『野球百物語』
『明治大学野球部史』
〈冒険世界〉〈武侠世界〉〈運動世界〉〈野球界〉〈運動界〉
〈新青年〉〈東京朝日新聞〉〈やまと新聞〉

弓館小鰐

ゆだて・しょうがく
本名・芳夫（よしお）
1883～1958

山のような珍談の主。
名文家としても名高いジャーナリスト。

バンカラという点ではそれほどでもないが、奇人、変人として〔天狗倶楽部〕で一、二を争うのは弓館小鰐だ。とにかく、この人もエピソードが多い。

弓館は明治十六年九月二十八日、岩手県西磐井郡《にしいわい》一関町《いちのせき》（現・一関市）の清野家の長男として生まれたが、後に士族の弓館家の養子となった。明治二十九年、岩手尋常中学（翌三十年・盛岡尋常中学、現・県立盛岡第一高校）に入学。後にはのっぽの馬面といわれるほどに背が伸びたが、中学一年生の時は背が低く、とても中学生には見えないので、同級生たちから小学生と呼ばれていた。

しかし、本人は、そう呼ばれることが嫌だったようではなく、ペンネームの小鰐は、これをもじったものだという。文章によっては、小鰐生や小鰐狂生、小鰐坊なども使用している。同学年には、後に言語学、アイヌ語研究の大権威になる金田一京助《きんだいちきょうすけ》や、戦後、一農林大臣を務めた田子一民《たごいちみん》、銭形平次でおなじみの作家・野村胡堂《のむらこどう》がおり、二年後輩には、天才歌人といわれた石川啄木《いしかわたくぼく》がいた。

明治三十四年春に、まだ東京専門学校と称していた時代の早稲田大学の高等予科に進んだが、ここで弓館は野球部に入る。弓館が大学に入った時には、まだ野球部は存在していなかったが、前史はある。明治三十年ごろに、押川春浪らが中心となって、チームを結成したことがあるのだが、それらしい活躍もせず、自然消滅してしまったらしい。横道にそれるが、押川春浪の話がおもしろいので、ちょっと紹介してみよう。


とかくする内に日本の野球熱はだんだん盛んになり、東都の学校はどこへ行っても、球とバットの響きを聴かぬ処《ところ》は無い程になったので、どうだ僕等も一つ早稲田に野球部を設けようではないかと、気紛れの相談が本当になって、とうとう一つの野球部が出来た。もちろん頗《すこぶ》るケチなもので、道具は揃わず、選手は下手糞だらけ。その時分、早稲田校内には運動場が無いので、近所の八幡の原へ行ってバットを振回したが、田甫《たんぼ》を埋めた跡の余り広くない場所なので、少し遠く球が飛ぶと河へ落ちる。思い切って走ると忽《たちま》ち滑って転ぶ。イヤハヤ惨憺《さんたん》たるもので、選手の服装等も蛮的の本色を発揮し、服脱ぎもあれば、頬被りもあり、いずれも拙い手付をしているが、中で一番巧かったのは菅井武雄という男で、この男は仙台の二高で大いに鳴らした歴史を持っていたが、この時はよほど下手になっておった。しかし僕等よりは遥かに巧い。

このような連中が集まって、暇さえあると頻りに野武士的練習をやるが、何しろ豪傑連の集合だから、議論のやかましい割には少しも上達せぬ。けれど自分等は大に巧くなった積りで、もう中学位には負けまいと自惚《うぬぼ》れを起し、ある日御近所の早稲田中学と戦ってみたが、イヤハヤお話にならぬ。坊ちゃん達に髭の大男どもが散々な目に逢わされた。このような風だから初期の早稲田野球部はチットも振わず、いつの間にか立消えになってしまった。

こんな状況のところへ、弓館は入学した。なぜ、東京専門学校を選んだかは、はっきりしないが、本人は エッセイ集の中で「一つ文学を修めて将来大文豪になってやろう。万一まかり間違っても新聞記者ぐらい(記者諸君、怒るなよ!)にはなれるだろうと思って」英文科に入ったといっている。ところが文科生にまで、法学通論、経済原論だの簿記学だのを教えるので、弓館先生おもしろくないことおびただしい。

それより野球をやろうじゃないかと、自然に野球をやりたいという者が集まりだし、会費を出し合って野球部を作った。その野球好きの筆頭が、早稲田大学野球部初代主将の大橋武太郎で、ほかに鈴木豊、西尾牧太郎、丸山二郎などという選手が集まった。

そして、練習をし、当時の強豪・学習院に試合を申し込んだが、この時、はじめて早稲田大学野球部のユニフォームが作られ、弓館もこれを着て、うれしくてたまらなかったといっている。

この対学習院戦には、おおかたの予想を裏切って早稲田が7A対6で勝利した。なにしろ、学習院側では、その時、早稲田に野球部があるということさえ知らなかったそうだ。そこに勝ってしまったのだから、大快挙。もっともリターンマッチでは大敗してしまったが……。が、なんにしても、早稲田野球部は、記念すべき創部第一戦を勝利で飾ったわけだが、弓館は、この試合には選手としては参加しておらず、マネージャー役だったらしい。

ただし選手として出場した試合もあるようで、後に早稲田の名選手として活躍し、野球殿堂入りさえする橋戸信や押川清らを評して、こんなこともいっている。「早稲田の野球部といえば、橋戸と押川が作って、この二人が一番古いように思ってる人があるが、これは間違いじゃ。かく申す我輩などはズント橋戸押川などより古ければ、またこの二人より以前に早稲田の選手を承ったものだ。いわば橋戸、押川等は皆我輩の後輩じゃ」。ほかの人物がこんな発言をすると厭味《いやみ》に聞こえるが、弓館がすると笑い話になるところが、いかにも好人物を思わせる。

弓館の数あるエピソードの中で、極めつけは金玉握り事件だろう。これは、話はもどって、弓館がまだ岩手尋常中学時代のエピソードだ。あまりにも有名なエピソードで、いろいろな人が書いており、多少、話が違っているものもあるが、だいたいはこんなところだ。

寄宿舎生活をしていた弓館、ある夏の日、一日暴れ抜いて、汗だくになり、弓館を筆頭に五、六人で風呂場に飛び込んだ。と、その時、舎監の先生が風呂から上がり、からだを拭いていた。ところが、風呂場は湯気もうもうだし、近視の弓館は眼鏡をはずしていたから、それが舎監先生だとは気づかない。

寄宿生のひとりの黒瀬という友人だとばかり思って、後ろから近づくと、いきなり股間に手を差し延べて「やあ、黒瀬。大きいなあ！」と金玉を握った。と、舎監先生、振り向いて、「何をする‼」と一喝した。びっくりした弓館、素っ裸で部屋に逃げ帰ったという、馬鹿話だ。

が、実は、これは弓館のエピソードではないとする説がある。本人も否定しているし、やったのは別人だと証言している同級生もいる。でも、これは話が弓館でなければ、おもしろくない。筆者は、あえて弓館のエピソードとして、ここに紹介しておく。

実際、金玉を握ったのは弓館ではなかったかもしれないが、それが弓館のエピソードになってしまうのには、理由があった。なにしろ、中学時代の弓館は、いたずらでは有名だったらしいからだ。

寄宿舎に新入舎の者があって挨拶にいくと、弓館は馬乗りになり、両手をかざして、左右を振り向きながら、「いいながめじゃ」と部屋を歩き回らせたり、ハイカラ先生が寄宿舎の舎監の補助で泊まりにきた時など、おおいにいたずらをしたと、本人が告白している。

そのやり方は、先生が寝付いたころを見はからって、指揮者が合図をすると階上階下の生徒が一斉にドタバタやって「ファイヤー、ファイヤー(火事だ、火事だ)」と騒ぐ。先生は驚いて起きて、弓張《ゆみばり》ちょうちん片手に二階に上がってくる。

そのとたんに、生徒はみんなすうっと逃げて寝床へもぐって息を殺してしまう。先生はだまされたとわかってしぶしぶ自分の部屋へ帰って行く。そして寝かかるとまた、この火事だ、火事だをやる。(中略)

私が後に「万朝報」へ入った時、往年いじめた斯波《しば》先生が後から主筆になってきたので、一大事だと小さくなっていたものだ。もっともあとで何かの機会に白状してしまったが……。

この時代の弓館のいたずらの話は、いくらでもある。寄宿舎の弓館の隣の部屋にIという舎生がいた。これが、金持ちなのだが、陰気で意地悪で、けちの見本みたいな男。ひとりで、うまいものを買ってきては食べている。しかし、おすそ分けをしようなどという気持ちは少しもない。これに腹を立てたのが、弓館たちだ。

なにをしてやろうかと考えた結果、みんなで鼻糞をほじくり、Ｉの鯛味噌の中に混ぜて喰わしてやった。Ｉは、それを知らずに、うまいうまいと食べている。これを見た弓館たち、おおよろこびしたが、これでも、まだ気がすまない。次には、ノミを捕って、これを佃煮に混ぜて喰わした。これを知った隣の部屋からも、ノミが持ち込まれる。最後には舎監に発見され、大目玉を喰ったが、Ｉが喰った鼻糞とノミの量も少なくなかったらしい。

また、当時のバンカラ学生たちが犬猫を喰うのは、珍しい話ではないが、弓館たちも、これをやった。炊事係を受け持った時、授業の実験で殺した犬の肉を牛肉に混ぜて煮付けにした。なにしろ、牛肉などめったに食べたことのない寄宿舎生たちだから、「今月の委員は、腕がいいぞ」とおおよろこびだ。舎監先生も少しも気づかず、舌鼓を打って食べたという。

けれど、弓館たちは、犬を殺しているところを見ているから、調子を合わせるのにはひと苦労したが、とにかく犬料理は大成功で、卒業式の時、仲間のひとりがこの一件を暴露すると、舎監先生も舎生も、苦笑いするばかりだったという。

こんな弓館だから、東京専門学校に入ってからも、珍談は山のようにある。まずは野球部後輩の飛田穂洲の暴露する草取り事件。

ある年の夏のことだ。早稲田のグラウンドは、畑地をならして作ったものだから、夏になると雑草がすごい。そこで、安部部長、だれか草刈りをしてくれないかと頼んだ。報酬は前金で十円。もりソバが二銭の時代の十円だから、これは大金だ。

「ぼくが、やりましょう」と名乗り出たのが弓館。草取りくらいたいしたことはないと、のんびりしており、隣のテニスコートでテニスなどをして、数日間を遊んでいた。そして、いざ、草刈りを始めようとしておどろいた。グラウンドはダイヤモンド付近を除いて腰を没するような高さの雑草が一面におい茂り、子供がバッタ捕りをやっているではないか。

これでは、とてもむりだと思ったが、もらったお金は、もうとっくに使ってしまっているし、意地っぱりでは負けない人間だから、練習開始日までにはなんとかしようと、必死で草取りをはじめた。へとへとになりながら、三、四日がんばってみると、けっこう進む。これならどうにかなる、とよろこんでいると、なんのことはない。数日前に刈ったところから、もう新しい雑草が生えている。

やがて練習日がきたが、みんながグラウンドに集合してみると、ほとんど草は刈られていない。いや、一度は刈ったが、また伸びている。弓館が、頭をかきかき事情を説明すると、部員一同、大笑いだが、結局、安部磯雄部長も笑って、全員で草刈りのやり直しをしたという。これがほかの選手だったら、安部も怒ったのではないかと思われるが、弓館なので、笑い話に終わったのだろう。

〔天狗倶楽部〕のメンバーは、名だたる酒豪が揃っているが、弓館も例外ではなかった。飛田穂洲は「性恬《てん》淡《たん》、奇行に富み、平素は黙々吃《きつ》々《きつ》としているが、一度液体が体内をめぐれば、談論風発し当たるべからざるものがあった。ことに諸国民謡を得意として、みずから大家を気取っていた」といっている。

宇都宮で夏季合宿練習をやった時というから、明治三十五年、東京専門学校が早稲田大学に名称を変更（九月）する直前のことだ。安部部長は部員にアルコールを禁止していたが、弓館や橋戸たちは、どうしても飲みたい。そこで、先生には「すき焼きに酒を入れると、味がよくなります」といって、女中に酒を持ってこさせ、これを部長の目を盗んで、一杯やった。

この作戦が三度、成功したので、にやにやしていたところ、代金を払うのを忘れていたものだから、引き揚げの際の勘定書きに、何度も「清酒五合」というのが出てきて、計略は露顕、安部に頭を下げたという。

それでも懲りないのが酒飲みの性行、三十七年の伊豆合宿の時は、酒壜を宿の湯の湧き口で温めて、橋戸、押川と流し場で、裸でラッパ飲みし、すまし顔で晩飯の席についた。この時は、みごと成功して、後年、安部部長に白状すると「ちっとも気がつかなかった。うまくスチールされたねえ」と苦笑されたという。

汽車の呼び戻しという逸話もある。早稲田大学生のころの話だ。ある日、野球部員の押川清、河野安通志らと弓館は、目黒に栗飯を食べにいった。しこたま食べて、目黒の駅にくると、もう汽車はきている。押川と河野は、切符を買って乗り込んだが、なにをしていたのか、弓館だけが遅れてしまった。切符を買う暇もなく、汽車は走りだす。

あわてた弓館、懐から五十銭銀貨を摑みだすと、これを差し上げて「これを出すから乗せてくれ〜」と叫んで、汽車と一緒に走りだした。しかし、もちろん汽車は止まらない。しかたなく、駅員の制止するのを振り切って、次の貨物列車に飛び乗って、帰ってきたという。筆者の想像だが、この時も、一杯やっていたのではなかろうか。

話は、ずっと後年のことになるが、酒で大怪我をしそうになったこともある。昭和二十三年六月のことだ。当時、弓館は〈毎日新聞〉の運動部に所属していたが、ある日、後楽園球場を借りて、順天堂のお医者さんたちと軟式の野球試合をやった。試合は、お医者さんチーム手強く、弓館チームは負けてしまったが、勝負は問題ではない。例によって、そのあとの酒盛りだ。

順天堂病院に招かれて、日本酒、ウイスキーで懇親会を開き、弓館先生、いつしか昏酔状態になったままで、病院を去った。

夜中に目をさましてみると、正に自分のうちの床に寝ている。ひたいがヒリヒリ痛むので、手をやってみたらベットリ固まりかけた血がついて来た。しかしどこで怪我したか、それからどうして帰って来たか、まるきり思い出せない。家人を起して聞いてみたけれども、ただどこかで落っこったとかいって、ワイシャツからズボンまで血まみれになって帰宅し、そのまま寝てしまったということが判っただけである。

私は順天堂からの経路を、思い出そうと努めたが、全然空白で記憶の片すみにも浮かんで来ないのだ。翌日は六大学の覇権を争う早明決勝戦だったので、これを見のがすわけには行かない。帽子をまぶかに傷を隠して神宮球場へ出かけ、満員の人渦にもまれながら、それでも最後まで見物した上、何気ない顔をして出社した。

運動部の人たちは、私の姿を見ると「どうしました?」「大丈夫でしたか」と口々に問うのである。聞けばその日の午前中、本郷元町の東京都清掃所から電話があって、昨夜がけから落ちた人が、社名を刷った書類入の封筒を落して行ったから、心当りはないかと照会して来たとのことだ。私は初めてそこで怪我をしたことを知り、取り敢えず水道橋わきの同所に駆けつけると、事務員やそのおかみさん達が大勢出て来て、前夜のてん末を代わる代わる話してくれた。自分のことを人から聞くんだから、およそヘンな話だが、要領をしるしてみると——、

——十一時ごろ家の後ろでドシンという音がしたので驚いてのぞいて見ると、上の電車道から落ちたらしい背広服姿の人間(恥かしいが、これは私のことである)が倒れている。すぐに電車通りの馬場病院に担ぎ込んで、応急処置をしてもらったが、傷は案外に軽く顔を一カ所二針ばかり縫っただけ、当人も至って元気だった。治療代を聞かれて五十円と答えると、百円札を出して「おツリはいらん」といって一人で帰ろうとする。(この辺りも大いに恐縮)「お宅はどこです。送りましょう」といったら、「ナーニ、大丈夫……」と大威張りで帰って行った。落ちていた封筒を見て、電話したが、まさか本人は見えまいと思ったのに、大事でなくてよかったですねえ。以前道路の川沿にさくがあったが、戦争中横の鉄棒を取りはずし

たので、その後落ちる人が多くなった。先だってもどろ棒を追いかけた巡査が、足踏みはずしてあなたと同じ所に落っこち、全治二カ月の大怪我をしましたよ――。

というのだった。導かれて墜落の現場を見ると、高さ一丈五尺ばかり、下はコンクリート固めだから、打ち所が悪かったら死んだかも知れない。私は心中おののきかつ感謝した。

弓館は、その人がらもあってか、自分の失敗談をいくつも書いており、まだ、この手の話は数々あるが、少しは自慢話のほうも紹介しておこう。となると、なによりも、まず最初に紹介されなければならないのは、明治三十六年に第一回が開催された早慶野球戦の時のエピソードだ。

第一回の早慶戦は、早稲田野球部に有力選手が入部してきて、ようやく陣容が整った明治三十六年の十一月二十一日に行われた。早稲田から慶応に試合を申し込んだのだ。慶応は、こころよくこれを受け、三田の慶応グラウンドで試合が行われることになったが、当時のことだから、早稲田の鶴巻町から三田にいくには交通機関が人力車以外にない。

が、貧乏学生が、野球のために人力車には乗れないので、安部部長も選手も、テクテク歩くことになった。その時、マネージャーをやっていた弓館だけは、バットをはじめとして選手たちの道具と一緒に、ひとり人力車に乗って、慶応グラウンドに向かったのだ。

先にグラウンドに到着した弓館、あとからきた選手たちに、「バットになりたい」とうらやましがられ、得意だったという。ただし、この話は、弓館自身が翌明治三十七年のことだと発言している資料もあり、どちらが正確かは、はっきりわからない。どちらにしても、弓館の得意顔が目に浮かぶ。

もうひとつの得意話は、少し込みいっている。弓館が『巌窟王』などの名訳で知られる黒岩涙香《くろいわるいこう》社長の〈万朝報〉の記者一年生の時、明治三十八年十二月三十日のこと。社会部に属していた弓館は、部長の松居《まつい》松葉《しょうよう》（戯曲家・翻訳家）に、巳年にふさわしい原稿を取ってこいと命令された。長浜の竹生島《ちくぶ》で、弁財天の問題で僧院が二派に別れてもめているから、それを取材しろというのだ。

さっそく、出発した弓館、三十日に岐阜で一泊し、翌三十一日には長浜の宿で一泊することになった。旅の疲れで、ぐっすり寝込んでいると、まだ薄暗いのに、ガラガラと雨戸が開く音がする。

「やかましい！　静かにしないかッ」

怒鳴りつけて、蒲団をかぶっていると、女中が部屋に入ってきた。

「旦那はん、〇〇のお調べでッせ」

弓館先生、〇〇がよく聞こえなかったし、雨戸のガラガラで腹が立っているから、静かにしろと怒鳴ると、今度は男の声で、「コラ、起きないか――起きるんだ」という。見ると、和服に前垂れかけをしているから、てっきり宿の番頭だと思い、「この野郎、失敬なッ！」と、飛び起きざま、男の横面を平手でひっぱたいた。

男は「抵抗するかッ」と飛びかかってくる。なんだかわからないが、負けてなるものかと、それから大乱闘。障子は倒れる、女中は悲鳴をあげて逃げ出す。そのうち、下から加勢がやってきて、とうとう腕をねじあげられてしまった。おれをどうするんだと質問すると、警察に連れていくという。そこで、弓館、やっと、その男が刑事であることを知った。

それにしても、自分は警察に捕まるようなことはやっていない。わけがわからないままに留置所にぶちこまれてしまった。やがて、当直警部補の取り調べが始まったが、話はこうだ。

名古屋の某大商店の店員が、歳末の集金を誘帯して行方をくらました。その犯人は前夜岐阜の妓楼で豪遊の末、米原で乗替えて北陸線に立回った形跡があるから、手配を頼むとの警察電話があった。例の刑事が、この通知によって旅宿を調べてあるくと、悪いことに私の年恰好、身長、容貌それから宿帳に正直に書いた前夜岐阜一泊の項まで、ピッタリ符合していたらしい。これなんめりと起しにかかると、起ち上りざま抵抗に及んだから、てっきり犯人に相違なしと見て、拘引したというのである。

私はこれを聞いて苦笑いも出来なかった。社命により竹生島僧院の暗闘を調査に行く旨を、ありのままに陳弁したが、疑いが容易に解けそうもない。しからばと宿に残してある所持品を取寄せてもらい、社名入りの名刺、鉄道パス、電報後納票と、それに少々恥かしくはあったが、二十数円しか入っていない財布まで開けて見せていった。

「大金を持逃げした犯人が、タッタこれだけ持っているだけですが……」

二人も、これ等の証拠を見て、全く誤認をさとり、頭かきかき言葉をつくして陳謝につとめた。そして宿直室に招じられて、熱い茶と安倍川餅の馳走にまで預かった。例の刑事は、まだ赤くなっている頬ベタを撫でながら、

「でもいきなりピシャリとなぐられた時は、犯人に違いなしと思いましたよ」といったので、私もこれに応じて、

「僕だって、番頭のくせに無礼な奴だと、カッとなって、ツイ失敬した」と笑い合った。

先刻活劇を演じたばかりの二人が、談笑しながら帰って来たので、宿の者は怪訝《けげん》な眼をしていた。竹生島の事情については警察でも調査した材料がある、ちょうど非番だから一緒に行って上げましょうと、お詫び心だろう、蒸気船で同行してくれた。

僧院で食った精進料理の昼飯は、うまいものだった。二人で島内を巡りながら、種々現地での材料を集める便宜を得た。夕景に同じ船で帰って来て、その日のうちに長浜局開びゃく以来だという、電報用紙二百六十枚に及ぶ長文の原稿を本社へ送

った。

重荷をおろした気持で、途中お伊勢詣りをした上、帰社した。首尾いかにとおっかなびっくり部長の前に見参すると、

「御苦労々々々、どうかと案じていたが、いいタネがとれたネ。各紙の新年原稿のなかで一番光っていたよ」とほめてくれた。

無論長浜の活劇も、岐阜の停泊も報告はしなかった。人間何が幸いになるか判るものではない。


いかにも弓館らしい珍談だが、この事件で部長に褒められたのがよかったのか、その後の弓館のジャーナリストとしての名声は高まる一方で、大正七年には〈東京日日新聞〉（現〈毎日新聞〉）に移った。ここでは社会部記者としてスタートし、運動課長、社会部副部長、論説委員、運動・校正・写真の各部長を歴任し、定年後は編集局顧問、社友としてスポーツ評論に健筆を揮っている。

名文家としても名高いが、中でも〈東京日日新聞〉に連載し、後に単行本化された『西遊記』の翻訳は、名作とされている。その『西遊記』から始まって、弓館の人がらを、岩手尋常中学の後輩である鈴木彦次郎が、実によくまとめた文章を書いているので、紹介しよう。


昭和の初め、東京日日（現在の毎日）新聞紙上に連載された弓館さんの「西遊記」を、私は毎夕待ちかねて、むさぼるように読んだものだ。例の三蔵法師や孫悟空でおなじみの世界三大奇書といわれる有名な小説だから、筋はよく知っている。――だのに、弓館さんの軽妙な筆致と見事な構成力は、この大長篇を二百回足らずにアレンジ（整理）して、最後まで息もつかせぬほどのおもしろさだった。

その後、私は弓館さんに会うたびに「先輩、またああしたものを、どしどし書いて下さいよ。あ

んなに巧いくせに書かないなんて、ぜいたくだ」といっても、弓館さんは「とんでもない。ぼくは作家じゃないんだから、とても、とても……」と、あのなんがい顔を、ぽっと赤らめながら、大きく手を振って、とうとう書かずじまいであった。

だが「毎日」の運動部長を退いて顧問になってからは、豪快でざっくばらんな、しかも機知縦横な弓館さんの本領を、随筆に、または座談会に発揮して、私どもをよろこばしてくれた。しかし、こうした場合にも、弓館さんは、あくまで名ワキ役で、決して、シテにはならなかった。欲がなさすぎたというか、謙虚にすぎたというか、生涯、甘んじてワキにまわって、友人を正面に押し出す人柄だった。(中略)

しかし、批評や解説をさせたら、野球でも相撲でも、実に心得たもので、第一人者といってよかった。そのくせ、ふだんは後輩を立てて「ぼくなんか、もうダメだよ」と、よほどのことがなければ、正面に出なかった。

でも、いつか、尾崎士郎がまた聞きで、明治時代の名力士玉椿《たまつばき》の末路は、吉原の妓夫《ぎゆう》太郎におちぶれて悲惨きわまるものだったと、雑誌に書いたら、弓館さん、憤然として「そんなことはない。彼の晩年は、ぼくがよく知っている。つましい生活だったが、死ぬまで大学相撲部のコーチをしていた」と、亡き名力士のために、堂々抗議文を発表したこともあった。

私ども悪童は「弓館さんのお顔を縦にながめると目が疲れるんでね」などと茶目ったほど、ややや面長(おもなが)すぎたが、すっきりした長身の好紳士。それに一杯入ると、たちまち陽気になって、手ぶりよろしく、郷里のドンズキ唄がはじまる。さらに、興が乗ると、鹿児島から北海道まで、どこの民謡でも、お好み次第、唄ってのける。——まったく書生かたぎのこだわりのないさわやかな酒席だった。(中略)

――ガメツサというものと一生縁がなかった欲得ぬきのさわやかさ。それが人間弓館さんの姿であった。

弓館は、早死にをしたメンバーが多い〔天狗倶楽部〕の中では長命で、昭和三十三年八月二日、七十四歳で他界したが、早稲田野球部創設当時の生き字引的存在であり、著書も『大正蛮骨伝』『スポーツ人国記』『西遊記』『水滸伝』『三国志』『ニヤニヤ交友帖』『名選手物語』など多数を残している。

筆者は『大正蛮骨伝』は未見だが、『西遊記』をはじめとする、中国古典文学翻訳三部作のおもしろさには、同じ文章を書いて生活しているものとして、まさに脱帽。『西遊記』など、何種類読んでいるか見当もつかないくらいだが、いまだに、この弓館訳の右に出る訳に出会わない。

弓館には、純粋な創作はないようだが、一作でもいいから書いてもらいたい存在だった。

〔参考文献〕
『蛮勇豪語』（押川春浪・大正三年三月・九十九書房）
『まぶたの人』（鈴木彦次郎・昭和六十二年七月・岩手日報社）
『早稲田大学野球部五十年史』
『ニヤニヤ交友帖』
『飛田穂洲選集』
『野球ローマンス』
〈冒険世界〉
〈武俠世界〉
〈運動世界〉
〈野球界〉
〈運動界〉
〈サンデー毎日〉
〈エトワス〉

柳川春葉

やながわ・しゅんよう
本名・専之（つらゆき）
1877～1918

「職業《プロ》野球団」実現に先見の明。スポーツ好きの大衆小説作家。

柳川は〔天狗倶楽部〕においては押川春浪、阿武天風らと並ぶ、作家であり脚本家だが、上記のふたりとは、だいぶ作風を異にした大衆小説作家だ。ただしスポーツ好きで、〔天狗倶楽部〕のメンバーとはうまが合い、創設当初から名を連ねている。

柳川は明治十年三月五日、父・至、母・むつの長男として、翌年、東京府下谷区（現・台東区西部）内となる、二長町《にちょうまち》に生まれた。祖父は播州龍野藩《ばんしゅうたつのはん》の江戸詰め家老で、浅草と下谷の境を流れる鳥越川の近くに大邸宅を構えていた。明治維新後の士族没落で、父は紙問屋を経営したが、いわゆる武士の商法で失敗し破産。牛込区（現・新宿区東部）新小川町の借家に転居した。

柳川が四歳の時、妹のたかが生まれたが、母は産後の肥立ちが悪く死亡した。その後、母の姪・むつが母代わりとして、兄妹のめんどうを見ていたが、柳川が九歳の時、父と結婚、継母関係になった。むつは四男二女をもうけるが、柳川とは年が七歳しかちがわなかったためか、性格が合わなかったか、ふたりの仲は、しっくりいかなかったという。また厳格な祖父は小説を認めず、『太閤記』や『三国志』くらいしか読ませてくれなかったが、母方の祖父が巌谷《いわや》小波《さざなみ》の父と知り合いだったため同家に出入りし、巌谷の『妹背《いもせ》貝《がい》』を読んで、そのおもしろさに文学に目覚めたという。

小学校は赤城小学校。綴り方が好きで、非常にうまかった。生来、内気でおとなしい柳川は、本ばかり読んでいた。小学校卒業後、神田の英語塾に通い、文学の道への希望は捨てず作家をめざした。そこで親友の村山鳥逕《むらやまちょうけい》の紹介で、広津柳浪《ひろつりゅうろう》の弟子になろうとしたが断られ、やはり村山の紹介で、親の反対を押し切って尾崎紅葉の玄関番となったのが、明治二十六年、十七歳の時だった。

ちなみに村山鳥逕は、柳川と同じ年の生まれの幼なじみで、小説家で牧師。広津家と親しく、また親戚に尾崎紅葉と親しい医師がおり、その関係で硯友《けんゆう》社に出入りし、柳川を尾崎に紹介したものらしい。

柳川が小説というものを書いたのは、十五、六歳の時で、麹町区（現・千代田区西部）飯田町にあった育英黌《こう》という中学程度の学校に通っているころだった。村山と柳川が編集にあたり、同僚八、九人を集めた回覧同人誌に小品を載せたのだという。

尾崎家の玄関番、つまり書生になった柳川に、さっそく幸運が訪れた。当時の大出版社・春陽堂が探偵小説ブームに乗って企画し、尾崎のところに持ち込んで開始した探偵小説叢書の第十二集に『怨の片袖』（二十六年五月）を翻案させてもらえる機会を得たのだ。この作品、原作者は不明だが、老探偵物の、なかなか出来のいいものだそうだ。

翻案ものとはいえ、後に家庭小説の大家になる柳川のスタートが探偵小説であったことは、ちょっとおもしろい。こんなところにも、〈天狗倶楽部〉員になる要素が潜んでいたのかもしれない。ただし、柳川本人は、この『怨の片袖』を処女作とはしていない。翻訳では、なっとくできなかったのかもしれないが、自分が作家になれたのは村山のおかげだと、柳川は感謝の辞を述べている。

この当時、尾崎家には小栗風葉《おぐりふうよう》が下宿から通い、泉鏡花が家におり、柳川も、これに加わった。その後、半年ほどして徳田秋声も入った。このころ〈読売新聞〉記者だった、後の早稲田大学学長・高田《たかだ》早苗《さなえ》が尾崎のところに原稿をもらいにいくと、夜型の尾崎はまだ寝ていて、しかも原稿はできていないものだから、小栗や泉や「左官然」たる風貌の柳川らが次々に取り次ぎに出てきて、それから奥さんが、すまなそうに顔を出したという。

こうして柳川は、尾崎の門下生として文学を勉強したが、尾崎が俳句好きだったので、こちらで身を立てようと思ったこともあったらしい。しかし、俳句の原稿はほとんど添削され、抹殺されて、ものにはならなかった。このころ、柳川は二葉亭四迷の『浮雲』、ツルゲーネフの『浮草』、ドストエフスキーの『罪と罰』などを読み、古典では上田秋成の『雨月物語』に心を惹かれたそうだ。

尾崎に師事して小品や雑文を書くようになった柳川が世間に認められたのは、明治三十年六月号の〈国民之友〉に掲載された『白すみれ』だった。これは、尾崎補とあり、多少、尾崎の手が入っているらしいが、雅文体の欧風を盛った短篇として好評を博した。

翌三十一年一月、〈読売新聞〉の懸賞小説に『街灯』で当選した柳川は、二月、尾崎の紹介で春陽堂に入社した。仕事は編集部員だったが、以後、新聞の仕事をしながら、次々と作品を発表。三十三年五月には、初めての長篇『夢の夢』を〈読売新聞〉に連載した。

この作品は、資産家の友人と事業をはじめた男が、台湾で現地人に襲われた時、自分だけ逃げてしまい、殺された資産家の未亡人に接近して、その資産を手に入れようとする、探偵小説的趣味の強い作品で、評判がよく、〈読売新聞〉の部数が伸びたといわれている。

明治三十六年十月三十日、師の尾崎が胃癌で死亡した。

玄関に控えていた弟子たちにも、遺言するというので、皆、二階の病室に集まって来た。紅葉はしばらく眼をとじていた。弟子たちが、

「先生！　先生！」と、涙声で叫んだ。すると、紅葉は静かに眼を開き、

「まずい面を持って来て見せろ」と言った。

「一人一人名前を言え」

弟子たちは顔をつき出すようにして「小栗です」「泉です」「徳田です」「柳川です」と次々に言った。それに一つ一つうなずきながら、

「お前たち、お互いに助け合って、おれの門下の名を辱《はずか》しめないようにしろよ。――病中は忙しい所を毎夜かわるがわる夜伽《よとぎ》に来てくれて満足した。どうか病気に捷《か》って今一度生き返り、世話をしてやろうと思っていたこともあるが、もういかん。これから力を合わせて勉強して、まずいものを食っても長命して、唯の一冊、一篇でもいいから、良いものを書け……おれも七度生れ変って文章の為に尽すつもりだから……」と、とぎれとぎれに言った。

柳川にとって尾崎の死は大ショックで、そのため柳川は、翌年の四月まで執筆依頼を断ったほどだ。

明治三十七年一月、父が肺炎で死亡すると、六人の異母弟妹の生活を、柳川がひとりでみなくてはならなくなった。その五月、京橋区（現・中央区南部）越前堀町の親戚の家の二階に転居し、六月に結婚した。薩子夫人は尾崎の臨終の間際まで、献身的に世話をした看護婦で、それが柳川の心を動かし、泉たちの力添えもあっての結婚だったようだ。結婚当時の柳川を、夫人はこう回想している。


私が嫁いだ頃、主人は、多くの雑誌に書いておりましたが、気前のよい江戸っ子肌だったので、人に頼まれると財布の底をはたくので、時には風呂賃にも困り、古新聞を売ってお風呂に出かける事もありました。また、ある時は主人と風葉さん秋声さんの三人で雑誌社から前借したのを、風葉さんが独りで使いこんだので、簞笥《たんす》を差押えられたというような事もありました。晩春から初夏にかけてが最も好きな季節で、その頃、原稿用紙の上に若葉の淡い影が射している時などは、無上に

良い気持ちになって、筆がはかどると申しておりました。
筆にも好みがあって、いつも「静適」というのを使っておりました。朝起きると何よりもまず筆を洗っておくのが私の日課の始まりでした。

けれど仕事は忙しく、翌三十八年には三冊の単行本を刊行し、雑誌や新聞の原稿も次々とこなしていった。柳川の作品は、家庭生活に生じるさまざまな問題をテーマにしたものが多かったので、家庭小説と呼ばれたが、柳川自身は、この家庭小説という名称には抵抗を感じていたようだ。

家庭小説という言葉が頻《しき》りに流行するが、（中略）家庭を書いた小説をいうのか、家庭で読んで差支えない小説をいうのか判然しない、が、私は思うに、恐《おそら》くは後者の意味でいうのでしょう。してみると、勧善懲悪の分子を含ませ、道徳の意を籠めたものとなるのでしょう。私などが書いている作物も、今日では所謂《いわゆる》家庭小説の中へ引括められているが、私自身は決して上述の意味で書出したのではない。（中略）にもかかわらず私を目して家庭小説家というのは、当人些《いささ》か迷惑でないでもない。

しかし研究家たちによれば、本人が否定しても、やはり柳川の作品は、いかにも道徳的で、まじめな家庭人を主人公にした作品が多く、家庭小説と呼ばれて妥当だったようだ。

柳川が、次々と作品を発表して、その名を高めていったころから、芝居の脚本も書くようになった。柳川の作品がはじめて舞台化されたのは、明治三十九年三月、真砂座で新派が上演した『母の心』だそうだ。これは、自らの脚本ではないようだが、六月には喜多村《きたむら》緑郎《ろくろう》のために『やどり木』という作品を書き下ろしている。

この年の三月、牛込区東五軒町に転居。後のデパートである白木屋呉服店の別荘の邸内に建てられた家で、庭には池も芝生もあり、大きな土塀に囲まれていた。近くに佐藤紅緑《さとうこうろく》がおり、柳川の隣の家には野尻清彦（後の大仏次郎《おさらぎじろう》）が住んでいたという。

この後、佐藤とは親しく交際し、お互いに雑誌上でエールの交換などもやっている。佐藤にいわせると、柳川の小説のうまさは、平凡で日常茶飯事なことを読者に飽きさせずに読ませる点にあるという。

四十年五月、柳川は新聞小説作家から脱出し、新境地を開拓するため、小栗、徳田と三人で『三人叢書』を刊行し、評価を受けた。少年少女小説はそれ以前より執筆していたが、四十一年『汽車の旅』『雪の下草』などを刊行し、これもまた、評判がよかった。

押川春浪との付き合いが始まったのは、この前後ではなかったかと思われる。それ以前、春浪の師ともいうべき巌谷小波が、やはり尾崎紅葉の硯友社に入っていたから、その線からも考えられるが、明治三十九年七月号の〈探検世界〉に、柳川は作品を寄稿しており、春浪も、この雑誌の常連、執筆者であったので、そのあたりの関係ではなかろうか。

〈探検世界〉は、明治三十九年五月に村上濁浪《むらかみだくろう》（俊蔵）が主筆した成功雑誌社の探検・冒険雑誌だ。「露の強猛を挫きて、一躍直に世界一等国の列に入りし我国も、躊躇逡巡現在の如く、意気消沈現在の如くには、到底永くその実質において世界一等国の面目を保持するを得ず」という勇ましい巻頭言のある、青少年の探検精神鼓吹の雑誌だった。

こういう雑誌に柳川が作品を書くというのは、ちょっと奇異にも思われるが、デビュー初期には探偵小説も翻案しているし、本人がスポーツ好きだったこともあって、雑誌の主旨に賛同したのだろう。

明治四十二年五月の〔天狗倶楽部〕旗揚げ野球大会には、柳川は参加していない。とはいっても、出かけてこなかったわけではないのだ。グラウンドにやってきて、岩野泡鳴とともに観戦している。

柳川は、文士は社交の必要はないという持論を有していた。そして、社交するのは、好奇心であるといっている。その柳川が、ちょっと場違いとさえ思われる〔天狗倶楽部〕に入ったのは、よほど〔天狗倶楽部〕という団体に魅力があった証拠だろう。

どちらかというと、野球より相撲のほうが好きだったようで、最初、硯友社の同人で、後に離れ、一派を結成した江見《えみ》水蔭《すいいん》の作った相撲クラブ〔江見部屋〕にも出入りしていたようだ。いつの時代かはっきりしないが、家に本格的な土俵を作ったり、江見を顧問として、技の研究もしたという。また、後には自ら〈相撲新聞〉なる個人紙のようなものまで発行していたようだ。

それだけのめりこんだ、柳川の相撲観を見てみよう。明治四十四年三月の〈運動世界〉に『相撲狂の気炎』として発表したものだ。

> 吾輩は元来非常な相撲狂だ。六、七年前までは回《え》向院《こういん》晴天十日を一日も欠かしたことがなかった。その頃は相撲界一般の形勢ないし力士個々の伎倆に就いて多少知るところがあって、自分免許ではあったが、私《ひそ》かに小角通《かくつう》を以て任じていたものだった。また他人のとっているのを見るだけでは承知せず、蚊の脛のような体で素人相撲をやったこともあった。滑稽な話だが、二、三同志の友人と共に土俵を造り、今の緑島や先達年寄になった藤島（当時の藤見嶽）などに教わって稽古したこともある位だった。（中略）
> 相撲は武士道として立派な位置を占めている。国技としては今日まで唯一のものというてよい。勿《もち》論《ろん》それには幾多の美点があるからだ。形体の上からいうたならば、第一に勇しくて立派なのは力士の結髪だ。男が結髪しているのを野蛮だとか、力士は習慣だから仕方がないとかいうて誹《そし》る人があるが、吾輩は大反対だ。凡《およそ》この点から見て、力士の結髪は無くてならないものだ。散髪で裸体と来

ては、頭の淋しい妙な恰好で見られたものではない。体格の非常に発達した力士が裸体になって、櫓落《やぐらおと》し、大銀杏《おおいちょう》に結ったところの調和は格別だ。国技館に電灯がつき天井が硝子《ガラス》張りになっても、力士の結髪だけは永久に廃止すべきものではない。化粧回しも実に綺麗だ。『相撲取りならぶや秋の唐錦』で、腰の周囲に金糸銀糸を以て織成した化粧回しを締めたところは、他に装飾がないだけに一層目だって実にいうべからざる美観だ。裸体であることをとやかくいう人があって、肉襦袢《じゅばん》を着ろとか猿股《さるまた》をはけとかいう説が将来起るかも知れないが、これもやはり裸体でなければならない。相撲を取るにも具合が悪いし、また裸体でなければ肉体美を賞することは出来ないではないか。日本人は体格が悪いなどと生意気なことをいっている外国人に、日本人にもこんな立派なのがある、決して汝等に劣りはしないということを示して、日本人全体のために気を吐くものだ。(中略)

協会が根本からやり方を誤っていることが一つある。それは行司のことだ。凡《およ》そ競技という競技のうちで、日本の行司ほど虐待されている審判者は見られまい。聞くところによれば、行司の資格を定めるのに、あるいは大関格だとかあるいは幕内格だとかいう名称を以てするそうだ。してみると、力士が主で行司はその格で待遇されてるというに過ぎぬ。否それ以下の従たるものだ。そんな箆棒《べらぼう》な話は他のいかなる競技にもない。行司は行司で独立して格を定めなくてはならない。足袋格の行司へでも横綱以上の権力を与えて差支えはない。これまで土俵上の苦情や観客に与うる不快の原因は、いずれも勝負に就いての苦情で、要するに行司を重んじないから起るのだ。協会が行司を重んじていないばかりでなく、それが基となって力士までが行司の審判を重んじない。それがためにどの位競技の進行を妨害し、また観客に不快の感を与えるか知れない。そんなことなら、いくら烏《え》帽子直垂《ほしひたたれ》を着けていても、絶対に行司を廃止した方がましだ。悪いことはいわない。行司を玩具扱いにするのは止めて、もっとぐっと権力を与えたらどうだ。そのほうがどんなに全体の為になるか知れないぞ。（中略）
理屈や注文や悪口でまとまった話になっていないが、感じたままに吐くのを特色とする天狗の気炎はざっとこの通りだ。

さすがに、相撲狂を自認するだけあって、詳しいし、いうことが的を射ている。では、〔天狗倶楽部〕が、一番、力を入れた野球については、どうか。これがまた、立派な見識を持っているのだ。

日本にプロ野球が最初にできたのは、大正十年のこと。本格的なプロ野球興行がなされるようになるのは昭和十一年だが、すでに柳川は明治四十四年に、プロ野球の出現の必要を論じている。

出よ職業野球団

現時我《わが》日本に行われている運動は、その種類数多ある。我特有の国技として、世界に向って誇るに足るべき柔道および相撲、その他、端艇《ボート》、庭球等算し来れば、世界に行れている大抵の運動が試みられている。しかし余の観るところでは、野球ほど今日我運動界に勢力を占めているものはない。試みに土曜あるいは日曜に東京市内を回ってみれば、至る所の空地という空地で、球飛び、バットの鳴らないということはない。

それればかりではない。人の通る街中で、七、八歳の子供が、人を避けつつ護謨《ゴム》球を投げ合っている。中には巧みに野球の術語を用い、競技規則の幾分を真似ているものさえある。米国では既に国技となっている位だから、無論これ以上に盛んであろうが、日本でも、地方は知らず、少くとも東京市内では、米国に劣らないほどの流行であると想像する。これ野球そのものが優秀な遊戯であると同時に、我国民性に適合しているからで、野球は将来我日本においても、米国と同等に、あるいはそれ以上に発達すべき運命を有《も》っていると思う。これは理屈の上から論じなくとも、現在の趨勢《すうせい》を見て将来を卜《ぼく》するだけで確かである。しかし日本では、相撲を除いては、運動はただ学生の間に行われているだけで、運動といえば一面に必ず学校あるいは学問というものが相対している。（中略）即ち大学選手が、我野球技術および年数の最高標準であるから、実にプレイヤアとしての前途が短いわけである。在学中どれほど立派な選手だった人達でも、三年四年の後に卒業すれば、その時がそれらの人々の野球生涯の終りである。運動家としての生命を終える時である。実に残念な現状ではないか。（中略）

ここにおいてか、我邦《わがくに》の野球技は職業野球団の出現ということに到着しなければならない。プロフエショナル・チームの出現、即ち野球王国創建の必要は近き将来に迫って来ていると思う。職業あるいは商売といえば、用語が日本人には一寸耳障《ちょっと》りで穏当を欠いているようであるが、これは換言すれば野球の独立ということである。（中略）

要するに吾人は、職業野球団の成立を見るまでは、到底満足することは出来ないのだ。野球を職業として些《いささか》の差支はない。また一方からいえば、野球の真の発達は職業野球団の出現という所に到達しなければ始まらない。一寸考えると、運動というような俗世間から離れたことを職業とするのは、卑しいように取る人があるかも知れないが、職業は決して卑しいものではない。不正な事であればとにかく、そうでない限りは何事と雖《いえど》も紳士の職業として恥《はずか》しからぬのである。まして運動は美術である。絵を描き、詩を賦し、音楽を奏するのと何等の差別もない。（中略）

職業野球団の出現は、将来に対する余の熱望で、この熱望の到達されるのも遠き将来ではあるまい。

否《いな》、気運は今や熟して、思切って我こそ野球を以て職業となすものなりと自ら宣言する第一人者が現われて来さえすれば、すぐにも職業野球団は成立するのである。最初から立派なものは出来ないかも知れない。しかし創立後、五年十年のうちには必ず成功する。誰か立って、我こそ野球を以て職業となすものなりとの、我日本における最初の宣言をなすものぞ。野球王国創建の栄誉を荷《にな》わんとするものは誰ぞ。明治四十四年の我運動界に対する余の新年の期待はこれである。

この理路整然とした卓見が、明治四十四年になされていることには驚かされる。しかもこれがスポーツ関係者のことばではなく、大衆小説作家のことばなのだから、なお驚く。相撲論といい、プロ野球待望論といい、柳川もまた、押川春浪などと同じように、その振興・発展に大いに期待を寄せていたのだ。

この柳川のスポーツ論は、いまでは知っている人間も、まずいないと思う。筆者の知るかぎり、いかなる野球史書にも登場しない。が、柳川の、この先見の明の確かさは、日本野球史を考える時、高く評価される必要があろう。

では、これだけの、すばらしい野球論、相撲論を説いた柳川の野球の技術のほうは、どんなものだったのか？〔天狗倶楽部〕関係資料を丹念に当たってみたところ、一回だけ試合に出ている記録をみつけた。〔天狗倶楽部〕が、明治四十二年十月二十日に、群馬県の太田中学（現・県立太田高校）にスポーツ指導を兼ねた遠征旅行をした時の記録だ。

午後戦には柳川春葉君の出場を見た。太田人士は真に幸福である。帝都の真中における公けの野球戦にあっては、断水君だの春葉君だのの野球振を見んこと、たとえ十千万両積んだからとて到底不可能だ。ことに春葉君といえば、有名なる小説家兼脚本作家だ。それが熱球を正面に受けて重いバットを振り回わそうというのだから、単に顔だけ出したのみで、味方は既に数十百倍の勢いを加うる訳だ。

柳川の野球試合登場は、〈天狗倶楽部〉の中でも、よほど珍しいできごとだったようだ。その力量については柳川の死後に書かれた、次のふたつの文が、すべてを物語っている。

新派悲劇『かたおもひ』の作者として有名であった故柳川春葉子は、試合とあればどこへでも御出張に及ぶという球狂であった。

ところが先生、遂には見物ばかりでは気がすまなくなったと見えて、御自身キャッチボールに取り掛ったのが大正元年。だがそのキャッチボールなるものがまた大変なのだ。ボールが一度氏の指頭を離るるや、ヒョロヒョロとして天駆る宙乗り球、さては地を擦る自動車球の砂煙りはともかく、彗星のような癇癪《かんしやく》球に至っては、見当皆無、縦横八面で、到底端倪《たんげい》すべからざる妙を極めて、広庭の芝生一面の大立回りを演ずる。

為に御相手承わる同家の書生君、流石《さすが》の辛棒者もとうとう匙《さじ》を投げて、

『先生の球はとても捕れません。全く常軌を逸しておりますから』

と、逃げを打てば、春葉氏ケロリとして曰く、

『なあに俺の球は天才だからよ。仕方ないから早稲田から山口（当時の捕手）でも呼んで来るかな』

と、爾来《じらい》春葉子の投球を称して天才球、略して天球といい伝えるに至ったのである。

名スポーツ論を展開した柳川も、あまり運動神経は発達していなかったようだ。サトウハチローにも、こんな文章がある。

その昔、僕がズックのミットを持ってオヤジ紅緑の尻について早稲田のグラウンドに球をひろいに行ったころは、文壇人でベースボールをやるのは、紅緑オヤジと押川春浪と柳川春葉よりいなかったものだ。オヤジと春浪は曲りなりにも、どうにかベースボールを心得ていたが、春葉氏と来たら、てんでルールも何も知らないで、ユニホームを着ていたものである。

バッターボックスに立って、敵方の捕手に「よろしくたのみます、初心者ゆえおてやわらかに」と、バクチウチみたいにあいさつをしたというのだから、ふるっている。

「フォアボール」

と、アンパイアーに四球の宣告をあたえられて、テークワンベースということになったのだが、四球なるものは女の持物とでも思っていたのか、この生さぬ仲の作者は、タイゼンと動こうともしない。

「おい、柳川!! 歩いて一塁に行くのだよ」

と、オヤジがベンチからどなったら、「そうかい、もう役ずみかい」。

と、しだしに出た通りぬけが上手《かみて》から下手《しもて》へ歩いて行くかっこうよろしくで、プレヤースベンチに帰って来てしまったそうである。

もっとも、ここで柳川が実際のプレーも抜群だったということになると、かえって話がおもしろくない。理論家だが腕はまるっきりというところが、いかにも〔天狗倶楽部〕のメンバーらしくて愛嬌のあるところだ。

さて小栗、泉らと新聞小説作家脱却を図ろうとした柳川だったが、明治の末から大正初期にかけては新聞小説の執筆が相次いだ。その中でも〈大阪毎日新聞〉〈東京日日新聞〉(現・共に〈毎日新聞〉)に連載された『生さぬ仲』は、読者の圧倒的な支持を受けた。

これは実の母と継母との、子供の養育の問題に金銭問題、善悪理論などを取り入れた作品で、柳川の代表作といわれている。柳川には、継母、後妻、再婚をテーマにした作品が、かなり多く見受けられるが、これは自らの体験を反映していると解釈していいだろう。

『生さぬ仲』はふたつの新聞の連載、最長レコード（明治四十五年八月～大正二年四月）を作ったため、新聞社は柳川を専属作家に迎えたほどだった。また、この作品は第一回が大正二年二月大阪浪花座で上演され、人気沸騰、五十日間の打通し興行となった。その後、東京でも新富座や歌舞伎座などでしばしば上演され、柳川没後の昭和に入ってからは、水谷八重子の公演などもある。映画化もされているそうだ。

前述したように、これより先に、柳川はヨーロッパの近代劇を上演した文芸協会や自由劇場などの影響を受け、自分自身の作品を脚色したり、自ら脚本を書いたり、外国の小説や他人の作品を脚本化したりもして、作家としてばかりでなく、脚本家としての名声も得ていた。明治四十四年には松竹の嘱託となり、脚本部に迎えられ、佐藤紅緑と並び称せられた。それに刺激されてか、自分でも素人芝居などをやったが、頭が大きくて、合うかつらがなくて閉口したなどという笑い話もある。

また、特筆すべき作品として、明治四十四年九月に押川春浪と合著として『全世界大騒乱　怪飛行艇』を書いている。空中戦艦なる新兵器の出てくる未来戦争小説で、かなり出来はいい。ストーリーはいかにも押川春浪調だが、文章は柳川ではないかと思われるものの、この時代は、どちらも、かなり仕事の忙しい時期なので、どういう分担で執筆したものか、いま少しの検討が必要のようだ。

大正四年一月、牛込区の北町に転居したが、九月結婚十四年目で長女・千枝子が生まれた。柳川は大よろこびで、夕食後、千枝子を抱いて、神楽坂から市電に乗り、お堀端付近を一周するのが日課になっていた時代もあったらしい。

その門下には、後に朝日新聞社社長となる美土路《みどろ》昌《ます》一《いち》がいるが、美土路は「当時同級生に原田春鈴がいた。先生の所へ原田と一緒に行ってる中に、いつのまにか作を見てもらうようになって、自然入門と言う恰好で、作を見て下さる度に注意されるのは文章の事でした。紅葉の門下生だけあって、先生自身も文章に苦労されてます。いつも左の口髭をいじって、苦虫を潰したような顔をしてましたけれど、人にはとても温く、創作態度も良心的で、文士には珍しい人格者でした」と語る。

大正五、六年ごろも仕事は忙しく、長篇小説を、あちらこちらの出版社から次々と刊行、柳川の前途はますます盛んに思えた。ところが、翌大正七年、正月の元日に川崎大師に参詣にいった柳川は、その夜、急性肺炎を起こした。たぶん、風邪ぎみかなにかであったのを、むりをして出かけたのが原因であろう。六日、麴《こうじ》町の木沢病院に入院したが、治療のかいもなく、九日に死亡した。

四十二歳の若さ、それも、仕事の上で絶頂期の死だったことは惜しまれる。

葬儀は、一月十二日、芝の増上寺で行われた。菩提寺は芝の天光院。

〔参考文献〕
『近代文学研究叢書18』（昭和女子大学近代文学研究室・昭和三十七年三月・昭和女子大学近代文化研究所）
『半峯むかしばなし』（薄田貞敬編・昭和二年十月・早稲田大学出版部）
『波の跫音』（巖谷大四・昭和四十九年十二月・新潮社）
『全世界大騒乱　怪飛行艇』（押川春浪、柳川春葉共著・明治四十四年十一月・岡村書店）
『野球ローマンス』
〈武俠世界〉
〈運動世界〉
〈探検世界〉
〈中央公論〉
〈文章世界〉
〈新潮〉
〈新古文林〉
〈趣味〉

水谷竹紫

みずたに・ちくし
本名・武（たけし）
1882~1935

〔天狗〕に珍しい演劇人。
大女優・水谷八重子を育てあげる。

〔天狗倶楽部〕のメンバーは、結成当時はともかく、後には多岐の職業にわたっているが、演劇の分野に進んでいったのは、水谷竹紫ひとりだけだろう。だが、その水谷も最初から演劇の道を目指したわけではなく、紆余《うよ》曲折があって、その方面に進んでいった。

水谷は明治十五年十月八日、岡山県士族で、当時、長崎県長崎の三菱造船所所長だった六郎の次男として生まれた。幼少時代は脱腸の気味があり、常にヘルニア帯をしていたくらいで、からだは、あまり丈夫なほうではなかったという。

水谷自身のことばによれば、水谷には兄姉が数人おり、あまり望まれて生まれた子ではないという。そして、体調もあまりよくなく、七歳までは薬を離すことができず、十三、四歳までは育たないだろうといわれたということだ。けれど両親が生んでくれたことには感謝しているし「即ち『生みの恩』という事よりも私は養育の御恩の深厚でまた熱烈なのを回想し感謝するの念に堪えない」といっている。

小学校は、東京の小石川区（現・文京区南部）礫川《れきせん》小学校に入学したが、一年後、長崎市の勝山小学校に転校、次に市立長崎高等小学校に入学し、ここを卒業した。この時代から〔天狗倶楽部〕のメンバーの例にもれず腕白ではあったが、当時の水谷のことを知る者は、彼は友人を悪くからかったり、いじめたりはしなかったといっている。小さい時から、非常に兄思いで、親しい友だちにも友誼《ゆうぎ》が深く、情に厚い人物だったという評もある。

からだがあまり丈夫でなかったせいか、このころから読書に親しみ、父親の友人の大学生が買って読まずに置いてあった帝国文庫の滝沢馬琴『八犬伝』を全部読んでしまったという。作家の平山蘆江も「私が少年世界や小国民を読んでいる頃、かれは文庫や新声を読んでいた」といっているし、それより後のこととして「私が紅葉、風葉に読みふけった頃、かれは花袋、独歩を私に教えた。私が花柳小説を書きはじめたら、シユニツラーを勉強したまえといった」と書いている。読書熱は、小学校の時に養われたものらしい。

明治二十八年、岡山県の岡山尋常中学（現・県立朝日高校）に入学。三年終了後、ふたたび長崎にもどって県立大村中学（現・県立大村高校）を経て、明治三十三年に県立長崎中学を卒業した。当時の学生は、よく学校を変わるが、水谷の場合は、かなり転校が多い。そのあたりの理由を知りたいのだが、詳しい資料がないのは残念だ。

水谷の父の部下に当たる塩田泰助という人の言によれば「長崎の中学は思わしからずとて、岡山の中学校に入られし時、父君の依頼により予の伯父に当たる花房端連（義質子爵の父、岡山市長をしていた）に、保証人になりて貰いたるが、腕白大将でありしと見え、学校に無断で高松に端艇遠漕を試み、保証人に尻が来て困りたりと申来たることあり」とある。

とすると、水谷の岡山行きは、父親の命令だったのかもしれない。なんにしても、このあたりから、そろそろ〔天狗倶楽部〕メンバーの資格ができつつあったようだ。

この岡山時代には、こんなこともあった。当時、岡山中学と関西《かんぜい》中学（現・関西高校）の学生は、年中、喧嘩ばかりしていた。ある夜、友人が水谷の下宿を訪ねると、関西中学の不良連中が、下宿屋を取り囲んでしまった。下宿屋の主人もおどろいて、どうしたものかとおろおろしていると、水谷はにっこり笑って棒切れを一本持つと、下宿を飛び出し、闘争数分にして敵をすべて追い散らし、水谷は豪胆者だと生徒間の評判になった。

話をボートにもどすと、当時、長崎造船所の若者や長崎中学の生徒は、長崎より天草灘、有明湾を経て諫《いさ》早《はや》より大村湾にボートを陸運、二泊して佐世保より長崎に帰還するなど、兵学校や商船学校を除くと、かなりボート競技を盛んにしていたらしい。こんなことから、水谷は、同じようなことを岡山で試みたのではないかと塩田は書いている。

また義兄の話によると、当時、水谷はボートにかなり力を入れていたようだ。

子供の時から随分《ずいぶん》負けぬ気の男で、悪戯《いたずら》も相当激しかったものだが、長崎県大村の中学校にいた頃のこと、ボートによる野母《のも》半島一周の大遠漕を志し、大村湾から外海に出る野母半島を一周して有明湾に入り、島原半島を回って諫早《いさはや》に至り、そこから上陸、出発点の大村へ地続をボートをかついで帰るという大計画を敢行したことがある。当時の貧弱なボートを以てして航海術に知識なき若者のこの遠漕が、既に非常な冒険であり、更にその後に諫早から大村までボートをかついで帰ろうというに至っては、無茶という外なき無謀の計画だが、それを敢《あ》えてせんとするだけの蛮気を、彼は持会わしていたのだ。

この話は、計画だけのようだが、水谷本人が語っている、ボートで危うく命を落としそうになった事件がある。明治三十三年夏、十八歳の時のことだ。大村湾の早岐水道というところで、ボートの練習をしていた。地元の船頭さんが、潮かげんをよく知っていて、危険だから帰れというのを、水谷たちは無視して、なおも沖合に漕ぎ出し、瀬戸の水門のところまで、なんとかやってきた。

潮流は急に膨れたように緩くなったかと思うと、咄嗟《とつさ》にすばらしい速度で、矢のように艇を運搬《はこ》び出した。

陸岸には手を振り声を立てて、艇と共に走り下る人々の多数を認める。

『あっ！』と思う間もなく艇首はグイと曲って、潮は横流しに艇体を押し流そうとする。眼の前には水門の石垣が迫って、衝突したらもう御了《おしま》いである。舵は全く利かない。

『二番しっかり』

と殆んど無意識で叫んで、私は砲兵士官のように続け様な号令をかけた。

『一番一二番の外はオールを流せ……中村、気を注《つ》けろ……危ない……二番櫂《かい》流せ……皆シートにかじりつけ……大丈夫大丈夫……一番オール――二番オール』

やっとの事で艇首を正しく振り向けたかと思うたとたんに、石垣とすれすれになって、沸立つがごとき急湍《きゅうたん》に乗り込んだ。どっと許《ばか》りに万雷は轟く、激浪は崩れ込む。艇は四十度許りの角度で、逆落しに泡立ち渡る奈落の底へと墜落した。

はっと思った瞬時、艇首は深く水中に突込んで、トップに立っていた中村は翻《ひるがえ》るがごとく打ち倒れた。次の瞬時、僕の座ってる艇尾を叩き上げるような音があった。……真黒な巨岩がぬっとばかり出現する……、周章《あわ》てて引いた舵の紐はぷつりと断《た》れてしまう……。軸手が棹をもって立向かうと見る内に忽《たちま》ちまた後へ転倒した……されど艇首は危うく巌《いわ》を離れて……三番あたりの舷を擦って、艇は左右に動揺した。

こんな事は凡《すべ》て時間でいえば数秒時の出来事である。あっといって始まり、あっといって終ったのだ。

矢を射るごとき急流を無事に快走したとき、艇員思わずも万歳を叫ばざるを得なかった。陸岸の人々……怒鳴りながら、周章《あわ》てながら、気遣いながら、また半《なかば》は好奇心で走って来る人々も、相応じてこの時万歳を唱えてくれたと記憶する。
『命拾をしたね』
『実に危険《あぶな》かった』
『なあにあれっ位』
『いい経験だ、忘れられない経験だ』
なんどと、その夜佐世保の宿でいい交したとき、一同は笑と得意の裡に幾度か戦慄して眼を塞いだ。

このように、このころの水谷はボートに夢中だったようだが、野球にも興味を持っていた。当時の長崎の野球の状況はよくわからないが、そのころは、まだピッチャーとキャッチャーだけがミットとグラブをつけていた時代で、水谷はキャッチャーを担当していた。練習試合の時などは、水谷の滑り込みを何度も見るために、アンパイアが、わざとアウトをセーフにしたともいう。

幼少時、からだの弱かった水谷だが、中学時代になってからは健康を回復したようで、柔道、撃剣、ボートと、スポーツ好きで、体格もよくなり、学課も優秀だった。後年、水谷のカメラ好きは有名だったが、これに興味を持ちはじめたのは十六歳の時だという。

とにかくめんどう見がいいので、後輩たちに慕われ、水谷の家にはいつも学生が集まり、にぎやかだった。水谷の母親は、病弱だったが、この学生たちが集まってきて騒ぐのを、快く見守っていたという。

ただし、水谷はスポーツは好きだったが、伎倆のほうはそれほどたいしたことはなく、どのスポーツでも、プレーヤーというよりマネージャー的な仕事をしていて、いつも、人より一歩先のことを考えていたという。だれにでも好かれるタイプで、集まってくる人間を拒むことをしないため、思わぬ迷惑をかけられたり、誤解を受けることもあったようだが、それが後の水谷の行動力につながったようだ。

水谷は海軍士官を志し、海軍兵学校に入学したかったようだが、両親に反対され、これを断念。文学に興味を持っていたことから、明治三十四年九月、東京専門学校（現・早稲田大学）予科に入学した。本科では文学部の哲学科だった。名校歌『都の西北』を作詞した詩人・相馬《そうま》御風《ぎよふう》と同級だったという。その相馬は、多数のクラスメートの中で「彼ほど男らしい男は稀《まれ》であった。在学中から私は彼のあの明朗爽快な男性美に心を惹《ひ》かれた」といっている。

早稲田に入ったころは、読書の鬼で、本箱には本がぎっしり詰まっており、仲間たちは、よく水谷の下宿に本を読みにいった。すると、水谷はいついっても寝ているので、寝の神様とあだ名をつけた。それにしても、いつも寝ているところをみると、本は飾りで読んでいないのではないかと思うと、ちゃんと、みんな読んでいる。昼間寝ていて夜読むのが、水谷の流儀らしかった。

中学時代夢中になったスポーツのほうはどうかというと、昼間寝ていたというわりには、これも積極的に行動している。テニス（軟式）部に所属して、マネージャーを引き受けたが、これ以外にも、例のボートや柔道をやり、柔道は二段の腕前だった。子供のころは病気で育たないといわれたにもかかわらず、水谷は体格に恵まれ、体重は十九貫（七十一キロ弱）あったという。いまではそれほどの体格ではないが、当時ではかなり恰幅のいいほうだった。

友人たちの話によれば、何にで精通しており、俳句、芝居、剣道、相撲、義太夫にも詳しかった。堅いばかりではなくて、花柳の巷《ちまた》にも出没し、後に神楽坂の名妓と結婚したが、これが夫人の勢舞子だ。

意地っぱりも相当だったようで、早稲田時代の友人、松尾保三郎は、こんなエピソードを披露している。

　君が早稲田大学予科時代だったと思うが、友人小山君と僕と三人で明治座見物の帰り道、空腹の余り日本橋際の「屋台寿司」に暖簾《のれん》をくぐった事があった。「寿司」をひねる早業と僕等三人の立食いとの競争が一二三で初まった。最初五つ六つ喰べるまでは、親爺ひねり負けをしていたが、七つ八つと成ると、小山や僕もやや閉口の態だったが、水谷君はその頃からピッチを上げて、眼玉を白黒さして、喰べるというよりは飲み込むといった調子で頑張り通し、終いに親爺をして稀れに見る健啖かつ早喰いの人だと驚愕《きょうがく》せしめた事があった。同君、後では相当にお腹にこたえたらしかったが、いやその時の頑張り方は、一通りではなかったように記憶する。

こういう、意味のないことをやるのが〔天狗倶楽部〕なのだ。メンバーの資格は、たしかにある。

スポーツは好きだが、あまりうまくなかったとはいうものの、早稲田大学時代には、みごとな殊勲を打ち立て、まわりを驚かせた。明治三十五、六年のことだそうだ。早慶対抗の柔道紅白戦が慶応の柔道場で開催された。その時、慶応に脇田という、技はたいしたことがないが、体が大きく力の強い男がいて、早稲田側はとうてい手が出ず、十人ほどが、ころころとやられてしまった。

そこへ出で（ママ）いったのが、まだ段外一級程度の実力だった水谷。みんなが、またやられるかと見ていると、突如、自分で倒れて、たちまち両足を上げて脇田の胴をはさみつけると、くるりと一回転。とっさの蟹挟みで、さしもの強敵を倒し、早稲田側のために気を吐いたという。

各学校とのテニスの対校試合では、よく審判を受け持った。当時の審判は、味方に有利な判定をするのが名審判といわれたが、水谷は名審判だったそうで、これは、あまり褒められた話ではない。

明治三十九年七月、早稲田大学を卒業。その年の暮れ、姫路連隊に、一年志願兵として入隊。

一体僕は職業として軍人を志望したものではない。国民皆兵の義務を果すべく、一年志願兵として入営したのである。

僕の入営した際の連隊では、(場所は一寸《ちよつと》預ろう)僕等一年志願兵を遇するに徴兵忌避者を以てし、継子《ままこ》扱にし、甚《はなは》だしきは一種の売国奴を以てする無理解の将校もあった。従って僕等はこれら無理解の連中の為に苦しめられ、幾度か国家の陸軍そのものさえも呪うという感情に支配された事もあった。入営の当日、兵の居室には靴なり襦袢《じゆばん》なり何なり、美々しき新品を並べ立て、比較的美々しき料理を給し、付添の父兄に軍隊は兵卒を厚遇するという印象を与えしめ、翌日になれば、それ等の新品は中隊の倉庫に取り上げられ『お前にはこれで沢山だ』とばかり、いずれも廃物に等しき古品を給与された現状に驚いた事もある。

しかし僕は義務を信じた。国家が軍隊を置き、国民の凡《すべ》てがその義務を負っている精神をやや理解しておった。だからあらゆる虐待(といい得べくんば)と屈辱とを客観し、義務が負わねばならぬ苦痛と解釈し、自己の信ずるだけの勉励と努力を愉快に平気で続けたのである。

軈《やが》て将校の末班に列した。待遇は俄然《がぜん》として一変した。僕はやはり等しき義務の観念を以て、等しき努力を試みた。そして、ある勤務演習の後、異数の抜擢によって一階級を進められた。(聞くところによれば、一年志願兵出身の将校が平時に進級した最初の事例だそうな)

そう聞けば何だか僕が偉そうに思われる。しかし僕自身に考えてみると、別段偉いところも何もないのである。ただ凡人のする事を平凡にやったまでである。義務という観念の下にこの職業異《(ママ)》い、専門以外の事柄をも忠実に努めただけの事である。そしてその義務を行うに極めて至純な清浄な(何々の手段何々の為にという複雑な動機でなく)真摯《しんし》な心持ちで行っただけである。

明治四十年、先に述べた勢舞子夫人と結婚。この夫人の妹が、後に名女優といわれるようになる水谷八重子（女優・水谷良重の母）だ。

明治四十一年四月、早稲田系人脈で固めた総合スポーツ雑誌〈運動世界〉を創刊。安部磯雄を主幹に迎えた、本格的なスポーツ雑誌だった。これは、水谷の兄が印刷業をはじめたので、それならと創刊したものだが、針重敬喜が手伝いはしたものの、資金の調達から表紙のデザイン、口絵のレイアウト、内容にいたるまで、ほとんどを水谷がひとりでやったという。

〈天狗倶楽部〉は、明治四十二年五月に発足したが、当然、水谷も最初からのメンバーだった。水谷の〈天狗倶楽部〉論を読んでみよう。

　テングの諸豪はよく飲み、よくへべる。縮尻《しくじり》も奇行も、禁酒も破戒もこの間に出没して常に逸話に富んでござる。ところが僕は飲まない、へべらない。禁酒の要もなければ奇行も逸話もとんと見当たらない。一体が他人との接触が面倒臭い方で、何を仕出かすという当てもないのに、十年一日のごとくに書斎に閉じ籠りつつ一読書生を以て甘んじている。よくいえば素真摯な御坊ちゃんで、悪くいえば平々凡々たる大鈍才だ。

　在体《ありてい》に白状すれば、僕は通俗の意味における武侠主義者ではない。旧武士道の虚飾的半面や、近頃よく耳にする、偽忠国偽愛国主義、いい換ゆれば広告的な私腹を肥やさん為の忠誠、偽愛国、徒《いたず》らに声を大にし、恫喝と煽動とを以て無理解の衆愚を擾乱《じょうらん》せしむる陰険悪辣《あくらつ》な山師の徒、浮浪の奴《ど》輩《はい》を憎悪する。

　僕はこれらの代物を以て日本の最も恐るべき敵――即ち獅子身中の虫と断ずるにおいて、春浪兄の所論と頗るその軌を一にしている。それが為に春浪兄が国籍を脱せんとした哀情にも同感すれば、酒を浴びて赤裸々の熱血を漲《みなぎ》らしむる狂態にも同感している。

　酔えれば僕もそうしたい。狂う事を得れば僕もそうしたい。美名の下に醜態を営む奴原《やつばら》を熱罵し蹴飛ばしたい。無理解無自覚無節操、足や手のみ徒らに動いて、頭脳の不純にして空虚なる蛸《たこ》入道を踏壊《(ママ)》いてやりたい。(中略)

テングの諸豪奇抜だという。しかり大《おお》いに奇抜だ。しかしその奇抜は趣味の上皮に過ぎない。テングは決して奇抜豪放のみを以て終始するものじゃない。テングの精神は清浄と真摯を以て努力する事である。

仮にテング宗という宗教があるならば……仮にテング主義というイズムがあるならば……その教理はあくまでも純なる努力を続くる事である。その主張は、あくまでも忌むべき醜き仮面を脱して、赤裸々至純なる衷心を披瀝《ひれき》する事である。テングテンテング、テテングとばかり踏張り、頑張って、世の偽善、世の虚偽に抗戦する事である。

テングの諸豪はそれぞれ生活を異にし、職業を異にし境遇を異にしている。従ってその言説もそれぞれの色彩を異にしている。されどテング諸豪の基調とする信念は、やはりこの辺にあるものと僕の信じて疑わないところだ。

〈運動世界〉は、当時としては、非常にスマートなスポーツ雑誌だったが、残念ながら兄の仕事が不調に終わり、翌年十一月より弓館小鰐が引き継いだ。

この年、水谷は小石川区関口駒井町の二階家に住んでいたが、同郷で早稲田先輩の作家・正宗白鳥がしばしば訪れて「君が出たら、僕がこの家に入るよ」と非常に気に入っていたが、果たして水谷がここを出ると、ほんとうに正宗が入り、その後、正宗が出ると、また水谷が入ったというエピソードが残っている。

明治四十三年、〈やまと新聞〉に入社。学芸部の仕事を受け持ち、学生時代から〈早稲田文学〉に演劇評を書いていた関係から劇評を担当した。当時の社僚、先輩には岡本綺堂《おかもときどう》、柳川春葉、生方敏郎《うぶかたとしろう》などがいた。

ここで水谷は『熱灰』などという小説を連載もした。

岡本によれば、晩年は円満な如才ない人物になったが、この〈やまと新聞〉時代は、だれとでも議論を戦わしており、岡本も、劇作のことでは、議論の相手を務めさせられたそうだ。

また、本人は酒も飲まないので、奇行はしなかったといっているが、なんのなんの、陸軍将校の軍服で、突然、会社にやってきて、社中をおどろかせたり、社長の葬式の時にはフロックコートにシルクハットというでたちで護国寺に現れて、社員の目を見張らせたという。

この翌年には、スポーツのほうでも、水谷は早稲田関係者にとって歴史的な功績を残している。というのは、この年の秋、白瀬《しらせ》矗《のぶ》陸軍中尉を隊長とした南極探検隊の資金集めのために、慶応と早稲田野球部の先輩による入場料徴集試合が行われたのだが、その時、慶応のチームが〔三田倶楽部〕と称したのに対し、早稲田では〔稲門倶楽部〕を名乗った。この稲門ということばは現在でも早稲田先輩の各クラブに使用されているが、実はこれを考えたのは水谷なのだ。

大正二年、劇作家の島村抱月が松井須磨子を擁して芸術座を創立したが、この時、島村が事業経営の任に当たる適当な人物はいないかといったのに対し、相馬御風らは、躊躇なく水谷を推薦した。水谷は、それを受けて、芸術座に参加する。そして、夫人の妹の八重子を子役として、芝居に出演させたりしているが、このころから、なんとか八重子を一流の女優にしようと考えていたようだ。

八重子が女優になるきっかけは、八重子が、あまりからだがじょうぶではなかったので、水谷の師である安部磯雄から「健康に役立つ。日本舞踊をさせては……」ということからはじめたのだそうだ。

しかし、芸術座では、水谷は力を発揮できなかった。松井須磨子のわがままで、内部がめちゃめちゃになり、第一回の公演に参加しただけで手を引いてしまう。劇団に分裂の危機が迫った時は、日頃、あまり激昂しない水谷が一番興奮して、「女優の脛をたたき折ってやる」とすさまじい剣幕を見せ、辞表を叩きつけた。周囲からは、やっぱり陸軍中尉だけのことはあるということばが、口の端にのぼったそうだ。

それからの水谷の、八重子を育成する努力は、並たいていのものではなかったらしい。八重子には失礼に当たるが、彼女が、後に、あれだけの大女優になったのは、もちろん天分もあったからだが、水谷の力に与《あずか》るところ、非常に大きいものがあったとは、水谷を知る者すべてのことばだ。

けれど、それだけに力を注いでいたわけではない。大正七年、柔道の講道館が、雑誌〈柔道〉を発刊するに当たっては、嘉納治五郎《かのうじごろう》の手足となって奮闘し、自宅を発行所にして創刊した。このことは、あまり世間に知られていないようだが、〈柔道〉苦難時代の隠れた功労者であるという。

大正八年には、東京日日新聞社（現・毎日新聞社）に入社。編集局長と社会部長を兼ねた。部下には作家の尾崎士郎や佐々木味津三などがいて、毎日、議論から鉄拳の腕力ざたが絶えなかったが、水谷が入社していらい「君の茫乎《ぼうこ》たり温乎《おんこ》たる風貌は、能《よ》くこれ等の諸豪を抱擁して、東毎《（ママ）》編集局内の平和時代を生み出した」と、当時の上司は語っている。

大正十二年九月、関東大震災で東京が廃墟と化すと、この時こそ、演劇界を復興させる時だと、花柳章太郎、藤村秀夫、小堀誠、水谷八重子らを糾合し、自ら興行主となって、『大尉の娘』などを上演し、大成功をおさめた。

この興行の成功に気をよくした水谷は、さらなる演劇界の発展と八重子の一流女優育成を目指し、大正十三年春、第二次芸術座を結成。牛込会館、聚楽《じゅらく》座などで、次々と興行をし、高い評価を受けるが、経済的には苦境に立っていた。大正十四年には、八重子をともない、夫妻で演劇映画視察のためアメリカ各地を旅する。これは〈大阪毎日新聞〉（現〈毎日新聞〉）の委嘱を受けての旅行だった。

昭和三年、芸術座は日本各地で興行をして成功する。

ところが、この年、水谷の体を病魔が襲った。左膊部に腫れ物が生じたのだが、これが悪性腫瘍だったようだ。しかし、水谷はスケジュールが詰まっているからと手術をせず、満州に渡り、大連で、ようやく入院手当てをした。だが、この手当ても本格的なものではなく、水谷は、さらに満州各地、朝鮮を回って興行を成功させる。

　六月に日本へもどった時は、病状は悪化しており、骨膜炎と診断され骨削除の手術を行ったが、おもわしくなく、八月には、遂に左手を切断するにいたった。スポーツ好きの水谷には、大きなショックだっただろうと考えられるが、「片腕に影法師のなき夜寒かな」の感慨をもらしつつも「一心不顧死、隻手振長煙」の意気をもって、芸術座はもちろんのこと、日本演劇の発展向上のために働くことを決意した。

　九月には松竹興行会社と提携し、新派一座と合同公演をし、以後、両者の友好関係は続く。ここでも、水谷は八重子を女優陣の中心に据えるが、ただ、闇雲に実力のない者を主役にしようとはしなかった。松竹興行会社社長・大谷竹次郎は、水谷の死後に、こう感想を述べている。

　水谷竹紫氏と私との交遊はかなり久しい間に互《わた》っていた。その時々の想い出は数限りない。

　八重子氏の今日あるは御自身の天分と努力による事はいうまでもないが、竹紫氏がその陰に種々尽力されたことも否めぬところであろうと思う。

　竹紫氏は真の演劇人だった。竹紫氏は演劇のことばかり寝た間も忘れずに考えていた人である。

　仕事の関係上当然でもあったろうが、竹紫氏から私に掛って来る電話、寄来された手紙の総《す》べてが芝居のことばかりだったのである。その中にも、芸術座を統率されていた上から、八重子中心の脚本の提出が多かった。名案もあったが、また中には相当突飛なのも事実あった。

　しかし竹紫氏はさて私と会って、実際上の興行を土台に置き、その時の座組を示して相談に入ると、八重子中心の脚本はいつしか影をひそめてしまって、興行のため、演劇の向上のために、八重子の役はなおざりの脚本ばかり賛成されるのが常だった。

「こんな脚本ばかりでは、八重子君の出し物がなくなるじゃありませんか」

と、かえって私が注意する程だった。

「いや、こういう芝居につきあわさせるのも修業になります」

竹紫氏はこういって平然とされるのだった。

竹紫氏の偉さは、演劇人としての真価はここにあったのであろうと思う。

常日頃は八重子中心の脚本にばかり頭を置いていても、いざ実際の「演劇」の問題にふれると、忽《たちま》ちその「私」を捨てて省みぬところ、私は竹紫氏のこの点を尊敬し、良き相談相手になっていただいて来たのであった。だから竹紫氏は、会社と決めた狂言を持ち帰ってから、俳優側の苦情に出会って、困られたことも珍しくなかったようである。

その分野の発展向上のためには、私利私欲にとらわれない。これも、〔天狗倶楽部〕メンバーの共通した、ものの考えかただった。水谷は、まさにその典型的人物といえる。

左腕を切断しても、水谷の元気は衰えなかった。やはり右腕のない額田六福とふざけて二人羽織をやって、笑いあったことも、よくあったという。

昭和十年、芸術座は一歩一歩と基礎を固めて発展していったが、水谷の健康に、ややかげりが見えてきた。ただし、カメラ好きの水谷にとって、非常にうれしいこともあった。〈サンデー毎日〉が主催した文士写真展に作品が一等当選し、トロフィーをもらったのだ。この時の水谷は、子供のようによろこんでいたという。

だが、五月、胃に異状を覚え診察すると、胃癌の徴候ありとの診断が出た。六月、順天堂病院で手術。伊豆の新島《にいじま》に療養に出かけ、また伊東、熱海に滞在した。術後は良好に見えたが、八月末ごろからふたたび悪化、順天堂病院に再入院したが、九月十四日、その多彩な生涯を終えた。五十四歳だった。

〔参考文献〕
『竹紫記念』（水谷八重子編・昭和十一年八月・私家版）
『過ぎこしかた』（水谷八重子・昭和四十六年九月・日芸出版）
『新劇の歴史』（菅井幸夫・昭和四十八年八月・新日本出版）
『近代劇』（山田肇・昭和二十六年三月・至文堂）
〈冒険世界〉〈武侠世界〉〈運動世界〉〈野球界〉

吉岡信敬

よしおか・しんけい
本名・のぶよし
1885～1940

早大応援隊の創始者にして隊長。「彌次将軍」で知られた名物男。

〔天狗倶楽部〕百数十名の中で、その代表的メンバーを三人だけあげろといったら、頭目の押川春浪と共に、必ず名前を出さなければいけないのが、吉岡信敬だ。ほかの〔天狗倶楽部〕のメンバーが、それぞれ〔天狗倶楽部〕以外の場所で、それなりの活躍をしていたのに対し、吉岡は早稲田大学応援隊の創始者で隊長という肩書はあるものの、他にこれといった業績を残したわけでもない。

しかしながら、その生涯のすべてが、イコール〔天狗倶楽部〕だったといっても過言でないほどの名物男として、当時、日本中にその名を知られていた。

吉岡信敬は、明治十八年九月一日に、父・湖一郎、母・サヨの間に生まれた。出生地は山口県阿武《あぶ》郡河添《こうぞえ》村（現・萩《はぎ》市河添）、東京府小石川区（現・文京区南部）の両説があるが、はっきりしたことはわからない。父は旧長州藩士、祖父は明治維新の志士で、若くして横死したという。

吉岡は三男で、一妹があったようだ。ふたりの兄は家を出て、消息不明。質素な家庭だったという。ただ、萩市に残る戸籍簿には、長男・俊輔の名前しか記載されておらず、友人のことばからも、なにか複雑な事情があり、家庭的にはあまり恵まれてはいなかったようだ。

そのせいか、吉岡に関する資料は、かなりたくさんあるにもかかわらず、幼年時代に関しては、まったく見当たらない。本人も、なにも語っていない。ようやくその行動がわかってくるのは、明治二十九年だから十一歳の時からだ。当時、吉岡は小石川に住んでいたが、そのころ、小石川台町と隣町の音羽町の少年たちは、なにかにつけて対立していた。

この時、最年少の部類で小石川軍の一兵卒に加わっていたのが、吉岡だ。年長の少年たちの指揮の下、少年隊と称して敵軍を罵倒、嘲弄する役目をおおせつかっていたらしい。後に彌次将軍と呼ばれるようになる吉岡らしい任務（？）だった。吉岡たちは、「音羽のやつらは、梅干し、菜っ葉に南京豆のお粥《かゆ》！」と怒鳴って囃子《はやし》立てる。怒った音羽軍が棒切れを持って追いかけてくると、小石川軍の砲兵隊が山の上から石を投げつけ、そのうち両軍入り乱れての大混戦。こんな日々が続いたようだ。

そのうち吉岡たちは野球を覚え、久世山倶楽部というチームを結成して、試合をやるようになったが、吉岡のポジションは一塁だった。当時、学生界の覇者は第一高等学校（現・東京大学教養学部）だったが、これを相手に練習試合をやり、12対12の引き分けの大勲章をあげたこともあるという。

もっとも、この12点は打棒爆発しての得点ではなく、吉岡たちが一高軍を彌次り倒し、ピッチャーは四球を連発、野手はエラーの山で得たものだというから、あまりいばれたものではないが、それでも当時、草野球チームが天下の一高と引き分けたというのは、特筆に価する。ただし、この試合の記録は一高の野球部史には載っていないようだ。

当時の吉岡は、なにから由来しているのか、〈だるま〉というニックネームがついていたそうだが、性格的に激しやすかったものの、暴力に訴えるようなことはなかった。ただ、兄貴分にあたる〈閻魔《えんま》〉と呼ばれる少年との喧嘩は、ひとつ話になっている。

歳下の吉岡だるま、閻魔に組み敷かれて、ぽかぽか殴られた。が、そんなことで参るような吉岡ではない。ここは一番、大逆転とばかり、下になりながらも閻魔の睾丸を探りあてると、これを力いっぱい握りしめた。だが、閻魔も降参しない。金玉を潰されながらも吉岡の首を締め、結局、勝負はつかず和睦と決まり、「ワン、ツー、スリー、和睦！」のひとことで仲直り、以後は親交がより深まったという。成人してからの吉岡の潔さには定評があったが、こんな経験が人格を形成していったのだろう。

明治三十一年、吉岡は早稲田中学校（現・早稲田高等学校）に入学した。順調に小学校の学業を終えていたとすれば十三歳だろうか。早稲田中学での成績は、あまり、かんばしいものではなかった。三年生で一度、五年生で二度落第している。したがって、ふつうなら五年間の中学生活を八年経験しているわけだ。

吉岡がバンカラぶりを発揮し出したのは、四年生ごろからのようだ。そここが破れた、よれよれの制服に、ズボンはツンツルテンの寸足らず、明治十九年に沈没したイギリス船ノルマントン号に由来するノルマントンと呼ばれる破れ靴を、靴下なしで履き、鼻の下には後に吉岡のトレードマークになる不精髯を生やしていた。

吉岡は、当時、小石川の久堅《ひさかた》町から通学していたが、毎朝、早稲田の田圃《たんぼ》道を怒鳴るように大声で歌を歌いながら歩いていく。この姿はあまりにも異様で、下級生たちは、この吉岡の風体を見て、〔髯のおじさん〕とニックネームをつけたそうだ。

校内でも、そのバンカラぶりはおおいに発揮され、日露戦争の気運が高まってくると、交戦論派にまわり非戦論派と激しく口論した。そして、ついに開戦になり、日本の勝利を告げる号外売りの鈴の音が聞こえると、吉岡は授業中であっても、いさいかまわず、先生の制止を無視して脱兎のごとく教室を飛び出し、買ってきた号外を黒板に張りつけて、教員室の前で飛び上がったり、廊下を転げまわったりして興奮していたという。

こういった行為のみを見れば、吉岡は、ただのめちゃくちゃ男にしか見えないが、こんな規格はずれの行動をしても、吉岡には憎めない人のよさがあり、級友たちから疎《うと》んじられたりはしなかった。素朴で熱しやすいが、統率力にたけた人がらは、多くの級友の支持を集め、三年生の時には南組だったので、他のリーダー格のふたりと共に、三南の三傑と称された。

吉岡が応援団活動、当時のことばでいう彌次に興味を持ち始めたのは、明治三十五、六年ごろからのようだ。吉岡は早稲田中学では野球部に籍を置き、センターを守ったが伎倆のほうはもうひとつで、やがて選手としてよりも彌次のおもしろさに惹《ひ》かれていったようだ。早稲田中学野球部の試合はもちろんのこと、その兄貴分の早稲田大学の試合には、必ず出かけていって、蛮声を張り上げたという。

早慶野球戦は、明治三十六年の秋に第一回戦が開始されているが、吉岡は、この第一回戦から応援に参加していた。だが、当時は組織だった応援方法も存在せず、観客それぞれが、拍手したり怒鳴ったりしている状態だった。ところが明治三十八年四月から六月にかけて、早稲田大学野球部は、日本チームとしてはじめてアメリカ遠征をし、スタンフォード大学やカリフォルニア大学などと試合をし、数々のアメリカ式野球を会得してきた。

この遠征は、日本野球に革命的な進歩をもたらしたが、その中のひとつにアメリカ式応援法があった。これは応援隊（団）を組織し、観客は数名のリーダーの指揮に従って、カレッジフラッグを振り、カレッジエールを高唱するというものだった。

それまで早慶戦は、春と秋に一試合ずつ行われていたが、アメリカでは一シーズンに三試合を行い、二勝したほうを、そのシーズンの覇者とする方法を取っていた。そこで日本でも明治三十八年の秋から、これを手本にすることにした。ところが、第一回戦で、アメリカ帰りの早稲田は、もろくも慶応に敗れてしまった。

第二回戦には、なにがなんでも勝たなければならない。寄宿舎生たちは、野球部に食べ物や飲み物を差し入れし、応援に行くと約束した。すると、それならいいものがあると、野球部長の安部磯雄が持ってきてくれたのが、アメリカ遠征の際、在米邦人が作ってくれた海老茶色にW・Uと染め抜いたカレッジフラッグだ。

ところが、その振りかたがわからない。それを知っている野球部員を指導に送ってくださいと頼むと、やってきたのが、早稲田高等予科生になっていた吉岡だった。吉岡は安部の生徒でもあり、野球部とも親しかったので、その応援法を知っていたのだ。ここに寄宿舎生の橘静二《たちばなせいじ》、吉田淳というふたりの熱狂的野球ファンと吉岡が顔を合わせ、応援隊が組織された。そして、予科生の吉岡が隊長となり、橘と吉田が副隊長になった。高等予科生が大学生を差し置いて隊長になってしまったのだから、吉岡の人望がうかがえる。

吉岡の応援隊長としてのエピソードは山のようにあるが、同じ〔天狗倶楽部〕メンバーの小杉未醒が明治三十八年の第二回戦で、はじめて吉岡の応援振りを見た時の印象を紹介しよう。

早稲田へ近くなるにつけて、我々と同じ方向に歩み行く人の数が増して来る。早稲田の校門へかかるとこれ等の野球熱心家が、推《お》すな推すなをやっている。「どうです、大変な人ですなあ」と満足げな顔をして高帽に髯にフロックコートのお爺さん達が、二、三人で推されながら話している。広場に着いて来賓席に腰を落した。忽《たちま》ち、「吉岡あ……」「吉岡あ……」という声掛り。有名な彌次の大将、鬚の吉岡君をば始めて自分は見た。広場の一方を開けて、三方には見物の若人が黒山をなしている。同行の窪田君は十万あるだろうという。吉江君は七万位だろうという。何しろ大変な人数だ。しかもなお、絶えず増しつつあるではないか。
吾《わが》吉岡君は、この広場において、この多人数の上に大いなる権威を以て臨んでいる。見物が境界を超えて広場を蝕して来る。係りの人々が駆けて行って制しても、更に肯《き》かぬ。制さるる人も制する人も、要するに年配相同じ学生夥伴《かはん》だから。そこで吉岡君が飛び出して行く。古い麦藁《むぎわら》帽を阿《あ》彌陀《みだ》に冠って、手に打球棒を捧げて。

この一文を見ても、いかに吉岡の統率力が優れており、人気があったかが推測できる。この小杉の文章に登場する窪田というのは、後に高名な歌人になり、吉岡と終生交際のあった窪田《くぼた》空穂《うつぼ》だが、その窪田にも吉岡の人気振りを伝えたものがある。

私は一度、吉岡と一緒に三越へ行ったことがある。その当時の三越は、場所は現在と同じ所であるが、建築様式は異なっていて、第一階の、二階へあがる大階段の下は、少年音楽隊の演奏場になっていた。音楽隊は名のごとく一四、五歳の音楽家の一団で、派手な制服を着ており、その奏楽の巧みさが、珍しさと相まって人気を集めていたものである。
私は貧しいサラリーマンで普通の服装をしていたが、吉岡は前にいったように典型的な一高学生の服装をしていた。私は何げなく二階へあがる階段の方へ向かって行くと、少年音楽隊の何人かが私たちの方を見て、小声で「吉岡」「吉岡」といっているのが聞こえた。吉岡にもそれが聞こえたとみえて、そちらを見ると、少年音楽隊の何人かが一斉に吉岡に対して軽いながら敬礼をしたのである。「やァ」と、吉岡も目礼を返すのであった。

その日の帰途であったか、あるいは他の日であったかは忘れたが、私は吉岡と一緒に上野広小路を経て小石川の家へ向かっていた。その日は私の家を会場として五、六人の知人が集まることになっていた。吉岡もその一人だった。そのころ菓子は広小路の岡野で買いつけていたので、その日も広小路で電車を下りて一緒に岡野の店へ寄った。買い役は吉岡がした。私たちの買う菓子の種類は大よそ決まっていた。「ずい分嵩《かさ》があるな」と私は側から見ていて、思った。中年の店員は吉岡に包みを渡しながら、笑顔をつくって、「あなた吉岡さんでしょう。おまけしておきましたよ」と。角帯、前垂れがけの店員の顔を、私は今更《いまさら》のように見た記憶が残っている。

誰からとなく、吉岡が虎髯彌次将軍の尊称を受けるようになったのは、このころからのようだが、なにしろ、その人気は絶大で、日露戦争の立役者・乃木《のぎ》希典《まれすけ》将軍、誇大妄想狂の名物男・葦原将軍とならんで三大将軍と呼ばれたり、また日本海海戦で名をあげた東郷平八郎大将、美人芸者・万龍《まんりゅう》、のぞきの元祖・出歯亀とともに、明治時代で、もっとも名を残した人物との評もある。

押川春浪主筆の〈冒険世界〉が明治四十三年に行った『痛快男子十傑』という人気投票では、〔一般学生〕の部で吉岡は第一位に当選している。ちなみに〔政治家〕部門では大隈重信《おおくましげのぶ》、〔海・陸軍人〕部門では乃木希典、〔文士・画家〕では大町桂月などが選ばれている。また、同じ年にスポーツ雑誌の〈運動世界〉が行った『運動家十傑』の投票では、『運動以外の運動家吉岡信敬氏』として第十位に選ばれている。スポーツ選手の人気投票に、スポーツマンではない吉岡が選ばれてしまうのだから、その人気のほどが知れるというものだ。

それにしても、なにが、応援隊の一学生である吉岡を、これほどに人気者にしたのか。やはり、そのバンカラ精神と正義感に満ちた行動だろうが、ひとつ皮肉なことに、吉岡にとってはなんとも不名誉なことが、世間にその名を知らしめることになってしまったのも事実のようだ。

それは明治三十九年の早慶野球戦第三回戦での、事件だ。先に述べたように、早慶の応援は明治三十八年の秋の試合から、アメリカ式を取り入れて、両校それは派手なものになった。三十九年になると、その応援合戦はさらにエスカレートした。この年、まず第一回戦に勝利したのは慶応だった。第二回戦が早稲田。そして、いよいよ、雌雄を決する第三回戦が十一月十一日に行われることになったのだが、ここに問題が起こった。両校応援隊の観客席の取り合いだ。

すでに、一、二回戦で、陣取り合戦はもめていたのだが、第三回戦では、どちらがどの場所を確保するかで、数日前から、ほとんど喧嘩の状態になっていた。その時、もともと芝居っ気のある吉岡は、両校応援隊の折衝の場で、早稲田側に少ししか場所を提供しないと主張する慶応側に対して、はったりをかけた。

場所をくれないならくれないでいい。その代わり早稲田応援隊は、指揮官を馬六頭に乗せ、吉岡はヘルメットを被り、剣を携えて、一万人の応援隊で、慶応のグラウンドに乗り込むといって、席を蹴ったのだ。これが、問題になった。早稲田がその気なら、慶応も、それを阻止するために、試合前夜からグラウンド周辺にバリケードを張って寝ずの番をする。

話はこじれにこじれ、遂に両校の教授どうしの話し合いになり、さらに塾長、学長までが、事態収拾に乗り出すことになった。だが、当時の早慶戦人気は、異常ともいえる学校同士のメンツの問題でもあり、どちらも、かたくなに自己の主張を譲らない。その結果、あろうことか、第三回戦は中止と決定してしまう。しかも、はじめは、せいぜい一週間か十日の延期と考えられていたのが、なんと慶応側の頑固さもあって、すべてのスポーツ交流の禁止、野球にいたっては十九年間の中止事件に発展してしまうのだ。

まさか、そんなことになろうとは考えもしないでの吉岡の発言だったのだが、あまりにも吉岡のことばが過激だったため、冗談ではすまなくなってしまい、収拾がつかなくなった。この事件は、後に、吉岡の馬上抜刀応援として、脚色されて事実として伝えられることになるが、なんにしても、吉岡の名は、不名誉な形で日本中に知れわたることになるのだ。

だがしかし、多少の非難はあったものの、そこが吉岡の人がらの良さもあって、悪名としては広がらず、むしろ愛校精神の発露として、吉岡の行動は伝説化していった。ただし、当の吉岡は、自分の不用意なひとことが、早慶戦を十九年間も中止に追い込んだことに対して、かなり負い目を抱いていたようだ。それを裏付けるように、当時の野球選手たちが、昭和の時代になっても、親しく交際していたのに対し、吉岡はだんだん〔天狗倶楽部〕から離れていったようだ。

けれども、それは後の話で、学生時代の吉岡の人気は絶大だった。いまとなっては、それがどんな雰囲気なのか計り知ることができないが、なんとも表現しがたいカリスマ性が吉岡にはあった。小杉未醒が吉岡をはじめて見た時にも、その統率力に感心しているが、窪田はこんな経験も披露している。

明治四十年十月三十一日、日本で初の有料の野球試合のあった日のことだ。有料試合に反対の立場を取る吉岡は、その日、窪田の家を訪ねていた。ところが、野球の話をしているうちにじっとしていられなくなり、結局、ふたりでグラウンドに出かけることになった。が、グラウンドに行ってみると、いつも場内整理をする吉岡がいないのと、初めての有料試合というので、観客がとまどい、場内が騒然としている。とくに入場料は三段階に分かれているはずなのに、みんな好きかってなところに陣取っている。

吉岡は、これを見て憤然としていたが、やがてバットを一本持ってきて、観客席の前の台に上がると声高に叫んだ。「諸君！　試合開始前に場内整理をします。諸君、全部、場外に立ち退くことを要求します!!」

いい終わると、吉岡はバットを杖のようにつき、不動の姿勢で、席を占めている二、三千人の観客を睥睨《へいげい》した。これを見ていた窪田は、これは、いくら吉岡といえども、できることではないと思ったそうだ。いったん料金を払って入場した観客が、たとえ吉岡のことばとはいえ、そうかんたんに指示に従うとは思えなかった。

ところが、案に相違して、入り口に近いところにいた観客が移動しはじめると、遂には全員がいったん退場し、吉岡の指示に従って、改めて料金別に着席し直して、なんらの混乱もなく、試合が開始されたという。これなど、まさに吉岡のカリスマ性を物語るエピソードといえまいか。

押川春浪の正義感の強さは有名だが、吉岡もまた、それに優るとも劣らない正義感の持ち主だった。ある年の暮れのことだった。吉岡が親友と縁日の夜店を冷やかして歩いていると、雑踏の中に一台の人力車が飛び込んできて、あっというまに友人を轢《ひ》き倒し、後も見ずに、そのまま走り去った。さあ、吉岡が怒るまいことか。「待て!!」と大喝したが、人力車は、知らん顔だ。たちまち裸足になった吉岡、韋駄天走りに追いかけ、人力車の梶棒を摑むと叫んだ。


『無礼者めッ、なぜ止らんかッ』

車上の人もこの見幕には蒼くなった。見物高い江戸の事だから、人は忽《たちま》ち黒山を築く、巡査も来る、彌次馬も来る。見れば車上にあった白面の一貴公子は既に将軍のために引摺り下ろされてしまった。

『不埒《ふらち》な奴ッ、人を輓倒《ひきたお》して逃げるとは何事だ、無礼な奴ッ』

『いや全く存じませんでしたものですから……』

『なに知らん？　馬鹿野郎、自分の俥《くるま》が人を轢いたのを知らん奴があるかッ、吾輩があれだけ怒鳴ったのが聞こえないか、阿呆めッ』

　将軍の見幕頗《すこぶ》る凄《すさま》じく、貴公子は恰《あたか》も鷹に睨まれた雀のよう、真蒼《まつさお》になってガタガタ慄《ふる》えている。巡査が二人中に這入《はい》って、頻りに将軍を宥《なだ》めるが、将軍、怒気満面に溢れて、いっかな聞かぬ。

『こんな不埒な奴は法律以外に道徳で攻めねばいかんから、吾輩がこれからウンと征伐してくれるんだ。全体貴様は何者だッ』

　流石《さすが》の巡査も呆気に取られてしまった。貴公子がぶるぶる慄えながら差出す名刺を見ると『従四位子爵松平某』。将軍の怒りはまたしても噴火山のごとくに爆発した。『華族だなッ、身苟《いやしく》も皇室の藩屏《はんぺい》たる身分にありながら、何たる暴体だッ、×××めッ』

怒鳴る喚く滅茶苦茶に叱咤されて、貴公子の子爵殿いやが上に慄え上り、一も二もなく謝罪して、漸《やつ》と放免された。将軍も悠々《ゆうゆう》として引揚げた。

　暫《しばら》くして植木屋の店先にいた将軍の耳端でガヤガヤ人声がする。ふと気が付くと、

『この方です。この書生さんです』

　と頻りに指さしているのをみると、今が今、叱り飛した某子爵の車夫だ。将軍が振り向くと、年齢五十ばかり胡麻塩頭の三太夫然たる爺が、一人ピョコピョコ頭を下げている。

『先程は主人がどうもとんだ失礼を致しまして誠に何とも相すみません。遂々《ついつい》混雑の中でしたものですから……』

『よしよしこれから気を付ければ、それでよい』

『つきまして、これは誠に些少でございまするが……』

　懐中から何やら勿体《もつたい》らしく紙包を差出した。将軍手にして一目触るるや、見る見る怒気心頭に溢

れ、ハッタと睨んで大喝した。

『馬鹿ッ、なんだこれは！　無礼者めッ！』

力任せに件《くだん》の紙包みを三太夫の横面めがけて叩き付けた。三太夫、真蒼になって、

『私は貴下に怒《おこ》れようと思って参ったのではございません……主人の命令で……』

泣出しそうな声をする。黒山のように取巻いた彌次が一度にドッと失笑《ふきだ》す。将軍も気の毒になりて、そのまま後をも見ずに帰ったそうだ。


このエピソードなど、いかにも吉岡の豪放磊落《らいらく》な面を現しているし、実際、これが吉岡の売り物でもあった。だが、反面、バンカラ人にありがちな、こまやかな愛情に溢れた情熱家でもあった。吉岡が隊長を務めていた時の応援隊員で、のちに詩人として名をなす有《あり》本芳水《もとほうすい》が、窪田空穂を訪ねたことがあった。すると先客だった吉岡は席をはずして縁側に出て、「少女ぞ経ぬる大方の　我は夢路を越えてけり……」と、島崎藤村の『若菜集』の一節を謳《うた》い出した。これを聞いた有本は、この蛮骨漢一辺倒と思われていた吉岡に、こういう優しい心があったのかと感心してしまったと述べている。

この場面での吉岡の行動は、いささか芝居がかっていないでもないが、実際、吉岡の藤村の詩好きは有名で、『母を葬るの歌』をよく口ずさんで涙を流し、酔歌を吟じていたという。また草花を愛し、応援隊活動の生活に六分を費やしていたとするなら、草花いじりには三分を費やしていたなどという評を見ることもできる。

ともかく、行動の派手な人物であったから、エピソードは山のようにあるが、少しは失敗談も紹介しよう。ある時、学校の授業を終えて家に向かっていた吉岡、しくしくと腹が痛み出した。なんとか便所に入りたいと思ったが、あいにく近くに知った家はない。そこで、そば屋にでもと思ったものの、その時は一文なしだった。事情が事情だから、どこかに説明して便所を借り

ればいいと思うのだが、なにしろ天下の名物男だから、メンツもある。

尻を押さえて、がまんにがまんをしていたが、ついに限界に達した。道を歩いている途中、臭気ふんぷんたるものが、両股を伝って、袴《はかま》の裾から垂れてきた。吉岡、気持ち悪いのをがまんして、とぼけた顔で歩いていたが、とうとう近所の腕白坊主連に見つかって、「やあ、吉岡さんが……」と、手を叩いて囃子《はやし》たてられ、たちまち、あたりに知れわたってしまった。この時ぐらい閉口したことはないと、さすがの吉岡も頭をかいていたそうだ。

大正元年、早稲田大学を中退した吉岡は、その十二月、一年志願兵として麻布第一連隊に入営した。本人は馬が好きなので、騎兵を希望していたのだが、歩兵にされてしまったそうだ。ここでも数多くのエピソードを残しているが、先を急ごう。

翌年、除隊した吉岡は、読売新聞社に入社した。吉岡は社会部の記者となる。ただ、残念ながら、この記者時代の記録は、ほとんど残っていない。唯一の仕事としては、革命直後、大正七年のソビエトへの旅だが、これが、目的がさっぱりわからない。ただ、相変わらず、ドタバタだけは演じている。

ホテルの壊れた風呂に入ったところ、お湯が床に流れ出し、しかたがないから、足の踵《かかと》でバスタブの穴を押さえ、両手で金玉を隠して女中を呼び、悲鳴をあげられたとか、トイレにいくのがめんどうなので、新聞紙の上にやって、翌朝、トイレに捨てにいったら、流れないで閉口したとか……。

大正十二年には、吉岡は〈読売新聞〉を辞めている（いつ辞めたかは不明）。このころは、出版関係の仕事をしていたらしい。小川未明の家に原稿をもらいにいったという記録がある。

内藤峯子という女性と結婚をしているが、この年月も、はっきりしない。あるいは籍は入っていなかった可能性もある。子供はいなかったようだ。ともかく、大正時代に入ると、吉岡の消息を伝える資料は激減する。そんな中、吉岡が詩人のサトーハチローの早稲田中学入学に際して、保証人になっていたという資料は貴重だ。早稲田中学は吉岡の母校だから、そんな関係で保証人になったのだろう。

また、大正七〜八年ごろ、吉岡はサトウハチローの父・佐藤紅緑がオーナーの野球チームに入っており、一塁を守っていたというから、そんな縁もあったのだろう。ある時、サトーハチローと佐藤紅緑の野球チームが試合をした。ハチローの打った球を紅緑が捕球しようとしたところ、捕りそこなって股間にぶっつけてしまった。これを見た吉岡、すかさず「伜が伜を打ったわい」といったので、観衆が喝采したという、たわいのない話も残っている。

このころは、先にも述べたように、野球関係者とは交際はなかったようだが、昭和八年十月、応援隊時代の親友・橘静二の追慕会には出席して、「縦横無尽の談笑に抱腹絶倒の混乱」を巻き起こし、その後も、橘家には親しく出入りしていたという。

吉岡と広津和郎《ひろつかずお》の喧嘩の話もある。吉岡が五十歳ころのことというから、昭和十二、三年だろう。六大学リーグ戦で早稲田大学が優勝した時、偶然、道端で吉岡と広津が出会った。そこで広津が「おお、早稲田勝ってよかったね」と声をかけると、いきなり吉岡が怒鳴り出した。聞いてみると、吉岡の大阪の定宿で広津が吉岡の悪口をいったというのだ。

広津は、そんな覚えはないと、いくらいっても吉岡は聞き入れない。しかも、吉岡の側には太いステッキを持った、スポーツマンらしい男がいる。困った広津は、どうしても喧嘩をするというのなら、タクシーを拾って、牛込見附か市谷見附あたりで、一対一でやろうといったところ、吉岡は急におとなしくなり、「そうか、君はそんなことはいわなかったのか」といって、場がおさまったそうだ。これは広津のことばなので、全面的には信用できないものの、あってもふしぎではない話だ。

この時、吉岡は「おれは△△会社で月給二百円を貰っている人間だ！」と怒鳴ったというが、晩年、吉岡がなにをして生計を立てていたのか、わからない。なんらかの形で東京会館と関係があったらしいという話もあるが不明だ。近縁者の話では、晩年の吉岡は、なにごとにつけても「莫大に、莫大に」というのが口ぐせだったので、莫大のおじさんといわれていたという。

昭和十五年十二月七日、一世の名物男・吉岡信敬は病死し、その波瀾の人生を終えた。五十五歳だった。墓所は東京都豊島区の都立雑司《ぞうし》ヶ谷《や》霊園にある。

〔参考文献〕

『早稲田大学応援部の歴史』（菅野真二編・昭和六十二年十月・早稲田大学応援部）
『木佐木日記』（木佐木勝・昭和五十一年四月・現代史出版会）
『早稲田中学創立六十周年記念録』（昭和三十一年十一月・早稲田高等学校）
『大学改革の先駆者　橘静二』（原輝史編著・昭和五十九年十一月・行人社）
『年月のあしおと』（広津和郎・昭和三十八年八月・講談社）
『落第坊主』（サトーハチロー・昭和四十六年十二月・R出版）
『未醒漫画』（小杉未醒・明治四十一年一月・佐久良書房）
『野球ローマンス』
『野球百物語』
『スポーツ人国記』
『ニヤニヤ交友帖』
『早稲田大学野球部五十年史』
〈冒険世界〉
〈武侠世界〉
〈運動世界〉
〈春秋〉

針重敬喜

はりしげ・けいき
1885〜1952

春浪を支えて、〈武侠世界〉で功績。テニスの興隆にも努める。

〈天狗倶楽部〉は野球と相撲を愛したクラブだったが、またテニスにも力を入れた。これは、〈天狗倶楽部〉が田端を中心にした美術家連のテニスクラブである〈ポプラ倶楽部〉と、非常に親しい関係にあり、〈天狗倶楽部〉側にも、針重敬喜という早稲田大学庭球部と関係の深いOBが存在したことによる。

針重敬喜は、明治十八年二月一日、山形県南置賜《みなみおきたま》郡南原芳泉村《みなみはらほうせん》（現・米沢《よねざわ》市芳泉町）に父・幸主の長男として生まれた（その後、一妹があったが幼くして死亡したという）。幸主は、この地方の人望家で、当時五つの村が土地問題で争いが絶えないでいたのを、芳泉村としてまとめた。また芳泉尋常小学校を設立するなど、のちに功労者として、住民から碑を建立されたほどだ。

針重は、おそらく、この芳泉尋常小学校に通ったものと思われるが、赤ん坊のころからからだが弱く、朝から晩まで泣いてばかりいたという。とくに左腕がリューマチで、ずいぶん苦しめられたそうだ。その代わり読書に耽《ふけ》ったので勉強はでき、いつでも級長だったという。

それでも、明治三十一、二年ごろ米沢市の山形県立米沢中学（現・県立米沢興譲《こうじょう》館高校）に進学すると、野球をやってみたり、登山などもやった。中学四年の時、会津の磐梯《ばんだい》山に旅行した記録がある。それほどの珍旅行談でもないのだが、この時代の針重を知るに貴重な、本人の証言だ。

我輩は旅行が大好きだ。ことに炎熱燬《や》くがごとき酷暑と闘いつつ、親しき友人と山河を跋渉《ばっしょう》するほど愉快な事はない。避暑などと逃げ回る弱朽《じゃっきゅう》にはこの味が判るまい。今我輩がやった旅行の中で、最愉快でかつ滑稽だった旅行を一つ書いて見ようと思う。

友人五人が磐梯《ばんだい》山に向かって出発したのは、八月の十五日の午前三時。「旅行の弁当には一番腐らなくて好いと、お婆さんがわざわざ拵《こしら》えてくれた餅を浅黄の風呂敷に包んで斜に背負い、襯衣《シャツ》一枚にズボン下、茣《ご》蓙《ざ》を着てでかける。同行の諸君もいずれ劣らぬ変妙な姿。まだ暗い往来を軍歌を怒鳴って景気よく犬に吠えられながら、村を過ぎ野を越え檜原峠に」向かって行った。

なにしろ十七歳から十九歳の若い連中ばかりだから、頂上についた時には、もう一日分の餅はほとんどなくなっていたという。そのうち道がわからなくなって、荷馬車を引いてきた人に道を尋ねると「それァ教えて上げますが、他人に物を聞く時に、帽子を被って聞く人がありますべえか」と注意をされ、一同まずはギャフン。

どうにか磐梯山の方角がわかったので、そちらに進んだが、「山を越えて平地に出ようとすると綺麗な流れがある。見ると浅瀬に魚がいる。魚取りの大好きな我輩、河魚捕りの名人たる我輩、何条見遁《なんじょうみのが》すべき。早速飛んで行って、尺余の山目《やまめ》を一疋《いっぴき》と雑魚十数疋を捕えて得々として一同に見せると、今まで『止せ止せ、旅行の途中で雑魚捕りなどしている馬鹿がどこにある』と怒鳴っておったのが、いずれも大に我輩の手腕を賞揚し、『今夜はこの魚を焼いて食おうじゃないか、甘《うま》いぞ甘いぞ』と唾液を垂らす。我輩はそれ見ろといわぬばかり。『食わしてやるがこの山目は僕が食うぞ』。

一同『異議なし異議なし』でまた進行を始める」。

　山を下りてきたのは、もう夜だ。「もう真暗で山も谷も見えない。星一つさえ無い闇だから、時々マッチを擦ってみないと行手さえ判らない。道を聞こうにも人っ子一人いない寂しさ。何でも構わぬドシドシ進めで下り坂を利用して押し進む。幾里来たか知れないが、ともかくも、山は尽き平地となり、松並木の古い通に出た。するとかなた遥に太鼓の音が聞える。『やァ盆踊りの太鼓だ。あの太鼓を目当てに行けばどこかに出るだろう』中沢君の声に皆もそのつもりで急いだが、なかなかどうして、行っても行っても太鼓の音は同じ位の遠さにある。『おいおい狐に馬鹿されたんじゃないかな、どこまで行っても人家が無いじゃないか』」。

　時刻は夜の十一時、全員、心細いことおびただしいが、さらに三十分歩いて、ようやく人家に出た。宿屋も見つけたが、今は休んでいるというので、泊まるところもない。困っていると駅員が立場茶屋（宿場の両はずれにある茶屋で、ふつう、宿泊、食事の提供はしない）に頼んで、泊めてもらえることになった。しかし、ろくすっぽ食事もない。一同、腹が立ったが、ここを断られたら泊まるところがないと、がまんをして泣き寝入りだ。

　翌日は東山温泉に出て、若松城の城址などを見学して、宿に泊まることになった。


　僕等はそれから面白ぃ魚屋の若ぃ者と道連になって、宿屋に案内して貰ったは好ぃが、書生ッ坊と見て便所の脇の汚ぃ部屋に押込んだ。それから湯に入って休んでぃると、汚ぃ話だが便所の中で盛んに下痢をやってぃる。部屋の不平があるので一同大ぃに憤慨、『馬鹿ッ早く出ろ』などと怒鳴ってぃると、出て来たのは青ぃ顔をした伊藤君。なあんだ君か『馬鹿々々しぃ』。一同開ぃた口が塞がらなかった。

　その夜市内を見物しようとでかけた。盆の十六日なので盆踊りがある。どこも同じ滑稽なものであったが、帰ってみると高橋君一人いない。どうしたのかと思っていると、そのうちに帰って来て『こんな馬鹿々々しい事はない。どこだか判らないが、寄席だか芝居小屋のような所があって、人がゾロゾロ入って行くから何だろうと思って入ってみると、耶蘇《やそ》坊主の説教じゃないか。あまり前に行ったもので中途で帰るのもきまりが悪く、とうとう今までいてしまった。こんな馬鹿を見た事はない』。

翌日は、柳津《やないづ》の虚空蔵菩薩を参詣することになったが、だれがいいだしたのか、三里の道を走ろうということになった。針重が一里も走ったと思ったころ、反対側から四、五人連れの旅人がくる。「何だか人の顔を見ていやにニヤニヤ笑って『おいおいお前方一体どうしたのだ、何をそんなに走っているのだ』見るとそれは、我輩等と同じ町のしかも親類に当たる人だ。『なァに足の強さを試験してるところです』『ああそうかい。道理で先にも走って行く者があった。俺ァ気狂かと思った』（中略）その後二日ばかり金が無くなって豆腐を食ったような喜劇をやって」、旅行を終えたという。

針重がテニスを知ったのは、中学の時だ。本人の記憶によると、明治三十四年米沢中学校の校庭の一隅に、板で仕切られた長方形の区画があって、中央に白い網が張られ、四人の生徒が二人ずつ向かいあい、そばあげ笊《ざる》のようなものを手に、白いゴム球を打っていたのを見て、珍しがった。上級生に聞いたら「あれがローンテニスというんだよ」と教えられたそうだ。しかし、針重自身は、中学ではテニスはやっていない。

テニスが日本に紹介されたのは、明治十七年ごろで、横浜、神戸などの外国人居留民の間から、全国に広がっていった。これは硬式テニスだったが、硬球が手に入らないため、日本では軟式が盛んになっていく。東京高等師範学校（現・筑波大学）と東京高等商業学校（現・一橋大学）がテニスの先進校で、明治三十一年に、わが国はじめての対校戦が行われている。したがって、明治三十一年にローンテニス（硬式）を導入していた米沢中学は、かなりの先進校だったといえるだろう。

小学校の時、成績がよかったので、中学では勉強を馬鹿にして、小説や雑誌ばかり読み、三年の時、一度、落第してしまったが、これに発憤して勉強し、上位の成績で明治三十六年、米沢中学を卒業した。針重は父親が高等学校を経て東京帝国大学（現・東京大学）にいけというのを拒否し、坪内逍遥《つぼうちしょうよう》の名講義に憧れて早稲田大学英文科に入学した。

ここで針重は、庭球（軟式）部に入ることになった。健康なからだになろうと、趣味でやっていたのだが、明治三十七年の秋になって、庭球部から誘われて入部したのだ。しかも、即、一軍の選手になった。やがて主将も務めたという。おかげで健康体になり、身長は百六十五センチ、体重は七十五キロ、持病のリューマチもけろりと治ってしまったそうだ。

当時、慶応大学には小泉信三がおり、対校試合では、よく対戦したという。そのころ、運動部の部長は安部磯雄が務めていたが、針重は安部にかわいがられており、針重もまた安部に私淑し、後に安部が社会大衆党を結成すると、針重もこの党を支持政党にした。

早稲田大学を明治四十年に卒業した針重は、読売新聞社に入社、四十二年、東京日日新聞社（現・毎日新聞社）に移ったが、押川春浪との付き合いは〔天狗倶楽部〕発足以前のようで、〔ポプラ倶楽部〕が縁ではないかと思われる。

〔ポプラ倶楽部〕は、明治四十年ごろに、田端近辺に住む、画家の小杉未醒（後・放菴）、彫刻家の藤井浩祐《ふじいこうゆう》などが作った芸術家の社交クラブで、囲碁、撞球、弓術などを楽しんでいたが、これに針重など早稲田庭球部関係者が加わりテニスも盛んだった。押川春浪と小杉は、それ以前からの友人だったから、ここで針重との顔合わせがあったのではないだろうか。

針重と小杉の友情は、非常に強いものがあり、事実上〔ポプラ倶楽部〕を運営していたのはこの二人のようだが、画室に人を通すことを嫌った小杉が、針重だけは室内に通し、話をすることしばしばだったという。なお、後に小杉の次男・二郎は針重の次女・千鶴子と結婚し、両者は親戚関係となっている。

ところで、針重のテニスは、むしろ大学を卒業してからのほうが腕が上がったようで、球速はそれほどでもなかったが、絶妙のコントロールでネット際にいる相手の足元をついてエラーを誘うという、テクニシャンだったという。名文家といわれたジャーナリストの横山健堂は「針重敬喜のテニスは軟式テニスの神様三神氏のテニスを若干小さくおとなしくしたようなものである」と書いている。

結婚は明治四十三年、谷田貝《やたがい》と志《し》という女性だった。

押川春浪は明治四十四年末に、博文館で主筆を務めていた、青少年向き武侠冒険雑誌〈冒険世界〉をやめ、翌年一月から新たに武侠世界社を興し〈武侠世界〉の主筆となるが、この時、針重は飛田穂洲とともに請われて〈武侠世界〉の編集者として、武侠世界社に入社した。そのころ、酒でからだを悪くしていた春浪に代わって、実質上の編集長を務めていたのは、針重だったようだ。

針重の性格は外柔内剛、見かけは温厚な風貌だが、内には確たる闘志を秘めていた。針重の活躍がなければ、春浪ひとりで〈武侠世界〉を支えてはいられなかったように思う。たとえば、春浪が小笠原島に静養にいっている間、編集を任されていた針重は、こんなことを〈武侠世界〉のあとがきに書いている。

▲この頃は大分暑くなったので、我社寸足らずのコートも些《いささ》か寂しくなった。しかし未醒氏のごときは、毎日社の帰りにポプラ倶楽部に行って盛んに牛耳っている。何でも大阪でポンポンと花火の音を聞いてからというものは、豆鉄砲でも何でもポンポンという音さえ聞けば、大《おおい》に当り出して、ポプラの名将連もその向うに立つものはないそうである。不思議な病気に取り付かれたものだ。

▲吉岡氏が一生懸命で原稿を書いていると、ヒョイと入って来た友人『オイ吉岡君、君も随分《ずいぶん》真面目になったもんだネ』と驚いていると、吉岡氏猛然として立上り、『馬鹿言っちゃ困る。我輩は昔から真面目じゃ』。

▲社同人涼しい縁側に集まって、『どうだ暫《しば》らく痛快な事をやらんが、一つこの暑中休暇に同志を集めて、何か痛快な事をやろうじゃないか』『よかろう。何か一つやろう。無闇に痛快な事をやろうじゃないか』と早速相談一決したが、さて、何をやり出すか。それは公式に発表するまで、預かっておこう。

▲炎威いよいよ猛烈となって来るが、我々もまた、いよいよ猛烈にやるつもりだ。暑熱などに閉口しているようでは何事も出来ない。読者諸君お互いに確《しっ》かりやろうじゃないか。（針重生）

針重は酒はかなり強かったようだ。〔ポプラ倶楽部〕の連中や〔天狗倶楽部〕の連中と集まると、小杉と朝から酒を飲んでテニスをやっていたという。ただし、二人とも非常にいい酒で、乱れたり暴れたりすることはなく、楽しんで飲む、気品のあるものだったそうだ。

針重の長女・八重子氏の女婿・渡部一郎《わたなべいちろう》氏によれば、〔ポプラ倶楽部〕の宴会の時など、小杉と二人そろって禿げ頭に濡れ手拭いを載せ、滑り出しと称して、まずコップに二杯ほどビールを飲み、それから日本酒に移ると決めていたらしい。若い渡部氏は、それが正式の酒の飲みかただと思ったくらいで、いまでも、その方式を続けているといわれる。

これは、ほんとうは弓館小鰐の項目に書くエピソードかもしれないが、酒については、こんな笑い話がある。

本誌（横田注・〈運動世界〉）の針重敬喜子が窒扶《チフ》斯《ス》を病んで病院住居の苦痛を嘗《な》むること約二ヶ月、漸《よう》く自宅療養の御許が出て退院した当日、御見舞やら早速弓館小鰐将軍が馳けつけた。しかも手土

産というのが、ずっと気を利かした積の一升樽である。敬喜先生、喉から虫が出る程の結構な御見舞物ながら、病気に勝てず、

『悪い物を持って来たな、せっかくじゃがどうもならん……が一杯位はいいかな』と我慢したいような出来ないような顔付をすれば、

『おお、そうだったな。これは失敗《しくじ》った。いやいかんよ、今が肝甚《かんじん》な時じゃ、飲んじゃいかん。それじゃ、仕方がないから僕が一人でのもう。君は見ていたまえ』と独酌でチビリチビリやり出した。

『そんな事があるものか、残酷じゃないか』と憐むべき病人が無理のない弱音を吹くと、小鰐将軍昂然として、

『いかんいかん、君は側で見ておりたまえ。いずれも精神修養じゃ……な。苦しいのを我慢するという……精神修養じゃ、大《おおい》に精神修養じゃ……』と一杯グーと飲んだ挙句に舌打して、

『だが針重!! やはり美味《うま》いよ。ああいい気持じゃ……おっといかん、精神修養じゃ精神修養じゃ』

ややあって、弓館将軍は病人を前に既に玉山崩れ《ぎよくさん》んとしている。針重子は寂しげに痩せた指先を眺めて憮然たる嘆声。

『精神修養というのは感心しないものじゃなあ』

その温厚な人がらは〈天狗倶楽部〉のだれもがいうところだが、とにかく、編集者、ジャーナリストとしての面で、押川春浪の影響をもっとも強く受けたのは針重だったようだ。その正義を貫き、悪を憎む気持ちは、春浪と同じだった。

春浪が大正三年秋に亡くなったあと、〈武侠世界〉の主筆は針重に引き継がれるが、大正七年九月の〈色魔退治号〉で針重はこう書く。

淫魔色魔を退治せよ
△彼等の戦慄すべき魔手を見よ▽

△彼等を掃倒すべき方法は如何《いかん》▽

婦人の貞操を破り、不倫の行為に女子の涙を絞り、社会の風紀道徳を紊《みだ》す者、貴族富豪といわず、学者商人といわず、比々《ひひ》として皆然《しか》らざるなき有様である。醜悪なる彼等の裏面を天下に暴露する時、嘔吐正に幾斗ならん。しかも彼等はなんら社会の制裁を受くることなく、平然としている。宜《むべ》なり。後進たる青年輩の未だ修養の時代をも過ぎざるに、早くも色に奔《はし》り女を漁る。彼等は戦慄すべき鴆毒《ちんどく》の身心を腐食し行きつつあるを知らないのであろうか。否《いな》々、彼等は既に心身共に靡爛《びらん》し尽せり。彼等を救うには彼等を撲滅するより外はないのである。彼等を撲滅して汚れたる社会を一掃せなければ、我が国を清浄なる道の上に置く事は出来ないのである。色魔の退治は実に忘れられたる緊急事である。

しかし、吾人は単に婦女子を庇護せんがためにかくいうのではない。色魔の跋扈《ばっこ》に対しては婦人もまた罪がある。貞操を売り、美貌を売らんとするごときものこれあるがために男子の凌辱を受くるの結果に陥るのである。吾人は婦女子に対して貞操の生命よりも尊むべきを教ゆるとともに、ここにその貞操を蹂躙《じゅうりん》して恬然《てんぜん》たる色魔をこの社会より掃倒せん事を期す。（針重生）

また〈武侠世界〉創刊十周年の号には〔創刊満拾年の新春に我れ等の所志を述ぶ〕として、次のような文章を草している。

▲権勢に阿附《あふ》せざる本誌

人事、物事の上においてこうした変化があったが、本誌の主張においては春浪氏の創刊したる主義と意志とをそのままに些《いささ》かの変更もない。我等同人は、少なくともこの点においては、誇り得るところであると信ずる。

不正不義を憎む事においては、本誌は何物にも劣らない。それがたとえいかなる権威者であろうとも、はたまたいかなる勢力であっても、我等はこれに反抗してこれを撃滅せずにはおかない。権勢を恐れない点においては、我等は第一人者である。十年未だ曾てその前に叩頭《こうとう》した事はない。それに屈服した事はない。ましてや金力などに左右された事は一度もないばかりではなく、これらのあらゆる誘惑から超然としておった。また今後も超然たるべき事は当然である。我等は諸種の誘惑を受けた事がないとは断言しないが、よし誘惑されても、これを断乎《だんこ》として撃退して来たのである。この断乎たる態度は遂に総ての誘惑物を我等の周囲から遠避けてしまった。

我等をある権力の下に使役しようなどとした者もないではなかった。彼等は普通の事のように我等をその犠牲にしようとしたのであったが、断乎たる拒絶に会して、彼等はかえって我等を狂人視した事ほど。それは彼等にとっては尋常茶飯の事であった。しかし本誌は、自分の進むべき道をだれよりもよく知っておった。権勢に屈する事は即ち本誌をして地獄に堕すものである。我等はしかる事をどうして敢行し得るか。

かかるが故に、本誌は総ての点から超然としている。我等の読者を後援者とし、正義の味方である我等の同志の援助を受ける以外に本誌は少しの庇護をも受けた事はない。我等は真に独立している。利益本位の雑誌と異《ことな》る点もまたその所にある。

このあたりのものの考えかたは、押川春浪とそっくりだ。強い影響を受けていたらしいことがうかがえる。この毅然たる考えかたを持つ反面、また針重は情けにもろい人でもあった。針重には長女と次女の間に、男の子がひとりいたようだが、その子はもともとからだが弱く、生まれるとすぐに手術をした。これには成功したが、やがて悪性の感冒が大流行し、一家が次々と倒れ、ついにこの子も罹病して幼くして死んでしまった。その五回忌に、その子供が病気の時、充分な処置をしてやれなかったことを告白している。

お前を思い出す毎に、私は心からお前にすまないと思っている。全く親としてあんな無慈悲な仕方があろうか。あんな断念切った無責任なやり方があるだろうか。お前を殺したのはこの私だといって差支がない。親の口からこういわねばならぬそのつらさは何程であろうか。お前も察してはくれるだろう。(中略)

医者も『大丈夫癒《いえ》ます』といって湿布をしたり、吸入をしたりしてくれた。しかし私ばかりは、どうもこの児が助からないような気がしてならなかった。病院に入れようと主張したが、医者はそれほどでもないからといって辛子の湿布などをやった。それでいささか回復した印さえ見えた。(中略)

けれども皆の心尽くしも骨折りも運命には勝てなかった。お前は病気に罹《かか》って五日目頃から急に悪くなって、医者が回診に来てくれた時は、どうもと首を振る位であった。

『どうもこれじゃ安心出来ませんネ、どうでしょう入院させましょうか』

医者は今になってこういった。私はもう覚悟しておった事が今来たのではないかと思ってハッとした。『え、すぐ入院させましょう』そういって、医者の教えてくれた本郷のU病院に電話をかけた。ちょうど都合よく一室空いているというので、直《ただち》に俥を雇った。(中略)

私はもうその時は、お前を助けるという心持よりは、葬式の工面をせねばならぬという考で一杯であった。入院料を払う時も、あの吸入の酸素がいくら高価なものだか知れないのでお前の口に吸わせるのさえ遠慮した位、私は貧乏という事に苦しめられていた。こんな親があろうか。お前の生命より金の方が大事とは思わぬにせよ、金を恐れて充分な手当てもしなかった私は、お前を見殺しにした罪深き親である。お前のまだ死なぬ前に、葬式の金の工面に出るような私はそんな親であった。あのお前の頼むような眼を思い出す毎に、私はお前に申訳がないと心からあやまっている。
（中略）
お前はもう仏になったのだからきっと勘免《かんべん》してくれる事と思うが、それでも私は、お前にすまないと今でも思っているのだ。

押川春浪の死後、武侠世界社の実質上の社主となった針重は、以後、〈野球少年〉〈武侠少年〉〈文化画報〉などの雑誌を次々と創刊し、会社を盛り立てていった。が、大正十二年九月の関東大震災で打撃を受け、その後、すべての雑誌を廃刊し、武侠世界社から手を引いたようだ。このへんの事情は、詳しくはわかっていない。

針重が武侠世界社から手を引く少し前、ちょっとおもしろいことに関係している。実はプロレスの興行に手を貸したのだ。大正十年二月、アメリカから、アド・サンテル、その弟子のヘンリー・ウエーバーという二人のプロレスラーが来日し、講道館柔道に挑戦状を叩きつけた。

サンテルはパシフィック・コースト・チャンピオンを名乗る、当時アメリカでもかなりの強豪で、その五年前に世界武者修行中の伊藤徳五郎五段を気絶させた経歴の持ち主だった（その後、伊藤は雪辱を果たしてはいるが）。しかし、講道館長・嘉納治五郎《かのうじごろう》は、他流試合を禁止した。すると、その講道館門下の『弘誠館』という町道場の昭司彦男はじめ数人の門弟が、講道館の破門を覚悟で挑戦を受けると立ち上がったのだ。

これをバックアップしたのが武侠世界社で、興行の段取りをして三月五日と六日に〔西洋相撲対柔道日米国際試合〕として靖国神社の相撲場で決戦が行われることになった。試合そのものは、いずれもルールのちがいから、はっきり判定がつけられず、四試合とも引き分けになったが、印象としてはサンテル側が優勢だったという。

ところで、この話、最初は〔ポプラ倶楽部〕メンバーの森武夫という人の会社の西洋人を頼って持ち込まれたのだそうだ。それで、森も困ってしまって針重に相談したところ、武侠世界社が仲介の労を取ったという。この試合は柔道史では無視しているらしいが、プロレス史では、特筆されるものだといわれている。となると、針重はテニスだけでなくプロレスでも重要な役割を担ったことになるが、実は、この試合は八百長だったという言がある。

伊藤—針重さんは何をやったのですか。

森—針重さんは常陸《ひたち》山という相撲と一緒に見ていただけで、互にルールはさっぱり判らず、今で思うとプロレスリングでしたね。この招魂社でやったとき、ウンとお金が入りましてね。これを向うから来た日本人のマネージャーが持って逃げて終いました。

森—そうすると、森さん何とかならんかと針重さんが相談しに来たが、その頃僕は会社で金を沢山もらっていたので、両人を木挽《こびき》町の静養軒に泊めていましたが、毎日十何円使われるのでこれはいけないと思い、目黒のアパートに安くおいて貰って、サンテルとウエーバーにもう一度浅草で興業をやって貰い、その金を少し持たせ、私も出して帰したことがある。このとき針重さんはこういってましたよ。「森さん、持って逃げた男は、今ではそれをもとでに九州で成功していますよ」と会うたびにいったものです。(中略)

森—その時の事実はね、昭司の方が金があったので、招魂社の便所で、この試合は始めで奨励でやるのだから引分けにしろということでサンテルが承知してくれたのですよ。東芝の川崎のある狭い柔道部の練習場で練習させましたよ。(中略)結局、ルールを知らないから二十分やって二十分休んでね。講道館の三船さんが昭司を破門しました。この試合破門といってもすぐ良くなりましたよ。この試合は八百長で、奨励のためやったのでしたよ。
植村――このときは針重さんは表向きには出なかったが、陰の功労者でしたよ。

針重がプロレスに関係したという話もおもしろいし、それが八百長だったというのも、おもしろい。この八百長に関しては、プロレス史にも載っていないようだ。

武侠世界社と離れた針重は、それからはテニスの普及・振興に力を入れたようだ。〈日本庭球協会〉（現・日本テニス協会）は、大正十一年三月に発足し、その時から針重は協会に関係していたが、昭和元年、針重は自らの家の二階を編集所にして、自費で〈ローンテニス〉という雑誌を発行する。

以後の針重は、テニス一筋に働いたようだ。その中でもっとも大きな仕事は、軟式、硬式、二つに分かれていたテニス界を統一することだったが、残念ながら、これにには成功しなかった。また、女性のテニス人口を増やすことにも努力し、〈ポプラ倶楽部〉では、〈ポプラ・ジュニア・トーナメント〉なども開催して、少年選手の育成に尽力した。さらに、硬式テニス普及のために、国産ボールの開発、製造にもおおいに貢献している。

また、何度も挫折しながら、針重は大正時代から、あちらこちらに働きかけて、いいコートを作ることに奔走し、昭和十二年には東伏見テニスクラブを実現させ、立派なコートを完成した。

一方で、自らもテニスを続け、大正八年に〈東京日日新聞〉が主催して始まった〈東日トーナメント〉でも、壮年組のダブルスで何度も優勝している。ちなみに、この〈東日トーナメント〉は〈東京日日新聞〉の社員だった弓館小鰐の働きで実現したもの。〈天狗倶楽部〉メンバーの横のつながりの深さが、よくわかる。

〈ローンテニス〉は、戦局が悪化してきた昭和十八年に、その筋の命令で廃刊を余儀なくさせられるが、経済的には、かなり苦しかったらしい。三千部発行して千部売れれば収支がつくのだが、五百部くらいしか売れない。それを見かねた友人の勧めで保険会社の代理店をやったところ、社員が不始末を起こしたため、針重が責任を取ることになり、相当に困ったこともあるという。けれども、夫人は、なんの不平もいわずに針重を助けたという。

〈ローンテニス〉廃刊後は、日本庭球協会理事、日本体育協会理事、明治神宮体育会総務員を務めた。太平洋戦争中は、一時、米沢に疎開したが、昭和二十五年ふたたび東京にもどり、日本体育協会会賓、日本庭球協会顧問などを歴任した。

昭和二十七年六月五日、酒の飲み過ぎがたたったのか胃潰瘍のため死亡。六十七歳だった。墓所は米沢市の長松寺にある。

〔参考文献〕
『テニスの人々』（針重敬喜・昭和四十三年八月・渡部一郎発行〔私家版〕）
『日本スポーツ百年』（日本体育協会編・昭和四十四年十月・信濃毎日新聞社）
『野球ローマンス』
〈冒険世界〉〈武侠世界〉〈文化画報〉〈野球少年（大正版）〉

小杉未醒

こすぎ・みせい
本名・国太郎（くにたろう）
別雅号〔放庵〕〔放菴〕
1881〜1964

〈冒険世界〉創刊号の表紙を飾る。テニスが大好きな痛快画伯。

〔天狗倶楽部〕には、倉田白羊と小杉未醒という、ふたりの画家が在籍していた。小杉は押川春浪が〔天狗倶楽部〉の母体となる雑誌〈冒険世界〉を創刊する前からの友人で、〈天狗倶楽部〉創立と同時にメンバーになった。小杉と押川春浪の結びつきは、かなり強いものがあり、〈冒険世界〉創刊から、その表紙を小杉が担当し、また後に押川春浪が〈武俠世界〉に移ってからも、行動を共にし、表紙、挿絵に手腕を揮った。

小杉未醒は、明治十四年十二月三十日（九月二十八日説もある）、栃木県上都賀《かみつが》郡日光町山内《さんない》（現・日光市山内）に、父・富三郎、母・多い（またはタエ）の六人兄姉の末弟、四男として生まれた。父は同郡中粕《なかかす》尾《お》村（現・同郡粟野《あわの》町中粕尾）の農家の長男だったが、明治六年に下都賀郡乙女《おとめ》村（現・小山《おやま》市乙女）の八幡神社祠官を拝命、神主となり、さらに明治十年から日光二荒《ふたら》山《さん》神社の神官になり、日光町所野《ところの》の小倉山に引っ越した。小杉が二歳の時だった。

父は国学者でもあり、明治二十六年から三十年にかけては日光町長にもなっている。それればかりでなく、「とりわけ父は器用で、道楽に建てた名歌の石碑も自ら刻し、鳴るか鳴らぬかと桐を削って一弦琴のごときをも作ったほど」だったという。

小杉の住んでいた小倉山の家は、神社から、かなり離れた場所だったが、ここに住んだことは、後にいい影響を及ぼしたようだ。しかし、狸が味噌をなめに侵入してくるような山の中で、兄が薙刀《なぎなた》を持って追い払ったものの、怖くて、ランプのまわりに兄姉たちで一団になって父の帰りを待ったこともあった。

狐については、こんな話もある。小杉の家では鶏を飼っていたが、よく狐に捕られた。

度《たび》重なるにつけて父が腹を立てた。狐の穴は大池の尻の丘の中段にある。神官をしていたから、狩《かり》衣《ぎぬ》を着け、烏帽子《えぼし》を冠り中啓《ちゅうけい》を手に持って、煙で燻《いぶ》してみぬものはない。おまえをそのままにしておく心は、同じ人里離れた山中に住居して、いずれも妻子の為に働く、人も獣も違うところないに、よって手をつけぬ。いかなる故に鶏を殺すぞ。まず今までの事は忘れよう。向後鶏を取らば、この穴は唯ではおかぬ。いいか、いいか、と念を押して帰って来た。笑ってはいかぬ。笑うほどならば、この穴はこの悪太郎がその時腹を抱える筈だ。その境地に身を置いて考えてみねば、その時その境地を支配した心持ちは分らない。わしは寧《むし》ろ、真面目な顔の狩衣姿の父を恐ろしいようにさえ思った。狐もわし程には感じたと信ずる。何となれば、その後狐の穴に兎などの毛の落ちてるは見たが、家の鶏は一羽も減らずなったから。

三歳の時、小杉は日光町御幸《ごこう》の旧宮様の家来・国府浜酉太郎のところに養子に出された。けれども「小倉山という山の麓なる吾産みの親の家恋しく、兄姉なつかしく耐えがたりき。今一度、彼の家に入りたし……と思っていたので、いつもこの夢を見る」といい、七歳で生家にもどってきてしまった。

だが、酉太郎の義理の祖父・煙厓（雅号）は南画を描く人で、小杉は「人の顔を描く時は鼻から先に描くんだよ国坊」と絵の手ほどきをしてもらい、尊敬していたという。

幼年時代の小杉は、おとなしい子供だったようだ。

朝めし前に庭はきと板の間の雑巾がけは子供等のつとめです。それから親の前に〈お早うございます〉の手をついて膳に向かう。東京あたりの家庭で、父や子たちの飯を椀に盛るのは母の役だが、私どもでは子供が親の給仕をしました。お鉢の飯の底を払うのを、かっぱらい飯という。これも子供の役、湯を入れてかき回して椀にうつしてたべてしまう。私は末っ子だからこの役は多く私にあてられた。家庭的長幼の順のある所以《ゆえん》ですが、兄や姉はまた弟や妹のめんどうをよく見る事になっていた。六人兄弟で兄弟げんかというものは余り無かった。ただ一度、すぐ上の姉を打って泣いた事を覚えている。兄弟げんかの有る無しは、多少その子供らの素質もあろうが、多分に母のしつけによると思われます。

小杉は明治二十一年、日光小学校に入学したが、翌年九月に栃木師範付属小学校（現・宇都宮大学教育学部付属小学校）尋常科三年に転入学した。長兄・彦治が宇都宮の松ガ峰に住み、付属小学校の訓導をしていたので、ここに預けられたのだ。明治二十六年三月に彦治は宇都宮西小学校の第四代校長に栄転、小杉は県立宇都宮中学（現・県立宇都宮高校）に入学した。ところが長兄が、同年十月に、日光小学校長に転任することとなったので、小杉は一年で退学して、日光に帰ることになった。この時の小杉の成績は首席だったという。

明治二十九年、十六歳の小杉は日光町萩垣面《はんがきめん》に住んでいた洋画家・五百城文哉《いおきぶんさい》の内弟子になった。五百城は文久三年生まれの、明治洋画の先駆者のひとりで、絵のほかに漢学、漢詩、和歌、書、篆刻《てんこく》、植物、庭園にも造詣の深い人物だった。小杉が五百城の弟子になった動機ははっきりしないが、後に「たまたま絵をやらぬかと勧められたので心を決めた」と語っている。

五百城の教授法は、西洋名画を木炭で片端から模写させるやりかただった。不完全な教習ではあったが、五百城夫妻に子供がなかったこともあり、わが子のようにかわいがって稽古をつけてくれた。この愛情が百般の設備のある教授にも優っており、叱られたことは一度もなかったという。

ところが、こんなに優しくしてくれた師匠だったにもかかわらず、小杉は東京へ出たくなった。そんな時に、「東京の親類へ行っている姉が、麻布辺のさる貴族院議員の玄関番と子たちのお守りを兼ねた口がある、一週間に二日お暇が貰える筈、東京で修業してみぬかと、手紙をよこした。それにむらむらと気が乗って出奔《しゅっぽん》してしまった」というわけで、師匠に無断で東京に出てきてしまったのだ。

東京に出てきた小杉は貴族院議員の玄関番をすぐに

辞め、麻布の町医者の薬局生として住み込みながら、夜は赤坂溜池《ためいけ》の白馬会研究所に通って、油絵を習った。白馬会は、明治二十九年に黒田清輝、久米桂一の提唱によって創立された西洋画の研究会で、藤島武二、岡田三郎助らがメンバーだった。

だが小杉は、この会にはあまりなじめず、懊悩《おうのう》しているところに肺尖《はいせん》カタルにかかり日光に帰った。だが、まっすぐ家に帰らず、まず師匠の五百城を訪ねた。

破門の弟子は、半年あまりで、秋の山の師匠の門をくぐるところ、先刻、詫びを立ててくれた親類が、連れて行って上げようかといったが、それを断った。（中略）画室の扉があいて破門の弟子が入って来た。師匠が笑顔をせぬゆえ、弟子もニコニコするわけには行かず、さりとて恐い師匠ではなし、どうも我がままを致して悪うございましたと板の間に手をつけば、それですんだようなもの。（中略）

かかる間に日が傾く。師匠は筆を擱《お》いて、今日はこんな事でお仕舞いにしようかと立つ。あと片付けを致しましょうと、筆を洗い皿を片付け、ワットマンの水張りを立て掛け、ざっと画室を掃き出す。そのうち何やら台所の方でカタコトと音がする。通いの炊事婆さんでもいるかと、茶道具を持って台所へ行くと、婆さんはかまどの前に火を焚き、板の間では、のし板の上に、師匠が蕎麦《そば》粉をこねている。生蕎麦作りは、師匠の道楽ながら、足音を聞いて顔をあげて笑って、久しぶりで蕎麦を食おうや、といった。これにハッと気を打たれて、何やら胸に突っ掛けて来た。私は庭を掃きましょうと庭へ飛んで出て、箒《ほうき》を持って歯をくいしばって涙をこらえた。

こうして、また五百城の下にもどった小杉だったが、ふたたび東京に出ることになった。その当時、すでに名を成していた福岡の吉田博が写生のために日光に来遊、五百城を訪れた。小杉は吉田から東京画壇の新情勢を聞いた。吉田も入会している小山正太郎率いる不同舎が活躍しているという。その話を聞いて、再度、東京に出たくなった小杉は、今度は正式に師匠の諒解を得て上京し、自炊しながら不同舎に入門した。

この不同舎で小杉は青木繁、森田恒友《もりたこうゆう》、石井鶴三などと知り合う。後に小杉は青木と不仲になるが、当時は、こんなエピソードもあった。「ある日不同舎の画室で冗談に角力を取った。いつのまにか負けたくなくなり、喧嘩のような、いや喧嘩よりはモット変な気持ちになり合って、押し伏せては撥ね返され、締められては振り解き、結句、息の続く私に一時間ほどの後に勝ちを取られた。嘔き気を催して青くなって寝た青木を、今更のように驚いて介抱した」。小杉は十九歳、画学生とはいえ、元気がよかった。

明治三十四年、小杉は田端に家を借り、画業に専念、生活のために新聞、雑誌の挿絵や漫画、外国人向けの水彩画などを描いた。小杉未醒という雅号を使用しだしたのは、十八歳くらいからのことらしい。酒を飲まない師匠にたしなめられたにもかかわらず、反省しないで「未だ醒めず」とレジスタンスして未醒としたということだ。

明治三十六年、二十二歳の小杉は小山の推薦もあって、国木田独歩の主宰する近事画報社に入社した。国木田と小杉は、十歳も年齢がちがっていたが、国木田が先生と呼ばれるのを嫌い、「独歩君」「未醒君」という、つきあいだったという。

やがて日露戦争が始まると、小杉は〈戦時画報〉の特派記者として中国に渡った。そして、次々と戦場や兵士のスケッチを送った。また、この年の〈太平洋画会展〉には、戦争を題材にした作品を数作出品したが、いずれも戦争の悲惨さを描いたものだった。

さらに従軍記念に新体詩集『陣中詩篇』を刊行したが、これも戦争の残酷さや非情さに対する態度が一貫しており、とくに『帰れ弟』は、与謝野晶子《よさのあきこ》の『君死にたまふことなかれ』とともに世論を沸かせ、官憲から目をつけられる存在になった。

日露戦争の終結した明治三十八年九月、近事画報社は独歩社と変わり、版画、漫画、随筆、小説の雑誌〈平坦〉が創刊され、小杉もこの同人になったが、翌年四月には廃刊になった。終生の友となった、〔天狗倶楽部〕メンバーの倉田白羊とは、このころ知り合いになっている。


日露戦争終局となって、明治大帝伊勢神宮に奉告行幸の事あり。私は戦時画報社の特派員となって、この盛儀を拝する。各社の記者団の中に、若い小肥りの男、シルクハット燕尾服《えんびふく》、光った靴、丸顔で、鼻の下の髯をカイゼルに拈《ひね》りあげ、腮髯《えらひげ》をちょっぴりと残した、その頃の紳士姿のよく似合ったのが白羊子。始めてここに相識《あいし》ったのだが、お互いに二十五歳だ。年の割にかれはませた男であった。既に沼田の教師をやめにして、時事新報社に入って、田舎の意気な先生は、東京のスマートな記者になっていたわけだ。


押川春浪との交際も、このころからと思われる。春浪が編集長を務めていた〈冒険世界〉の前身雑誌〈写真画報〉には、小杉の絵がしばしば載っているから、まちがいないだろう。春浪と国木田は友人関係だったので、その線から知り合いになったのかもしれない。

明治三十九年、小杉は国木田の仲人で、日光町の裕福な呉服商・相良楳吉《さがらうめきち》の長女・春と結婚した。国木田は、金のない小杉のために小説『恋を恋する人』の原稿料を提供して式の費用にあててくれた。しかし、国木田も裕福ではなく借金があり、小杉がその保証人になっていたので、新婚早々、執達吏に家財を封印されたこともあるそうだ。

この年は、小杉にとっては、結婚というめでたい年でもあったが、同時に師匠の五百城文哉を失った悲しみの年でもあった。翌四十年には、長男・一雄が生まれたが、四十一年には、国木田が三十八歳の若さで、胃癌で他界した。

話は前後するが、明治四十年は小杉の生涯にとって、ひとつの転機をなす年であった。文部省美術展覧会、通称・文展が創設され、翌年からは小杉も作品を出品している。また、より小杉を刺激したのは、雑誌〈方寸〉の創刊だった。これには、森田恒友、石井柏亭、山本鼎《やまもとかなえ》、倉田白羊らとともに小杉も参加した。

後には木下杢太郎《きのしたもくたろう》、北原白秋らの詩人も参加している。このグループは、現実社会の暗黒面にも視野を注ぐという考えを持っていたので、掲載されるスケッチや漫画には社会風刺的傾向の作品が多く、有能な新人の集まりでありながら文展では冷遇された。この〈方寸〉グループからは、さらに〔パンの会〕が生まれ、青年芸術家たちがデカダン文化を展開したが、小杉はこれには参加しなかった。「わたしはパンの会には関係なし。山本、倉田、森田らは加っていたとおもう。その頃のわたしの飲み仲間は押川春浪、中沢臨川ら天狗倶楽部、スポーツがおもしろくて……」と語っている。それでも〈方寸〉の行動が社会主義傾向にあったので、大逆事件の時には、メンバーはブラックリストに載せられ、小杉は要視察者の丙だったそうだ。

ところでスポーツの中で、小杉が一番好きだったのがテニスだった。田端の一角に、美術家連のテニスクラブである〔ポプラ倶楽部〕を作って楽しんだ。

田端の高台地にクラブを造った時、四国の方からポプラの苗を送って来て、これを地境に挿した。麦畑であったところゆえ、植木というは何もなく、このポプラの生長を待つ心で、ポプラクラブと名をつけたが、甚《はなは》だ気の長い話、いつになったら、ポプラクラブらしくなる事かといい合ったが、あの木は恐ろしく延びの良い木で、十五、六年目の今は、根のあたりは径一尺にも余り、矗々《ちくちく》と立並んで、春は芽出し美しく、夏は涼陰を作る。秋の落葉は近所泣かせであろう。

麦畑をそのまま踏み固めて、テニスコートを作る。藤井浩祐は美術学校庭球部黄金時代の主将で、これが専《もっぱ》ら牛耳をとる。満谷国四郎、吉田博、中川八郎、長尾杢太郎、倉田白羊、山本鼎など、毎日のように打合う。最初の麦畑のウネの痕が次第に手入れをして見えずなり、だれは後衛、かれは前衛と、どうやらテニスらしくなったところで、大久保の方の何がしクラブと試合に及ぶ。手もなく負けた。吉岡彌次将軍、弓館芳夫、針重敬喜の面々、小生と同じく天狗クラブの連中なるところから、次第に引張られて庭球部員に納まる。大分強くなったろう、とまたどこかのクラブと合戦。敵強しと見れば、天狗クラブの押川、河野、橋戸などいう、豪の者を呼ぶ。それでも行かずば、早稲田の現役を輸入する。ポプラの傭兵といって、その頃の笑い話。斎藤彌次郎、国元より早稲田に入学の為、出京早々、この傭兵に頼まれて、あえなく負けた。

　大阪へ遠征したのは、何年前であったか、十年あまりの事だろう。針重、大井（斎）、鈴木（堅三郎）、藤井、中川、横山（健堂）、吉岡、弓館、小生など、満谷を団長にした。大阪駅に着くと花火が上り、歓迎の人がプラットフォームに列を作り、なにがし令嬢が花輪を捧げる。団長受取れと押し出すと、満谷老ははにかみ屋で、おれではねえ、おれではねえと逃げ出した。豊中《とよなか》の運動場へ行く、電車一台を提供。中には四斗樽が天狗の面を被って据わっていた。ポプラと天狗クラブとの連合というので、この天狗の面が出たことであろう。

　豊中では本願寺金華殿チームとまず野球試合。大谷光明師、尊祐師、ユニホーム綺羅《きら》びやかに戦う。吉岡が余り彌次って、仏罰があたるぞうなどと彌次り返された。この勝負東軍の勝。すぐに全大阪のオールドボイス《（ママ）》とテニス試合。小生大井と組んで二度優退。ワセダの主将、高商の前主将などこの四組の中にあり、まず小生の百になっても忘れぬ手柄。これ位の事は何度でもやって見せると思ったゆえ、今までは話さなかった。が、どうもこの後とてもやって見せる当ては覚束《おぼつか》なし。この機会を以て記録しおく。

これは大正十五年に書かれた文章だが、その当時のスポーツの楽しさがよくうかがわれる。身長は百七十一センチあり、骨太の、当時としては大男だったというから、スポーツには向いた体格で、このあたりは華奢な押川春浪などとは、だいぶちがっていたようだ。

小杉は自分がスポーツ好きだったこともあって、スポーツに対して、ひとつの論を持っていた。それは、プロスポーツの肯定論だ。

スポーツに金銭物質の取引の行わるる事は、神聖なるスポーツの冒瀆《ぼうとく》なりなどというは、これ全く没分暁漢《わからずや》の心。丁髷《ちょんまげ》を頂いた昔のおさむらいでも、弓馬の芸で衣食するを、光栄とこそ思え、決して恥とはせず。弓馬ほどに実用的でなき、茶の湯でも活花《いけばな》でも蹴鞠《けまり》でも、各々紳士の余技であり、同時に衣食の料《かて》となる。学生が在学中にコーチ料を受くるを、非学生的とも申されず。内職の家庭教師などはどんなものか、人は感心な心掛けの青年とこそいえ、学問の冒瀆などとはいわず。当世御気に入りの米国の学生でさえ、暑中休暇には、相当生活に余裕あるべきものもなお、ある短期の小実業や労働に従事して、汗で得た金を貴きものにするではないか。金銭を授受するゆえ、その事が卑しくなるにはあらで、その人が卑しければ、金銭の授受なくともその事はどんどん卑しくなるであろう。たとえば地方の中学などに、コーチに呼ばれたカレッジの選手が、ふだん三等の汽車にのるくせに二等の切符をくれぬと憤り、ふだん味噌汁と麦飯ですますくせに、どうも三度の食膳に御馳走が少いと、不足に思うて顔へ出すともがら、もしありとすれば、金銭の授受なしというのみで、実はずいぶんと卑しい話ではないか。

人はおのおのその得意の業にて生活するを、もっとも妥当の事となす。スポーツを好み、スポーツに秀でたるものがスポーツに依って衣食すること、有得れば実に結構。現今において完全に行われずとも、行い得るべくこれを予《あらかじ》め認識しおくことを進歩的なりとする。

実に進歩的なスポーツ論で、押川春浪などと話が合うわけだ。話が合ったのは酒も同じで、これまた春浪に劣らず大好きで、かなり飲んだようだが、飲みかたはおとなしかったという。神経はいたって細やかで、金持ちとの付き合いを嫌い、書を頼まれても、自分は画家で書家ではないからと、お金は取らなかったという。妹によれば、小杉は決して怒らない、やさしい人だったともいう。

〈方寸〉は明治四十四年十一月に廃刊になったが、小杉は四十三年の文展で三等賞、四十四年には二等賞に輝いた。四十五年にも一等賞なしの二等賞になって、この年から小杉は文展無鑑査となり、画壇の地位を確立、その名声はあがっていった。

元号が大正と変わった秋、小杉は横山大観と知りあった。最初は議論もしたが、やがて打ち解け、十二月に〔絵画自由研究所〕設立の主旨を発表した。それまでの文展が、とかく子弟関係や派閥関係で審査されるというので、これを改革し、さらに日本画、西洋画の区別も超越しようというものだった。

だが、事業そのものは、少し先に延ばされた。小杉の絵のパトロンである銀行家・渡辺六郎の後援により、小杉はヨーロッパを歴訪することになったのだ。十二月十八日に横浜から出航する小杉と、十二月一日に一年志願兵で入隊する吉岡信敬の送別会が、十一月三十日に向島《むこうじま》の料亭で開催された。

主催者は〔天狗倶楽部〕と武侠世界社だが、例によって大騒ぎ。倉田白羊と弓館小鰐が座敷相撲を取るなどして、月並みな送別会ではなかった。「吾党の本領を思う存分発揮し、牛飲馬食、高談雄弁、あらん限りの歓を尽くして、日暮時になると、身を切るような隅田川の川風に吹かれながら、皆な大人しく散会した」。おとなしく散会したと、わざわざ記事にするのだから、ふだんの〔天狗倶楽部〕の騒ぎがどれほどのものか、よくわかる。

ヨーロッパを歴訪したのは、小杉だけではなく六人だった。メンバーは、よくわからないが、桑重という画家が加わっていることは、まちがいない。小杉は、フランス、スペイン、イギリス、ドイツ、ロシアとまわり、各地から〈武俠世界〉あてに手紙や原稿を送ってきている。

春浪兄、ますます御健康だそうで遥《はるか》に喜んでおります。新聞で見ると、また支那では南北戦が始まりましたね。老獪袁世凱《ろうかいえんせいがい》も、南に革命軍、北に蒙古軍を受けては少々面喰らいだろう。

小生は、今、仏国の西海岸ブルダニーユ半島の一寒村の旅館に泊まっております。ノルマンに圧迫された古仏国人が、纔《わず》かにこの半島に拠って健闘したところだが、仏国の古俗はもっとも多く残っているそうだ。女の風俗がことに珍しく思われる。写真を封入しておく。

一行は六人だ。ホテルには各国の避暑客が大分いる。西洋人は、善《よ》く喰い、善く働き、善く運動するというが、そうでもないね。食堂でも我々が一番食量が多い。働くのは彼等は避暑旅行だし、我々は写生旅行だ。比較するわけには行かぬが、毎日毎日道具を担いでは皆して出掛けるので、ジャホーネーという人間は、よくあんなに毎日仕事をして飽きないものだと驚いているそうだ。それから運動となると、ますます彼らの目を円《まる》くさせる。角力は取る、キャッチボールはやる。競走するかと思うと、海岸の石で力持ちを始める。擬馬戦をやる。フットボールで騒ぐ。角力を取っていると、毛唐人がジウジュツジウジュツといって集まって来る。実は柔道を知っているものは一人もないのだが、柔術をやろうかと毛唐人に挑みかけると、とんでもないことだと、頭を振って尻込みをしてしまう。この頃はキャッチボールが進化して、テニスのレギレーションボールを買って来て、画布を捲いた三尺ばかりの棒でノックをやり出した。前の牧場で遊ぶのだ。たまにはボールが牛の鼻の先へ飛んで行く。牛も随分迷惑だろう。

だいぶ楽しそうな旅の様子だが、小杉は一年で帰国する。そして、この旅行は小杉の絵に対する考えに、大きな変化をもたらした。「三十すぎてフランスに行って、ひどく東洋主義になって帰って来る。日本画のいい友達が出来て、それから墨絵を描きだした」といっている。

小杉の渡欧中に、日本美術院の創立者だった岡倉天心が死亡した。そこで小杉らは日本美術院再興に乗り出したが、一方で文展の改造にも力を注いだ。その結果、一緒に行動した横山大観が文展の審査員からはずされるという事件が起こった。そのため、多くの同志は、文展から離れることになった。洋画のほうでは二科会が前年結成され、小杉はこれにも参加し、日本美術院と二科会の両方に籍を置くことになった。

このころの横山は、もうかなりの大家だったし、小杉も中堅どころになっていたが、六甲山の別荘で、いたずらをし失敗した話がある。遊びにいったのは小杉、横山、木村武山の三人だが、何日か滞在するうちに、たいくつになってきた小杉と横山、夜、ふたりで外に出たきり帰ってこない。待ちくたびれた木村はふとんにもぐり込んでしまった。

そのところへ細い短い竹の先端に林檎《りんご》を突き刺し、細紐を長く垂らした奴を手にした未醒画伯を先頭に二人はスタスタと帰って来た。コソコソ何にか耳打ちした大観未醒の悪童子、戸前に蹲《うずく》まると、手にせる例の林檎を刺した竹を地上に通して、築山の陰に隠れた。トントントントン、細紐を引くと、無心の林檎は冠を振りながら戸を叩く。大観画伯は用意のメガホンを取出して、『木村さん、木村さん』と珍妙な声を出す。『トントン、木村さん』調子を合して、なおしばらくこれを繰返すと、中なる武山画伯は熟睡の夢を破られて、ムックと起上った。

てっきり二人が帰って来た事と早合点して、ガラリ戸を開けてみると、夜は烏羽玉《ぬばたま》の真の闇、二人の姿は影も形もない。武山大入道、首を捻ってみたが、不審の顔を引込めて、バチンと戸を締めて、寝床に帰って寝るモーションをつけると、またしても、トントントン、木村さん木村さんという声が聞こえる。此度《こんど》こそと再び戸を引開けて見れば、外には松吹く風の音のみ、それらしい影もない。サア流石《さすが》の豪傑も少々薄気味が悪くなって、ピシャリ戸を返すと、ゾクゾクする身体を布団の中に包んで息を殺している。トントントントン木村さんと妙な声はまたしても続く……。

ここまでは小杉たちのいたずらも大成功だったのだが、ここに拍子木を鳴らして火の番がやってきた。ふたりはいたずらを中止したが、火の番に見つかって、「泥棒、泥棒」と怒鳴られる。逃げる間もあらばこそ、ふたりは捕まった。火の番の親爺は、いくら絵描きだといっても承知しない。警察に連れていくというのを、やっと「オーイ木村君助けてくれー」というわけで、事件は一件落着。

二科会と日本美術院に籍を置いた小杉は、まず大正六年に二科会を離れ、大正九年に日本美術院を離れた。絵に対する考えかたのちがいからだった。そして倉田白羊、森田恒友、山本鼎、足立源一郎などと大正十一年一月〔春陽会〕を結成した。もう小杉も四十二歳だった。このころより、小杉の絵は、油絵でありながら、だんだん日本情緒を漂わせてくる。

大正十三年、小杉は中国旅行を計画したことがあった。この時から雅号を放庵に変える。そのいきさつは、こうだ。

白羊子は放居士と号していた事がある。大正震災のあくる年、私、支那旅行を企てた時、一計を案じて白羊子に「支那に行くつもりだが餞別をくれぬか」といい出した。

白羊子「金は無いが、金の外なら何でもやる」私「必ずくれるか」「うん、何でもやる」「しからば、あの放居士の放の字を貰うぞ」「何でもくれるといったな」という段取りで放の字を奪った。私の放庵と改号したのはこの年からだ。

小杉と倉田の親密な関係の、よくわかるエピソードだ。倉田は、この後、雅号を忘斎と称するようになった。また小杉は、後年、放庵を放菴と変えるが、これはいつのころか、理由はなぜかは、よくわからない。

昭和二年十月、小杉は友人の岸浪百草居と、松尾芭蕉の歩いた奥の細道を辿って行脚に出、その成果を昭和七年一月に『奥の細道画冊』にまとめた。これは小杉を日本画家として世に認識せしめ、評価せしめた最初の作品で出世作だという。これを機会に、小杉の絵は、どんどん日本画に近づいていく。晩年の作品は、日本画になっていた。

昭和十年、帝国美術院（現・日本芸術院）会員となるが、昭和三十四年に、その責任を保ちきれないと、これを辞した。昭和十二年、帝国芸術院（帝国美術院の後身）会員。昭和二十年三月に新潟県中頸城《なかくびき》郡名香《なか》山《やま》村（現・同郡妙高高原町）の赤倉に疎開。四月に戦災のため、田端の家が焼失したので、そのまま赤倉の安明荘に定住した。昭和三十三年十一月、日光市より名誉市民第一号を授与される。

昭和三十九年三月に肺炎にて病床につき、四月十六日に、赤倉安明荘で死去した。八十三歳だった。四月二十四日、東京都文京区白山の竜雲院にて春陽会葬。十一月十五日、日光市所野《ところの》字丸美の墓地に納骨。墓石と法名の「放菴居士」は、生前に自分で作っていたものだという。

〔参考文献〕

『工房小閑』（小杉放庵・昭和九年八月・竹村書店）
『小杉放菴』（木村重夫・昭和三十五年十一月・造形社）
『小杉放菴　生涯と芸術』（野中退蔵・昭和五十四年十月・未来社）
『未醒漫画』
〈冒険世界〉〈武俠世界〉〈中央公論〉

倉田白羊

くらた・はくよう
本名・重吉（しげよし）
1881～1938

美術学校西洋画科を首席で卒業。正義感に溢れた、生涯無欲の画家。

〔天狗倶楽部〕には、二名の画家が名を連ねている。倉田白羊と小杉未醒（後・放菴）だ。二人は同じ年の生まれで、一本立ちしてからは、所属する画会など、ほぼ一生を同一行動をとっている、非常に仲のいい関係だった。

倉田は、明治十四年十二月二十五日、埼玉県浦和で、父・努（雅号・幽谷）、母・静子の三男（?）として生まれた。父は千葉県佐倉の出身だが、漢学者で埼玉師範学校（現・埼玉大学）の教師をしていたため、その任地先で生まれたことになる。

一家は明治十九年、東京の日本橋区（現・中央区の一部）坂本町に転居。倉田は阪本小学校に学び、後に芝区（現・港区東、南部）の桜川小学校に転校して、高等科四年を卒業した。二番目の兄の弟次郎は洋画家・浅井忠について絵を習い、明治美術展などにも出品して、その才能を高く評価されていたが、二十三歳で夭折してしまったので、倉田が兄の遺志を継いで明治二十七年に浅井の門下生となった。

これについては、倉田が、おもしろいエピソードを残している。

かれの葬式には浅井先生も沈痛な容子《ようす》で列席された。私は兄の師なる浅井先生を始めて見て、その立派さに驚き、また恐れもした。葬儀がすんで人力を連ねて家に這入《はい》るや否や、私は父の前に出て、

『私は兄さんの跡を継いで絵かきになります』といい出したそうだ。いい出したそうだでは辻褄《つじつま》が合わぬが、それを私自身少しも覚えておらぬ。これは金輪際私の知らぬ事なのだ。（中略）

私の母親などは、みなこれは弟次郎がいわせたものだと信じ切っているのだった。かくして私は浅井社中への入門が済んだのである。

こうして、自分でもわからないままに（？）画家の道を進むことにしたのだが、その時、まだ十四歳の倉田は、少しも絵がうまくならないので、悪いこともした。

小供心の浅はかにも、ある日、亡兄の遺作、鉛筆画の風景写生を持ち出して先生にお見せした。黙って見た後、先生は、『お前も早くこの位描けるようにおなり』といわれ、私の顔は火のようになった。しかしどうして先生に判ったのだろうとの疑惑が起ったのも、他愛のない始末のものだ。先生は親宛てに一筆を認《したた》められ、これをお父さんにお届けしろとの事、この時から気が閉じておもしろくなくなり、今度は家に帰るのが屠所の羊だ。往《ゆ》きも還《かえ》りも屠所の羊では寿命が縮まる。開封一番、親の唇が震え、予定以上の一喝を浴びてその

場はすんだが、先生への顔向けは酷い事になってしまった。名誉恢復《かいふく》積りで、模写を奮発して恐る恐る出頭してみると、先生の御機嫌は非常によろしく、復活の嬉しさこみ上げて、帰りには鶯谷《うぐいすだに》の急坂をかけ上がった事を忘れるものでない。

こうして、浅井の信用を得ることのできた倉田だが、同じころ、浅井の門下生になった人に石井柏亭がおり、以後、二人は親しく交際するようになったといわれる。上記の話以外のエピソードとしては、絵をやめて軍人になろうとした話がある。

浅井社中入門間もなく、日清戦争が捲き起り、挙国一致で軍人を賛美する。図画丙組の小僧は師家の門には屠所の羊だが、天性活発で軍事を好むからたまらない。密《ひそか》に軍人を志願して絵は描かぬ事にきめ、恐る恐る親の前に出てその心意を開陳すると、按ずるより産むが易《やす》しで、親は一向怒らない。『そうか、それはよかろう、そうするがいい』次に母を呼んで、支度してやれ、当座の用意をまとめてやれ、という。だんだん様子を察すると、今日ただ今追い出される都合なので、悲しさ込み上げ、即座に軍人を見合わせてしまった。これにこりてもはや志望は変えぬ事。そうなってみれば図画丙組も真剣だ。天才が三年でやるところを十年かかっても仕方がない、うまくならずとも面白ければそれでよし、面白くなりさえすれば、やめろといわれてもやめる気遣いはあるべからず、好きになる事、ただそれだけの事。

ほかにもなにかエピソードがありそうだが、倉田の幼年期、少年期のエピソードは、これしか発見できなかった。

ただ、祖父および祖母、母などに関するエピソードもまた、倉田自身がいくつか残している。いずれもおもしろい話が多いので、二、三紹介したい。

母はかなり奇抜な家庭に育てられた人である。酒を飲むことを宗教と心得たような人を父とし、河に溺れんとする他家の子供を救わんために、小剣を口にくわえて橋の欄干から飛び込んだ女性を母とした。溺れる子供を救うのに小剣が要る筈もないのだが、祖母の郷里なる肥後の川尻付近には盛んに河童《かっぱ》が出没して、泳ぎ手の背後をねらって苦しめるとの事である。祖母は畢竟《ひっきょう》河童退治の勇者であるが、その夜、怪しげの小兵が祖母の枕元に現れて『何故《なにゆえ》邪魔をしおったか』と祖母をなじる。祖母は例の小剣を振って怪物を追い払う事三夜に及んだ云々《うんぬん》、と母からはなされて、子供ながらに『少し変だぞ』と肯定するわけに行かないのだったが、本人の祖母もまた母も滅多にうそをつく人でもなし、祖母と母を信ずれば、勢い河童をも排斥できぬ事となる。

○

稀代の酒徒なる祖父嵩春斎は横紙破りの猛者であって、詩と篆刻《てんこく》を友としながら、全く自在の天地に起臥《きが》したらしい。そのころ下谷の徒士《かち》町が、いつの間にか文人墨客の巣窟となっており、山本琴谷、福島柳圃、鈴木我古、大沼枕山などの雅人逸士と与《とも》に徒士町に盤居していた。詩仙梁川星巌もあるいはここに住んだらしく思われる。春斎の家はとにかく朝から大陽気で、前記の面々の酒興は自由自在な祖父の家系と共にいよいよ向上する。琴谷先生の小唄『梅は咲いたか桜はまだかいな』と我古先生の『いなびかり』とは、いつも酒間のクライマックスだったそうで、『いなびかり』というは素はだかとなって踊る稲妻の表現なのであって、その奇妙と飄逸《ひょういつ》とには幾度見せられても腹を揉むほどおかしいものだった、とは母が毎度はなして聞かせる逸話であった。鈴木我古先生は石井柏亭君の祖父である。

○

（前略）なにしろ母は息軒翁の媒《なこうど》によって翁の門下倉田幽谷と結縁されたのである。酒泉に育ったような母と酒興を魔視するような儒学の修験者との新家庭が、どんなものだったか窺い得ないのではあるが、生家の不文律は母にとっての反省ともなり自警ともなって、決して新家庭に気まずい空気をもたらさなかった事と思う。真夏にも肌を脱がず、脚をくずしたのを見た事のない父の家庭に、一度も風波の起らなかった私の記憶は、幸福この上ないものでなければならぬ。

これらのエピソードを読むと、倉田の酒好きの部分は祖父から、正義感に燃える性格は父から引き継いだように思えるが、まちがっているだろうか。

明治二十九年、東京美術学校（現・東京芸術大学美術学部）に西洋画科が設置されたが、ここに黒田清輝とともに、師の浅井忠が教師として迎えられたので、倉田も、この学校に入るべく、彫刻家・新海竹次郎に師事しデッサンを習った。そして明治三十一年九月、東京美術学校西洋画科に入学、十六歳だった。が、倉田の才能は早くも芽を出しており、この時、すでに明治美術会の準備通常会員（どういう資格か不明）に推薦されていたという。

学校では浅井教室の生徒だったが、浅井がヨーロッパに留学したので、黒田教室に編入された。だが、浅井と黒田は画風がちがっていたので、倉田は異色の反逆児的存在だったという。

在学中に父が死亡したが、長男の幸蔵の援助やアルバイトで学費を稼ぎ、明治三十四年に同校同科を首席で卒業した。卒業後は群馬県沼田町の沼田中学（現・県立沼田高校）の教師となり、月給二十一円という高給取りになったが、田舎の生活にがまんできず、「また画家としての自負心から大酒を飲んで暴れたりした。そんなことがあって三十七年には辞職して上京」した。

その間の、明治三十五年に太平洋画会が設立されると、これに参加。第一回の展覧会から、積極的に作品を出品した。東京に帰った倉田は、牛込区（現・新宿区東部）弁天町に住居し、中央新聞社に入社。ところが、人物の木版を彫るのに枠まで付けるのは不経済だという社長のことばに立腹して一か月で辞め、今度は時事新報社に入社し、ここではカットを描き木版を彫る仕事のほかに、スケッチ紀行や、美術展評を書いた。

倉田は、〔天狗倶楽部〕の中では、それほどめちゃくちゃなエピソードは残していないが、教師をしながら酒を飲んで暴れたとか、勤務する新聞社の社長と喧嘩するというところなど、やはりと思わせられる。

時事新報社に勤務しながらも、倉田は片時も絵の制作から離れなかった。白羊という雅号はこのころから使用されたが、薄田泣菫《すすきだきゅうきん》の詩集『白羊宮』によるものだろうと『山本鼎と倉田白羊　生涯と芸術』の著者・小崎軍司氏は書いている。

明治三十九年の夏には、ちょっとした失敗もしている。倉田は鳴門海峡に新聞社から派遣されてスケッチ紀行を書いたが、そこは日露戦争以後、立ち入りを禁止されていた軍事基地だったため、要塞地帯法違反に抵触し、裁判にかけられて罰金を取られたのだ。若い倉田が、その時、どんな感慨も持ったか、記録を探したが探しきれなかった。

明治四十年秋に開催された第一回文部省美術展覧会に『つゆはれ』が入選。洋画部の出品は三百二十九点で入選は八十三点だったから、ここに入選すれば、一人前の画家の仲間入りをしたといってよかった。

明治四十一年、前年に生涯の友となる山本鼎《やまもとかなえ》や、その級友の森田恒友、そして石井柏亭らが創刊した〈方寸〉に倉田も参加、同時に、これも生涯の友となる小杉未醒も参加した。この雑誌に倉田は、小説ふうのエッセイ、詩、短歌、俳句座談などを載せているという。

おもしろいのは、〔パンの会〕の一件だ。〔パンの会〕は、石井柏亭や山本鼎、木下杢太郎《きのしたもくたろう》、北原白秋などが起こした文芸運動で、パンというのはギリシャ神話の牧羊神または半獣神の名前だった。この会に倉田も参加したが、ある会合の時、パンが食べ物のパンとまちがえられ、社会主義者の会合と誤解されて刑事に踏み込まれたのだ。その時のことを野田宇太郎は、次のように書いている。

その夜更け、したたか酔った吉井勇、山本鼎、倉田白羊などという酒豪たちは、この永代橋《えいたい》の鉄橋の上に猿のように登って、真下の大川に小便をする曲芸を演じ、皆をはらはらさせたのも有名な話である。

このころから、倉田はかなりの酒豪で、失敗談も数多くあったようだ。倉田は、この前後、千葉県の房州に写生旅行に出かけ、地元の網元の娘・小谷英子と恋をしていた。明治四十二年十一月、倉田、小杉、山本、石井、北原の五人は長野県小県《ちいさがた》郡神川《かんがわ》村（現・上田市内）に旅行をした。その際、慰労会の席で石井が「なみなみの恋にはあらず旅路より夜毎文書く安房《あわ》の少女に」と倉田をからかう一句を詠んだ。泥酔していた倉田は、「皆でいじめるから、今から牛込弁天町へ帰る、草鞋《わらじ》を出せ」と怒って帰りかけるという一幕もあったそうだ。

明治四十三年春、倉田はその恋人だった小谷英子と結婚した。このころ、倉田は小杉と日光に旅行し、二人で同じ場所を写生した。秋の文展には、その時の作品を出展している。

明治四十五年（＝大正元年）は倉田にとって記念すべき年となった。春の太平洋画会展に出品した『燈明台』が内務省の買い上げになり、秋の文展の『川のふち』が夏目漱石の美術批評に取り上げられた。

花やかな活躍を意味する『マンドリーヌ』を去って、『川のふち』と『豆の秋』の前へ来た時自分は、音楽会の帰りに山寺の門を潜ったような気持ちを味わった。

この文章のあとには、やや、物足りないというようなことも書いてあるが、夏目に評価されたことは、やはり社会的に反響を呼び、画壇に認められ、確固たる位置を得たのだった。

倉田が押川春浪の知遇を得、〔天狗倶楽部〕に入った時期は、はっきりしない。春浪と小杉未醒は明治四十年ごろからの友人であり、倉田はその小杉と親友であるから、かなり早くから、倉田と春浪は顔見知りだったはずだ。ただし、春浪が明治四十一年から主筆を務めた〈冒険世界〉には、倉田の絵や原稿は見当たらないようだ。

信用に足る倉田の年譜を見ると、倉田は春浪が〈冒険世界〉を去り、新たに明治四十五年に設立した〈武俠世界〉の発行元、武俠世界社に大正二年に入社したとあるが、これは給料をもらうような形での入社ではなく、武俠世界社に出入りをするようになったということではないかと思う。ただ、武俠世界社に籍を置いて、挿絵の仕事などで生活を立てていたという説もあり、はっきりしない。

〈武俠世界〉の表紙は、創刊号以来、小杉が描いていたが、小杉が大正元年十二月にヨーロッパに旅立つと、そのあとを受けて倉田がイラストに腕を揮った。

このころ春浪は、子息、母を亡くしたこと、また新渡戸稲造《にとべいなぞう》との確執問題から、やや自暴自棄気味になり、アルコール中毒に近い状態になっていた。そこで父・方義《まさよし》の忠告に従って、酒を断ち健康を取り戻すため大正三年四月、小笠原諸島の父島で療養することになった。これに、倉田も妻と前年生まれた長男・平吉を伴い一家で同行する。絵の勉強のためだった。

倉田は、この年の九月に『洋画の手ほどき』という最初の著書を出版し、その稿料を旅費にして小笠原に旅立ったという話もあるが、出発したのは、それより五か月も早い四月だから、真相は、ちょっと、わからない。

熱血漢の春浪は、父島に着くと、さっそく、立場を利用して島を自分の思うがままに動かしていた島司と対立するが、倉田もこれに応援し、激しく島司を攻撃している。
春浪は、父島から母島に行く船の中で、島司の子分の浅沼丈之助という男と対立した。その場は収まったのだが、翌日、その浅沼が神山、渡辺という人を告訴した。その二人が春浪や倉田に、島司が悪者であると吹聴したという理由からだった。それからさらにごたごたがあって、一応、告訴は取り下げられたものの、島司派と反島司派が対立し、大騒ぎだ。

それからというもの、僕の家は殆《ほと》んど集会所の有様で、署長が来る、船長、機関長、事務長が来る、神山、渡辺両氏が来る、という有様で大変な訳となった。その晩の事である。浅沼丈之助氏は自身にやって来た。荒くれた乾児《こぶん》の六、七十人も持っている親分だけあって、風采《ふうさい》だけは至極堂々たるものであるが、遺憾ながら言語は頗《すこぶ》る貧弱にして、かつ堂々の態度を欠いておった。彼は訥々《とつとつ》としていう。

『私は今度の発言者としての押川先生にすら一点の悪感情も無ければ、怨みもありません。また神山、渡辺両人を告訴したなどの覚えもありません。ただ後日の事もあるゆえ、ちょっと警察にお調べを願っただけの事です。それを神山、渡辺の両人が怒っているなどは、まるで訳がわかりません。最初から両人は今度の事に関係もない位ですのに、自分等が勝手に怒っているわけです。こんな馬鹿げた話しはありません』（中略）

近頃小生等の間に『章魚《たこ》つり』という言葉が流行している。それはそれは大章魚であって、しかも人間の形をしている。そして、夜な夜な拙宅、春浪子の仮寓の周囲に窺い寄って来る。察するにこの章魚は小生等の談話を飲みに来るのであろう。神山、渡辺の両氏は一番撲り殺してなますにでもしてやろうといって、竹刀や木刀を持って待ち受けている。小生はそんな小章魚には構わぬがよい、島一番の大章魚を松葉いぶしにかけて参らせてやればよいといっている。春浪子もこれには大賛成である。
また、別のところでは、こうも書いている。

島は近頃俄《にわか》に動揺を増したようである。その目的とするところは暴逆なる島司を排斥するにあるので、島の為を思う人人は、自己の業務を廃してまで種々の正しい手段を講じている。由来この島には父祖以来土着の人が鮮《すくな》い為に、ここを墳墓の地とするでもなく、所謂《いわゆる》腰掛け的になんとなく月日を送っているものが多いのである。故に、勢い郷土の観念に乏しい事になる。早いはなしが『この島で一番豪《つよ》いのが島司である。列島行政の全権を握って、不埒《ふらち》にも島王気取りで威張っている。その島司にどんな曲事があろうが、自分の仕事さえ都合よく行けばそれでよい。生半《なまなか》その非を鳴らしでもして飯の喰い上げになってはつまらぬはなし、とかく世間に事なかれ』と、いいたくもないお世辞の一つも振り撒くという連中が多いのである。為政者のつけ込みどころは、誠にここであろう。今までしばしば起る正義党の運動が常に立ち消え、同様に実現されぬのに高を括り、『フフンまた始まった』と得意の買収術を持ってふにゃふにゃにしてしまうが常だそうだが、気の毒ながら、今度の運動ばかりはそう手軽いものではないらしい。つい二、三日前も、十人ほどの人物が額を蒐《あつ》めて凝議《ぎょうぎ》し、深く決するところありしやに聴き及んだのである。
畢竟《ひっきょう》これ等の人は自分の利害によって動いているのではない。それだけにまた威力も強い訳である。富貴に婬《いん》せず、権勢に怖《お》じず、底の人物ほど恐ろしいものはあるまい。

この文章を読んでも、おわかりのとおり、倉田もまた正義感の強い人だった。ただし、この事件は、せっかく静養にいった押川春浪が、ここでも大酒を飲み、かえって前より体調を悪くしてしまったような形で東京に帰ってしまったので、決着は着かなかった。倉田も、決して、島司に歯が立たないと思ったわけではないだろうが、もともとが絵の勉強にきたのであり、春浪のようには島司との戦いを続けなかったようだ。

その後、倉田は父島から母島に移り、絵の勉強に勤しんだ。その間には、いろいろおもしろい話もあったようだが、先を急ぐ。

約半年間、小笠原に滞在して東京にもどった倉田は大正四年春、日比谷美術館で個展を開き、約四十点の作品を陳列し、好評を得た。この年の秋には、小杉に誘われて、再興した日本美術院に入会した。

押川春浪が他界した翌々年の九月、〔天狗倶楽部〕は朝鮮、満州に十二日間の旅をした。倉田もこれに参加し、各地でテニスや野球の親善試合をして気炎をあげた。滑稽百出の旅行だったらしいが、倉田に関する部分だけを抜き出してみる。

まず、その服装。「倉田は犬を繋ぐような太い銀鎖を胸にかけて、マドロス然と反り返る。ただし、この人、結ぶネクタイは面倒と、後ろで引かけるのをやっていたが、旅中摺《すりき》切れて白い腸を出して来たのは滑稽」とあるが、後ろで結ぶネクタイとは、どんなものだろう?

倉田は吾党中随一の音楽家と人も許し吾も思ってる程、声もよければ楽器も何でも奏でる。ハルビン丸船中の談話室に立派なピアノのあるを見て、弾きかつ聞かせたくて堪らず、浴衣《ゆかた》がけでその室に出かけたが、鍵が掛かっていて開かぬのみか、そんな服装ではと人の悪いボーイに剣突《けんつく》を食った。そこでわざわざ服装を改め、事務長に届出たうえ、同輩四、五人を聞き手に連れて行って、得意になって弾奏したが、流石《さすが》になかなか巧い。それで乗客演芸会の晩に、事務長から『何か一つ……』と頼まれたが、こうなると柄になく恥《はに》かんで遂に出ず。そのくせ弓館や橋戸などと素人義太夫を遠くの方から彌次っては喜んでいた。

倉田の音楽は、歌も含めて、ほんとうに上手だったらしい。この旅行中、こんな話もある。

十六日の夜、大連《だいれん》の電気遊園（満鉄の経営で盛んに電灯飾をしているのでこの名あり）内なる登《とう》瀛《えい》閣という支那料理で、新聞記者、市役所、商業会議所有志、早大交友連合主催の歓迎会に列したが、支那芸人の胡弓に合せて歌うチンプンカンプンの歌があった後、紹興《しょうこう》酒でメートルをあげた主人側がそれぞれお国唄をやり出して、天狗の方からは飛田が最初に推薦されて得意の磯節を歌い、次に倉田が館山《たてやま》節をやったが、共に満場鳴を鎮めて大喝采。翌日の新聞に『天狗大連軍を閉塞さす』とあるから、野球戦では連敗したのにと不思議に思ってよく見ると、飛田、倉田の芸術が大連に勝ったという賞辞には恐縮した。御両人本気になってはいけない。

こんなエピソードを残した〔天狗倶楽部〕の旅行だったが、ここで倉田には大きな心境の変化があったという。人間は大自然を征服しがたい。そこで大自然の悠久に冒しがたい姿を追求し、自然の美を自分のものにして、思うままに描いてみようと思ったそうだ。それで、このあたりから、倉田の絵には人間の姿が少なくなるのだそうだ。

この年、倉田は千葉県内房の安房郡北条町（現・館山市北条）に転居した。そして、印象派の影響の見られる作品を院展に発表し続ける。

大正九年、倉田は院展洋画部を脱退した。そのころ、友人の山本鼎は故郷の長野県神川村で児童自由画教育や農民美術の指導をしたが、これに反対する美術家、教育家も少なくなかった。山本は、これらの人々と対立し、さらに院展内部でも西欧近代画の展示を主張したが、日本画部に反対され、脱退した。倉田も、これに追随した結果だった。

大正十一年、倉田は小杉、梅原龍三郎、森田、山本などと春陽会を結成。この会は、既成団体や既成画壇に対するアンチではなく、仲間が「安らかに十分な創作活動がおこなえて作品が順当に認められれば足りる」という、規則にしばられない会だった。

同じ年、山本は長野県上田市に日本農民美術研究所を建設し、その指導者として倉田に協力を求めた。倉田は、喜んでこの招きを受けた。以後、倉田は死ぬまでここを定住の地とした。

この時代に、こんなエピソードが残っている。あるお寺の住職が、倉田のある絵を非常に気に入り、譲ってくれないかと頼んだ。すると倉田は、その絵は自分の恋人だからだめだといいながら、しかし、それでもというなら、譲るという。

それで倉田先生に幾らぐらいと切り出したんです。

「寺のことなんで余りせびってもまずいし、君はこの絵を金になるからといってよそへ譲り渡すような人ではないとわたしは信ずる」というんで、それのみならず「わたしが死んでも常楽寺に残るとすればわたしは君に譲る」といわれて「連れていってくれ」というんです。そんな風にして絵を手に入れることができました。

いかにも、倉田の金銭に執着しない性格が現れた話だ。

倉田は、山本の仕事を手伝いながら、春陽会に、次々と大作を発表していたが、以前よりあまりよくなかった糖尿病が、疲労のため悪化したのは、昭和九年のことだった。五十三歳の倉田は、二百五十号の『たき火』という大作に取り組んでいたが、作品が完成したころには、右目を失明した。そのころ、気持ちを奮い立たせるためか、冗談にまぎらせて書いた『皇国雑説阿呆陀羅《あほだら》経』という戯文がある。

奇妙きてれつ東西南北、も一つおまけに源平藤橘、よくもこりずに、よくも倦きずに、花が上野か、上野が花か、美術かいびつか知らないけれども、そりゃまたどうしたこの世の因果か、あの世の因果か、頓《とん》と合点が尊者にゃ参らぬ、参ったところで美術は美術でいびつはいびつだ、コリャまたうまいもんでチョチョンがよいやさ、ポクポクポクポクポクポクポクポクポク。

総体物事むかしはよかった、今はいけない、何につけても腑分けの世の中、眼に見ただけでは承知が出来ずに、ありがたい御経までまな板に乗っけて、筋骨ひろげて目方にはかって、これも研究あれも研究と、研究と困窮で火花が散るわい、ポクポクポクポクポク。

もともと油絵異人の仕事、すめらの国は万事があっさり、茶づけにさしみに豆腐であつかん、文字は縦書き障子は紙張り、金具の道具で血の出る牛肉、パクパク喰うのと様子が違う、だからというても不自由は禁物、電気があかるきゃあんどんは引っ込む、電車自動車手っとり早くて、歩くは大馬鹿乗らぬは大損、機械の発明は人間に重宝、重宝でなければ文化といえない、文化の中毒薬は無いぞよ、ポクポクポクポクポクポックリポクポック。

近頃はやりの東洋精神、からすはからすで白紙は白紙ぢゃ、東洋精神に油が過ぎると東洋精神でなくなってしまう、となりの与太公とっくり聞いとけ、ポクポクポクポク。(中略)

総体ものごと気楽が第一、悲観はいけない、浅《あさ》間《ま》も華厳《けごん》も三原のお山も考え一つで極楽浄土じゃ、いのちが要らなきゃ満州でポンポン、その方が御為めで名誉は伝わる、名誉が要らなきゃ勝手にしやがれ、人間過剰で就職困難、粗末な命は神様おきらい、小さな重箱高が知れてる、ものには制限、一升の枡《ます》には一升外這入《はい》らぬ、常に内輪に八合盛るなら御家内安全、子孫は繁栄、本所は四つ目、四つ目のうなぎ、二ひきをあつめりゃ八つ目になりやす、ポックリポックポック。
長い馬鹿口そろそろおさらば、あんまり図にのりゃお里が知れる、のどかな春陽おろかのあつまり、おろかをあつめても利口にゃなれない、利口になりたきゃ絵かきをやめな、いびつあばら絵天下の禁もつ、なんとこの辺で頓証菩提《とんしょうぼだい》、ポクポクポクポクポクポクポクポク。

倉田の失意と同時に、あらたなる決意の読み取れる文章だ。実際、その後も倉田は一田舎人として、次々と絵を書き続ける。だが、病状は日増しに悪化し、昭和十三年には完全に失明。その年の暮れ、十一月二十九日死去した。

溢れる才能を持ちながら、それを商売や政治的動きにはいっさい使おうとはせず、自然を愛し、人を愛する、生涯、欲とは無縁の人だった。

墓所は東京都府中市の多磨霊園にある。

〔参考文献〕

『雑草園』（倉田白羊・昭和九年四月・竹村書房）
『山本鼎と倉田白羊　生涯と芸術』（小崎軍司、磯貝静男・昭和四十二年・上田小県資料刊行会）
『小杉放菴』
『小杉放菴　生涯と芸術』
〈冒険世界〉
〈武侠世界〉
〈中央公論〉

児玉花外

こだま・かがい
本名・伝八
1874～1943

社会主義詩から愛国詩へ。〈冒険世界〉でも、春浪を讃える。

〔天狗倶楽部〕には、一応、大正四年段階でのメンバーリストが存在している（第2部に掲載）。だが、そのリストの出入りは自由であって、リストに記されていないが〔天狗倶楽部〕員と認められ、また自認していたメンバーもいたようだ。その代表例は、尾崎咢堂《おざきがくどう》であり、その子息の尾崎行輝《ゆきてる》、あるいは早稲田の名物魚屋の三矢新太郎などだ。

明治時代から昭和にかけて、特異な社会主義、愛国詩人として知られた児玉花外も、大正四年段階では、メンバーリストにその名前は掲載されていない。だが、後期〔天狗倶楽部〕のメンバーとして、ここに紹介していいと思う。

入会したと思われる以前から、押川春浪が創刊した〈冒険世界〉、〈武侠世界〉などに数多くの作品を発表しているし、大正十四年十一月十六日、雑司《ぞうし》ヶ谷《や》墓地の押川家墓所において行われた〔春浪天狗碑〕建碑式に児玉は参会して、即興詩を朗吟している。

日本国に花盛り
黄菊白菊多けれど
春浪にまさる男なし
快男児ゆきさびしさの
十年の秋巡り来ぬ
我等同人集まりて

落木蕭々《しゅくしゅく》　涙落つ

ここに、われら同人ということばが出てくる。これは、児玉が〈天狗倶楽部〉のメンバーであったことを意味するものと思う。そして、実際、児玉は〈天狗倶楽部〉のメンバーになる資格のある詩人だろう。

児玉花外は明治七年七月七日に、京都の室町通《むろまちどおり》上《かみ》立売下ル《だちうりさが》西入蒔鳥屋町《にしいるまきとりや》（現・京都市上京《かみぎょう》区内）に、オランダ医学、漢方医学者の父・精斎と母・絹枝の間に長男として生まれた（明治六年に長女・千代が生まれている）。明治十年には弟・伝作が生まれたが、母は明治十二年病死した。その後、父は後妻・ひさを迎え、明治十三年に異母弟・精造が生まれた。後の詩人・児玉星人だ。児玉は明治十四年、高倉御池上ル《たかくらおいけあが》柊《ひいらぎ》町（現・中京《なかぎょう》区内）の初音《はつね》小学校に入学した。

小学校の教師は自分を呼んで、粗暴活発の子ともいったが、それは確かに私の性質の半面で、人間に反抗する心から起こったのだ。して、この狂暴な自由を愛する心は、皆自然の雲や嵐や鳥やから習得たのであった。私のロマンチックは、この小児の頃から胸に深く植付けられたのであって、終生烟《けむり》のごとくに消え去ろうとも思われない。

児玉は、睫毛《まつげ》が長く、子供のころから涙に濡れがちだったので、学生時代は〈つばめの詩人〉と呼ばれたという。少年の児玉は読書好きで、講談、歴史小説、武勇伝などを、貸本屋から借りて読みまくった。演劇も好きで、劇場の看板の下にしばしば佇んだ。とくに『慶安太平記』が好みだったという。

児玉は小学校を卒業すると、明治十九年、キリスト教徒だった父の影響を受けて、新島襄《にいじまじょう》が創立した同志社の予備校に進んだ。本科には何年に進んだかはっきりしないが、当時、学校の放課時間などに、小鳥を捕って遊んでいたという。このころから、すでに児玉には自然を愛する心が芽生え、詩人を目指していたらしい。しかし、一方で学友と相撲を取って遊ぶ少年でもあった。

明治二十三年、十六歳で児玉は同志社を中退し、仙台の東華学校に入学した。ここも新島と関係の深い学校だったが、明治二十五年に廃校となったため、児玉は北海道の札幌農学校（現・北海道大学）予科に入学した。けれど、児玉はここも二十七年に中退した。

明治二十六年、押川春浪も札幌農学校に私費学生として入学している。あるいは、ここで、両者の最初の顔合わせがあったかという可能性は否定できない。

児玉が札幌農学校を中退した理由は、わからない。が、二十七年に上京して、今度は東京専門学校（現・早稲田大学）の文学部に入学。バイロンやシェリー、北村透谷らの詩に影響されながら、児玉は文学仲間と回覧雑誌〈菫〉を創刊し、坪内逍遥に朱を入れてもらったという。

〈菫〉などと、優しい名前の回覧雑誌を出した児玉たちだったが、酒を飲み、歌を歌い、大騒ぎをして、梁山泊を気取っていた。『児玉花外その詩と人生』の著者・谷林博氏は、この時代が、児玉の最も幸福な時代だったにちがいないと書いている。

ここで児玉は〔つばめの詩人〕と呼ばれたのだが、〈早稲田文学〉などにも詩を発表した。しかし、明治三十年には、東京専門学校もまた、中退してしまい、京都にもどった。なぜ児玉がこれほどに中退を繰り返したのかは、判然としないのだが、後に「雲は僕の父で、濤《なみ》は僕の母だ。だから性来、雲の飄逸《ひょういつ》と浪の激情を有している」と述べているのが、ひとつのヒントになるかもしれない。なにかに束縛された生活が、ほんとうに嫌いな性格だったのだろう。

京都に帰った児玉はキリスト教自由主義者の内村鑑三の影響を受け、内村が明治三十一年に発行した社会評論雑誌〈東京独立雑誌〉に詩を次々と投稿した。また片山潜の〈労働世界〉にも詩を発表していた。この当時、発表した『鶏の声』『森のさすらい』などは初期の詩として叙情的に優れた作品だそうだ。

花外の雅号は、このころ作られたもののようだが、自分は一生、出世栄達という花の外におり、花を持つことのできない人間であると思って決めたという。

明治三十二年六月、児玉は東京専門学校の同窓だった山本露葉、山田枯柳との共著である処女詩集『風月万象』を、文学同志会から出版した。文学同志会は、山本の作った出版社だった。当時の評論家の児玉の作品に対する評価は、おおむね好評だった。

話が前後するが、この年の二月、児玉は京都府葛野郡七条村（現・京都市下京区西七条）の江村平造の長女・増栄と結婚した。児玉家も、かつて同郡に住んだことがあり、なんらかの縁によるものらしく、見合い結婚で、女の子が生まれたが、わずか一年ほどで破局を迎えた。

破局の原因は、わからない。児玉の漂泊癖というか、孤独を好む性格が、そうさせたのかもしれない。しかし、研究者の中には、このころの児玉はほとんど無収入で、酒もかなり飲んだようだから、妻に家庭を支えていく力が持てなかったのではないかという同情的な見かたをする人もある。

児玉が酒を飲むようになったのは、東京専門学校時代のことと思われるが、その酒は、かなりひどかったようだ。時代はもう少し後のことになるが、児玉の酒について、こんな証言もある。

> 酒が入らなければ、おとなしい。人柄もいいのです。しかしその人柄の好さが弱さで、酒の気がぬけると忽《たちま》ち生きる瀬もない。宿に着くや風呂も飯もない。いきなり酒で、そしてまったく酔い倒れるまで酒の代りの呼びつづけです。酔いにつれて人間が変る。柳浪の馬鹿野郎が——と吐き出すかと思うと、次ぎは鉄幹、何が虎だ、何が剣だ、あの大騙《かた》りめ——と文壇人でかれの罵倒にかからぬのはない。文教関係、司法関係、役人という役人みなその通りで、そこから川端で見た乞食をいって泣く、蹴上《けあ》げの荷曳《び》きの悲惨を語って拳を握る。

誰もあの相手とお守りとはつづきませんよ。息もからがらで海気療養の僕のつれには、初めから間違いでしたよ。

明治三十三年五月、新声社から『わが草合集』が刊行された。これも河井《かわい》酔茗《すいめい》、山本露葉、児玉らの合同詩集だった。しかし、この程度の出版では生活はできない。そこで、福井県福井市の福井新聞社の記者、ついで山梨県の〈やまなし〉の記者となった。〈福井新聞〉の記者になった時期は、明治三十三年、〈やまなし〉のほうは、明治三十五年と思われる。〈やまなし〉には一年勤め、ふたたび児玉は京都に帰った。記者生活は、児玉にはむりだった。この〈福井新聞〉記者生活の時と思われる時期に、こんな心情をつづった随筆がある。

噫《ああ》、嫌だ嫌だ、僕は傭《やとい》は嫌だ。

課長の面《つら》も癪に障る。エーと小刀を持て机の膚に加えようとした。眼を据えて視ると、誰かが刻んだのであろう！　種々の文字が彫られてある。――馬鹿、圧制、怨恨、生活、意気地無、――その後に小さく、その人の名だろう？　堀田信一と刻まれて、年月日まで痕《あと》が明かに読まれる。はてなッ！　と僕は殆《ほと》んど戦慄を覚えた。堀田！　堀田とは忘れもせぬ僕の旧友なのだ。同窓の友である。で、僕は小刀を投出し、彼が深い恨の名の上に、ハラハラと涙が零《こぼ》れた。事実、彼も自分も同様、この所に、しかも同じこの机に事務を執《と》ったのであろう。（中略）

僕は、親を捨てる、妻を捨てる、この命を捨てる。最早、不羈《ふき》の精神を、パンと換える訳にはいかぬ。――さらば、今日限り小野雄三の跫音《あしおと》もせまい。いや、再び東京の土も踏むまい。

明朝、焚いた机を見たら、課長始め俗吏どもは、定めて肝を潰すことだろう。

京都にもどった児玉は、明治三十六年一月、大阪のキリスト教社会主義者・小笠原誉至夫《おがさわらよしお》の主宰する〈評論之評論〉の記者となる。そして記者を務めながら片山潜の〈社会主義〉に社会主義的詩を、次々と発表した。

　この年の四月、大阪市の当時の中之島公会堂で、片山潜、西川光次郎、木下尚江、安部磯雄らの東西の社会主義者が合同で講演会を行った。大会二日目の四月六日の夜、児玉は『大塩中斎先生の霊に告ぐる歌』を朗読した。この朗読は、聴衆に大感動を与え、会場にきていた父も、非常によろこんだ。

　この詩が高い評価を受けたことも関係しているだろうが、児玉は、このころ個人の第二詩集を計画していた。これが児玉の生涯の中でも、大きな心の傷になる『社会主義詩集』だった。

　この『社会主義詩集』は、明治三十六年八月、大阪の金尾文淵堂から発売される予定だった。内容は『労働軍歌』ほか三十篇の長短の新体詩を集めたもので、明治三十年ごろから三十五、六年に書いたものだった。けれども、その内容は社会主義とはいっても、さほど過激なものではなく、額に汗して働く人々を歌ったものが多く、いわゆる社会主義を讃歌するものは、あまり見られない。

　にもかかわらず、この詩集は、製本段階で内務省より発売禁止処分に処せられたのだ。この詩集が発禁になったのは、当時の社会主義思想の台頭に、当局が気をまわしすぎたせいのようだが、研究者によると、関係者の中にスパイ的な人物もいたようで、はっきりしたことは不明だ。

　また、児玉らとの文学論仲間の高浜二郎という人が、児玉が『社会主義詩集』の装幀をどうしようかといったので、真っ赤な表紙に書名を白抜きにしたらどうかと提案したところ、児玉は「それは面白い、そうしよう、そうしよう」といったといわれ、この強烈な表紙が、発禁の元になったのではないかという説もある。

　いずれにしても、児玉の真の処女作といってもいい

『社会主義詩集』は、こうして日の目を見ることがなかった。

ただ、この詩集は一冊だけ存在した。後年、文芸評論家の岡野他家夫が、児玉に『社会主義詩集』のことをもちだした。

老詩人はその度に深い感慨を覚えるらしく、老いの眼をきらッと光らせて溜息をついた。「何とかして、もう一度あれを世に出したいものだ。だがもうだめだ、断念しているよ」とつぶやくのであった。「いったい、あの詩集は今でもどこかに遺っていますか？」筆者の問いに答えて「ああ、有るには有ったんだ。たった一冊——自分が大切に持ってたんだが、大分前に他人に貸した。もうなくなってるだろうなあ」と言葉をにごした。筆者は、どうしても一度見たい一念で何度かそのことを申出たが、ついにはっきりと所在を確めることができなかった。「見せたかった——君達にぜひ見てもらいたかった。そして何とかして世間に出してもらいたかったなあ……」とまたしても溜息をもらすのであった。後で判ったことだが、花外は詩集の曰く因縁を話して、さる質屋へ渡したものらしい。珍本と知って質屋も奮発して貸したように推察された。けれど、その本は既に大震火災で焼失してしまったものと筆者には信じられた。

ところが昭和十年ごろ、大阪の古本屋に、表紙が取れて、水浸しになった『社会主義詩集』が出現したのだ。その当時、老人ホームに入っていた児玉を岡野が訪ねて、その話をすると非常によろこび、「老詩人は今は全くこれ一部しか存在しないであろう曰くづきの自著を何とか再び入手したい願いであったが、神戸在のさる金持の好事家の有に帰したこと、当時としては破格の百金以上の代価で売買されたことを話すと、老いの瞳を曇らせて残念そうに、『そうか』とうなずいた」という。

実際には、手に入れたのは大阪の愛書家で青山督太郎という人で古本屋の店主が本を見せたところ、びっくりして「やはりでていたのか」ということで即座に買っていったそうだ。が、後に青山の蔵書はなにかの問題にひっかかって、すべて警察に押収されたという。戦後、青山はコレクションの返還を求めたが、散逸してなくなっていたという。

『社会主義詩集』は、そういう稀覯《きこう》本なので、かつては、稀覯本番付などが作られると、いつでも東の横綱を張っていたが、いまでは、もう市場に出現する可能性はないとして、番付にも載らなくなってしまった。いま出現すれば、千万円の単位の値がつくかもしれない。

『社会主義詩集』の発禁で児玉はショックを受け、社会主義者や友人たちは憤り、児玉を慰めることになった。そうして生まれたのが、明治三十七年二月に刊行された『花外詩集　附同情録』だった。これは、詩集の部分が七十九ページで、五十九人の『社会主義詩集』発禁に対する同情録が百三十七ページという、きわめて異色の作品集だった。

この詩集に収められた『馬上哀吟』は、児玉の代表作といわれている。

重き愁《うれい》の身をのせて
駒の歩みの遅きかな。
桔梗《ききょう》、小萩は咲き乱れ
露にたふるる女郎花《おみなえし》
鶉啼《うずらな》くてふ野を過ぎて
その名も高き信濃なる
浅間の山に来《きた》りけり。
ここ秋風の蕭条《しょうじょう》と
麓を辿る旅人吹き
松のみ多しこのあたり。
（以下、略）

児玉は、この詩が自分でもことのほか気にいっていたようで、三十九年の『ゆく雲』では巻頭に収録している。これも後の話になるが、児玉の生誕五十年祝賀会の席で、ゲストの白柳秀湖《しらやなぎしゅうこ》が「花外には多くの詩があるが、〈馬上哀吟〉に尽きる。他の詩はどうでもよい、この詩だけで花外は生きているといえる」といって朗読すると、何度も頭を下げた。その目には涙が浮かんでいたという。

その後、児玉の名声は高まったが、生活のほうは楽ではなかった。明治三十七年には、上京して雑誌〈新声〉詩壇の選者になった。また〈ハガキ文学〉〈中学世界〉などの選者もやっている。

ふたたび京都に帰った児玉は、明治三十七年、友人の平尾不孤と〈炎会〉を結成、社会の腐敗に対して、講演会などで息まいた。三十八年には社会主義者たちが設立した〈火鞭会〉にも参加。三十九年に前述した『ゆく雲』も刊行。この年、海外に知られた野口米次郎《のぐちよねじろう》が、日本、世界の詩を集めて刊行した『あやめ草』に『雲の座』が収録された。

明治四十年一月、児玉の第四詩集『天風魔帆』が上梓《じょうし》された。多くの研究者によれば、これが真の意味での最後の詩集といわれている作品集だ。ところが、この詩集には、『社会主義詩集』に収録した作品が七篇載録されていたせいか、またもや発売禁止の処分を受けてしまう。『社会主義詩集』の発禁があまりにもセンセーショナルだったために、こちらの発禁はあまり知られていないようだが、今度もまた、児玉の打撃は少なくなかったと推察される。

児玉は雲を愛する詩人にしては喧嘩好きで、気の移りやすい性格だった。内村鑑三の〈独立雑誌〉の内部もめ、野口米次郎の〈あやめ会〉の紛擾《ふんじょう》の時も花外は大きく関係していたし、約束していた詩の朗読会に突然、欠席したり、出席しても急に嫌だといって、やらなかったことが、何度もある。そんな児玉にとって、この発禁はこたえただろう。

さらに児玉の不幸は、続いた。翌年には弟・伝作が死亡、四十二年には父・精斎が他界した。もうひとりの異母弟・星人は明治三十六年にアメリカに渡ったが、消息不明だった。

明治四十三年十一月に、児玉は『源為朝』を刊行するが、このころから、児玉の書くものは、詩にしても伝記にしても、英雄讃歌的なものに変わっていく。明治四十四年十二月には『英雄史詩　日本男児』を出した。以後、社会主義的な匂いのあるものはほとんど書いていないようだが、これを児玉の転向と見るべきだろうか。それとも、児玉は、もともと、その時々の自分の感情を、そのまま詩として表現する漂泊の人だったのか……。

児玉が、〈天狗倶楽部〉や押川春浪と近くなるのは、このころだったかもしれない。押川春浪主筆の〈冒険世界〉には、明治四十三年七月号に、はじめて、その名前が見える。『気炎万丈　詩人梁山泊』という読み物で、いかにも〈冒険世界〉向きの原稿だ。「冒険記者曰く、新体詩人児玉花外君といえば有名な酒豪だ。ヘロヘロ文士などマゴマゴしていると蹴飛ばされる。この一篇は夫子《ふうし》自身の事を書いたのではあるまいか」という、編集者の前書きがおもしろい。

また四十四年一月号の『吐紅縦横録』も檄文《げきぶん》に近い、気炎を吐いたものだ。

◎英雄起処地形好《たつところちけいよし》とは、奇傑雲井龍雄が、某狂僧に贈った詩の一句だ。流石《さすが》に龍雄の言草《いいぐさ》は面白い。

余輩は常に懐《おも》うている。我邦《わがくに》何が故に近代に至って、凡骨思想が跳梁《ちょうりょう》しつつあるかを。心ある士は、崇高雄大な山海の前に走って、慷慨《こうがい》三斛《こく》の紅血を吐いて訴えぬだろうか？　我が国の天然は余輩の眼には熱烈雄壮な方面のみ映ずる。従来舌を爛《ただ》らせて噴火山文学を絶叫したのはこれが為である。

芸術でも英雄主義の文学が生れずば、世間に英雄の思想が火のごとく煙のごとく流布するものでない。（後略）

これが『馬上哀吟』を書いた詩人と、同じ人間の文章かと思われるほどだ。多くの研究家は、大正以後の児玉を評価しない。あまりにも、書くものが変わってしまったからだ。だが、児玉は自分に忠実だっただけであり、こちらのほうこそが、本領だったような気がしてならない。

元号が変わって大正二年、三十九歳の児玉は、かつて児玉が浅草の下宿にいたころの知り合い、お作と再婚した。お作は未亡人で子供もいたが、美人で利発な、児玉にはふさわしい妻だったという。

　一日の汗を湯に流して、女の柔らか身の、少し弾力のある白い肌の上に、サッと浴衣《ゆかた》を引掛けたときの感触……薄化粧が頸《くび》筋から襟に薫《かお》って、女ならでは味《あじわ》われぬ一種の亢奮《こうふん》、別《わけ》て東京の女はこれが烈しい。

　石榴《ざくろ》色の茜《あかね》の光落ち消えて、門に夕涼みに佇むと、中年増でも、娘時代のその心持になる。片手の団扇《うちわ》から昔の若さが夢のようにすいすいあおぎ返ってくる。

これは児玉の再婚の二年ほど前に書かれた『浴衣』というタイトルの随筆だが、なにか妻になる女性を描いているようにも思える。あまり女性とは縁がなかったように見える児玉も、こんな感傷的な文章を書いている。

さて、結婚した児玉だが、ぽつりぽつりと出す作品集だけでは食べていけず、大正三年五月には、秋田県の新聞〈秋田時事〉の編集者になった。だが、これも長く続かず、その秋には東京へもどってしまった。児玉は、サラリーマンの勤まる人間ではなかった。

大正七年一月号の〈冒険世界〉に、児玉は『押川春浪を懐《おも》う』という詩を発表している。

　慷慨《こうがい》より悲壮に往き、感激より感激に往き、
　おお春浪よ君は強者、

その雄魂は世を破り、蒲柳《ほりゅう》の身をも破りい出ぬ。
世は濁浪の漲《みなぎ》るを、君が清けき春浪は、日に夜に
激し急調に、打ちに撃ちたる不平の声、
ああ白浪よ再《ま》た返らず。

男の中に真正の、男という者無いうちは、強烈な
る物満ちてある、甕《かめ》を叩いて歌いつつ、高く独り
で嘯《うそぶき》きぬ。

天下の豪傑春浪よ、
君が胸はも肝の甕、現世に稀《ま》れな巨甕《おおがめ》の、侠血湧
きてダクダクと、止むに止まれぬ熱情の。

一本の筆一本の剣、君は率直な男なりき、
世に筆を曲げ意志を曲げ、活《い》くるは恥辱滔々《とうとう》と、
君は怒濤の好い漢《おとこ》。

冷情の水柔弱《にゅうじゃく》の、空気に生くる馬鹿もあり、
酒に刺激を求めたる、君は勇者よ情熱家、酒より
外に慰藉《なぐさめ》が。

向島《むこうじま》なる草つ場に、早稲田健児の運動会、
君は釜帽青竹杖、歩みし姿忘られず、哭《な》きて流れ
よ隅田川。

噫《ああ》君去って名物の、天狗倶楽部は寂しくも、
天下一品の独特の、熱球に宰領《さいりょう》の魂籠り、雲に飛
ばん風に跳ねん。

君が書きたる数巻の、日本武侠小説は、太陽と共
に永《とこし》えに、地にあかあかと残るべし、
春浪の剣春浪の艦。

春や壮美の夕日影、この世は光に男は熱に。
天地は一杯の赤き酒、我は呑みつつ啜りつつ、豪

傑春浪を弔《とむら》わん。

なにか、押川春浪に児玉自らの生きかたを重ね合わせたような詩だ。このころ、児玉は〈冒険世界〉や〈武俠世界〉に、勇壮詩を盛んに執筆している。そんな児玉を、また不幸が襲った。大正七年、妻のお作が、妊娠から腎臓を悪くして他界したのだ。

そんな悲しみの中、児玉は明治大学から校歌の作詞を依頼された。大正九年のことだった。

白雲なびく駿河台
眉秀でたる若人が
撞くや時代の暁《あけ》の鐘
文化の潮みちびきて
遂げし維新の栄になう
明治その名ぞ我等が母校
明治その名ぞ我等が母校

早稲田校歌と並んで、名校歌といわれる『白雲なびく』だ。以後も児玉は、熱血的な内容の詩を作り続けるが、相変わらず生活は苦しかった。大正十二年九月に関東大震災で東京が全滅状態になると、児玉は先輩である文人の大町桂月と青森県の上十和田の蔦《つた》温泉に逗留し、酒を飲み交わした。翌年、児玉は東京に帰ったが、大町は大正十四年六月に蔦温泉で死去した。

お作を亡くした後の児玉の酒は、ますます深くなっていったようだ。昭和二、三年ごろは、毎日のように、どぶろくを飲んでいたという。昭和四年、軍国歌謡『進軍』を作詞。初期の社会主義詩とは百八十度転換した歌詞だった。昭和九年には、還暦祝いが友人たちの手で開催されたが、会に出る服もないだろうと、複数の人が用意したという。

酒の飲み過ぎからきた右膝関節炎で、児玉が帝大付属病院に入院したのは、それからまもなくだった。昭和十一年、明治大学では、校歌の作詞者が病気で入院していると聞いて「花外先生を慰問しよう」と募金し、集まった数十円の金を携え、六月二十日に病院を慰問した。当時の新聞は、その模様を『老いの身に沁《し》む自作の詩　花外翁に明大生の慰問演奏』として、次のように報道している。

校歌『白雲なびく……』の作者児玉花外翁病むの報《しら》せに、明治大学の学生等が見舞金募集に蹶起《けっき》した佳話《かわ》はいよいよ実を結んで、二十日午後一時半、同校新聞学会、応援団などの学生代表十九名は武田教授、田中学生主事等と帝大病院に花外翁を訪れた。長い病院生活に面やつれた頰を喜びに輝かした花外翁は、浴衣《ゆかた》姿で看護婦に手をひかれながら治療室まで現れ、学生代表から慰問金の目録、深紅のバラ、白百合の植木鉢を受けた後、マンドリン・クラブ員が校歌を奏で、これに合わせて学生達が歌う『おお明治！』に感激の涙さえ湛《たた》えてジッと聞き入った。このうるわしい光景は、看護婦までが目頭をうるませ、花外翁の徳を称えていた。花外翁は語る。

こんな嬉しいことはありません、身体の調子もよくなりましたから、早く退院して詩作のため働きたいと思います

と一年余の病院生活を忘れたかのように語っていた。

しかし、児玉の病気はよくならず、十一月九日は、救護法の適用を受けて板橋の東京市養育院に移転した。昭和十八年六月十六日にも、明治大学のマンドリン・クラブは児玉を訪問している。養育院での児玉は職員や看護婦を集め〈健和会〉という名の親睦会を作り、先生と慕われていたという。

児玉の研究家の手塚英孝氏によれば、晩年の児玉を訪れ、明治と大正以後の詩のあまりの内容のちがいについて質問したところ、「あれは詩ではない」と答え、さらに「私の詩は明治で終っています……」と述べたという。すると児玉は、自分の意に副わない詩を、明

治時代の詩の何倍も書き続けていたのだろうか。ちょっと、信じられない。

昭和十六年には『児玉花外愛国詩集』が刊行されたが、もはや時代がちがい、あまり評判にはならなかった。二年後の十八年七月、友人の河井酔茗によって『花外詩集』が編纂《へんさん》された。その二か月後の昭和十八年九月二十日、この不遇の詩人・児玉花外は急性腸炎で死去。六十九歳だった。晩年の児玉の精神を支えていたのは、日蓮宗による信仰生活だったという。

告別式は十月九日に行われ、静岡県田方《たがた》郡上大見《かみおおみ》村（現・同郡中伊豆町）の上行院に埋葬。昭和三十五年三月二日、祖父のゆかりの地である山口県長門《ながと》市の大寧寺境内に詩碑が建立された。

〔参考文献〕
『児玉花外その詩と人生』（谷林博・昭和五十一年十二月・白藤書店）
『紅憤随筆』（児玉花外・昭和四十五年一月・岡村盛花堂）
『社会主義詩集』（岡野他家夫編・昭和二十四年十一月・日本評論社）
『哀花熱花』（児玉花外・明治四十五年五月・春陽堂）
『古本便利帖』（八木福次郎・平成三年・東京堂出版）
『明治詩人伝』（島本久恵・昭和四十二年十二月・筑摩書房）
〈冒険世界〉〈武侠世界〉〈朝日新聞〉〈毎日新聞〉

前田光世

まえだ・みつよ
別名〈コンデ・コマ〉
1878～1941

世界武者修行へ出た柔道家。
アマゾン開拓と邦人植民にも尽力。

〈天狗倶楽部〉には、ほんとうに、驚くほど、いろいろなジャンルの人材が揃っているが、中には柔道家もいる。それも国内で活躍したのではなく、柔道の世界的普及のために、プロ（?）の柔道家として名を残した人物が、当時、世界柔道武者修行者と謳《うた》われた前田光世だ。

しかも、前田は〔天狗倶楽部〕が結成される前に海外に渡り、生涯、日本にもどらなかったので、〔天狗倶楽部〕の仲間とは行動をしたことのない異色の存在だ。しかし、〔天狗倶楽部〕の名簿には、はっきりとその名が記されている。

前田光世は、明治十一年十二月十八日、青森県津軽郡船沢村（現・弘前《ひろさき》市内）に、父・了、母・いその長男として生まれた（姉にテツがいた）。幼名は栄世《ひでよ》で明治三十九年に光世と改名した。前田の少年時代のエピソードは、あまり残っていないようだが、性格は温順、人と口論するようなこともなく、乱暴気なところはなかったという。ただ、大変な力持ちで、小学校時代から、米を二俵担いだといわれている。

乱暴な性格ではなかったが、父が相撲好きであったところから、前田も影響を受けて〔相撲ッ児〕とあだ名をつけられるほどの、相撲好き少年だった。小学校の時、すでに身長百六十センチ、体重は七十五キロあったという。

明治二十六年六月、青森県弘前尋常中学校（現・県立弘前高等学校）に入学した前田は、東京に出たくてしかたがないので、親をだますような形で、ここを二年で中退して上京、早稲田中学（現・早稲田高等学校）に入学した。なにが前田を東京にひきつけたのかは、わからない。

前田は早稲田中学で柔道を覚えるが、はじめは相撲で名を馳《は》せたらしい。前田は押川春浪の弟、押川清と同じ寄宿舎や下宿で生活をした。「よく成城学校の生徒に角力を挑まれ、片端から投げ飛ばしたものだ。そうしてまた方々の学校で運動会が行われて、前田が飛入りをしてはいつも賞品を取ったので、アイツは玄人《くろうと》だと怒っていたのをよく聞いたものだ」。

野球も好きだったようだ。寄宿舎の野球部の強打者として活躍したという記録も残っている。ちょうどそのころ、早稲田中学の兄貴分にあたる東京専門学校（現・早稲田大学）に、柔道場が新設された。そこで前田は、中学の生徒でもかまわないだろうから、柔道をやってみようということになり、押川清や親友の薄《すすき》田斬雲《だざんうん》らの勧めもあって、柔道の道に踏み込んだようだ。

温厚な性格といわれた前田が、バンカラ精神を発揮しだすのは、早稲田中学時代からだ。もともとそういう下地のあったところに、バンカラ生徒が集まっていたため、むくむくと頭を持ち上げてきたのだろう。

当時、早稲田近くの穴八幡あたりでは、早稲田中学生と他校生の喧嘩というのは、日常茶飯事だった。前田も、よくこの喧嘩というか決闘に参加して、蛮勇を揮った。その喧嘩がもとで敵と親しくなり、後には親友になったという話もある。喧嘩、決闘とはいいながら、半分は遊びだったのだろう。

前田が東京専門学校に入学した年は、よくわからない。最初、英語科に入り、途中で政治科に移ったという資料もあるが、正確なところは不明だ。おそらく明治三十三、四年ごろに入学したものと思われる。当時、小石川の富坂下にあった、嘉納治五郎の講道館に押川清と共に入門したのは、明治三十年の六月のこと。ここから、前田の柔道人生が始まった。

その実力のほどは、どうだったのか。入門一年半後の無段月次勝負のもようを、同門の杉浦和介が書いたものが残っている。

明治三十一年の無段者の月次勝負の日、突然一ツの大彗星が現れた。この日、乙組の取組が段々取り進んで行った中頃になって、前田栄世君（当時は栄世であった）の名が呼ばれて、出て来たのは、白面温容の美青年だ。ところが、この青年なかなかの猛勇にて、立ち向う誰彼を片っ端から見事に投げまくり（当時は三本勝負）、五、六人を抜いて甲組に喰い込んで来た。甲組には錚々《そうそう》たる連中が控えておって、好敵御参なれ、我こそは刺留めくれんと腕を撫して待っていたのは、野口真一、小神野登一郎、松倉一貞、京野順八郎、狩野時三郎、羽鳥光四郎、塩谷仁之助諸君の猛者連であった。

ところが向う者も、出る者も、何の苦もなく、ポカンポカンとやられ、審判者より「一本」の連発の声のみ高かった。ところが、ただ一人松倉一貞君は小柄ながら紫帯より鍛え上げた小冠者、立ち上がった瞬間、見事な一本背負いでドウとばかりに前田君を投げ飛ばした。余勢で前田君の足が羽目板にぶつかって板に大穴を穿《うが》った。松倉君の次はかく申す私であった故、これは松倉君が退治してしまうな、(乃公《だいこう》出でずんば蒼生《そうせい》を奈何《いかん》せんや)と力んだのだが力抜けしたような気がしたと申したいが、実は「マア善《よ》かった。松倉君がヤッツケてくれるか、嬉しや」と思ったも徒《あだ》、松倉君は大腰、払い腰で続け様にしてやられて退去した。よし、然《しか》らば紫帯の名誉にかけてもと、私が必死で立ち向ったが、何と憐むべし、払い腰と大外刈り返しで二本投げられ、後の一本は、余り見事にタタキつけられ「ウン」と一声、暫時起き上れなかった醜態だ。

この時、前田が倒した相手の数は十人で、十一人目とは、一本目を九分闘い、ついに息切れした。だが、この前田の大奮闘は講道館幹部に認められ、翌年一月に初段を受け、年末には二段に昇格した。一年間に二段昇格というのは、講道館でも異例中の異例だったらしい。とにかく、前田は、身長百六十二センチとも百六十四センチとも伝えられる小さな身体ながら、その強さは特別だったようだ。

この時代の前田には、武勇伝が数々ある。正月の元旦に酔っぱらった軍人と衝突し、道の真ん中で大騒ぎになり、軍人を投げ飛ばしたはいいが、前田のほうも袴《はかま》は破け、帽子はなくなるというエピソードがある。

また、ある時は、有段者仲間数人とどぶろくを飲んでの帰り道、左官職人と喧嘩になった。前田はかんたんにこの男の腕をねじあげ、勝負はついたが、その後、左官屋の親分というのがやってきて、いくらかにしようと談判に及んだ。ところが、そんな脅しの効く前田ではない。逆に前田が脅かして、追い返してしまったという。

電車の中で、遊び人ふうの男の態度がしゃくに障ると、立っていって無礼者と殴ってしまったこともあるという。どっちが無礼者かわからない。なにしろ、当時の前田は、やたらに喧嘩をし、近所の若い衆からいつもつけ狙われていたが、一度も怪我をしたことはなかったそうだ。前田は酒が好きだったので、酒の力もあったのだろうし、腕に自信があったので、若気の至りで乱暴もしたのだろう。

そんな生活をしていた前田には、ひとつの夢があった。海外に出て、思うぞんぶん暴れてみたいという夢だ。ところが、ひょんなところから、その夢が実現する。アメリカ大統領のセオドア・ルーズベルトと、その娘が柔道を評価していて、日本大使館を通じて、適当な師範を派遣してくれといってきたのだ。

この時、選ばれたのが小説『姿三四郎』の作者・富田常雄の父で五段の富田常次郎だった。これに前田が随行することになった。前田は、姉と相談し一万二千円の金を持っていったという。あるいは前田は、もうこの時点で、当分、日本に帰らない覚悟をしていたのかもしれない。

ところで、この前田の渡米については、とんでもないエピソードが伝えられている。当時、前田は学習院の師範をしていたが、明治天皇と稽古をし、これを投げ飛ばしてしまったので、日本にいられなくなり、アメリカに渡ったというものだ。百パーセント伝説だが、こんな伝説の生まれるところが、〔天狗倶楽部〕のメンバーだ。

前田が日本を出発したのは、明治三十七年十一月十六日、日露戦争の真っ最中だった。ニューヨークには十二月八日に到着した。翌明治三十八年一月中旬、富田と前田はニューヨークから近い、ウエスト・ポイント陸軍士官学校で柔道の講義をすることになった。ところが、ふたりが学生レスラーと練習試合をやったところ、ルールがちがうので困惑しているうちに、前田は負け、富田も防戦一方の引き分けということになって、翌日の新聞などは、柔道をボロクソに書く。前田の渡米、最初の仕事は大失敗に終わった。

思わぬ失敗に、なんとか名誉挽回を図った前田は、ニューヨークに柔道場を開いて、弟子を募り、柔道の普及に努めた。が、これが、また失敗だった。せっかく入門したアメリカ人青年を、前田が容赦なく叩きつけてしまうので、翌日から姿を見せなくなってしまうのだ。このころの前田は、まだ経営上の駆け引きというものを知らなかったようだ。

困った前田は、公開の格闘技、他流試合をすることにした。と、これに挑戦してきたのが、身長百八十センチ強、体重百五十キロのブルックリンのプロレスラー、ブッチャーボーイという男だった。ルールは柔道衣着用の前田に有利なものだったが、あまりにも体格に差がありすぎる。これまでにも、インチキ柔道家がレスラーに投げ飛ばされているのを見ている当地の日本人は、この試合を危惧した。

けれど、心配はなかった。渡米にあたり四段を与えられ、講道館でも名うての実力者である前田は、ブッチャーボーイを相手にしなかった。三回戦勝負で、第一回が八分八秒、第二回が三分十五秒という短時間で、この巨漢をマットに沈めたのだ。

前田の計画は図に当たり、前田の名声も高まって、入門者も増えてきた。そこに次の挑戦者が出現した。今度はボストンの、レスリングとボクシングのミドル級チャンピオンを名乗るマイヤーという男だった。マイヤーは前田を侮ったのか、三百ドルの賭け試合にしようという。前田は賭け試合は本意ではなかったが、断って逃げたといわれるのは嫌なので、これに応じた。

ボクシングと柔道では、格闘技とはいってもかなりスタイルがちがうので、観衆は、どうなることかと見守ったが、これまた勝負はあっけなく、三分二十秒と三分弱で前田の勝利となり、三百ドルは前田のものになった。続いて、重量挙げの選手やビール樽のような巨漢と闘ったが、これも前田の相手ではなかった。

マットの外でも、前田は武勇伝を残している。ある夏の日、友人とボストンに夜景見物にいった前田は、夜の十時ごろ友人と別れ、当時、住居していたリビヤビーチに帰ることになった。そこで駅まで馬車に乗ると、これが雲助馬車で、駅に向かわず寂しい場末にいき、法外な料金を請求した。

これを無視した前田は、しかたなくホテルに泊まろうとしたが、これが売春宿。しかも、その主と雲助馬車屋がグルと知って、前田が怒ったの怒らないの。前後を忘れて、売春宿のおやじを投げ飛ばし失神させてしまった。びっくりした馬車屋は警官を呼ぶ。めんどうなことになるのは、前田も嫌なので、逃げ出したところが警官と鉢合わせ。警官は事情も聞かずに前田に平手打ちを食らわした。

殴られて、またしても前後を忘却した前田、警官を道路に叩きつけ、さらに応援に駆けつけたふたりの警官とふたりの消防士、合わせて四人と大乱闘。こうなってはルールもなにもあるものかと、睾丸や膝頭を蹴りつけて逃げ出した。が、その時、後ろから「止まれ」の声。無視しようとするとドーンとピストルの音が響いた。さすがの前田も、これには止まらざるを得ない。すると、やってきたのは警部で、警察署に連行されて五ドルの罰金。

さて、警察を出ようとすると、署長が笑い出した。先の大立ち回りで、前田は帽子と上着を紛失してしまったのだが、その町で無帽は道路交通規則違反だというのだ。帽子屋はもう閉まっているし、前田が困っていると、署長がくれたのが、警官の古帽子。これをかぶった前田の珍妙なスタイルに、一座の緊張がほぐれて大爆笑。そこで、警官や署長と打ち解けて話をすると、署長は柔道の指南を求め、たちまち警察署内は柔道場と化してしまった。前田の得意顔が浮かびあがってくるような、エピソードだ。

こうして、しばらく、アメリカ東海岸で柔道の普及に努めた前田は、明治四十年十二月にイギリスに渡った。柔道の普及と、各種格闘技の研究が目的だった。ここでも前田はレスラーやボクサーと柔道衣試合を行い、全勝したという。イギリスのレスラーたちは、前田以外の柔道家とも闘って勝利もしていたが、前田にはかなわなかった。それには理由があった。前田が強かったことももちろんだが、たいていの柔道家は左手組みなのに対し、前田は右手組みだったので、レスラーたちの思うように試合が運ばないのだ。

ところで、柔道家が柔道衣を着て闘えば、勝つのは当たり前と思うかもしれないが、前田は柔道衣を脱いでも強かった。明治四十一年の一〜二月に、アルハンブラ劇場で行われた世界レスリング大会に参加した前田は、重量級で準優勝している。このことからも、前田が柔道衣を着て闘ったから強かったというだけではないことがわかるだろう。

イギリスでの予定を終えた前田は、次にベルギーに渡り、さらにスペインに向かった。そして、このスペインでコンデ・コマを名乗るようになるのだが、そのいきさつがおもしろい。前田がスペインに乗り込んでみると、ひとりの日本人がいて、我こそ柔道日本チャンピオンだといって、仲間たちと八百長試合をやっていた。

そこで前田は、この男に挑戦することにしたのだが、前田光世では相手が逃げてしまうから、別の名前を名乗ることにした。どう変名しようかと迷ったが、名案が出ない。そこで、これは困るというので、〔前田コマル〕としたが、語呂がよくない。そこで単に〔コマ〕とした。すると、まわりの連中が、ただ〔コマ〕ではおかしいから、スペイン語で伯爵という意味のコンデをつけて、〔コンデ・コマ〕にしろということになり、これに決まった。

この名前は、本人もおおいに気にいったようで、後に前田がブラジルに帰化した際には、これを本名としたほどだ。結局、このインチキ柔道家との対決は実現しなかったが、一度、前田をほんとうの伯爵だと思った地元の伯爵に訪問されて、弱ったとは前田の言だ。

先頃散歩していたら、コマと金切り声を出して呼ぶから、チョイト後向いたら、二階の縁に釣るされた籠の中の鸚鵡《おうむ》先生がしきりに呼んでおったのだ。おかしくて一人で笑っておったら、傍《かたわら》から若い女の子と婆さんはクスクス笑っておった。きっとその女の子でも鸚鵡先生に教えたのだろうと思った。こんな風に誰にも知られ今は、鸚鵡にまでコマと呼ばれると何となくうれしいような気もする

ずいぶん、いいかげんな名前のつけかただだが、それが、また前田らしいところでもある。スペインでの柔道普及は、大成功だった。ちょうどスペインにやってきた、同じ講道館の大柄の大野秋太郎三段を相手に、示し合わせて投げ飛ばして見せたところ、小さい人間が大の男を投げ飛ばすというので、たちまち人気が上昇し、十五日間の滞在予定が七か月にもなってしまったというから、その人気のほどが推測される。

スペインで成功した前田は、次の行き先をキューバに選んだ。当時、キューバは、柔道の未開地だったので、ここに柔道を根づかせようと考えたのだ。ところが、キューバにきてみると、思わぬ事態が前田を待っていた。当時、アメリカでは反日感情が高まっていたが、アメリカ系の新聞は、前田は柔道の勝負に託して入り込んできた日本の国事探偵だという。前田は、とうとうスパイにされてしまった。

が、実際はスパイどころではない。お金がなくて困っているのだ。しかたないから、ここでも賞金付き試合をやろうと計画していると、前田をハバナに誘った男が、かってに、「今度当地へ乗込むコンデ・コマと勝負して勝った者には一万弗《ドル》を呈する。負けずに十分

間保った者には二百弗呈する」と新聞広告を出してしまった。

これには、無一文の前田も弱った。負けることはないとは思うものの、見知らぬ土地だから、どんな強敵が現れるかわからない。しかし、試合をはじめてみると、からだは大きいが技を知らない連中ばかりで、前田の心配も杞憂に終わった。各地のチャンピオンと称する男たちを、次々と短時間でやっつけてしまうのだから、これで柔道が評価されるだろうと思ったところ、これが思惑ちがいだった。

同胞のキューバ人があんまりかんたんに負けてしまうので、興行を打っても客が入らないのだ。そこで一計を案じた前田は、ほんとうは三分で倒せる相手でも、なるべく時間を引き伸ばして、接戦の末、ようやく勝ったように見せる方法を取った。またレスリングは寝業中心だから、なるべく立ち技を使って派手にして見せた。

これは大成功だったが、気をよくした興行主は、五分間三人抜きなどと宣伝し、ひとりでも負けたら「三百フラン」を払う約束をした。おかげで前田は、一日二回（日曜日は三回）興行の三人抜きを、四か月間もやらされるはめになったという。しかし、負け試合は、ただの一回もなかったそうだ。

このあたりのことは、あまり資料が残っていないのだが、前田自身や前田に近い人物から、海外通信といった形で原稿が送られてきて、押川春浪主筆の〈冒険世界〉に記事が載っている。ほんとうに、これほど前田が強かったかどうかは確認できてはいないが、当時のキューバの新聞に、柔道があらゆるスポーツの頂点に立っているという風刺マンガが載っているから、いいかげんなものではなかったようだ。

キューバでも成功をおさめた前田は、次はメキシコに向かった。ここでは、おもしろいエピソードが生まれた。かつて牛の角をひねって倒したという、トルコ人の大男レスラーのトートラルが前田に挑戦してきたのだ。前田は景気をあおるために二回戦勝負とし、一回目を、わざと引き分けにした。

これが、うまくいった。前田と引き分けたというので、トルコ人の同胞たちは、トートラルに金や金時計などをプレゼントし、第二回戦を待った。だが、さんざん痛めつけられた結果に引き分けたトートラルは、もう戦意喪失。なんとか次も引き分けにしてくれと頼み込んできた。もちろん、前田は取り合わない。

するとトートラルは、興行主のところにいって、引き分けにしなければ、試合に出ないという。困った興行主は、前田に内緒で、この条件を飲んだ。ところが、試合が始まると、前田はがんがん飛ばして、トートラルをわずか六分で倒してしまった。

さあ、おさまらないのはトートラルだ。舞台の上から、これは八百長だと叫んだ。場内が騒然となる。警官や新聞記者が飛んでくる。で、真相をただしてみると、なんと八百長といったのは、前田が引き分けにしてくれるといったのに、約束を破って勝ってしまったからということだった。観客は、トートラルの馬鹿さかげんにあきれ、同胞のトルコ人たちは、プレゼントを取り返し、市内から追放してしまったという。笑い話みたいだが、これは事実のようだ。

また、こんなこともあった。前田がメキシコ各地を転戦していた時、数人の知人と酒場で飲んでいた。すると、見知らぬ若い男が一緒に飲んでいる。前田の知らない顔だ。そこで仲間に聞いてみると、誰も知らないという。男は、どさくさにまぎれて、ただ酒を飲んでいたのだ。金を出していた前田は、これにむかっときた。「そうか。一緒に飲むのはかまわん。しかし、こういう場合、こちらが一度金を払ったら、次はきみが払うべきではないか」。

たかがビールで、あまりおおげさにするのも嫌なので、前田は笑いながら、こう諭した。が、男はにやにやしているばかりで、金を払おうとしない。がまんの限界を越えた前田は、椅子から立ち上がると、その男の腕を捕まえて外に放りだした。男は、なにやらわめいていたが、とにかくその場はそれでおさまった。

やがて、食事を終え、友人たちと別れた前田がホテルに帰ってくると、路上に、突然、さっきの男が現れた。そしてピストルを構えたのだ。これには前田も、びっくりした。だが、前田も日本を代表する快男児だ。ここで弱みを見せたらつけこまれると、やにわに上着のボタンをはずし、胸を突き出して、「よし。撃てるものなら撃ってみろ！」と前進した。

まさに命がけの行動だが、この時、前田は急所にさえ当たらなければ、相手を捕まえて殺すことができると思ったという。幸い、前田の気迫に男が後じさったところへ警官がきて、ことなきを得たが、この男は以前にもふたりの人間を殺しながら、賄賂《わいろ》で釈放されていた要注意人物だったという。前田にとっては、まさに危機一髪だった。けれど、この事件が新聞に報道され、前田と日本柔道の名は、一段と高くなったそうだ。

メキシコでの柔道普及活動を終えた前田は、いったんキューバにもどったが、ここに朗報が待っていた。講道館が前田を五段に昇段させたのだ。ただし、講道館幹部の中には、前田は柔道を興行にしているからと、反対した者もあり、遅すぎた昇段といってもよかった。

この前田の柔道興行ということについては、前田自身が、後にこんな発言をしている。

日本では予を誤解しているようだ。予も武道家である以上、武道の精神は知っている積りだ。しかし、外国に来て、言語習慣を異にするにかかわらず、日本古来のままの思想と方法で、我が意を通そうとしても、決して通るものではない。また、紳士の体面を保ち、生活費を自ら得て行かねばならぬ以上、多少は話も曲げねばならぬ。ある年英国に行って勝負した時、その相手を一分間も経ずして屠《ほふ》ったことがある。しかし、観客は余りに呆気なかったため、英国人は予の生命は認めたが、予の生活保証は極度に認めなかった。

先駆者の辛さを、日本にいる人間では理解し得なかったのだろう。

　五段に昇段した前田は、大正元年八月、キューバからグワテマラに渡り、続いてエルサルバドル、コスタリカ、パナマ、ペルー、チリ、ホンジュラス、ニカラグア、エクアドル、ボリビアと中南米を転戦した。グワテマラでは、それまでの世界各地での闘いの様子を掲載した新聞の入った、貴重な鞄を盗まれるという不運な目にもあったが、どこの国でも面目をほどこした。

　そして、大正三年の晩秋、ブラジルに入国。サンパウロ州を振り出しに、諸州を講演してまわり、大正六年にアマゾン河口のベレーン州に定住、コンデ・コマを本名にして帰化した。結婚は日本で一度したが離婚。メキシコでフランス人女性と再婚し、一児をもうけたものの大正八年に妻子共に病死し、大正十一年にイギリス人女性、テイジー・メイイリスと再々婚した。子供がなかったので、ドイツ人のセレスティーを養子にした。

　ベレーン州に定住した前田は、柔道の普及活動の一方で、アマゾン開拓を夢見、一生を賭けようと決意する。が、その前に、アド・サンテルという有名なアメリカ人のプロレスラーとの闘いを紹介しておこう。実は、この資料は非常にいいかげんなもので、どこまで信用できるかわからないのだが、〔天狗倶楽部〕や前田を講談調で描写するとこうなる、という珍資料だ。

　時は大正六年、場所はサンフランシスコ。あまたの日本人柔道家がサンテルに敗れたので、その復讐戦ということになっている。たしかに、サンテルは、当時、日本人柔道家を多数破っていたようだが、この時期に前田が、ほんとうにサンテルと闘ったかどうかは、ちょっと怪しい。


　一歩飛び違えて危うくさけるところを、サンテルが、柔道において大得意の大外刈をもって逆襲に出た。

　咄《とっ》！　かの怪力、かの技！　見事きまらば、前田光世、あわや、背骨はガラスのごとく砕けたと思いのほか、モンドリ打って立上ったる、講道館嘉納流は飛燕《ひえん》の立姿！　ここにおいて、前田の白晳《はくせき》の顔は、朱に彩られた。彼もまた、猛烈なる闘志が湧いて来たのである。

立上りざま、大音声！

『下郎！　参れ！』

『いうにや及ぶ！』

機に乗じたるサンテル！　一歩大きくふみ出すと、前田の頸《くび》を捕えてまき落とさんとする。

そうはさせじと身を沈めたる前田光世、相手の脇の下をたぐると、見る間に打ったる横捨身。

宙に返って、サンテルが立上がったところを続け様に、内股にかけて、ずでどうと引くりかえした。

サンテルの鉄陣、ようやく乱る！

アマゾンと前田の出会いは、まさに劇的だったようだ。キューバ、メキシコの友人らにも、それぞれの国に定住を勧められたが、アマゾン河を遡《さかのぼ》った時の印象が念頭を去らず、「また民族発展のため、その柱石となりて骨を埋むるは神の使命なるべしとの小生の信念は、遂に知人のせっかくの親切を振り切らしめ、また古巣の当地に戻らしめたる所以《ゆえん》」だといっている。

アマゾン開拓とブラジルへの日本人植民活動を開始した前田は、前述のように妻子を失うという不幸もあったが、再々婚し、くじけずに前進した。大正十四年に、ブラジル駐在大使・田村七太の視察団がアマゾン調査を行った際、前田はこれに尽力し、成功に導いて、昭和二年、外務省事務を委託された。

昭和三年、パラー州に南米拓殖株式会社、アマゾナス州にアマゾン興業株式会社、昭和四年、アマゾナス州にアマゾニア産業が設立されたが、前田は、このいずれにも重役として名を連ねた。また昭和四年には、柔道のほうでも六段に昇段している。

昭和五年、アマゾン産業研究所嘱託。六年、拓務省委託。十年、日本人会顧問に就任。十一年、アマゾニア産業株式会社取締役。十四年、同社顧問と重職を歴任。当地の日本人たちからは、私設大使といわれるほどに、めんどう見がよく、慕われた。

しかし、昭和七、八年ごろより、若いころの強酒がたたってか、腎臓炎に悩み、飲酒をやめ、柔道の指導も中止した。昭和十六年ごろから、腎臓炎が悪化。涙もろくなり、大衆小説を読んで、涙をぽろぽろ流すという状態だったらしい。

その後、紀元二千六百年祝典に際し、外務省のはからいで、前田の日本への帰国計画が立てられた。そのためか、一時は、やや元気が回復したようすだったが、十一月二十七日危篤となり、翌二十八日、妻子、友人などに見取られ他界した。六十三歳だった。

翌日の葬儀には、日本人、ブラジル人多数が会葬し、生前、前田の世話になった農民たちの持ち寄った花が柩の前田を見事に飾り、何十台も続く自動車、バスも花の波に埋もれたと伝えられる。墓所はベレーン市のサンタ・イザベル墓地。

昭和十六年十二月、講道館は、前田に七段を追贈。昭和三十一年十月、青森県弘前市の弘前公園および生地・旧船沢村に記念碑が建立された。

〔参考文献〕
『世界横行　柔道武者修業』（薄田斬雲編・明治四十五年五月・博文館）
『世界横行第二　新柔道武者修業』（薄田斬雲編・大正元年十二月・博文館）
『日本柔道　前田光世の世界制覇』（薄田斬雲編・昭和十八年六月・鶴書房）
『前田光世　コンデ・コマの生涯』（山本銀司編・昭和五十五年五月・私家版）
『柔道千畳敷』（石黒敬七・昭和二十七年六月・日本出版共同）
『前田対サンテルの大雪辱戦』（風雲楼主人・昭和五年一月・発行所不明）
『神秘境　大アマゾンを探る』（古屋敏恵・昭和四年七月・タイムス出版社）
〈冒険世界〉
〈武侠世界〉
〈作興〉
〈柔道〉
〈格闘技通信〉
〈中央公論〉

大村一蔵

おおむら・いちぞう
1884~1944

〔天狗〕一の大関。一高との対戦を始め、学生相撲の興隆に貢献。

〔天狗倶楽部〕が、明治冒険小説作家の重鎮で日本SFの祖といわれる押川春浪を中心に結成された私的なレクリエーション・スポーツ社交団体であることは、本書巻頭にも書いた。野球が中心で、その他、テニス、ボート、登山、相撲など、スポーツとあれば、なんにでも手を出したというのが事実だが、野球では、明治四十四年の対〈東京朝日新聞〉（現〈朝日新聞〉）との〔野球害毒論争〕での〔天狗倶楽部〕の行動は、特筆すべきものがある。

　また、後に大阪・東京の両〈朝日新聞〉が主催した〔全国中等学校優勝野球大会〕（現・全国高等学校野球選手権大会）の予選大会に協力するなど、大きな足跡を残している。だが、日本スポーツの歴史から見ると、その野球よりも〔天狗倶楽部〕の功績は学生相撲に大きい。〔天狗倶楽部〕が参加した他のスポーツは、すでにそれ以前に存在していたものだが、学生相撲は正真正銘、〔天狗倶楽部〕によって、その歴史が開始されているのだ。そして、その学生相撲の中心で活躍したのが、大村一蔵だった。

　大村は明治十七年二月十五日、鳥取県鳥取片原二十番屋敷（現・鳥取市片原町）に、父・治の四男として生まれた。

　幼少時の記録はなにも発見できなかったが、明治二十七年三月、鳥取市三育尋常小学校を卒業。三十年三月、鳥取市鳥取高等小学校卒業。四月、県立鳥取中学校（現・県立鳥取西高等学校）に入学。〔天狗倶楽部〕のメンバーは、だいたいこの年齢ぐらいから、かなりいたずらをはじめるようだが、大村はまじめな性格だったようで、反省しなければならないような騒ぎは起こしていない。

　僕らの入学は明治三十年四月であった。まだこのころは鳥取県に中学が一つしかなかった時代であるから、因伯の若き秀才（？）が網羅されたというわけである。入学難は、いまも昔も変わりはあるまいが、一県一校だけに、ずいぶんと骨を折らされたものであった。入学試験の作文の題が「光陰を惜しむの記」であったことと、出題の先生が坂本熊太郎先生であったこととは、いまでも記憶に残っている。

　この時分はまだ、中学校でも角帽をかむっていたので、若き秀才たちが凸凹頭に重箱型の帽子を載せ、紺袴、紺筒袖の制服のうちにもいくぶんの含羞《がんしゅう》を感じながら、初めて登校したときの形は、蓋《けだ》し珍妙なものであったに相違ない。（中略）

　弟子七尺去りて師の影を踏まずというような教育の方針からいえば、五年級時代の僕等のクラスは不逞《ふてい》の徒の群れか危険思想者の集まりかのように見えたことであろう。当世の流行語をもってすれば、僕らのクラスは校内に綱紀粛正といったようなことをやろうと計画したので、それは単に生徒間のみでなく先生のほうに対してでもあった。僕らのクラスの黒表には、暴虐な先生、不親切な先生、不品行な先生の名が並べられてあった。五年級になったら実行しようと、すでに四年級の終わりのころから工《しく》まれてあった。先生の名を黒表に連ねるなんか不逞の至《いたり》であるが、学校にも時に汚隆《おりゅう》があるから、僕らのクラスのこの企ても、当時の学校の情勢が然《しか》らしめた自然の勢いであって、一概に僕らのクラスが不逞の群れであったとけなすわけには行かぬかもしれぬ。五年級になってみると、校長、教頭以下たくさんの更迭があったため、黒表の連盟（マヽ）もよほど寂しくなった。僕らのクラスは月並に同盟休校の犠《いけにえ》にバカな真似はせなんだ。正々堂々理義をただして進行した。そして、とにかく五年の二学期ころまでには、りっぱに黒表の目的を完全に遂行した。（中略）

　僕らのクラスで行なったことで永久に記念さるべきことは、常用の和服を洋服に改めたことである。この問題は四年級の終わり時分から問題になって、僕らのクラスの有力者が校内を遊説して、ついに五年級の一学期から実行をみるに至ったのである。かくして鳥取中学も、明治三十四年の新学期から新しい時代の学生の服装に移ったわけである。この当時まで、紺袴、紺筒袖の制服を固守していたのは土佐の海南中学と、わが鳥取中学だけであったということである。

綱紀粛正をいいだしたのが、大村であったのか別人であったのかはわからないが、当時から大村が、義侠心の厚い、正義漢であったことはたしかなようだ。それを示す例として、こんな事件がある。

　大村は、鳥取中時代、古い柔術の義慶一心流という武術を、漆原某という師範について習っていた。ところが、その師範は道場が盛んになってくると利に走り、その高弟の山田竹蔵という大工を除名にした。山田は貧乏だったので、師範格にしておいては体裁が悪いというのが、その理由だった。

　さあ、これに腹を立てたのが大村たちだ。義憤を起こして漆原道場を辞めると、新たに山田を師範にいただき、一道場を開設した。「柔術を教わるのだ。大工の徒弟になるのではない。大工であろうと左官であろうと、そんなことにかまうものか」、金持ちの息子ばかりをかき集める漆原の道場と、貧乏大工を師匠にいただくわれわれと、どっちが強くなるか腕比べしようじゃないか、さあ、みんな来い、ということになり、ある家の大きな納屋を借りうけ、これに二十畳ばかりを敷き込んで、墨くろぐろと「秀武館　義慶一心流道場」と大看板をかかげて同志を募った。

大村は後に、講道館柔道の二段に推薦されたというが、腕のほうは、もうひとつだったようだ。時代は下って大正八年、東京運動記者倶楽部一行が、新潟県の長岡中学（現・県立長岡高校）と柔道の対抗試合をした時、わずかにひとりを破っただけで中学生に負けている。しかも、その時、大村は生涯の親友だった飛田穂洲の名をかたったので、「陪審裁判を開いた結果、長岡館にて一夕ごちそうすべきものなりという判決が下った。けれどもこの犯人あくまで図々しく、いまだにこれを履行していない」と飛田は怒って（？）いる。

ただし、義慶一心流には、荒修行があった。ひとりをあお向けに寝かせておき、その喉に六尺棒をあて、左右から力いっぱい締めつける。ふつうの人間だとこれで参ってしまうのだが、大村だけは、この六尺棒をはね飛ばしてしまい、師匠もこれには一目おいたということだ。

大村は、柔道にくらべ、後に〔天狗倶楽部〕相撲の大関と呼ばれるようになるほど相撲は強かった。この相撲は、どこで練習したのであろうか？　調べてみたら、どうも、これが〔秀武館〕だったらしい。というのは、先にも述べたように、この道場の師範は大工さんだったが、仕事が忙しいので、毎夜、稽古をつけにこられない。弟子たちは、乱取りなどをして練習していたが、そのうち、師範のいないのをいいことに、棒押し、枕落とし（？）、座り相撲など、次から次へと腕比べ、術比べが行われたが、中でも人気のあったのは相撲で、少年たちは相撲熱にあおられ、やがて〔秀武館〕は柔術道場というより、相撲道場の観を呈していったという。大村は大砲と名乗って、横綱を張っていたそうだ。

明治三十五年、鳥取中学を卒業した大村は、英語を勉強するため、上京して明治学院中等部に聴講生として入学した。翌年、三月に卒業。聴講を頼みにいった時は、卒業免状はあげられないといっていたのが、後に大村が名をなしてからの明治学院卒業名簿には、ちゃんと卒業生として載っていたそうだ。

四月、熊本の第五高等学校（現・熊本大学教養部）に入学。ここで、大村は野球を覚える。明治三十七年四月のことだ。山口県の山口高等学校（現・山口大学人文学部）が五高に対して、七年ぶりに柔道、撃剣、庭球、野球の対校試合を申し込んできたのだ。

五高には、名古屋市の愛知一中（現・県立旭丘高校）野球部の開祖といわれる加藤正一と青山学院でならした松井小三郎という名選手がいたが、野球はふたりではできない。そこで、大村がメンバーのひとりに引っ張りだされることになった。

僕は中学時代野球はやらず、彌次チームに加わるぐらいなものであった。それが引き出されたゆえんは、とにかく、いかに激しい練習をしてもへこたれぬようなものという点であったのだそうだから、すこぶる名誉至極のわけである。それゆえ、野球はへたくそで、進歩はおそく、練習中に非常に苦しんだことはいうまでもない。

その代わり、ずいぶん頑張りもした。いつも僕が一人外野のフライをけいこさせられていると、となりの後藤さんが気の毒そうにして僕を見ておられた顔が、いまでも僕の記憶に残っている。ノックの打手は加藤正一君だが、加藤君のノックは、じょうずであっただけ相当皮肉なもので、そして、これに伴う口は思い切って悪かったものである。

（中略）

試合は福岡の師範学校校庭で行なわれた。五高軍は、小男で四球取りの名人山田左翼を先頭に据え、二番松井、三番後藤という順序で攻め立てた。後藤さんは、三番を承るほどチームの第一の強打者であった。僕は五番か六番を打ったと記憶している。味方の打撃は実際すごいほど当たった。しかし、前に話したように、投手のできが試合の後半にすこぶる悪く、四球の連発が毎回続き、せっかく打撃で稼いだ点を四球で奪回される悲運におちいった（注　山高は七回一挙十一点を入れて十三対十三の同点となる）。

この日の加藤投手の球は真に剛球で、敵はほとんどバットに当て得なかった。しかし、またワイルドであったから、三振にあらざれば四球、外野に飛んだ球は敵の大将山本駒雄君の左中間の三塁打が唯一あったばかりであったろう。僕は生まれて初めての試合ではあり、外野に立ってはおれど飛球に自信はなく、はなはだ不安であったが、ついにフライ一つも来ないで助かったことも忘れられない思い出である。日の長い春の午後も、投手の四球二十八に日没近くになっても勝負決せず、薄暮のうちに審判が、最後の二―三の後の球をストライクにせんかボールにせんかと、しばらく思案して、ようやくストライクを宣告してくれたので、ようやく結末となり、五高軍が凱歌をあげたことも、同じく忘れられぬ思い出である。

大村が、野球の経験などないのに、試合に引っ張り出されたのは、激しい練習にもへこたれないからだったというが、それは事実かもしれない。大村は身長百七十一センチ、体重は八十六キロで、〔牛の大村さん〕と呼ばれたほど、当時としては、かなり大男の部類だったからだ。ただ、八十六キロでフライ取りの、猛練習は辛かっただろうと想像される。

明治四十年三月、五高を卒業。在学年数が一年多いのは大川周明らの起こした五高生の一高への転校問題、いわゆる栗野事件で、ストライキに加わり落第を食ったからだそうだ。七月、東京帝国大学理科大学（現・東京大学理学部）地質学科に入学。しかし、あまり講義には顔を出さなかったようだ。「学生時代の大村君は、欠席の多いのが有名で、君の席に姿を見ることは少なかった。それは主として相撲か野球のある日であったこと、もちろんであった。そのころの大学は、今日と異なり、すこぶる自由で、Y先生も『また、きょうも欠席かい』と笑っておられた」。

大村が〔天狗倶楽部〕のメンバーになったのは、明治四十二年十二月の〔天狗倶楽部〕対一高の相撲大会からだ。押川春浪の弟の押川清と野球部仲間の松井が五高時代、大村と例の四球二十八個の野球のメンバーで親友だった縁からだ。

明治四十二年五月に結成された〔天狗倶楽部〕は、当初、野球の試合ばかりやっていたが、八月三日に押川春浪の冒険小説作家としての先輩であり、相撲好き文士として知られていた江見水蔭の率いる〔江見部屋〕と対抗試合をやった。結果は〔天狗倶楽部〕の負けだったが、これが学生相撲のはじまりになった。

次に〔天狗倶楽部〕が対戦した相手は一高相撲部だった。一高から挑戦状がきたのだ。これに対して、押川春浪の返事がおもしろいから紹介しよう。

▲旅行好きの吾輩は、風のごとく飄々《ひょうひょう》と、二、三日、田舎を飛び回り、十一月十六日博文館へ出てみると、次のごとき書面が編集机上に舞込んでいる、一高勇士から来た相撲の挑戦状じゃ。

秋冷の候、ますます御壮《おさか》んの事と存じます。さて当寮にて先日より角力部なるものを設け、毎日有志の者共が集まりましてゴロゴロやりおる次第でございます。ところが少し取れるようになったと見えて、この頃妙に腕節の撫でたがる者が多くなって来ました。就《つい》てはまだまだお相手には足るまいと存じますが、天狗チーム力士諸兄と一と立会い願いたく存じております。もし御都合よければ、どうか御承諾下さるように願います。もし御承諾下されば場所日時等は追って御相談に参上致します。まずは突然ながら右御願いまで。頓首

十四日

第一高等学校寄留寮内

田中　明

大河原　泰次郎
高　瀬　俊

押川春浪先生机下

▲愉快愉快、大いに愉快！　無論やるとも！　そこで二十九日の正午、東京倶楽部対稲門倶楽部の野球試合の当日、早大グラウンドの一軒家で、一高の大関田中君ほか諸君と、天狗の三役力士と会見を遂げ、十二月七日午後二時から、一高の土俵でいよいよやる事になった。（中略）

▲ただ遺憾千万なるは、天狗力士の三役ども評議の結果、今度の相撲には、吾輩と吉岡彌次将軍と、篠原法学士及び佐々木君（早大野球部スコーラー）の四人をオミットした一件じゃ。その故如何《ゆえいかん》と尋ぬるに、過ぐる月、大天狗大文士相撲の時、五日分の取組に、吾輩等右の者四人まで負星十九稼いだ罰なそうじゃ。なるほど二十両の取組に負星十九も稼がれては、他の勝星天狗連が堪らんだろう。しかし遺憾《いかん》遺憾、大いにイカン！　無理槍《やり》出ると抗議を申込む積りだったが、ドッコイ待て待て。思い回《めぐ》らすに、余り強くもないくせに下手に飛出して、五人力の田中君などにエイヤとばかり目より高く摑上げて投飛ばされ、首の骨でもヘシ折っては大損だと思ったから、まずはこの所はおとなしく抗議を見合せて、当日は小さくなって隅の方から見物いたす事でござろう。

こういうわけで、一高相撲部対〔天狗倶楽部〕の試合が行われることになったが、負けたくない〔天狗倶楽部〕は、押川春浪や吉岡信敬を引っ込めて、ここに助っ人として連れてきたのが大村と三島彌彦の帝大勢だったわけだ。遊びのような相撲大会だったが、新聞や雑誌で報道されたので、なんと観客は五千人も集まったという。

〔天狗倶楽部〕、一高に勝って鼻を高くしていると、今度は東京高等師範学校（現・筑波大学）から挑戦状がきた。そこで春浪は、それなら今度は国技館を借りてやろうと考えた。これに賛成して準備万端整えたのが春浪の友人の〈やまと新聞〉記者・正岡芸陽だった。

　ところが、これには高等師範が反対した。学生が興行場で相撲を取るのは、もってのほかだというのだ。したがって、〔天狗倶楽部〕対高等師範戦は、お流れになってしまった。けれど、せっかく国技館を準備したのだからと、中学二十二校、大学十五校、特別参加〔天狗倶楽部〕〔江見部屋〕など三団体で、〔国技館学生角力大会〕が開催されることになったのだ。仮に先の〔天狗倶楽部〕対〔江見部屋〕の取組を元祖と認めなくても、これが現在の学生相撲のルーツであることは、まちがいない。

　この大会にも、大村は〔天狗倶楽部〕の代表のひとりとして参加した。これで盛り上がりを見せた〔天狗倶楽部〕の相撲は、翌年二月六日に、慶応義塾大学の〔横綱倶楽部〕と戦うことになった。この時、〔横綱倶楽部〕では、何々山、何々川と四股《しこ》名をつけた。それではと〔天狗倶楽部〕では、『水滸伝』の登場人物の名を春浪がつけた。試合の前日、当時、売り出し中だった桃中軒雲右衛門という浪曲師の一席を聞きに集まった〔天狗倶楽部〕の猛者連が、〔横綱倶楽部〕では四股名をつけている、われわれもといったところ、春浪が、たちどころに二十数人の名前をつけたという。ひょっとすると、その時、聞いた浪曲の一席が『水滸伝』だったのかもしれない。

　そして、大村がつけられた四股名が〔花和尚〕魯智深だった。ちなみに河野安通志は〔霹靂火〕、水谷竹紫は〔昇天王〕、三島彌彦〔双鞭将〕などだ。そのほかのメンバーは、以後、相撲の時しかこの名前は使わなかったが、大村は、本人も気にいったらしく、〔花和尚〕をペンネームにした原稿などを書くようになり、雅号、ニックネームのようなものになってしまった。

　以後、大村は毎年、〈武侠世界〉と〔天狗倶楽部〕が主催する学生相撲大会の運営に参加し、その中心人物として、育成・発展に尽力することになる。大学時代は、家の庭に土俵を作り〔大村部屋〕と称していた。

本職の相撲部屋にもよく出入りしていたようで、友人や親戚がお供をしたという。

相撲と野球以外には、将棋、かるた、女義太夫などが好きで、写真にはかなり熱心だった。自分で現像から焼付までやったというから、本格派だったのだろう。〔天狗倶楽部〕のメンバーには酒豪が多いが、大村はほとんど飲まないほうで、甘いものが好きだったようだ。大村は明治四十三年七月、帝大地質学科を卒業し、約一年、下関市の黒鉛会社に勤めた後、退社して、明治四十五年四月、新潟県長岡市の宝田石油に技師として入社したが、その時、風流人で美食家の先輩にすすめられて、茶の席で、出された風月堂の茶菓子を無遠慮にむしゃむしゃ食べたところ、「こんな上等なものを、そんなにムシャムシャ食うやつがあるかっ！」と、怒鳴りつけられた失敗談があるという。

また五高時代には、冬休みに長崎県の天草までボートで遊びにいき、餅を四十五個たいらげたというのをひとつ話にしていたともいう。とにかく、甘いものにかぎらず、健啖家であったことは、多くの人の認めるところのようだ。

長岡にいった大村、ここでも野球と相撲から離れなかった。押川春浪主筆の雑誌〈武俠世界〉に、こんな記事が載っている。「▲春浪大兄もいよいよ全快の由、編集部の活気一層の事に存ずる。僕は宝田石油会社に赴任してから、既に越後国大半を股にかけた。まだ余り獰猛なる活劇は無いが、先日新潟の医学専門学校でちょっと面白い事があった」という書きだしで、書いているのは、大村本人だ。

その日は、同学校の運動会で、大村も見にいった。すると相撲をやっていて、飛入り随意とある。おもしろいと見ていると、忽然《こつぜん》とひとりの紳士が現れ、たちまち十数人が砂に埋まった。これを見て、学校の連中も黙ってはいない。小結、大関が出てきたが、みんなやられてしまう。

場が険悪になったので、校長の決断で、行司をやってもらうことになった。そのうち、東京の〔天狗倶楽部〉を知っている人間が出てきて、「あなたは、〈天狗倶楽部〉の○○さんではありませんか」と質問するが、紳士は笑っているばかり。

やがて、稽古相撲などをやって、その紳士は、忽然と姿を消してしまった。学生たちは、寄宿舎に帰ると〈武俠世界〉を引っ張り出してきた。見ると、その紳士の写真が出ている。学生連は黙っていない。紳士の行方を探してみると、某教授の家で一杯やっているではないか。それっというので、学生連は、教授と一緒に、その紳士を寄宿舎に連れてきた。

▲寄宿舎の大広間には五、六十名の寄宿生に舎監も加わり、俄《にわ》かに盛大なる歓迎会が開かれた。彼は無理無理引張り出されて、一場の話をせねばならぬ始末となった。サア困った！　彼は元来土俵の上の男である。演壇に立っては誠にペイペイである。かつては白昼真裸体で大象に乗り、銀座街頭を横歩した事もある痛快男児だが、どうもこの演説には頗《すこぶ》る閉口頓首した。
▲しかし立った以上は仕方がない。彼は口をモグモグさせながら、天狗倶楽部の広告兼手前味噌を并《なら》べ出した。曰く天狗趣味、曰く天狗道、曰く天狗意気などと鹿爪《しかつめ》らしく吹きも吹いたり。一時間あまり何をいったか目茶滅茶！　角力では大得意だったが、演説では膏汗《あぶらあせ》をダラダラ流した。
▲諸君！　この男を誰とか為す！　かくいう吾輩、即ち天狗の大関大村一蔵であったのじゃ。

〈天狗倶楽部〉の他のメンバーの大村に対する評は、おおむね、まじめな人というのが多いが、こんな茶目っけのある文章を書く人でもあった。大正三年十一月、里美恭次郎の長女・静子と結婚。さかのぼって明治四十五年に樺太《カラフト》（現・ロシア領サハリン）油田の調査をしたのを皮切りに、この年、台湾の油田調査、大正七年には中国の油田調査にも向かい、石油調査・研究の道を進み始め、これは大村の一生の仕事となった。

もちろん、宝田石油に大村は相撲部を作り野球部も作ったが、地元の長岡中学にも出張して、野球の指導をした。その指導は、体力にまかせて行うもので、当時の選手のことばを聞くと、相当に厳しいものらしかったが、激しい練習が終わると、ポケットマネーで菓子などを買って選手をねぎらい、食べ盛りの選手を家に呼び、お代わり制限なしのカレーライスをふるまったという。そのおかげか、長岡中学は、〔全国中等学校優勝野球大会〕の北陸予選に大正七年から十年まで連続して四年優勝したが、大村が東京に去った後は、また弱くなってしまったという。

それ以前には、母校・鳥取中学野球部を指導し、選手が疲労困憊《こんぱい》して、もう練習を勘弁して欲しいと校長に直訴するほどに練習させた。しかし、その結果は効果抜群で、鳥取中学は〔全国中等学校優勝野球大会〕の第一回に山陰代表として出場する名誉を得ている。

だがしかし、大村は野球や相撲だけに、うつつを抜かしていたのではない。率先して、腰にハンマーをぶら下げ、わらじ履きという独特のスタイルで、日本各地の地質調査をして歩いた。後年、アメリカに渡った時など、大村が毎夜遅くまで仕事をするので、電灯代がかかりすぎると、下宿屋から追い出されたというエピソードもあるくらい、よく勉強し働いた。

大村は、酒は飲まなかったが、あれこれと珍談は演じている。

まず、着るものに頓着しない。上等の紋付羽織、袴を着用しても、どこへでも座って尻を汚し、腕をまくって歩き、恰好もなにもあったものではない。夫人が文句をいうと「洗えばいいじゃないか」と平気の平左。「こういうものは、かんたんには洗えない」と答えると「そんなものを、僕に着せるほうが悪い。じゃぶじゃぶ洗える物にしろ」という。

洋服も二十年一日で、大正時代も終わりごろに、まだ日露戦争直後に流行《はや》った型の服を着ていた。それしか作れない老洋服屋に頼むので、そうなってしまうのだが、その方面には、まったく無頓着だった。

その旧式洋服を着て、大村がアメリカからメキシコの油田視察に向かったのは大正十年のことだが、ある日、メキシコ大統領に面会し、日本から土産に持参した甲冑ひとそろいを贈呈することになった。ところが、大統領はそれをどうやって飾っていいかわからない。そこで質問すると、大村が飾って見せることにした。

が、その時、ズボンの裾から白いものが、だらりと垂れ下がっているのに気がついた。いくら日露戦争時代の型の洋服とはいえ、ズボンからそんなものが出ているわけはない。大村もこれに気がつき、おおいに困ったが、黙って、そのまま甲冑を組み立てた。けれど、大統領は甲冑よりその白い布に注目している。

「日本の客人が、ズボンの口から白いものを出していたのは何であろう」と大統領は、公使館員に尋ねた。公使館員も困ったが「日本人の古礼式中、貴人にこうしたものを贈呈する時には、ああしてズボンの口から白木綿の一端を出すものでござる。いまの日本人は、あなたをいたく尊敬した結果、特に長やかに垂らしたものでござろう」と答えたという。大統領は、これを聞いて感激したというが、これは公使館員がいったのではなく、本人が説明したという説もあり判然としない。それにしても、ズボンの裾から出ていた白い木綿の布とは……。

そそっかしいのも有名だったようで、傘を取り違える、なくすなどは日常茶飯事、他人のオーバーに自分の財布をしまう、電車賃を持たずに市電（後の都電）に乗る。いたるところで、笑い話を作っている。

旅先で、駅弁を買ったはいいが、自分のは脇に置いておき、網棚の上の向かいの席の老紳士のを食べてしまう。その人が、「モシモシ失礼ですが、その弁当は私のではないでしょうか」というと、大村は大目玉をむきだして、「冗談をいいなさんな、こう見えても僕は、他人の弁当を盗み食いするような男ではない。無礼なことをいうと、その分にはすまさんぞ」と一喝したが、よく見ると、自分の弁当は脇にある。平身低頭、謝罪して、その場は打ち解けたが、汽車を降りる時には、今度はその相手の紳士の帽子をかぶって降りてきてしまったというから、そそっかしいのにも念がいっている。

大正九年には、早稲田大学の理工学科講師を務めた。翌十年、飛田穂洲、太田四州、針重敬喜、弓館小鰐らと総合スポーツ雑誌〈運動界〉を創刊。この雑誌は、押川春浪のスポーツ面での精神を継承したものだった。この年、宝田石油が日本石油と合併し、日本石油となり、東京に移転。大村は地質課長となった。

大正十三年、中東およびヨーロッパに石油事情視察。翌十四年、京都帝国大学理学部地質学科講師。十五年には東京帝国大学に相撲部を創設し、その師範となった。昭和四年には九州帝国大学工学部講師も務めている。昭和八年、文部省体育運動審議会委員。九年、日本学術振興会学術部第六常置委員会委員。十二年、樺太石油顧問。

昭和十三年、文部省学校体育運動参与員。日本学術振興会物理探鉱試験所常議員。石油技術協会会長。日本石油取締役。陸軍省燃料局資源課事務委員。文部省科学審議会委員および科学動員協会委員などの要職につく。

昭和十六年、太平洋戦争の危機が迫ってくると、政府は石油資源を確保するために、国内開発、南方油田確保の目的で、政府半額出資によって帝国石油を設立したが、その際、日本石油の鉱山部門が北樺太石油、太平洋石油、東邦石油などとともに吸収された。鉱山部門を歩いてきた大村は、帝国石油発足と同時に移籍し、理事に就任。翌年十二月には副総裁の増員で副総裁に就任した。また同月、日本地質学会会長にも就任している。

しかし、この年の三月、軽い脳発作を起こし、健康にかげりが見えてきた。従業員の多くが徴用されて国内外に活躍するのを見て、自らも労苦をともにしたいと願ったが、健康がそれを許さず、いかにも残念がったという。翌年六月、ふたたび軽い脳発作を起こし、昭和十九年一月二十九日、自宅で死去。勲四等瑞宝章を受けた。五十九歳だった。

〔参考文献〕
『大村一蔵を偲ぶ』（昭和四十年八月・大村一蔵追憶集刊行会）
『世界の石油』（大村一蔵・昭和十六年七月・東晃社）
『野球人国記』（飛田穂州《（ママ）》・昭和九年三月・金正堂）
『日本スポーツ百年』
〈冒険世界〉〈武俠世界〉〈運動世界〉

玉椿憲太郎

たまつばき・けんたろう
本名・森野健次郎
1883〜1928

〔天狗〕唯一人のプロ力士。
小兵ながら、負けん気では人一倍。

〔天狗倶楽部〕には、スポーツ関係者、文学者、政治家、法律家、教育家など、広いジャンルの人材が集合している。中でも、スポーツ関係者の数は一番多い。野球選手、テニス選手、陸上選手、柔道家、学生相撲……。その中に、たったひとりだけ、プロの力士がメンバーに名前を連ねている。それが玉椿憲太郎だ。

玉椿は、明治十六年十一月十日、富山県中新川《なかにいかわ》郡下条郷上砂子坂村（現・富山市水橋上砂子坂）の農家の次男に生まれた。家は村内の旧家で、父親は大の世話好き、いわゆる土地の有志家だったという。玉椿は子供のころから、からだは非常に小さく、とても力士になれるような素質はなかったのだが、父親と兄は非常に体格がよく、力も人並み以上だった。そして、ふたりとも、草相撲では相当の力を持っていた。玉椿は、このふたりに、おおいに影響を受けたようだ。

いかにして力士を志したかについては、実は自分でも不可解ですが、私の親爺《おやじ》は土地でも草相撲の一つも取り、兄もまた草相撲に出て、親爺も兄も相当の体格があり、力も人並みよりは優っていたのであります。私はこれと反対で、チンチクリンで、年齢に比しては同年の小学生徒中でも一番低い方でした。それがどうしたものか相撲が大好きで、小学校を卒業してからは相撲にばかり熱心して、村の内はもちろん、近村へ出かけて行っては青年仲間に入って相撲を取っておりましたが、不思議に自分よりも年上で身長の一尺も高い者にも勝つのでありますから、どうしても力士になってみたいとの希望が出まして、一日、親爺と兄に向って東京へ出て力士になりたいと頼んだのでありました。そうすると親爺と兄は驚き、なんて馬鹿な事をいうのだ、お前のようなチンチクリンが力士になれるならば、世間の人は誰でも大関になれる。お前などが力士となっても一生褌《ふんどし》担ぎで了《おわ》るのだ。不了簡にも程がある。とテンデ話に乗ってくれません。

これが、何歳ぐらいの時の話か、はっきりしないが、玉椿の相撲にかける情熱は、ひととおりのものではなかったようだ。

江戸時代に隆盛を誇った相撲は、明治維新以後、はだか踊りなる官吏の認識で、急激に下火になった。また、東京相撲が分裂して京阪相撲や名古屋相撲に分かれるなどの問題もあった。ところが明治二十一年の天覧相撲をきっかけに、東京市民もふたたび相撲に関心を持つようになり、政府高官も相撲再興に尽力した。

さらに明治二十八年の日清戦争の勝利で、欧化主義に対する反動から国粋主義思想が強まり、相撲は急速に復興していった。そんな時代だったので、玉椿も相撲熱に浮かされたのではなかろうか。

父親や兄に無理だといわれた玉椿だが、あくまでも力士を目指した。そして、その後も、何度も頼んでみたが、鼻であしらわれるばかり。なにかいい方法はないかと考えた玉椿は、名案を思いついた。それ以後は、まるで相撲のことは忘れたような顔をして父と兄を安心させ、時機を待ったのだ。

そうこうするうちに、郷里から東京へ出て、商業を営んでいる人のことを思い出し、父親に頼んで、商人になるから、その人に手紙を書いてくれということになった。父も商人なら文句はないので、手紙を書いてくれる。よろこび勇んで、玉椿は東京に出てきた。しかし、これは計略で、玉椿には商人になるつもりは少しもなかった。ともかく東京に出てくれれば、なんとかなるだろう。どこかに頼めば、入門させてくれるだろうとの考えでの上京だったのだ。

ところが、玉椿は運がよかった。手紙を書いてもらった人に自分の考えを話すと、この人が相撲好きで、しかも玉椿と同県の富山県出身の梅ノ谷（後の横綱二代目・梅ヶ谷）を知っていて、それほど相撲取りになりたいのならと梅ノ谷に頼んでくれたのだ。

梅ノ谷は、玉椿のあまりのからだの小さいのを見て、笑っていたが、玉椿が、なにがなんでも弟子にしてくれと頼み、居座って動かないので、それでは、まあ、やってみろということになり、梅ノ谷の師匠の雷《いかずち》部屋に入門を許された。これが十五歳の時のことだ。

そこで四股《しこ》名を湊山《みなとやま》とつけてもらい、さらに玉ヶ関と改名。とても物にならないといわれたのを、ただひたすら稽古した。明治三十年の一月場所で初土俵を踏んだものの、序の口から序二段までは、なにしろ小兵なので、師匠の目にもとまらず、兄弟子たちからも小僧扱いされていたが、相変わらず、血の出るような稽古を続けた。

この小兵でいつの間にか二段目に昇り、そのうえに稽古に熱心のところから、終《つい》に雷親方の目鏡に留り『貴様は全く感心のものだ、以前俺の師匠の玉垣額之助親方の弟子に極々《ごくごく》小兵で感心に強い力士がいたので、玉垣の玉の字をくれて玉椿と名乗らせた力士があったが、貴様はその力士にも劣らぬ珍しい若者だから、今後は玉ヶ関を改めて玉椿と名乗れ』とお誉めにあずかったので、爾来私もますます奮励し、終《つい》に幕の内に入り、関脇までも昇ったことは自分ながら不思議に思う位であります。

これは、玉椿の思いちがいで、実際に玉椿の四股名をもらったのは、明治三十三年五月場所、幕下に上がった時のようだ。それはともかく、とにかく玉椿は努力の人だった。なにしろ、あまりにも小さいので、いつも小僧々々と呼ばれ、部屋でもめんどうを見てくれる者がない。しかし、負けん気では誰にも引けを取らない玉椿だから、いまに大僧どもにおじぎをさせてやるぞ、と一心不乱に稽古をする。その面構えと態度が、まるで遺恨相撲でも取るようなかっこうなので、力士仲間から気持ち悪いと敬遠されることもあったという。

その玉椿が、力士となって、最初に大よろこびをしたのは、明治三十二年の五月場所、三段目になった時だった。というのは、玉椿が、まだ新弟子だったころ、九州の巡業の途中、汽船の中で、古株の柏森助五郎という酒癖の悪い男につかまり、番付一枚ちがえば虫けら同然とばかり、さんざんな侮辱を受けたことがあった。

さすがの玉椿も、その時の柏森の態度にはがまんできず、いっそ力士をやめて郷里に帰ろうとさえ思ったが、なんとか思いなおして、とうとう三段目まできたのだが、七日目に柏森と取組があったのだ。この時とばかり玉椿は善戦し、みごとに柏森を投げ飛ばして、それまでの鬱憤を晴らしたという。

明治三十三年五月場所には、幕下に昇進した。が、こんな努力の権化のような玉椿にも、はっきりしないが、脱走の経験があるらしい。年月は不明だが、幕下の時、どんな理由からか、脱走して大阪相撲に移り、鷹の爪と名乗ったというのだ。しかし資料を見ると、幕下で休んだ場所はないので、すぐに東京相撲に復帰したのだろう。

惜しかったのは、明治三十六年一月場所だ。この場所は非常に好調で、あと一勝すれば、十両優勝となるところだった。ところが、その朝、某兄弟子にウイスキーをむりやり飲まされ、ほとんど夢中で土俵に上がったため、さして強くない相手に負けて、優勝を逃してしまったのだ。本人は「余り強いられたので糞意地を出して飲んだのは私が悪かったのです。土俵に出たのも負けたのも一向覚えませんが、懸賞の褌はお辞儀をして貰ったそうです」と語っているが、このへんは、おおいに〔天狗倶楽部〕の資格ありだ。

ところで、この玉椿、小さい小さいといわれているが、どれくらいだったのか。調べてみたら、全盛時で身長百五十九センチ、体重九十キロとなっている。しかし、これは公称で、実際の身長は百五十四センチぐらいではなかったかといわれている。このころの、日本人男子の平均身長は百五十五〜七センチぐらいだから、それより低い。たしかに小兵だった。

その小兵・玉椿の取り口は、どうだったか。これが、思いのほか正統派だ。まず、仕切りの段階から、慎重だった。

玉椿の戦備は頗《すこぶ》る慎重で、水をつけに行っても まず数杯水をつけ、口を清浄にした後、力紙で面を拭き、鼻汁をかみ、手を磨き、腹を拭きなどして一度に紙を十枚以上も費《つか》うのが例で、漸《ようや》く土俵に上れば、まず腹の辺りを撫で、ぐっと反ってい よいよ仕切るのだが、その仕切りがまた、あの小さい身体を平蜘蛛《ひらぐも》のようにぴったりと土俵につく位に低く仕切り、決して自分の声では立たず、敵が『ヤアッ』と声を掛けて突かけて来るのに応じて、巧《たくみ》に懐に潜入するのが彼一流の策戦であった。一寸《ちよつと》見ると、いつも後手に回るので、その頃一部の人達からペテン立ちだと悪評されたが、これはかれの戦法だから、決してペテンではなかったのである。

技は、左差しに食い下がり、頭捻《ずぶね》り、足癖、投げを得意とし、そのしぶとい取り口はダニと呼ばれたという。

かれの相撲はどこまでも正々堂々の正攻法に終始し、（中略）しかも足を取ったり、叩いたり引落したりするようなコセコセした相撲ではなく、必ず正面から四つに組む。かれが左を差して食い下れば大磐石、うっかり強引に攻めればすぐ足癖に逆襲する虞《おそ》れがあって、容易に手が出せなかった。かれの好敵手の中で一番の難物は駒ヶ嶽で、これは前にも述べた通りいつも駒の方に歩があり、十七回の対戦中玉椿は二勝十一敗二引分二預りであった。これは駒ヶ嶽が両手を前に伸ばし懐を深くして仕切るので、玉椿にはどうしても飛込めなかったものらしい。また常陸《ひたち》山に対しては無論一度も勝てなかったが、いつも力一杯の相撲を取って彼を悩ましていた。

玉椿は十両を二場所で通過すると、明治三十六年五月場所で幕内に入った。前相撲から五年目、二十一歳の時だった。この時、同時に入幕したのが駒ヶ嶽国力だった。百八十八センチ、百三十五キロという立派なからだで、玉椿とは同時入幕ということから、おたがいにライバル意識があったようだが、玉椿は駒ヶ嶽には弱かった。駒ヶ嶽は最終的には大関まで昇進し、二代目・谷風の襲名まで噂されたが、深酒がたたって生活が荒れ、大正三年に現役で巡業中に死亡した。

常陸山は玉椿を相撲取りにしてくれた二代目・梅ヶ谷と並んで明治三十一年一月場所から横綱を張った名力士だった。当時は東方と西方の力士が分かれていて、対抗戦のような形になっていたので、同じ東方の力士と玉椿は取り組んでいない。

明治末期は、年一月と五月の二場所制で、一場所の取り組み数は、明治四十二年一月場所までが九日間、五月場所から十日間に変更された。

さて玉椿の入幕最初の場所は、どうであったか。玉椿ほどの相撲巧者といえども、あのからだでは、そう長くは幕内には留まれまいというのが世評だったが、四勝三敗一引分一預かりと、まず好成績をあげたので、諸新聞は十分に幕内の力量があると、玉椿を絶賛した。なお、預かりというのは、いまなら取り直しになるような判定のしがたい勝負のことだ。

入幕してからの玉椿の成績は、勝ったり負けたりだったが、明治四十年一月場所には額に怪我をしながらも出場し、大関・駒ヶ獄を破る殊勲をあげている。玉椿が小結に上がったのは、その次の明治四十年五月場所だった。その五日目に、西方の横綱・常陸山と対戦した一番は、当時、歴史に残る名勝負と称された。常陸山は、身長百七十五センチ、体重百四十六キロ。いまでは、それほどの大男ではないが、堂々たる体格の力士だった。新聞の〈万朝報〉は、この勝負を次のように伝えた。

玉椿の決死的奮闘は、敵味方、愛する者然《しか》らざる者とを問わず、一斉にその意気伎倆を喝采せしめ、敗れて玉砕を嘆称せしむ。かかる大相撲は二十年本場所を通観して類を見ず、後日の談に残るべき名勝負なり。当日、玉の仕切りは渭《い》が虎豹に対するごとく、満身の肉一塊の力団となり、咬まばその口を拆《さ》かんとの意気あり。蓋《けだ》し彼は前場所敵の副将、駒を破り、稀代の名誉を博したる勇心、今なお頭上を去る能《あた》わず。このうえ一たび元帥常陸を破らば、一世の能事《のうじ》これに終るべしとの功名心あり。登場前より苦心惨憺を極め、昼餐の際、腹を充《みた》して英気を養いしも、戦いに当りて吐気を催すべきを恐れ、登場の十分前、指頭を口に入れて悉《ことごと》く吐出し、登場の後、力水一二口を飲んで気を鼓舞したりといえば、この一事にても彼の覚悟を知らん。すでにこの覚悟あり。加うるに平生梅と申し合いを挑み、体の大と力の強きを恐れざれば、常陸に対しても勝を得ざるにあらずとの自信力あり。注文としては内がけ、三処攻めにて駒に対せるごとくせんとの工夫なりしも、常陸は技も力も駒に優れる以上、強引に仕かける中にも左足内掛の余地なからしめ、土俵際の攻撃も機会を得ず。水入り後の引分を待つのみとなりしが、材幹の相違はいかんせん疲労を加え、遂に支持し能わざりしは、いかに察するに絶ゆ。されど彼の意気少しも衰えず、曰く双方退隠まで三敗四敗するも、弓矢八幡一度は我頭に照臨する日を得んと、凡《すべ》ての敵に勝つよりかえって優る万々なり。

この二十年に一度の名勝負といわれる相撲、もう少し、詳しく紹介しよう。両力士は立ち上がると、ちょっと突き合いをし、常陸山は玉椿の左手を引っ張り込んで、泉川《いずみがわ》（腕を決める技）に撓《から》め強引に極《き》め出そうとするのを、玉椿は振りほどいて常陸山の右手を取って引き回した。この時は、さすがの常陸山も泳いで危なかったが、立ち直り、ふたたび玉椿の左手を取り強引に泉川にいこうとするのを、玉椿はまた振りほどいて右手でがっしり前袋を取った。常陸山は右上手を引き、左で玉椿の右を殺して引き立てながら寄ろうとするが、玉椿は必死に食い下がり、たがいに攻防、死力を尽くすうちに水入りとなった。

水入り後、常陸山は、あくまで勝身にいき、猛然と強引に掴み投げを試みたが、この時、玉椿のからだは二尺ほども浮き上がった。しかし玉椿、よく残し、ダニの如く食い下がり、まさに引き分けかと思われた時、常陸山は最後の金剛力に差し手を掬《すく》って、外から筈《はず》に当て、こね上げながら西の二字口に攻めつけたので、玉椿は矢尽き刀折れて土俵を割った。玉椿にとっては、ほんとうに惜しい一番だったが、後にこういっている。

何にしろ相手が大きいのだから、張りに行っても耳へは届かず、顎と咽喉の間というのだからどうにもならぬ。常陸関が游《およ》いだ時、横から突けば極《き》まったかも知れなかったが、惜しい事をした。しかし勝てない相撲に思い切りぶつかる位面白い事はない。水が這入《はい》ってからは、ただもう分けようという気が出たからいけなかった。あの極る時に足を巻いたら、同体に落ちたかも知れなかったのに……。

努力の権化の玉椿も、この勝負だけは残念だったようだ。これに対して、常陸山は玉椿を褒め称えている。

いかにして身体が小さいからって、玉椿ばかりは油断が出来ない。仕かけた時、やつ頭を俺の顔にぶつけたから、鼻血は出るし、ひどい目に遇わせたから、いざ立つという時に俺は一寸《ちよつと》目をつむった。それが悪かったのだ。それに玉椿は目を見合って気合で立つという事をしないのだから、うっかり出来ない。分けを取ろうかとも考えたが、組んでいながら考が出るようでは勝に極《き》まっているから、一応水を入れてから攻勢に出た訳だ。なにしろ玉椿という力士はちょこちょこ動くので仕末が悪く、あれ位力を出した相撲は一寸ない。まあ玉椿というものは豪《すご》いもんだ。

その後、玉椿は小結と平幕を往復していたが、四十二年五月場所には、遂に関脇に昇進、その後も三度、関脇に昇った。幕内在位は二十六場所だが、そのあいだに、関脇四場所、小結七場所を勤めたのだから、立派というしかない。後年、先の常陸山が、ある人の「関取は今までに誰が一番強いと思いました」という質問に、次のように答えている。

『玉椿が一番強かった。それは一番も負けはしなかったが引分がある。引分は自分が元気旺盛の時のであったが、玉椿は五尺二寸余の小軀で俺と四つに組み、左を差して食下った私は、元気に任せて二度も摑み投げを試みたが、遂に勝つ事が出来なかった。何分にも左差で腹のところに頭が来ているので、どうにも出来なかった。玉椿の食下りの執太《しぶと》さと腰の強いのには驚いた。まあ珍しい力士というの外はない』

これは、玉椿をどう思うかという質問に答えたものではないから、話そのままに受け取っていいだろう。前述の名勝負以後、玉椿は常陸山と三度引き分けているが、それについて玉椿は、こんな意味のことを語っている。「私が仕切りながら一寸《ちよつと》上を仰ぐと、常陸関がニッコリ笑顔を見せました。そんな訳《わけ》で、立上っても双方一杯の力が出ず、その後皆分になりました」

見かたによれば、八百長ともいえそうだが、最初の対戦の名勝負が、ふたりのあいだに、なんともいえない友情のようなものを生み出したのだろう。いい話ではないか。

こうして、小兵ながら大活躍をした玉椿だが、やがて土俵の外でも男気を見せる事件が起こった。明治四十四年一月のことだ。当時、東京相撲は、一月場所、五月場所の興行ごとに、各年寄はもちろん十両以上の力士には、その場所の収益金に応じて、相当の配当金があった。ところが、明治四十三年五月場所は、非常な不況で、勧進元すら規定の配当金を受けられない状況にいたった。

そこで四十四年の春場所を前にした一月九日、数人の力士が声をかけ、二横綱、四大関を除く関脇以下の力士の大集会を催し、特別給金や養老資金の支給を協会に要請することにし、横綱、大関に、その斡旋を依頼した。

依頼を受けた横綱、大関は協議をした結果「国技館建築以来、協会毎季の経費は、借入金の利息その他を合して約四万円を要し、純益の些少なるため、年寄の配当金さえ中止している今日、協会に向って、力士側の希望する特別給金の支給を要求するのは余りに苛酷であるから、何にかこれを容易に実行することの出来る案でなくては駄目だ。そこで協会にも損失なく、関取衆にも特別給金を支給し得られる一つの方法として、本場所十日の興行を、十五日に延長することとしたならば可ならん」と伝えた。

だが、力士側は、もともと九日間の興行を十日間にしたのでも苦痛なのだから、さらに五日増すなどとは、とうてい飲めないと、これを拒否した。これに対して横綱は、協会に迷惑はかけられないから、調停はできないと、あっさり手を引いてしまった。が、協会も横綱の面目を立てるため、ある程度の譲歩案を力士側に提示した。

力士側は、この案を持ち帰り、全力士に伝えたが、協会には誠意がないとして、ふたたび拒否した。この結果、力士側と協会側は全面対決となった。そして、協会側は、各師匠に反乱して部屋に帰らない力士たちを脱走者とみなし、いかなる事情があっても、正式の手続きを取らないかぎりは、帰参を認めないという決議をした。

一方、力士側は、協会側がそれほどまでに強硬手段をとるならば、「協会が我等の要求を容れざる以上は断じて復帰せず。もし師匠が我等を脱走者として処分する時は別に一派を組織し、大相撲を興行すべし」として、芝浦埋立地に稽古場を作る計画を立て、かくなる上は、たとえ女房といえども女人禁制で、家族のある者でも帰宅を許さないという、固い結束をした。

この時点で、横綱は協会側についたため、話はもつれにもつれ、力士側は新橋烏森の新橋倶楽部という演芸館兼貸し会場に立て籠もった。このため、後にこの事件は〈新橋倶楽部事件〉と呼ばれるようになる。

意気盛んな力士側は、新橋倶楽部のビリヤード場を地均《なら》しして土俵を作り、稽古に励み、国技館の初日と合わせて、横浜なり芝神明（芝大神宮）なりで、はなばなしく興行を打つことにした。

その話を聞いて、調停に立ち上がったのが、相撲愛好家として知名な三宅碩夫《みやけせきお》、高橋義信、黒岩涙香の三人だった。三人は新橋倶楽部を訪ねて、力士側のいいぶんを聞き、さらに協会側のいいぶんも聞いた。けれども、この調停も功を奏さなかった。

それにもまして、一枚岩と思われた力士側にも分裂が生じ、ますます話は混乱してきた。力士対協会の対立は、いよいよ社会問題にまでなってきたため、新調停者に亀井英三郎警視総監の出馬となった。それでも話はまとまらず、最初の問題は特別給金の支給だったのだが、それ以外の力士の待遇改善問題にまで発展した。

しかしながら、どちらも事件が長引いては生活に困るし、警視総監まで登場してきたとあっては、なんとか事件を収拾しなければならないと、協議に協議を重ねた結果、一月二十四日、めでたく手打ち式となったのだった。

こうして、もめにもめた新橋倶楽部事件も一件落着したのだったが、この時、実は事件の最初から、ストライキをした力士の同盟に加わらなかった男が、ひとりだけいた。それが玉椿憲太郎だった。玉椿は、この事件の時、「たとえ、師匠たちが悪いにしろ、恩師に弓を引くわけにはいかない」とし、また独自に協会の収支決算を調査して、協会も十七万円の借金があるから、力士側の要求は無理だといって、ただひとり中立的立場を取り、争議の成り行きを傍観したのだった。

この時期は、玉椿にとっては、小結、関脇を上下していた全盛期だったが、この行動を他の力士たちは批判し、玉椿は力士側の感情を害していた。玉椿を殴ろうとした力士もあったという。そこで、事件が解決した時の解決覚書には、わざわざ一項目「玉椿問題は、無条件にて本問題の解決と同時に和解せしむる事」なる文章が記載されていた。

この玉椿の行動を、世間はどう見たかはわからない。点数稼ぎと思った者もあったろうし、義侠心に厚い男と思った者もあったろう。だが、〔天狗倶楽部〕は、こういう人物が大好きだ。立派な男だと玉椿を見ていた。

が、大正三年一月場所、玉椿は関脇の地位で大敗し、前頭に落ち、ここでも体調悪く、次の場所を全休という結果になった。四年の一月場所も、成績は悪かった。そこで、この時には、もう押川春浪は亡かったものの、〔天狗倶楽部〕の面々は玉椿の後援をすることにし、また〔天狗倶楽部〕に入会を認めた。

一月二十五日、天狗の有志会を四谷の三河屋に開いた。それは小男玉椿がよく十幾年の永きに亘《わた》って健闘し来ったが、今一月場所の成績が思わしくない、新進を贔屓《ひいき》にするのはまずだれしも望む所であるが、また玉椿のごとき奮闘家を後援し、今一度華々しき活動をやらせようとする、例の天狗一流の義侠心から出た会であった。

咄嗟《とっさ》の事ではあり、また力士を後援する事は天狗の未だやらなかった事ではあり、有志の集まりだからと、幹事大《おおい》に気を利かして十名位を予算しておったところが、なかなかどうして主客取交ぜ二十余名の参会、席に溢れて、居る所もない位。呑む事喰う事驚くばかり。狭くっては自由が利かぬと座敷を変えてまた一飲み。一高ランニングの選手沢田君、ならびに玉椿君が新たに天狗倶楽部に入会する事などあって、十一時散会。(中略)

前夜、暫《しばら》くやらぬ天狗相撲をやろうという事で、翌二十六日すぐさま武侠社でやる。玉椿、取的を五、六人連れて来て、朝から土俵を造る騒ぎ。午後二時頃から力士連がそろそろ集まる。大村関、大西関を始めとして、高等師範からは宇土、富田の猛者、東洋協会からは松島、松本その他有志が飛込んで来る。取的を東に学生を西にして勝抜きをやる。取的連なかなか勝てぬ。二段目の港山が出ると学生連はコロコロ。学生同志、力士同志力瘤がいよいよ固くなる頃、玉椿が出て学生に稽古をつける。面白いように転がすところ、実にいうにいわれぬ趣味がある。幾十番、流石《さすが》の玉椿も大汗になって引込む。稽古が終ってから豚汁で一杯、握飯をムシャムシャやる。いずれも材料貧弱で力士の腹を満たすに足らなかったが、いずれも満足に散会した。

こうして〔天狗倶楽部〕のメンバーになった玉椿だが、さすがに全盛期を過ぎており、ふたたび力を盛り返すことなく、翌大正五年一月場所を最後に引退となった。三十四歳だった。しかし、玉椿の人気は圧倒的で、六月三日に行われた引退相撲は大盛況、国技館開設以来、初めて満員にしたともいわれている。

三階に大学生、中学生千人、四階に小学生四千人の学生群が集まり、他の席も大入りで、太刀山―大錦の結び相撲後、玉椿は、得意の弓取式を自ら行い、思い出多い土俵に別れを告げ、満場の喝采を浴びた。

なお、かれの藩主前田侯は記念品を与えたのに対し、かれを部員とする天狗倶楽部からは大銀盃を贈って、その角界に尽したる功労を表彰したのは一美事といっても好い。最後にかれは土俵に上って弓取りの式を行ったが、かれの心中果たしていかなる感想が往来したか、土俵を踏む最後の感慨、名力士玉椿の眼にも涙がひらめいておった事と思う。

現役を引退した玉椿は、年寄・白玉《しらたま》を襲名、後進の指導にあたった。が、年寄になってからの玉椿は、不遇だった。やはり新橋倶楽部事件の時の行動が疎んじられ、事件の時、一緒に行動をとった力士たちが、もう年寄の役員になっており、その連中に意地悪をされて、関脇までいきながら、遂に検査役にもなれず平年寄で終わったのだ。

だが玉椿の相撲にかける情熱は、いささかも衰えず、〔天狗倶楽部〕の相撲に顔を出すなどの一方で、小石川区（現・文京区南部）の日本女子大学裏、雑司ヶ谷《ぞうしがや》に、土俵三面、観客数千人を収容する〔白玉相撲道場〕を開設し、青少年の育成や拓殖大学、早稲田大学の相撲師範を兼ねて相撲道に貢献した。

大正十二年一月、昭和三年五月には勧進元も務めた。しかし、なにぶんにも経営の道に疎く、道場はたちまち経営難に陥り、幾程もなく閉鎖になった。玉椿はその後、本所（現・墨田区南部）に引っ越し、おでん屋の店を出すなどしながら、ただひたすら道場の再興を志したが、関東大震災前後からの心臓病が悪化し、しばしば死に瀕することなどがあって、事業は思うようにいかず、不遇の中に昭和三年九月十九日、慶応病院において、その短いが華やかだった生涯を終えた。まだ四十四歳の若さだった。

法名〔荘厳院釈玉椿〕。墓所は東京都葛飾《かつしか》区亀有《かめあり》の蓮光寺。

〔参考文献〕

『古今名力士列伝』（加藤進・昭和十六年二月・国民体力協会）

『明治時代の大相撲』（加藤隆世・昭和十七年十一月・国民体力協会）

『四十八手と星取』（鹿島光太郎・大正五年五月・武侠世界社）

『ニヤニヤ交友帖』

〈武侠世界〉〈新青年〉〈万朝報〉

三島彌彦

みしま・やひこ　１８８６〜１９５４

スポーツ万能の帝大生。日本で初めてのオリンピック選手に。

〔天狗倶楽部〕の主たるメンバーというと、そのほとんどが、バンカラ気質の持ち主で、珍談、奇談を山のように有している人のように思われる。たしかに、そういう人物が圧倒的に多い。だが中には、子爵の子息といった、他のメンバーとは、いささか毛色の違った人物も参加している。

けれども、〔天狗倶楽部〕に所属しているくらいだから、子爵の子息でも、青白い顔でなよなよした人物では、もちろんない。そのひとりが三島彌彦。結論を先にいってしまうと、スポーツ万能選手で、なんと日本ではじめてオリンピック大会に出場した名陸上選手なのだ。

三島は明治十九年二月二十三日、当時、警視総監をしていた父・通庸と母・歌子の三男として東京府麴町《こうじまち》区（現・千代田区西部）八重洲町の警視庁官舎で生まれた（姉が六人と弟一人）。長兄の彌太郎は、徳富《とくとみ》蘆花《ろか》の代表作『不如帰《ほととぎす》』の主人公・川島武夫のモデルといわれている人だ。

三島は三歳で父と死別し、母の手ひとつで育てられた。四歳から山内幼稚園と芝西の久保の近藤幼稚園に通い、六歳で学習院の初等科に入学、高等科まで同学院に学び、明治四十年、東京帝国大学（現・東京大学）法学部に入学した。頭もいいのだ。

子供のころは、あまりからだが丈夫ではなかったので、母や兄が心配して、スポーツを勧めた。それで、自分でもやってみる気になったのが、まず野球だった。すると、これが非常におもしろく、中学四年、十五歳の時には正選手となった。ボートは、その前年からはじめ、隅田川でレースや練習をしたが、一軍選手になったのは、やはり十五歳の時で、三番、四番、五番といった力のいる部署ばかり任されたという。

柔道をやりはじめたのも同じころだが、他のスポーツをやるので稽古をする時間がなく、初段になったのが十八、九歳、二段には二十三歳の時になった。ランニングは中学五年時代だそうだ。これだけでも、おどろくべきスポーツマンといっていいが、さらに水泳は六歳ごろから大磯で練習し、その他に道楽だといってスケートと乗馬と相撲をやっている。

乗馬は十八、九歳、スケートは中学六年からだ（当時の学習院中等科は六年制だった）。道楽だとはいっているが、スケートもうまく、当時、諏訪《すわ》湖で行われていた大会に出場していたというから、もう道楽の域は超えている。声の細い人で〔天狗倶楽部〕メンバーには珍しく、酒は嫌いだが、甘いものも嫌いで、肉類と果物が好きだったという。

これほどのスポーツマンであるから、学生や若者の人気は高く、押川春浪主筆の〈冒険世界〉が明治四十三年六月に行った〔痛快男子十傑投票〕では運動家の部門で第一位を占めている。二十三歳の時点で、身長五尺七寸（約百七十三センチ）、体重十九貫（約七十一キロ）あった。これは男子の平均身長百五十五〜七センチの時代にあっては、堂々たる体格だ。

三島が好むスポーツの中で、一番好きだったのは野球で、次が陸上だった。高等部の時代には野球部に所属し、エースで主将を任され、学習院野球部に強豪校の名を成さしめている。明治三十年代後半の学習院と早稲田の野球部は親しく、何度も対戦しているが、成績は早稲田のほうがよかった。なにしろ、早稲田は橋戸、押川清、河野を擁した時代だから、三島の奮闘だけでは、なかなかチームを勝ちに導くことは難しかった。

三島は、野球のアンパイアとしても定評があり、早慶戦などでは、よく、その任を務めている。だが、いつも褒められたものばかりではなかった。とくに印象に残る三島のアンパイアぶりは、明治三十九年の早慶戦第一回戦の時のもので、この時の早慶戦は、応援団の応援合戦が異常で、試合は早稲田が2対1で敗れたが、当時の雑誌は、三島の審判ぶりを、次のように伝えている。

球審判三島は、当日非難の的と成った。その非難とこれに対する弁明とは、ここに明らかにする必要がある。

投手としての三島の伎倆は、大《おおい》に観るべきものがある。あるいは慶応の青木以上かも知れぬ。しかし審判としては、彼は非常に未熟な者である。

殆《ほと》んど審判としての要素を持っていない。
彼は審判としての智識を持っていない。規則だに理解していない。一例を挙げれば、彼は競技中、ファウル・チップの時は、ストールン・ベースが出来るや否やというごとき、最も平凡なる場合においてすら迷わざるを得なかった。これは寧《むし》ろ驚くべき事である。（中略）
三島の如上《じょじょう》の欠点を見て、これ彼の無意識にしたものではない。苟《いや》しくも学習院の投手たる彼の、こればかりの事を知らぬ筈はないとて、彼の審判は、故意に不公平にしたのだと言う者がある。また一方には、彼はお坊ちゃんである、逆上《あが》ったのである、彼が高慢心、無責任心、故意に不公平をしたのではないと弁護する者がある。予は後者を信ずる者である。しこうしてこれかれの心情であろう。
次に、これは聊《いささ》か揣摩《しま》に過ぎるかもしれないが、かれ学習院と、早稲田とは平常親密なる交情を持っている。この点から、もし多少なりとも早稲田の方に利益のあるような事をしたならば、慶応方から多大の非難を蒙るであろうとの杞憂《きゆう》を抱いていたのであろう。これがかれの心中にあったため、不知不識《しらずしらず》、慶応に対して利益ある審判をするような結果に陥ったろうと思われる。

ずいぶん厳しい三島評で、実際、次の試合では三島は主審から塁審（当時は二審判制）に替えられてしまうが、筆者の調べたかぎりでは、三島が批判されているできごとは、これ一点のみだった。いかにスポーツ万能選手といえども、完璧はありえない証拠だろう。
この審判問題に関しては、三島も多少、傷ついたかもしれないが、もともと三島の性格はスポーツマンにしてはおっとりしていた。押川春浪の三島評は、こうだ。

三嶋君は大の楽天家である。暢気《のんき》な先生である。

度量の大きい、些事《さじ》に無頓着なあくまでも鷹揚な人である。この点は貴族中の真の貴族たる所以《ゆえん》で、その人格は実に羨慕《せんぼ》すべきものだ。

同君が暢気な実例を談《はな》そうか。例の大阪のマラ(ママ)ゾン競走のあったときさ、予選競走の前日までは平気の平気で、他のものが苦心に苦心を重ねているにもかかわらず、三嶋君だけはいつ何があるという風にしていたそうだ。

ところで、知っての通り予選ではまんまと失敗したが、それでもまた平気だ。

僕等の一行が着いたとき停車場に来てくれて、他の人は青くなって悲観してるところへ、先生のみは例のごとく無頓着なもので、

『僕は敗けたよ』

とただ一句、相も変らずニコやかなものである。どうしたと聞くと『なあに本競走には勝つよ、一寸《ちよつと》失敬したね』と敗軍の将なお眼中に敵なしである。僕等はどこまで無頓着な男かと思いながら、その後本競走出場権を得るように運動したが、その間も我々と同様に酒も飲めば騒ぎもする、少しの屈託もない。それでいよいよ出られぬと定っても口惜《くや》しそうにしない。実際、この点は偉いものだ。決して凡人の出来る芸じゃないと思ったよ。

三嶋君の性格は、実にこの暢気な無邪気な少しも気取らない点に偉大な特色がある。運動家として、多種多方面、通じて至らざるなきは、実にこの渋滞のない性格の然《しか》らしむところだと思う。

また水谷竹紫も、こういう。

本号には三島君の評論をやる事になって、種々の方の高見を拝見することが出来た。いずれも三島君の多芸多能なのとその人格の優秀な好個の紳士なる事を称えてある。僕もそう思う。三島君くらい多能な人は余り他の例を知らない。また交際してみて三島君くらい気持のいい方も少ないと思う。

僕はこの点において常に三島君を尊敬する念に堪えない。（中略）蓋《けだ》し諸種の運動は三島君にありては専門的でなくして娯楽的であろう。一道に専心なるは氏の本旨とするでなく（ママ）、博《ひろ》く各種の運動を渉猟して、氏の広大なる趣味性を満足せしめんと志さるるのであろう。この点において氏は最も偉大なる娯楽的運動家である。（中略）同時に、君をして運動の趣味を天下に普及する偉大な先覚者という事が出来ようと思う。かの天狗倶楽部なるものは、我国にありて最も早く自覚したる娯楽的運動団体である。三島君が天狗倶楽部に籍を置くに至ったのは、確に適才を適所に置いたものといわざるを得ない。

日本に国際オリンピック委員会が参加を求めてきたのは、明治四十二（一九〇九）年のことだった（それ以前にも、一度あったが）。創始者クーベルタン男爵から、駐日フランス大使ゲラールを通じて、一九一二年に開催されるスウェーデンの第五回ストックホルム大会に参加しないかというのだ。

ところが、当時の日本には、それを受け入れる団体がなかった。そこでゲラールは、講道館柔道の創始者であり、東京高等師範学校（現・筑波大学）の校長で、スポーツ全般にわたって理解のあった嘉納治《かのうじ》五郎《ごろう》に話を持っていった。嘉納は、この話を快く承諾して、スポーツの振興を図ろうとした。

だが、前述のように、日本には、まだ組織だったスポーツ団体がない。明治四十二年四月に押川春浪らが作った〔日本運動倶楽部〕があったが、これも、それほどの力を持った組織ではなかった。そこで、嘉納は各学校に呼びかけ〔大日本体育協会〕（現・日本体育協会）を設立させた。

そして、紆余《うよ》曲折を経た結果、〔日本運動倶楽部〕と力を合わせて、マラソンと陸上競技にだけ参加することを決定し、明治四十四年十一月十八、十九日の両日、羽田のグラウンドで代表選手を選ぶ、予選会を開くことになっていた。当時、このグラウンドは野球場とテニスコートしかなかったが、アメリカで体育学を専攻してきた、総務理事の大森兵蔵が京浜電気鉄道会社（現・京浜急行電鉄）と交渉して、以後、毎年、競技会を開くことを条件に、それまで自転車練習場として使用していた場所を四百メートルのトラックおよびフィールド競技場に改造した。

競技は、この競技場で行われることになったが、一万メートルとマラソンだけは公道を使用する。マラソンは競技場から東神奈川までの往復だった。

話は三島から横にそれるが、このマラソンに優勝したのは、当時、十九歳の青年、東京高等師範学校に入学したばかりの金栗四三《かなぐりしそう》だった。雨の中のレースだったが、二時間三十二分四十五秒という好記録、これは前回のオリンピック、ロンドン大会の記録よりも二十二分も早い世界記録だった（二十七分早いという説もある）。さらに二着、三着も、世界新記録だった。

そこで、関係者は驚き、喜ぶと同時に、もしかしたら距離がまちがっていたのではないかという疑念をいだいた。

すると、この距離測定を担当した中沢臨川は「二十五マイルは確かにあります。私は実地に測量しては大変ですから、陸軍参謀本部の二万分の一の最近の地図で、一町ごとに測量したのですから決してまちがいありません」と答えた。さすがは中沢、測量も答えも天狗式だ。さらに加えて、嘉納会長も、次のようにいった。

「里程の測定は、当然測量機をもって測定するのが本当であるけれども、それにしてはあまりに金と日時が必要なので、永年そのことに従事していた京浜電気会社の中沢工学士に相談して、参謀本部の二万分の一の地図においてコンパスをもって精密に測量してくれた。私もまず実際に二十五マイルあるものと信ずる外ない。ところで、かくのごとく三人までも世界記録を破った理由はちょっと不明であるが、日本人は戦争などでは驚くべき忍耐力を発揮するのは隠れもない事実である。それゆえに、今日の成績はそれに類するものと見ればよかろう」

実に、おおらかな時代であったのだ。

さて、三島のほうは、どうなったか？　三島は百メートル、二百メートル、四百メートル、八百メートルの四種目に出場し、二百メートルで二位になった以外、すべて優勝した。ちなみに百メートルの記録は十二秒ちょうどだった。

その他、フィールド競技や一万メートルでも、それぞれ優勝者が出たが、結局、〔大日本体育協会〕では、代表選手をメダルの狙える三島と金栗の二人に決めた。ところが、三島自身のことばによれば、実は三島は、この予選会に、選手としてやってきたのではなかったのだという。

一国を代表して世界各国との雄と輸贏《ゆえい》を争う。丈夫《じょうぶ》の快事、蓋しこれにしくものは在《あ》るまい。

不肖彌彦この重任を帯びて、今や戦友金栗君と共に、ストックホルムの檜舞台に向わんとしている。勝か、敗か、固《もと》より予め期すべきではないが、列国環視の戦場に全力を傾注して奮闘する快を思えば、実に血湧き骨鳴り、幸いにも生を男子に受けて、この大任を担うを得たる、光栄を感ぜずにはおられぬ。

抑《そもそ》も予が今回のこの行、悉《ことごと》く偶然より胚胎している。昨年十一月、羽田運動場においてオリムピック国際競技予選会が挙行された節、かかる会合に臨む事を好む予は——かつ審判員にも嘱託されてあったので——ただ漫然としてこれに赴いたのであった。もちろん全国より集まって来た精鋭と戦って勝を得ようなどとは夢にも思わず、更に予選者の列に加わろうなどという念は毛頭なかった。

しこうして場に臨んでみると、生来の好戦癖はムクムクと起って、到底ジッとして傍観してはいられぬ。久しく練習も打絶えていたけれども、ともかく皆と交って走ってみようという位の考で場に立ったのであるが、最初の百米《メートル》突競走において不思議にも一着となったので、乗気になって更に短距離の二、三種に出走すると、天運の僥倖《ぎようこう》か悉く一着を得、マラソン競走の金栗君に対して、短距離走の優勝者たる名誉を贏《か》ち得たのである。（中略）

考えてみれば全く凡《すべ》てが偶然である。第一、羽田の運動場に出かけて行ったのが偶然であった。精鋭を萃《あつ》めたる選手諸氏と競走して勝ったのも偶然であった。しこうして予はこの重責を帯びた以上、単に偶然の事として軽々しくこれに処そうとは思わぬ。会の委員は堂々として戦い、しかもなお、敗るるとも敢て顧慮すべきに非《あら》ずといって勧められたが、予と雖《いえど》も勝利を好み敗北を忌む日本男児の一人である。決して始めから投げてかかるような卑怯な事はしない。大にしては邦家の栄誉の為死力を尽して奮闘すべき事を心に誓い、爾来米国大使館員のコーチを受け、身体の摂養にも出来るだけの注意を払い、連日練習を励精した。幸いにして漸次世界的の時に近づき、最近は四百米《メートル》突において一秒強の差に短縮する事を得たから、ストックホルムの戦場に立ったならば、弓矢八幡も照覧あれ、あらん限り根限りの精力を傾倒し、勝利の月桂冠目蒐《めが》けて躍進する積《つもり》である。諸兄幸いに意を安んぜられよ。

子爵の息子でも帝大生でも、これが〔天狗倶楽部〕のメンバーのやること。審判にやってきて、見ているのにがまんができず、競技に出場して、優勝してしまったというのだから、実におもしろい。また、審判が選手として出場することを認める大会委員会も委員会だ。しかし、このあたりの事情、いかにも明治という時代を偲ばせるエピソードで、ほんとうにほほえましい。

押川春浪が暢気《のんき》だと評した三島も、今度は出場するのがオリンピックとなれば、これは、いままでの国内のマラソン大会などとは、心がまえがちがう。死力を尽くして戦うという、すばらしい意気込みだ。

さて、これに喜んだのが、春浪たちだ。それはそうだろう。オリンピックとはどういうものだか、まだはっきりとは日本国民に理解されていない時代とはいえ、なにしろ〔天狗倶楽部〕のメンバーの中から、日本を代表する国際的な選手が出たのだ。これは、お祝いをしないわけにはいかない。

どんなお祝いをやろうかと迷ったが、ただの壮行会ではおもしろくない。そこで考えついたのが、これだった。

運動会の覇王三島君がいよいよストックホルムのオリンピック競技大会の選手として出場する事になった。天狗倶楽部たるもの、宜《よろ》しく珍妙不可思議なる趣向を凝らしてその行を盛んにしなければならぬというので、頻りに首を捻ってみたが、とにかく話が纏《まとま》らず、結局、天狗連中で一番マラ(ママ)ゾン競走をやって三島君の幸先を祝おうという事にけりがついた。しこうして、五月の初め雨降りの泥濘《ぬかるみ》を、吾妻橋《あづま》から柴又の川甚まで約八哩《マイル》を見《み》ん事《ごと》突破したのは、春浪天狗、未醒天狗、小鰐《しょうがく》天狗、吉岡天狗、頑鉄天狗、花和尚その他の面々。いずれも口八丁の連中とて、出発点では意気天を衝くの勢であったが、口でいえば何でもないものの、八哩といえばかなりの道程、向うへ着いた時は一同へとへとになってしまったが、流石《さすが》は御大三島将軍、別に疲れたような様子も見せず、例によって莞爾笑《にっこり》っている。さて一同、脚を洗って川甚の座敷へ通《とおる》と、ちょうど腹具合もよく、咽喉具合もよしと来たので、飲むわ食うわ、夜明頃まで騒ぎ散したが、かねてより斗酒なお辞せざるの三島将軍、今宵は初めから一滴も口にせず、ただ皆の騒ぐのを面白そうに眺めていた。……ああ、この細心な用心!! 勝利の桂冠は必ずや彼の頭上を飾るに相違ない。

なにも、三島がオリンピックに出場するからといって、押川春浪や弓館小鰐まで、雨の中を走ることはないと思うのだが、こういうことをやるのが〈天狗倶楽部〉だ。料亭の川甚でも、ずぶ濡れの泥だらけの男たちが飛び込んできたのには、驚いたのではないか。

また、そこで行われたどんちゃん騒ぎも、だいたい予想がつく。夜明けまで騒ぎ散らしたというから、料亭のほうも迷惑したことだろう。が、ここで文句でもいおうものなら、大変だ。

これは、この三島の壮行会の時とは別の〈天狗倶楽部〉の会合でだが、上野の丸万という料亭で、やはり、座り相撲などをやって、大騒ぎをしたのだそうだ。当然、女中が文句をいってきた。すると、怒った二人のメンバーが、「ヨシ、それなら相撲をとれぬようにしてやろう」と立ち上がるや、掛け声をして畳の裏返しをはじめた。その早いこと、見る間に十数枚を裏返しにして、喚声をあげて引き揚げたという。

話が前後するが、三島と金栗の二人のメンバー決定には少し時間がかかった。それは、費用の問題だった。ストックホルムまで選手、役員を送るのには、お金がかかる。その調達に時間がかかったのだ。しかし、それも当時の有力な実業家、渋沢栄一や岩崎小彌太《いわさきこやた》、政治家の西園寺公望《さいおんじきんもち》、京浜電気鉄道会社など二十四の個人と団体の寄付金、翼賛員の維持金でめどがついた。それでメンバー選定となり、二人が選ばれたのだ。

これは推定だが、世界記録を作った金栗はともかく、三島は東京帝大生で頭もよく、家柄もいいということが選考基準のひとつになったように思われる。というのは、たしかに予選会で成績はよかったものの、そのタイムは世界記録とはかなり差があり、とても勝ち目はなかったからだ。

明治四十五年二月十五日に、二人の派遣が決まると、スウェーデン公使館では、築地の精養軒に招待して、昼食をご馳走してくれ、自国の風習やオリンピックの準備状況などを説明してくれた。また、二人は洋食の食べかたや語学の練習、旅行の準備に明け暮れ、三島はアメリカ大使館の書記官にクラウチング・スタートの指導をしてもらった。五月十五日には〔大日本体育協会〕主催の送別会が東京高等師範学校の講堂で催された。

代表団は、役員として嘉納、監督に大森、そして選手の三島と金栗だった。大森は体調が悪いので夫人も同行した。嘉納だけが、後から出発することになった。五月十六日の夕方、代表団は新橋駅（現・汐留《しおどめ》貨物駅跡）から出発することになったが、この日の新橋駅は、大混雑だった。午後四時すぎ、一応、探検に成功した南極探検隊長の白瀬《しらせ》矗《のぶ》中尉が一年半ぶりに日本にもどり、この日、新橋駅に到着したのだ。

三島は、紺のセルの背広で自動車に乗ってやってきた。さすがは子爵の息子だ（当時は兄の彌太郎が家督を継いでいたから、正確には子爵の弟だが）。見送りには、慶応野球部OBで組織する〔東京倶楽部〕のメンバーや高等師範の関係者、両選手の家族、親戚ら、そしてもちろん〔天狗倶楽部〕の面々がいた。〔東京倶楽部〕が花輪を贈ると、〔天狗倶楽部〕は吉岡信敬が代表して、鬼百合となでしこの花束を三島に捧げた。

八ツ山駅（現在の品川駅の南）では、三島のファンというより、三島に淡い恋心を抱いていた女子学習院卒業の十九歳の女性が、列車の中の三島に向かって白いハンカチを振っていたという。〔天狗倶楽部〕のメンバーにしてはいい場面だが、先を急ごう。

十七日、敦賀《つるが》から日本海航路の船に乗った一行は、十九日ロシアのウラジオストックに到着。シベリア鉄道で二週間かかり、モスクワへ。ストックホルムに着いたのは六月二日だった。目抜き通りにある下宿屋ふうの宿舎に落ちついて、さっそく練習にかかったが、初めての海外遠征と、慣れぬ白夜、それに大森監督が病気で伏せりがちで、二人ともノイローゼ気味になってしまった。六月二十八日に団長の嘉納が到着して少しは落ちついたが、白夜には、相当、参ったらしい。後に金栗は、この時の苦痛を、こう語っている。

吾々がストックホルムに着くと共に、まず第一に苦しめられたのは、気候の急変ということであった。無論、食物の変化人情風俗等の相異も、少からず困難もしくは影響を、吾々の心身に与えたに違いないが、その最なるものの一は、気候の急変ということであった。というのは、日中が馬鹿に長くて夜が馬鹿に短い。なんでも日本あたりでは夜の十一時頃に辛《やっ》と日が暮れて、夜中の二時過ぎには夜が明け離れてしまう。吾々の往《い》った頃など、十二時近くでさえ、街上で新聞の拾い読みが出来る位の明るさであった。（中略）それに吾々の宿屋は街の真中にあったので、騒がしくて迚《とて》もそんな訳（横田注・熟眠）に往《い》かなかったのである。その結果は睡眠の不足となる。一晩や二晩ならとにかく、毎日激烈な練習をやった上に、幾日もそれが続くのだから、自然身神に影響して来る。元気が減殺される。身体がだるくて堪らぬという風で、吾々は非常に困却したのである。

この大会は六月二十九日から競技が始まり、途中の七月六日に開会式が組まれていた。その開会式のプラカードで、一行はもめた。三島が国旗、金栗がプラカードを持って入場行進をすることになっていたのだが、愛国心の強い金栗は漢字で〔日本〕でなければ持たないというのだ。大森は〔JAPAN〕がいいという。結局、嘉納の案で〔NIPPON〕とした。いかにも明治らしいエピソードだ。しかし、以後の大会はすべて〔JAPAN〕で、〔NIPPON〕は、これ一度きりだった。

入場式は、一行の四人に加え、内田スウェーデン公使、スウェーデンを旅行中の京都帝国大学（現・京都大学）の田島錦治博士が加わり、六人で行進した。淋しい行進だったが、次のルクセンブルクは三人の行進だったから、まだ、いい。そんな時代だったのだ。

さて、競技のほうは惨憺《さんたん》たる結果に終わった。三島は百メートル予選で最下位の五位。二百メートル、四百メートルの予選も最下位。四百メートルは、それでも出場選手が少なく、決勝に進むことになったが、力の差を悟り、また疲れが激しいので、嘉納に申し出ると、嘉納もそれを認め、棄権した。

一方、金栗は二十六キロ（十六キロ地点という説もある）地点でリタイアした。この日は猛烈な暑さで、完走したのは六十八人の出場選手中半分の三十四人。ポルトガルの選手は死亡したほどだった。

だが、嘉納は二人の惨敗に対して淡々としていた。日記にも、一言の愚痴さえ書いていない。嘉納としては、ふたりが不利な状況の中で、精一杯、戦ったことに満足していたのだろう。また、オリンピックに参加したということで、充分、目的を果たしたと考えたのだろう。

けれども、三島と金栗は、その結果に満足できなかった。二人は閉会式に参加するのをやめ、七月十九日にベルリンに向かって出発した。その理由が感動的だ。ストックホルムで惨敗した二人は、四年後に行われる次のオリンピックに雪辱を期し、ベルリンのオリンピック会場を視察し、さらにヨーロッパのスポーツの状況を見ようと考えたのだ。余談だが、このベルリンで二人は天皇陛下重体の知らせを聞き、ショックを受けている。

ベルリンで数日を過ごした二人は、砲丸や槍など、まだ日本ではほとんど知られていないスポーツ器具を買い込んで、別々のルートで帰国の途についた。金栗は九月十七日に帰国したが、三島は、その後も世界各地を視察し、翌大正二年二月七日に帰国。

そして、日本の陸上競技が、練習法を含め、いかに外国に劣っているかを各所で語り、根本的な改善を提案している。ここで、三島がさすがなのは、日本の陸上競技界の将来をすでに見通していることだ。「最後に、日本選手は果して世界の檜舞台で勝利を得る事が出来ないのであろうかというに、決してそうでもない。短距離は難しいかも知れないが、長距離は見込がない事はない。それにしても三年位の練習が必要である」。

オリンピックから帰国後の三島については、あまり調べがつかなかった。〔大日本体育協会〕の理事なども務めたようだが、大学卒業後の大正二年に、横浜正金銀行（現・東京銀行）に入行、勤務し、ロンドン、サンフランシスコなどを経て、昭和九年にはジャワ支店長、その後、日本に帰り横浜本店営業副支配人。さらに、中国の青島《チンタオ》に勤務し、ふたたび日本にもどって検査部に入った。昭和十八年退職している。

昭和二十九年二月一日死亡、六十八歳だった。

陸上競技には、野球とちがって殿堂入りなどということがないから、いまでは三島の名前を知っている人も少ないと思うが、日本最初のオリンピック参加者として、長く、その名を残しておきたい。

〔参考文献〕
『オリンピック外史』（鈴木良徳・昭和五十五年八月・ベースボール・マガジン社）
『新体育学大系17　嘉納治五郎』（加藤仁平・昭和五十四年六月・逍遥書院）
『日本スポーツ創世記』（遊津孟・昭和五十年九月・ベースボール・マガジン社）
『ニヤニヤ交友帖』
〈冒険世界〉
〈武侠世界〉
〈運動世界〉
〈歴史街道〉

尾崎咢堂

おざき・がくどう
本名・行雄
1858〜1954

〔天狗〕には異色の大政治家。東京市長、司法大臣などを歴任。

〔天狗倶楽部〕は、基本的には文士とスポーツマンの社交クラブだが、中には毛色の変わった人物も、数人いる。そのひとりが、当時の著名な政治家であった尾崎咢堂だ。

ただし、尾崎は〔天狗倶楽部〕創設当初からのメンバーではなく、押川春浪死後の大正四年一月からメンバーに加わった。

しかも、その当時、すでに五十八歳という年齢であり、〔天狗倶楽部〕員としては、とくにこれといった活動もしていない。しかし、〔天狗倶楽部〕にはこういう人も参加していたのだということで、異色の人物として紹介しておこう。

先に書いてしまうと、尾崎が〔天狗倶楽部〕に入ったのは、尾崎の次男で、黎明期の飛行家（パイロット）であり後の参議院議員・尾崎行輝《おざきゆきてる》が、（巻末のメンバー表には名前はないが）〔天狗倶楽部〕に入会したので、どんな集まりかと顔を出したのが最初で、その関係から、以後も時折、宴会などに出席した程度だろう。

もっとも、明治四十二年四月に押川春浪が〔日本運動倶楽部〕を組織した時には、会長を引き受けているから、入会以前より〔天狗倶楽部〕のメンバーとも顔馴染みであったことは、容易に想像できる。

尾崎は安政五年十一月二十日相模《さがみ》国津久井郡又野《またの》村

（現・神奈川県津久井郡津久井町又野）に、父・行正、母・貞子の長男として生まれた。幼名を彦太郎といい、後・行雄に改める。家系は武士で、かつては相当な地位にいた人のようであるが、火事で資料が焼失してしまったので、詳しいことはわからないという。ただ尾崎は、その自伝で、おそらく徳川幕府に反抗して没落し、又野村に隠遁《いんとん》したのではなかろうか、と語っている。

しかし、私は、先祖が何であっても構わない流儀であるから、知らなくとも別に苦にはしない。世間でいうところの先祖については、私は大いに疑問を持っている。どこの家でも系図を見ると、その先祖というものが、麗々しく載っているが、その先祖とても、もともと人間である以上、父母があり、祖父母があり、更にその先代もあった筈だ。それをただ中間の比較的重要な人を探し出して来て、これを先祖というのは、洵《まこと》に可笑《おか》しな習慣だと思う。ダーウィンが人類は猿猴《えんこう》と同祖だと証明しているところを見ると、私達の先祖は御同様に、猿の御親類ということになるかも知れない。

父親は婿養子にきた人だったが、幕末の騒然たる時期で、勤皇の浪士として諸国を漂泊していて、家にはほとんどいなかったという。したがって、尾崎は母ひとりに育てられたが、そのころの尾崎家は貧乏の極致にあった。

兄弟姉妹はなく、母親にも兄弟などなかったので、実に淋しい山村生活をした。

その上、当時はからだの弱い子で、頭痛のしない日はなく、また皮膚が弱くて湿疹に悩まされ、母親は長子だから、なんとか命をつながなければいけないと、そればかりで、学問のほうはおろそかになっていた。もっとも、山の中で学校もなく、勉強したくてもできない状況だったようだ。

たまたま家に帰ってくる父に、最初に習ったのは唐詩選だったように記憶するといっている。いろはもわからない子供に唐詩選では理解できようはずもなく、勉強らしい勉強もせず、七年余を、この又野村で生活した。

尾崎が東京に出てきたのは、明治元年だった。父が新政府の役人となったので、一家で上京したのだ。そこで尾崎は、はじめて師について論語や孟子、古典などを習った。

それから高崎に移転したが、ここで学校に入り英語を習った。十三歳の時だ。このころのエピソードにおもしろいものがある。学友のひとりに新井という少年がいたが、これが、大変な美少年。それにくらべて尾崎は「子供の時には鬼子とまでいわれた位で、鬼のような顔をしておった。鼻の穴は上を向いており、歯は前の方へ出張っていて、雨降りに外を歩いてゐると雨の雫《しずく》が鼻の穴へ入る——まさか入りはしなかったが——それほど顔全体が醜く、近所でも評判であって、両親ことに母親はこれを苦に致しておった。そこで自分も幾分かこの新井君のような、天下無類の美少年に類似するようになりたいと念じ、同君をモデルに、顔の作り変えを始めたのである。この努力によって私は大《おお》いに、自分の相貌《そうぼう》を善《よ》くする」ことができたというのだが、いったい、どうやって、顔を変えたのだろう？

また、この時代の尾崎は、なぜか学校仲間から嫌われ、石を投げられたり、悪口雑言を浴びせかけられた。さらに、非常な臆病で、そのためか、父が罪人の首切りや切腹を見せに連れて歩いた。しかし、それは、人生にプラスにはならなかったという。

やがて、一家は今度は度会県《わたらい》（現・三重県）に移転することになったが、高崎を去るに臨み、尾崎のからだが弱かったので、草津温泉に一か月逗留することになった。毎日、温泉につかっていると、生来の頭痛がすっかり治り、皮膚病も治ってしまった。

尾崎が度会県の津に引っ越したのは明治五年のことだった。前年、廃藩置県が行われ、この年、新橋—横浜間に汽車が走り、太陽暦が用いられるようになった、そんな時代だ。尾崎はここで宮崎文庫英学校に学んだ。が、そのうちに尾崎の東京遊学の希望は強くなった。理由はふたつあって、ひとつは東京に慶応義塾という立派な学校があるので、ここに入りたくなったこと。もうひとつは人に干渉されるのがいやな性格なので、両親と一緒に暮らすのが辛くなったためだった。

そこで明治七年の夏、満十四歳の尾崎は、十歳の弟を連れて上京。念願の慶応義塾に入った。が、この時、尾崎はある決意をした。自分はろくに学問もないし、人から嫌われる性格だから、なるべく、人と口をきかないようにしようと無言生活をすることにしたのだ。けれど、この行為は他人から変人扱いされるばかりであった。また、レベルの低いクラスに入れられたので、悔しくて、必死に勉強し、先生に難しい質問をして困らせるようなこともやった。おかげで、進級は、どんどんしていった。

だが、慶応義塾で先生と衝突。学校をやめて染め物屋になることを決意した。当時は染料が不良で兵隊などが困っていると聞いたので、質のいい染料を開発しようとしたのだ。そして工学寮（現・東京大学工学部）に入学した。だが、化学のことはなにも知らず、授業はすべて英語であったので、ついていけない。さらに、草津での治療で少しはよくなったとはいえ、まだからだは弱い。染料に使う化学薬品が不快で、ここも一年足らずで退学してしまった。それからは、投書、翻訳などで喰いつないでいたが、福沢諭吉が創刊した〈民間雑誌〉に参加。

私が著述を始めて間もない時、福沢先生を訪ねて御意見を伺った事があった。その時先生は毛抜きで鼻毛を抜きながら、変な目付きをして斜めに私の顔をながめながら、

「おミエーさんは、だれに読ませる積りで著述なんかするのかい」

と問われた。私はその態度や言葉使いにムッとしたが、怒気を抑え、襟を正し、厳然として、

「大方の識者に見せるため」

と答えた。スルト先生は、

「馬鹿ものめ! 猿に見せる積りで書け。おれなどはいつも、猿に見せる積りで書いているが、世の中はそれでちょうどいいのだ」

と叱咤しつつ、人を引きつけるような笑い方をされた。

褒められたのか貶《けな》されたのかわからなかったが、これで尾崎は福沢を敬遠するようになった。このころから、尾崎は演説をやるようになった。演説が流行しはじめた時代で、それまで無口生活を通していた尾崎だったが、少し、やってみようということになったのだ。すると、その演説のうちのひとつがウケて、講演の依頼などがくるようになった。

明治十一年五月、長崎県人の田中繁子と結婚。政治家を志すなら、腹心の部下が必要だ。それには、自分の子供をたくさん作るのがいいという考えからだったという。

漢文、漢詩を本格的に習い出したのもこのころだが、先生が、詩を学ぶものは音楽も学ばなければいけないというので、横笛や琴、簫《しょう》なども習ったが、なんとか物になったのは琴だったので、雅号を〔琴泉〕としたが、軟弱だと仲間にからかわれたので〔学堂〕にした。

明治十二年九月、福沢諭吉の紹介で〈新潟新聞〉に招かれ主筆になる。ところが、まるで書生の尾崎が新潟についても、迎えの人は、だれもそれが尾崎だとは思わない。「尾崎先生は、いつくるのか?」と問われ「尾崎なら、無論僕です」と答えたというエピソードがある。

だが、ここでの尾崎の活躍はめざましく、たちまち、〈新潟新聞〉を大新聞にした。このころ尾崎は、自分は死んだ時は国葬になる人間だと壮語し、なにを買っても五円札を出し、釣りはいらないといったとか、原稿用紙に筆で、大きな字を書いたところ、翌日の新聞に盛んに「我非車は……」と書かれている。読者から質問がきて、調べてみたら、我輩と書いたのを、職工が非と車を別の字だと思って活字を拾ったのだという話も残っているが、どこまでが真相かは不明だ。

　弱冠二十二歳で新聞の主筆として成功した尾崎に政界入りを誘ったのは、後に『浮城物語』などのSF的政治小説で知られる矢野龍渓だった。明治十四年、矢野の推薦で尾崎は統計院権少書記官に任命され、政治家としての第一歩を踏み出す。が、当時の統計院総裁の大隈重信《おおくましげのぶ》が排斥されたため、尾崎はなにも仕事をしないうちに、政府役人をやめることになった。

　当時の政府には反対者も多く、血気盛んな士族たちが〔自由党〕を結成した。これに対して、尾崎は大隈を擁する〔改新党〕を誕生させた。ただし、〔自由党〕と〔改新党〕は、ともに政府に反対しながらも政敵の関係で、両者にはかなりもめごとがあり、和解のために設けられた席で、尾崎は二階から外に投げ出されそうになったことがあるという。

　明治十八年、二十八歳の時、尾崎は東京府会議員に当選する。この当時の尾崎は、貧乏のどん底で、大晦日にランプの油を買う金がなく、本を売って油にしたという。尾崎は、その後も政府と対立を続けるが、明治二十年、諸外国との条約改正に反対する会合の際、「諸君に名案がなければ、私に一案がある。東京を火の海にしたら、どうか。三、四十人も手を分け、各所に石油罐でも積んでおいて、火を放《つ》ければ、風のひどく吹く夜なら、大火事になる。そうすると、各大臣は参内《さんだい》する。それを殺したければ、殺すも宜《よ》いし、軍用金が欲しい者は、大蔵省の金庫を襲うて取るも好《よ》かろう」といったのが、当局の耳に入り、問答無用で、三年間の東京退去を命じられた。この時、びっくりしたので雅号の〔学堂〕を〔愕堂〕としたが、後に歳をとって心力の衰えを悟ったので忄を取って〔咢堂〕にしたのだそうだ。

　この時のエピソードには、こんなのがある。三日間のうちに東京を退去しなければならないのだが、その間、やはり反政府派の後藤象二郎伯爵の馬車を借りて、知人のところに挨拶に回った。ところが、巡査が人力車で後をつけてくる。が、人力車は馬車にはかなわない。そこで尾崎は、その警官を馬車の御者の隣に乗せてやった。すると、道行く人々が、護衛付きの偉い人だと思って、敬礼をしたという。

後に、これと同じようなエピソードに、〔天狗倶楽部〕の弓館小鰐が、尾崎の息子・行輝といたずらして、内緒で、当時、司法大臣だった尾崎の自動車に乗り込み、あちらこちらを走り回り、辻々の巡査に敬礼をさせたというのがある。弓館は、「あんないい気持ちなことはなかった」といっているが、尾崎自身が同じことをやっているのだから、もし、このいたずらがばれても、怒ることもできなかっただろう。

東京にいられなくなった尾崎は、明治二十一年の一月三十一日、弟の行隆と洋行することになった。最初の目的地はアメリカのサンフランシスコだった。そこからシカゴ、ニューヨークとまわりワシントンで議会を見学、さらにイギリスをはじめヨーロッパ諸国を旅して見聞を広め、明治二十二年末、大隈が狙撃されたことを知り、急遽、帰国した。

この時、弟の行隆はアメリカで演劇に目覚め、尾崎の目論見はははずれ、行隆は演劇人となり、一生を外国で暮らすことになった。明治二十三年、日本最初の衆議院議員選挙が行われると、これに三重県から立候補、当選。爾来、二十五回連続当選する。

以後、野党の連合を成功させるなど、政治の道を一筋に進む。明治二十九年には、大隈を首領とする〔進歩党〕の結成に尽力、参加。松方内閣が発足すると大隈は外務大臣兼農商務大臣になった。尾崎は外務省の参事官となる。

尾崎は足尾銅山の鉱毒問題解決に力を注いだ田中正造とは、このころ親しくなったが、ある日、なにかのまちがいから、田中が尾崎を殴るという噂が流れてきた。尾崎も黙ってはいられない。尾崎は殴られたら、反撃に出るつもりでいた。

その方法として、彼が殴りかけたら、親指を彼の眼窩《がんか》に突込んで、一生、視力を失うほどの怪我をさせてやろうと思ったのである。若い時には詰らないことを考えるものだ。私がこの決心を抱いて待構えていると、果せるかな、彼は酒気を帯び、頗《すこぶ》る不穏の顔色を以て、私の前に来て座った。しばしば殴りそうな姿勢を示したが、容易に打って掛らなかった。彼もなかなかの慧眼者で、私が何か容易ならぬ決心をしていることを看破したのであろう。その時私の隣席に座っていた守屋此助君が、田中君にひとこと話掛けると、

「この野郎ッ」と言いざま、守屋君を殴った。守屋君は、なんの事か一切分らず驚いていたが、気の毒に、私の代理に殴られてくれたのだ。

明治天皇に直訴した義人といわれる人にも、ずいぶん、めちゃくちゃなエピソードがあるものだ。

明治三十年、尾崎は政府の方針に満足できず、在官のまま倒閣運動をしたため懲戒免職となったが、翌年大隈が板垣退助と手を組んで日本最初の政党内閣を作ると、文部大臣に抜擢《ばってき》された。しかし、金には困っており、貧乏人の評判が高かった。

ある保険会社の勧誘員が来て、

「足下は貧乏だ。死ぬと家族が葬式を出すのに困るから、保険に加入しておけ」

というような意味を述べて、頻《しき》りに加入を勧めた。私は無礼な申し方と思いながら、揶揄《からか》い半分に、

「いやその心配は御無用である。自分は死ねば、必ず国葬になるから、葬式の費用などは要らない」

といって追い帰した。ところが、それが問題になって、「尾崎国葬」と、後々までも私を揶揄う材料に使われた。明治三十一年六月隈板内閣が出来て、私が文部大臣になると、ある同情者が私の処《ところ》に来り、真面目になって、

「尾崎さんいよいよ国葬の時期が近づきました。誠におめでたい事です」と祝辞を述べた。

が、尾崎の文部大臣は長く続かなかった。議会で、アメリカの共和制政治について話したのが政敵の的になり、天皇より大臣辞職を命ぜられる。尾崎は潔く辞任したが、これで大隈内閣も崩壊した。その後、政党の再編成が行われ、尾崎は、かつては政敵であった伊藤博文に接近して、〔政友会〕を設立する。

折から、日露戦争の不安が持ち上がっていた時期で、尾崎は戦争に反対だったが、伊藤も反対だったので、伊藤と共に行動しようとしたのだ。尾崎は生涯、戦争には反対で、平和主義を貫いた。しかし、これは失敗に終わり、伊藤内閣は七か月で倒れた。友人だった星《ほし》亨《とおる》が暗殺されたのも、この時期だ。

伊藤と意見を異にして、袂《たもと》を分かって無党派になった尾崎は、ノイローゼがひどくなり、静養しようとしていた。その尾崎が第二代東京市長に就任したのは、明治三十四年六月だった。星のかつての部下たちから推薦されたのだ。星とは友人ではあったが、政策はちがっていたので、首をかしげていると、星は生前から尾崎を信用していたという。

「いや、冗談ではない。吾々《われわれ》は本気だ。自分達の親分、星は賄賂を取るような汚い男ではない。吾々は星の醜名を雪《そそ》がねばならぬ。それには正反対に金銭の汚れがないと謂《い》われている貴下の門に走るのが、一番得策だと思う。また星は晩年愕堂と一緒にやるのが、一番よいと言っておったから、旁々《かたがた》吾々は貴下を市長に推すのである」

星のかつての部下にこう説得された尾崎は、東京市長を引き受けることにした。ところが、仕事は部下がやるという話だったのに、その忙しいこと。休むことも辞職もできず、大弱りしたが、市区改正、水道拡張、下水の改良など、次々と仕事を成し遂げる。だが、

「道路を改良せば、東京中の下駄屋は失業する」などという抱腹絶倒の珍論が出たりして、他の仕事もなかなか困難だった。

特筆しておきたいのは、ワシントンのポトマック河畔の桜で、この桜の由来は、日露戦争の時、アメリカが日本に好意を示してくれたので、そのお礼に尾崎が音頭を取って、三千本を寄贈したものなのだ。さらに、民間の電車会社の市有化、ガス会社の合併なども、この時期にやった仕事だ。

日露戦争が始まった明治三十七年、繁子夫人が肺結核で死亡した。翌三十八年、日英ハーフで、慶応義塾幼稚舎の英語教師や家庭教師、タイムズ紙の記者をしていたオエイ・イブリン・テオドラ・トダと再婚、尾崎四十七歳、テオドラ三十五歳だった。

時代がはっきりしないが、こんなこともあった。

石川啄木という少年が、私を訪ねて来たことがある。未知の人ではあり、別に紹介状を持って来たのでもなかったが、面会すると、「尾崎先生に捧げる」という歌稿を示した。恥しい事に、その頃私は歌に付《つい》て全然無趣味無理解で、石川啄木がどれだけの詩才を持っていたか解らなかった。なんでも、歌などを作らないで、モット有用な学問を勉強せよと小言をいって帰した。それから幾年かたって、自分が市長をやめた頃、朝日新聞紙上で「天才歌人、薄命の歌人石川啄木」という記事を見た。今から考えると、自分はあれだけの天才歌人に接しながら、何故もう少し親切に待遇しなかったかと後悔の念が浮かぶ。

これに対して啄木は「手が白く　且《か》つ大なりき　非凡なる人といはるる男と会ひしに」と歌った。

もっとも、啄木を知らなかった尾崎には、また、こんなエピソードもある。それは、日本に帰化した作家のラフカディオ・ハーン（小泉八雲）に、尾崎は日本を世界に紹介した貢献者として贈位したいと思った。

それで、当局者に話をしたが、中にはハーンを知らない人物もいて、結局、贈位はならなかった。

申しわけないと思った尾崎は、一度、謝辞でも述べたいと、ハーンに面会を申し込んだ。ハーンは面会嫌いだったが、この時は、快くオーケイした。しかも、ハーンのほうから尾崎を訪ねるという。ところが、面会日直前になって、ハーンが断ってきた。様子を探るとハーンは、尾崎は英国人の夫人を虐待し、離縁した人物だというのだ。

が、これは尾崎ちがいだった。おそらく日本人初と思われる国際結婚をして、その後、離婚したのは、尾崎の夫人テオドラの父・尾崎三良《おざきさぶろう》だったのだ。つまり、尾崎の義理の父に当たる人物だ。これを、ハーンは取りちがえたのだった。

このことを、尾崎の友人で早稲田大学学長の高田早苗《たかださなえ》が説明すると、ハーンの誤解は解け、その粗忽《そこつ》を謝し、改めて面会ということになったが、その後、ハーンが病気になり、死んでしまったので、ついに面会はできなかったという。これは、尾崎が自伝に書いていることだが、ハーンは明治三十七年に死んでいる。尾崎は三十八年にテオドラと結婚しているので、ちょっと、つじつまが合わない。もしかしたら、なにかの思いちがいかもしれない。しかし、ハーンを高く評価していたのは、事実なのだろう。

尾崎は明治四十五年六月、東京市長を辞任した。この時、周囲が、あと半年で年金が出るから、それまで勤めてはどうかと進言したが、自分の利害のために公職を汚すことはできないと辞めてしまった。金銭には、実にきれいな人だった。

ところで、この三年前の明治四十二年五月、押川春浪が〔日本運動倶楽部〕を組織した時、その会長に就任しているが、尾崎にとってはたいした問題でもなく、自伝や全集を見ても、この件には触れられていない。

明治四十五年七月に明治天皇が死去し、乃木大将夫妻が殉死、時代は大正に入った。尾崎は、ふたたび政友会に入ったり、また、それを抜けたりしながら、常に政府とは反対の立場を取っていた。しかし、大正三年四月に第二次大隈内閣が成立すると入閣し、司法大臣となった。

尾崎が〔天狗倶楽部〕にはじめて顔を出したのは、次の年の一月のことだ。冒頭にも書いたように、すでに押川春浪は、この前年の十一月に他界していたが、〔天狗倶楽部〕の新年会に、尾崎がひょっこり顔を出した。

一月十日夜、四谷の三河屋で天狗の新年会を開く。河野、弓館を先頭として勇士の面々続々として集まる。定刻過ぎには中沢、小杉、水谷、山田、城子、押川、小川、大村、中村、平塚、吉岡、阿武、田部、飛田、茨木、山本、粟屋、坂梨、橋戸、針重なんど、ヒシヒシと詰め掛けて座敷は一杯。おまけに新入会員、飛行協会の尾崎行輝君、画家の新井陸夫君などが見える。そこに突然、尾崎司法大臣が羽織袴でスーッと入って来られる。天狗連一寸《ちょっと》呆気に取られ気味であったが、それも初めの間で、肉を煮、酒を飲み初めて、中沢頭領が挨拶を兼ねて新入会員を紹介した頃から、例の通りの無礼講。法相も愉快気に盃を傾けながら、『どうです、僕のような老人でも倶楽部に入れてくれますか』未醒君即座に『老人でも心が若ければ差支えありません』『そうですか、それでは入れて貰いましょう』で一同拍手して尾崎氏の入会を歓迎。こんな時一言なくては叶わぬ小鰐氏『しかし先生、天狗倶楽部では陣笠ですよ』とやる。流石《さすが》は尾崎氏『陣笠は何十年とやって来ましたからアハ――。しかし、後であんなものを入れたなどといわれては困りますよ』針重坊『その時は除名します』。

もう天狗液が次第に回って来ると、そろそろ本音を出して来る。盃がキャッチボールでもやるように交換される。ジャン拳が始まる。サアいよいよ芸術という事になって、飛田氏磯節を唸る。次には吉岡氏の金時踊り、滑稽奇抜いずれも頤《おとがい》を解く。法相もまた、その端ばかり白くなった髯を捻りながらニコニコ然。

おもしろいのは、この新年会の記事は〈武俠世界〉大正四年二月号に出たものだが、その最後のページで、「天狗倶楽部に入会したる尾崎司法大臣」という懸賞文が募集されていることだ。さっそく、尾崎を雑誌に利用しているところは、〈武俠世界〉も抜け目がない。その懸賞文の応募作品は見つけられなかったが、これ以後、尾崎は〈武俠世界〉に原稿を寄せたりしているので、付き合いは続いたようだ。

司法大臣をやっているにもかかわらず、この時代も尾崎は貧乏だった。ある日、尾崎が役所から帰ってくると、三女の雪香が、小さな紙片を、部屋のあちらこちらに貼っている。「なにをしているのですか？」と尾崎が尋ねると雪香は「差押えごっこをしていますの」と答えたという。

大正五年十月、大隈内閣総辞職。当然、尾崎も司法大臣を辞任する。これから、野に下った尾崎は歴代の内閣を攻撃するが、大正七年にできた原敬内閣だけは、好意的中立の立場を取って攻撃しなかった。すると、原の所属する〔政友会〕（この時は、尾崎は、また〔政友会〕を離れていた）から「頻《しき》りに感謝の言葉を受けた。攻撃しない為にお礼をいわれるのは、珍しいことだが、常に悪口するものは、悪口しないだけで、礼をいわれる。悪口屋の一得とでも申してよかろう」。

大正八年渡米。十三年朝鮮へ渡る。昭和六年には、四度目のヨーロッパ、アメリカ旅行をした。先に骨肉腫で、カリフォルニアの病院に入院していたテオドラ夫人を見舞った後、ニューヨークからイギリスへ。この時のある晩餐会では、大西洋横断飛行をしたリンドバーグ大佐、北極飛行船探検のバード少将、やはり飛行船で世界一周したエッケナー博士などと会見している。昭和七年、テオドラ夫人は、尾崎を追ってロンドンにきたが、十二月客舎で永眠した。

そのころ、日本は軍国主義の道を驀進《ばくしん》しており、昭和七年三月に日本の傀儡《かいらい》国家・満州国も建国した。五月には〔5・15事件〕が勃発。盟友の犬養毅《いぬかいつよし》首相が軍将校により殺害された。昭和十一年には〔2・26事件〕が起こった。この年、衆議院は、第一回以来の継続議員として、尾崎を表彰した。この時、七十六歳。

昭和十二年二月、尾崎は日本の進むべき道はまちがっていると、「命にもかへてけふなす言説を　わが大君はいかに見たまう」「正成が敵に臨める心もて我れは立つなり演壇の上」と辞世の歌を詠んで、軍部批判の演説をした。しかし、軍部は七十九歳の平和主義者を無視した。

だが、尾崎はあくまでも、軍国主義の道は誤りであると主張し続けた。昭和十六年二月の議会では、またも死を覚悟で質問に立とうとした。

私は、時の大勢を察して、私がどれだけ良いことをいおうと、人々はこれを理解せず、結局、英米と開戦するであろう。その時は開戦と同時にいずれかの乱暴者が、私を虐殺して血祭に上げるだろう。この想像は多分間違いはない。即ち、英米と開戦の時は、私が血祭に供せられる、ということを覚悟して演壇に登るべく努めた。けれども、すでに軍国主義に毒された議員の大多数はこれに反対し、所定の賛成者なく、私は遂に登壇することが出来なかった。

昭和十六年十二月、太平洋戦争勃発。二十年八月、日本は連合国軍に無条件降伏した。

尾崎は、早くから、これを見通していた。だが、これを支持する者は数少なかった。昭和二十一年、八十七歳の尾崎は、政界から身を引くことにしたが、周囲の勝手な動きで、総選挙に立候補させられ、最高点で当選。けれども、あくまで名誉や褒賞《ほうしょう》にこだわらず枢密院顧問官を固辞する。また、位階勲等も拝辞した。

昭和二十二年、数え年九十歳を記念して、雅号の

〔咢堂〕を〔卒翁〕と改める。

昭和二十七年、病床より立候補し、衆議院議員に当選。九十四歳。

しかし、翌二十八年の総選挙では落選し、連続当選記録は二十五回で終わりとなった。

昭和二十九年十月六日、直腸癌による栄養障害と老衰で永眠。九十六歳だった。遺言により慶応義塾大学医学部において解剖に付される。十月十三日、安政、慶応、明治、大正、昭和、五代を日本政治の清浄、革新のために働き、平和主義を唱え続けた尾崎は、築地本願寺にて衆議院葬。尾崎は無宗教だったが、孫が埋葬されている関係から、北鎌倉（鎌倉市山ノ内）の円覚寺黄梅院に埋骨された。

〔参考文献〕
『咢堂自伝』（尾崎行雄・昭和二十二年八月・大阪時事新報社出版局）
『尾崎行雄全集』（尾崎行雄・昭和二年七月・平凡社）
『尾崎咢堂全集』（尾崎行雄・昭和三十一年四月・公論社）
『随想録』（尾崎行雄・昭和二十一年七月・紀元社）
『ニヤニヤ交友帖』
〈武俠世界〉〈アエラ〉

阿武天風

あぶ・てんぷう
本名・あんの信一（しんいち）
1882～1928

春浪去って〈冒険世界〉主筆に。苦境に耐えた、冒険小説家。

〔天狗倶楽部〕には押川春浪、柳川春葉をはじめ文学者や新聞記者は数多いが、押川春浪と同じジャンル、すなわち冒険小説の分野で活躍した作家は、意外にも阿武天風ひとりだ。もうひとり、河岡潮風が夭逝《ようせい》しなければ、おそらく春浪ばりの冒険小説を書いたと思われるが、残念ながら河岡は弱冠二十五歳で、この世を去った。

阿武は明治十五年九月八日、山口県阿武郡三見《さんみ》村（現・萩市三見）に生まれた。阿武家は江戸時代の四万石の小大名の末裔ともいわれているが、真偽のほどは定かではない。ただ父・平十郎は土地の名士で、郵便制度創始いらい郵便局長を務めていたという（明治四十三年十月現在）。

阿武が入学した小学校名は不明だが、河岡潮風によれば「小大名の後裔にも似つかぬ蛮骨漢で、やや長じて村の小学校で餓鬼大将を気取り、戦《いくさ》ごっこして糞壺へ落ち、黄金仏となり、先生の鼻をつままましたる事ありという」とある。事実なら、いかにも〔天狗倶楽部〕メンバーにふさわしいスタートだ。

明治二十九年、萩中学校（現・県立萩高等学校）に入学。ここでは、大いに暴れたらしい。その事件には、阿武は直接関与していないのだが、入学した一年生の時、二年生が山田兵吉という数学教師に反抗してストライキを起こし、五十人が靴音そろえて「兵吉が屁を垂れた！」と大合唱して、大騒ぎをやったことがあるという。

それから、十五、六年経って、阿武が所用で故郷に帰り、バスの停留所で友人と出会い、「あの屁を垂れた兵吉先生は、どうしていると」質問すると、友人が阿武の横腹を肘《ひじ》でつつく。「なんだい？」と、ひょいと横を見たら、その当の兵吉先生が阿武の隣でバスを待っており、大失敗したという。

中学時代は、授業中に弁当を喰うのなどは当たりまえで、隣の男が煙草を吸うので、教科書をうちわ代わりにして、煙を霧散させてやったといっている。こちらは成功したが、弁当のほうは、食っている最中に先生に指名され、弁当箱やお茶を、机の下に落としたこともしばしばだったそうだ。

冬になると、教室は寒い。ストーブなどなく、あるのは火鉢が一個。ところが、学校も経済が苦しいので、木炭が豊富にない。寒くてしょうがない阿武らは、古い机や椅子がしまってある物置に、分捕り隊と称して侵入し、手当たりしだい椅子や机を持ち出し、これを、ぶっ壊して火鉢に放り込む。で、全員で喚声をあげながら、靴で足拍子を取って、軍歌を歌って騒いだという。

火鉢では、授業中に芋を焼いた。用務員室から盗んできたさつま芋を、火鉢の灰の中に埋めておくのだ。そうすると、授業がたけなわになったころ、いい匂いがしてきて、阿武たち、気が気ではない。焦げすぎやしないかと心配していると、数学の先生が「Xの値は……」とやりはじめる。

生徒たちは、焼き芋に気もそぞろで、先生の話を聞いていない。「君達は、いったい講義を聞いているのか、いないのかッ」と先生が癇癪《かんしやく》玉を破裂させると、ひとりの生徒が立ち上がって「先生、Xの値が零になる時、焼き芋の値が零になる場合がありますか」。このひとりの生徒というのは、阿武自身のことではあるまいか?

マグネシューム爆発事件というのもある。これは、本人の文章を引用しよう。

五年級になってか仏蘭西《フランス》革命の講義を聞くようになってから、小生等の仲間に一時革命運動というのが流行した。

これもやはり火鉢に関係した事で、五十人もいる生徒が一個の火鉢に一時にあたる事ができないところから起る格闘を称して、小生等がそれに革命運動と命名したのだ。ちょうど二月の寒空に行われるので、生意気にそれを二月革命なんていって喜んでいたものだ。

しかし小生等は決して平凡な格闘では満足しなかった。凸的ながらそこにある種の革命的気分を浮ばせなければ、小生等はどことなしに物足らなくて仕方がなかった。

そこで戦慄すべきマグネシューム（この名はあるいは間違っているかも知れない。なんでもケッにシュームという字の付く、燐に似た金属で常に水の中に浸けて缶詰にしてあるものだ）爆発事件という騒ぎが持ち上がるのだ。

どこの国でも革命に爆裂弾は付物である。ここにおいて小生等は毎日行わるる革命運動に用うる爆裂弾を捜さなければならなかった。

『オイ、何か好い工風《くふう》はないかい？』

『肝癪《かんしやく》玉でも買って来るか』

『馬鹿いえ、あんな子供欺《だま》しのものでどうなるものか』

凸連一生懸命に考えているが好い智恵も出ないらしい。そこで小生が進み出て、

『その爆裂弾なら好い工風があるからおれに任しておけ』というと、

『どうするんだ？』と悉《ことごとく》皆が不思議がる。

小生はそれを耳にもかけず、そっと化学実験室に忍び込んで、薬品棚からマグネシューム入りの罎《びん》を取り出し、まんまと一塊のマグネシュームを盗み取り、意気揚々として教室へ帰ってきた。

『どうだ、旨《うま》く行ったか』

一人の凸坊が扉の脇に立って小生に訊く。教室内はバスチールの牢獄へ押寄せた群衆のように、ワッワッワッワッと叫喚《わめ》き返っている。そこで小生、化学室から掠奪し来ったマグネシュームをナイフで半分に切り、その一塊を掃除用のバケツへ投げ込むと、轟然たる爆音と共に濛々《もうもう》たる白煙が教室内に立て罩《こ》めて、撞《どっ》とばかりに『革命党万歳！』の声が起る。

小生の鼻の高さ正に三千丈……まではよかったが、忽《たちま》ち捕縛されて、停学一週間の処分は、余りありがたかりける次第でもなかったっけ。

ところが小生の手にはマグネシュームがまだ半分残ってる。今から考えると、早く打捨《うっちゃ》ってしま

えばいいものを、他日大《おおい》に用うるつもりか何かで、それを後生大事に握って学校の門を出た。

今は陸軍大尉か何かになって姫路にいる○という友人……こやつがまた腕白の親玉で……と連れ立って、学校から道の一里も踏んだであろうか、突如として、小生の掌の中のマグネシュームが爆発した。シュッ！　ズドーン！

『呀《あ》ッ！』

といって小生は左の掌を開いたが、時既に遅し、マグネシュームは跡方もなく高熱の瓦斯《ガス》に変じて、真黒焦げに焼け爛れた掌が、惨憺たるこの金属の爆発力を、無言の裡《うち》に物語っているばかり。○の奴は何が可笑《おか》しいか、人の痛さを他所《よそ》に見て、腹を抱えながら笑ってやがる。

『アハハハハ、醜態はないや。アハハハハ』

小生はフウフウと黒焦になった掌を吹き吹き、しかめッ面をしながらも減らず口。おれの真似ができるならやってみろ！

誰がそんな馬鹿気た真似ができるものじゃない。が、中学時代はそんな事を平気でやって喜んでいるんだから、呆れざるを得ない。


こんな馬鹿騒ぎをやりながらも、明治三十四年、中学校を卒業し、その冬、広島県江田島の海軍兵学校に進んだ。ここで三年間の訓練をし、士官候補生になる。兵学校でも、ずいぶんおもしろいことがあったようだが、失敗談は、酒のこと以外は、あまり書いていない。

少尉になって〔韓崎丸《からさき》〕で実地練習を積み、三十八年一月、軍艦〔千代田〕の乗組員になり、日露戦争に出兵。朝鮮海峡の警備、日本海海戦、樺太《カラフト》攻撃に参加する。後、軍艦〔扶桑《ふそう》〕に転じたが、海上勤務の際、左脚を傷めて三十九年二月に退職。四十年八月からは予備役に編入された。

阿武が文筆業で身を立てようと思ったのは、このころのことのようだ。河岡によれば「心はつねに現役以上に働いて、海を恋し軍艦を愛するの情熱は、世の若者をして一人にても多く、この海軍思想を抱かしめんと、剣を捨ててより以後、専らペンを執る身となったのである。現に雑誌冒険世界、中学世界などにその本名の外、『髭の少尉』なる匿名で痛快無比なる文章を草した。一片耿々《こうこう》の志、天下を憂うるものあるにより、その作物自ら凛然《りんぜん》として生気を帯び、ヘッポコ文士輩が、遊蕩費を得んがために、徹夜して、なぐり書きせし小説類とは、自ら撰を異にす」とある。

阿武自身も、自分の書くものについて、こんなふうにいっている。

僕がまだ海軍にいた時代に、日本人の海事思想が、いかなる程度まで進んでいるかということを、極めて真面目に考えてみたことがあった。しかるに海事思想どころの騒ぎでない。比較的卑近な海軍ということに関する知識すら、残念ながら甚《はなは》だ覚束ないものであるということが解った。正直にいえば、僕もこれほど国民の海事的知識が貧弱なものではなかろうと思っていた。それがまた予想外にプーアなものだったので、僕は非常に失望せざるを得なかった。

将来吾《わが》国民に海事思想が、充分備わっていないと困るということは、僕がここに改めていうまでもない。しかしながらその必要なものが甚だしく欠けているとしたならば、なんらかの方法によって、大《おおい》にこれを発達せしめなければならない。

固《もと》より僕は自ら顧みて、海事思想の鼓吹などと騒ぎ立てる資格のある人間でないということは知っているけれども、一時身を海軍に投じていたがために、海軍の事柄に関しては、一般の人に対して一日の長があると信じたので、その事柄を普《あま》ねく天下に知らしめて、海事思想鼓吹の一助にもしたいと思立ったに過ぎぬ。

こうした考えから、文筆活動に入ったわけだが、その文章の発表場所を、〈冒険世界〉など博文館の雑誌に選んだのは、やはり押川春浪の小説にひかれてのことだそうだ。阿武は河岡も書いているように、ペンネームを天風のほかに髭の少尉も用い、さらに激浪庵、怒濤庵、虎髯大尉なども使い分けている。

きっかけは不明だが、春浪と阿武の交際の始まりは明治四十年春ごろのことで、すぐに親しくなったらしい。その証拠に、明治四十一年一月創刊の〈冒険世界〉に、阿武は、もう激浪庵と髭の少尉の名で二作品を発表している。

阿武が〈冒険世界〉で、天風のペンネームを使い出したのは四十一年六月号からだが、このペンネームを作ったのは春浪だそうだ。

ある日の事、僕が尋ねて行くと日当りの好い二階の書斎へ通して、大に天下国家を論じたあげく、君もこれから世の間に出るのだから雅号を付けた方が好いという。

『ウム、僕もそれを考えないじゃないがね、何《ど》も《う》気に入ったのがなくて困るんだ』と僕がいうと、

『何か考えがあるだろう』

「ない事もない。△△、▲▲、××なんてね』

『フーム、そんなのは余り感心しないな』

「なぜ? これでも僕の郷土と因縁があるんだぜ』

『しかし▲▲なんて縁喜が悪いし、△△や××は語呂が悪いからな』

『一体、君の雅号の由来は?』

『僕のかい? 僕のはいろんなのを作っておいて、それを籤《くじ》にして引き当てたんだ』

『フーム、そいつは面白いや。僕のもそうしよう』

『じゃア考えたまえ。僕も考えてやるから』

それから二人が縁喜が好くて威勢が好くて語呂の好いのを四ツ五ツ考え、春浪君がそれを籤にしたのを引き当てた奴が天風で、いわば春浪君は僕のためには大事な命名親なのである。

名前といえば、阿武（正確にはアンノと発音する）というのは、かなり珍しい名字だが、この名前の問題で、卒業間近の海軍兵学校時代、ロシアの探偵とまちがえられた珍談がある。

三年の夏休みに郷里に帰った阿武、どうしたわけか中耳炎を患ってしまったが、地元にいい医者がいない。しかし、十一月には卒業して出征しなければいけないので、あわてて広島に出てきて、身分を隠して下宿屋に陣取り、医者に通っていた。そして、暇があると練兵場などを見学にいっていた。

すると、そのうち、やたらと、自分のまわりを刑事や警官がうろうろするようになった。ある日も、刑事が下宿にきて、下宿の奥さんに「その男にここまで一寸降《ちよつと》て来いといえ」とかなんとかいっている。頭にきた阿武は、この刑事を脅かしてやろうと、梯子段の上から顔を出して、「さア、おれの顔が見たければ見ろ」といった。

これには刑事もおどろいたが、話を聞くと阿武が、以前の広島の警察署長の阿武信一と同姓同名だというのだ。しつこく刑事は、前署長と関係はないかと聞く。阿武は「ない」と答えると帰っていったが、国家の有事に、大の男が下宿屋にくすぶっているというので、何か怪しいと、それからもつきまとう。

郷里から送ってきた金を郵便局に取りにいっても、局員が怪しんで、なかなか渡そうとしない。そうこうするうちに、郷里の父から手紙がきた。それを読んだ阿武は、びっくり仰天。『貴様、広島滞在中、「露探」を働いたそうであるが、実にもってのほかである。今、国家危急存亡の場合、貴様ごとき売国奴を伜に有《も》ったとあっては、国家に対して相済まん。就《つい》ては両親とも潔く自刃して相果てるから、貴様も断然処決しろ！』。

あわてて無実を両親に知らせて、誤解は解けたものの、この時ほど腹が立ったことはなく、七十歳を超えた父のことを思うと涙が流れてしかたなかったという。ただ単に名前が前広島警察署長と同じで、病気治療のために、ぶらぶらしていただけで、いつのまにかロシアの秘密探偵にされたのには参った、と述懐しているが、日露戦争の最中ともなれば、官憲はぴりぴりしていたのだろう。本人にとっては、笑うに笑えない笑い話だったようだ。

阿武は、〔天狗倶楽部〕が結成されると、もちろん、その有力なメンバーのひとりとなった。が、脚が不自由なので、スポーツとか旅行などには、あまり参加したという記録がない。その代わり、酒の話なら、いくらでもある。本人も「僕には酒の外に道楽というものがない。煙草は喫《の》まず、碁は圍《う》たず、球は突かず、野球は知らず、殆《ほと》んど娯楽というものがない。それだから、酒を止《よ》すと何となく淋しい物足りない心持がする」と書いている。だが、この淋しい心持ちのする酒が、また、他のメンバーに劣らず、すごいものばかりなのだ。

なにしろ、子供の頃から酒好きで、飯に冷酒をかけて、お茶漬けならぬ酒漬け飯をさらさらやることが大好きだったというから猛烈だ。ただし、それは正月とか祭りの時だけだったというが……（この時代は未成年者でも飲酒は禁止されていなかった）。それで、両親は下戸だったという。だれに似たものなのだろうか。

それでも中学時代は禁酒したが、海軍兵学校時代には、禁酒の規則があるのに、隠れて飲んだり、休暇に飲み過ぎて、帰還の時間までに艦にもどれず、危うく軍法会議にかけられそうになったことも、一度や二度ではないという。

海軍を辞めたのも、脚の怪我もあるが、その理由の一つには、どうしても酒がやめられず、失敗ばかりしたからだと告白している。

予備役になってからの阿武は、そんな訳で、好きな酒を飲みまくった。そして、失敗や滑稽を繰り返しているが、有名なのは、酔うとやりだす真の裸踊りだ。けれど阿武は、それはちがうと否定している。酔っぱらって泥濘《ぬかるみ》に転がり、着物が汚れたので洗おうとしたところ、酔っているので、つい素っ裸になったのだといっている。しかし、他のメンバーは、揃って、阿武は酔うと、すぐに真っ裸で踊ると書いているから、これは言いわけにちがいない。

高いところから落ちるのは得意中の得意（?）で、〔落っこち居士〕と呼ばれていたとかいないとか。明治四十二、三年ごろのことらしい。阿武は押川春浪の家を訪ねた。すると、春浪の弟の押川清や、早稲田大学野球部第四代主将の山脇正治がきていて、盛んに飲んでいるところだった。もちろん、阿武も、これに加わる。


フラリと出たのは自分にも知《わか》らない。後で聞いてみると、便所に寝てやしないかというので捜してみたそうだ。

便所に寝るようになっては往生だが、それ程でもなかったと見えて、とにかく矢来の宵闇をフワリフワリとさまようていたらしいし、それがどこをどう踏み迷うたか、とある懸崖から真逆様に図天撞《どう》！

余程高い処だったと記憶するが、それがどこの崖だか今に至ってなお不明だから可笑《おか》しい。

這い上ろうと思ったが、さらでだに不自由な膝関節をヒドク打ったので、暫《しば》らくは身動きが出来ず、止むを得ず徐《おもむ》ろに四辺の地勢を窺った上で、遥かに見ゆる灯を目当に、ノソリノソリと四ん這いに這い出した。

そこへちょうど俥屋が駆け付けて来た。そして拙者を拾うように俥に乗せ、

『旦那、御酒は毒ですぜ』といいながら梶棒を上げて駆け出した。その時はやはり品川にいた。

これが動機で拙者も一時禁酒したが、道念堅固でなかったと見え、いつしか元の黙阿彌《ママ》になり、天狗の集会のあった夜、神楽坂倶楽部の三階から落ちて、危く生命を奪《と》られるような騒動を起すことになった。

拙者は翌日わざわざ現場を見に行った。そして

どうして死ななかったかということを不思議に思った。拙者は三階から下を臨んで頭蓋骨が砕けて、臭い脳味噌が四散した光景を想像してみた。
けれども拙者を常に犬死にから免れさしてくれるある不思議力があることを悟ると共に、自己の生命の価値が自己の評定以上であることが証明されたのを喜ばない訳には行かなかった。

阿武らしく、かってなこじつけをして気炎を吐いているが、高いところから落ちたのは、これだけではない。もっとすごいのは、禁酒を誓うことにして、これが最後の酒だといって、押川春浪とむちゃくちゃに飲み、その帰り道に崖から落ちたこともある。禁酒もなにもあったものじゃない。さすがに阿武も、この一件は恥ずかしいらしく、「この晩、僕には懸崖墜落の大失敗があるが、それは余談に渉《わた》るから割愛する」と、ごまかしている。

また、これは極秘だがとして、泥酔して熟睡中に絞殺されかかったこともあるという。この時は、目が醒めるのがもう一、二分遅かったら、まちがいなく殺されていたそうだ。

さて、押川春浪と親しくなり〔天狗倶楽部〕のメンバーにもなって、おもしろおかしくやっていた阿武に、思わぬ出来事が振りかかってきたのは、明治四十四年八〜九月の、〈東京朝日新聞〉対〔天狗倶楽部〕の野球害毒論論争だった。

この戦いは、〔天狗倶楽部〕側の圧倒的勝利に終わるが、当時〈冒険世界〉主筆だった押川春浪は、この時の上司の行動に疑問を感じ、十一月三十日に博文館を辞めてしまう。〈冒険世界〉は、〔天狗倶楽部〕のメンバーが支えていたような雑誌だったので、押川春浪が辞めると、ほかの〔天狗倶楽部〕メンバーもほとんど全員、〈冒険世界〉から離れてしまった。

が、この時、阿武は〈冒険世界〉にとどまるどころか、博文館に入社して、〈冒険世界〉の主筆を引き継ぐのだ。そして、編集助手の河岡潮風もまた、博文館に残る。これに怒ったのが、〈天狗倶楽部〉の他の面々だった。春浪が辞めたのに、なぜ辞めないと、抗議の声が上がった。だが、阿武も河岡も、一言も弁明をしなかった。

阿武には、他のメンバーと行動を共にできない理由があった。それは、春浪に〈冒険世界〉の次の主筆は、きみしかいないから、ぜひ引き継いでくれと頼まれたのだ。阿武は、その春浪のことばに従った。しかし他のメンバーは、そのいきさつを知らないから、阿武は馬鹿なやつだと罵った。それでも、阿武はなにもいわずに、〈冒険世界〉の主筆になる。

押川春浪は新たに武侠世界社を興して〈武侠世界〉という〈冒険世界〉の対抗雑誌を作った。たちまち、〈冒険世界〉の読者は〈武侠世界〉に食われたが、それでも阿武は、歯を食いしばって〈冒険世界〉に小説を書き、檄文を書いてがんばった。このころが、阿武にとって、一番辛い時であったろう。〈武侠世界〉二代目主筆の針重敬喜は、後に当時のことを、こう回想している。阿武が大正七年にシベリアに出かける時の送別文の一部だ。

　それから後年春浪さんが博文館を去って、武侠世界を創立する時、君もまたその傘下に加わって活動すべき事は、皆人の予期したところであった。しかも君は、春浪さんの遺した冒険世界を引受けて武侠世界の方には来なかった。その時僕等門外漢は（僕はまだ武侠世界社に入社していなかった）君の態度に対して非常なる反感を有《も》っておった。ある時は君を不徳漢と罵った事もあった。しかし君はそれに対して殆んど一言の弁解もしなかった。（中略）

　阿武天風君。君を送るのにこんな愚痴をこぼす必要はない筈だが、君が冒険世界を引継いで、僕等以外にも種々な方面からの批評を受けながら、なお冒険世界に拠って平然としてその仕事を続けて来たその意志と、僕がこの手頼りなき難局を辛くも切り抜けた心持ちとは、相一致し相共通なるものがあるため、ここにこれをいったのだ。

君は曾《かつ》て僕にこういった。『冒険世界をやったのは一に押川春浪君の命令推選によるのだ。お前がぜひやれというからやったのだ』と。君の武俠世界に来ないで冒険世界をやっていたのも、僕が武俠世界を春浪さんの魂だとして受け継いだのも、一に春浪さんの意志にあったのだ。その点において君と僕とは春浪さんの後嗣といっても差支ない。ただ君は表面同じ商売をやっているので、春浪さんに対して他より反逆者のごとく取扱われ、僕は恰《あたか》も順当の後継者となったような位置を占めた相違があるばかりだ。心は一であった。

けれども、〔天狗倶楽部〕メンバーと阿武の反目は、そう長くは続かなかったようで、その後、阿武はメンバーたちと親しく交際するようになる。

〈武俠世界〉には押され気味だったが、阿武も〈冒険世界〉で、がんばった。おそらく翻案と思われるが、現在のヒロイック・ファンタジーを思わせる作品を、阿武自身が書いたり、H・G・ウェルズの『宇宙戦争』を翻案したり、キプリングの未来小説を掲載している。押川春浪もそうだったが、作品に編集に八面六臂《ぴ》の大活躍のようすが伝わってくる。

こうして阿武の〈冒険世界〉主筆時代は大正六年七月号まで続いたが、このころ業績の悪くなりはじめた博文館の梃《てこ》入れが始まり、阿武は追い出される形で会社を辞める。この首切りに対し、阿武は、表面上はともかく、実際には、かなり腹を立てた文章を残しているが、仕事には困らなかった。

この時には、押川春浪はすでに亡かったが、ライバル雑誌の〈武俠世界〉が、阿武を同人に迎えたのだ。〈武俠世界〉は一面で〔天狗倶楽部〕の雑誌といってもいいものだったから、ある意味では、阿武は、元の住処《すみか》にもどったといってよかった。

読者諸君、私は今回新たに武侠世界社の同人の末に加わることになりました。さきに私が前後十年の星霜を捧げ来った冒険世界を去るに当って懐《いだ》きました悲痛なる寂寥《せきりょう》の感――それは普《あまね》く天下の青少年諸君に平生の所懐を訴うる機会を喪失し、諸君の『共鳴』と『反感』から隔離された孤独な内面生活――は、懇切なる武侠世界社の勧請を容れ、その同人の末に列することによって消滅し尽くしました。（中略）測らざりき、武侠世界社の懇切なる勧請を受け、故押川君の遺されました武侠主義の大旆下《たいはい》に馳せ参ずることができるようになりました。何という不可思議な運命の祝福でありましょう。私はそれを思わずにはいられないのでございます。

こうして〈武侠世界〉に入った阿武は、数々の作品を発表するが、大正七年十二月、〈武侠世界〉の特派員として、いわゆる新生ソビエト政権に列強各国が干渉したシベリア出兵を調査する目的で、シベリアに出発する。ただし特派員とはいうものの、その送別の辞で、〈武侠世界〉主筆の針重敬喜は「もちろん君の仕事は我々の常に壮なりとしておったところのもの、平素の主張をシベリアの野において実行せんとするところのもの」とか「広いシベリアに君の志を延べ、国家のために奮闘することは真に男子の本懐である」などと書いているので、何か阿武には期するものがあってのシベリア行きだったようだ。

シベリアに渡った阿武が何をしたのか、ほとんど資料がない。ただ、わずかな記録を辿ると、〈天狗倶楽部〉メンバーではないが、学生時代は押川春浪とも親しかった東京帝国大学（現・東京大学）出身の衆議院議員・小島七郎と満州のハルビンで〈西伯利《シベリア》新聞〉というのを発行していたようだ。阿武たちは、ここに押川清らとも親しかった寺尾幸夫（玉虫孝五郎）を東京朝日新聞社から引き抜くなどして、活動をしていたらしい。だが、この〈西伯利新聞〉というのが、何を目的としていた新聞かは調べがついていない。

目的を果たしたのかどうか判然としないが、阿武がハルビンからもどってきたのは、大正十四年か十五年ごろのことだった。ところが、阿武は武俠世界社にはもどらなかったようだ。はっきりしないが、この時には、もうすでに〈武俠世界〉は休刊になっており、針重敬喜も退社ないし退社寸前であったことが原因だろう。

そこで、これも、はっきりしたことはわからないのだが、なにかの縁で、阿武は講談社系の雑誌〈キング〉や〈少年倶楽部〉に作品を発表するようになる。阿武の少年向き作品の代表作といわれる日米未来戦争小説の『太陽は勝てり』は、大正十五年から昭和二年にかけて〈少年倶楽部〉に連載され、大好評を博した。

その後は、どこにも作品が発表された様子がないが、あるいは、からだの調子でも悪くしていたのかもしれない。

単行本になった作品には、前述の『太陽は勝てり』のほか『海上生活譚』『海上生活　怒濤譚』、押川春浪と共著の『怒濤武人』『水天一髪』他、数冊がある。

昭和三年六月二十二日に、四十五歳の若さで死去したが、晩年の生活、行動については、あまり詳しいことがわかっていない。

〔参考文献〕
『海上生活譚』（阿武天風・明治四十三年十二月・博文館）
『海上生活　怒濤譚』（阿武天風・明治四十五年五月・博文館）
『露支人に互して』（寺尾幸夫・大正十五年五月・東京宝文館）
〈冒険世界〉
〈武俠世界〉
〈義勇青年〉

河岡潮風

かわおか・ちょうふう
本名・英雄
1887〜1912

「早大図書館卒」の熱血文士。才能を惜しまれ、若くして逝く。

押川春浪、中沢臨川など、〔天狗倶楽部〕の中心人物には、志半ばにして倒れた人物も少なくないが、創設当初、有力なメンバーでありながら、ある事件をきっかけに、他のメンバーに排斥され、なおかつ、病魔に襲われて、弱冠二十五歳の若さで死去した熱血文士がいる。これが、河岡潮風だ。

河岡潮風は、作家として活躍をはじめ、また〔天狗倶楽部〕ができた明治四十二年、強度の脊椎《せきつい》カリエスに罹病したため、押川春浪や吉岡信敬のように、行動としては、びっくりするようなバンカラエピソードは残していない。しかし、その精神は押川春浪にまさるとも劣らないバンカラだった。

〔天狗倶楽部〕の有力メンバーを十人あげるとすれば、その中に、必ず入れなければならない人物のひとりだろう。

明治四十二年三月に処女作の『東都游学　学校評判記』なる、読み物ふうの学校案内を書き、それから四年間で、一冊の自費出版をもふくめて、八冊の著書を出し、これからが期待されながら、病魔のために倒れた河岡。それは、あまりにも急ぎ過ぎた人生だったといわざるを得ない。

〔天狗倶楽部〕のメンバーでも、その経歴などがはっきりしない人物が多い中、河岡の生涯は、かなり、よくわかっている。早世してしまったこともあるが、死の直前に、『五五《ごご》の春』という、自伝ともいうべき闘病記を書いているからだ。

　河岡は明治二十年三月八日に横浜で生まれ、五歳で神戸に引っ越し、ここで父と弟を失う。六歳で京都に移転し、十三歳でふたたび神戸に移転。明治三十八年、母と上京し、早稲田大学に入学。卒業後は、〈中央新聞〉に数日籍を置いたが、退社し博文館に入社。はじめ〈実業少年〉の編集をしていたが、押川春浪主筆の〈冒険世界〉に移り、編集助手として活躍する。

　その押川春浪に優るとも劣らない熱血的な文章は、青少年の血をたぎらせたが、明治四十二年脊椎カリエスにかかり、明治四十五年（＝大正元年）死去。

　河岡が文学に目ざめたのは、十三歳の時だった。自筆の略年譜には、「（明治）三十四年、十五歳——文学熱にうかされ、学課を顧みず。三十五年、十六歳——三年級になるところを停電。三十六年、十七歳——またもや文学熱に浮かさる。詩集『暁鐘』全部筆写」とある。

　最初に興味をいだいた書は、雑誌の〈小国民〉や〈少年世界〉だったが、十三歳の時に読んだ森田思軒訳の『十五少年』（ジュール・ベルヌの『十五少年漂流記』）に、大いに感動したという。これが、きっかけで文学に親しみ、土井晩翠《どいばんすい》の『暁鐘』には、相当、影響を受けたようだ。早稲田大学文学部文学科に入学してからも、ほとんど講義には出席せず、図書館に通い続け、片端から本を読破、自ら、早稲田図書館卒業と称していたくらいだ。

　当時の文士——にかぎらず、多くの日本男子が、髯を蓄え、帽子をかぶるのが、常識ともいえた時代に、河岡は坊主頭で帽子をかぶらず、髯を蓄えない主義をとった。からだが悪かったのでステッキをついていたが、これが木刀。いかにも、バンカラ男らしい。

　河岡が明治四十五年に、主として〈冒険世界〉への読者の投稿に手を加えて、一篇の読み物とした『快男子快挙録』のあとがきには、無帽子、無外套、無首巻、無手袋、無髯、無頓着を主義とする、新六無斎道人を名乗っている。

当時、帽子をかぶらないというのは、かなりな変人で、押川春浪の文章などを読むと、旅行中に帽子を風で谷底に飛ばされてしまったので、しかたなくそのまま歩いていたら、すれちがう人がみんな笑ったとある。そういう時代に無帽というのは、やはり、変わり者だったといっていいだろう。

河岡が、青少年の血をたぎらすような文章を書いたといったが、では、実際には、どんな文章を書いたのか。『五五の春』の前書き、「赤手空拳論」の一部を紹介してみる。


僕は何らの経歴なき一青年のみ。生まれて二十五年、未だ何事の誇るべきなきを真に自ら恥ず。ただひそかに自負するところをいはしむれば、僕は『努力』をする点において、早々人後に落つるものにあらじと、ただこの一事なり。

僕は全く赤手空拳なりき。早稲田の学窓より放たれて、目を開けば、そこに新来者を拒む社会あるを見き。驚けり。呆れたり。憤慨したりき。しかも幾何《いくばく》もなく、恐ろしき病に囚われぬ。白旗か赤旗か。僕は断固として後者を選べり。一度死なば二度は死なず。今は『努力』と『忍耐』あるのみ。僕は囚われながらに、赤手にて働けり。公平にこれを見ば、まさに天下の悲惨事なりしなるべし。脱獄囚が、殆んど石に等しき牢獄の壁を、生爪剝がして削るごとく、僕ははかなき爪を磨《と》ぎて社会に跡をのこさんとせり。しかれども、獄屋の壁は五年七年の努力にては破れず。しかれども、ある結果を印せるなるべし。わが爪のあとはいかに。自ら知らず。ただ、赤手空拳も、大なる自信を以て振わば、また天下を動かすに足るべきをほのかに感得せるのみ。

謹みて満天下の青年諸君に告ぐ。薪燃えつくさば火は消ゆるものなり。人老ゆれば意気衰う。何ぞ若き間に赤手空拳を振って、社会の鉄壁に肉弾を投ぜざる。天を計らんとするタイタンの無謀の暴挙と嗤《わら》わば嗤へ。努力と忍耐とを持して、あくまで奮闘し、闘い敗れて死ぬる、また、一興ならずや。

『五々の春』（ママ）は僕が病と貧とに攻められて、これを退けたる赤手空拳の記録なり。雑然としてあらゆるもの集りて一冊を為す。宛然《えんぜん》文章のデパートメントストーアーなり。されど、すべてを通じて一道の思潮流るるを認め給わん。請う。諸君の若干時間を割いて始終を読過せられん事を。

名文かどうかはさておいて、いかにも熱血文士らしい文章ではないか。青少年たちが、この文に酔ったのも、よく、うなずける。ついでにもう一文、紹介しよう。これは『快男子快挙録』の前文の一部だ。

人生れて地におちて男児たり。健にして賢ならばよろしく快男児となって破天荒の快挙を為せ。その跡永く後人の模範とならん。碌々《ろくろく》として草木とともに朽ちる位なら、舌でも咬んでオッ死《ち》ぬべし。死ぬのがいやなら腹の癒《い》えるまであばれてあばれ抜かねば面白くはござらぬ。答えはつまりイエスかノーか二ツに一つなのである。

実に明治のバンカラ文士らしい心意気のこもった文章だ。四十五歳を超えた、おじさんの筆者が読んでも、血が燃える。これが、明治の青少年を興奮させずにおかなかったわけはない。

河岡は、その短い生涯に押川春浪のバンカラ逸話や吉岡信敬について、いくつも文章を残している。が、繰り返しになるが、自分自身は病身であったため、春浪や吉岡のように、現実に大活劇を演じたことはなく、他のメンバーが河岡の暴れっぷりを書いたものにも、お目にかからない。

いくつかは、おもしろい話もあったかもしれないが、後に触れるように、他のメンバーに排斥され、早世したこともあって、ほとんど、なにも残っていない。したがって、本人がわずかに経験を述べているものを見るばかりだ。

〈冒険世界〉の明治四十二年七月号を見ていたら、ほんの数行、河岡を紹介している記事があった。作者は六尺棒という人。何者かは、わからない。

これによると、暑いのに、河岡が旅行にも出ようとしないで、著作に専念している。金を儲けて、銀行でも建てるつもりかと冷やかしたら「汝《なんじ》、何を言うや。吾輩の筆を執るは武士の剣を舞わすに等し。金銭問題などは眼中にないぞ。天下の為じゃ」とホラを吹いたとある。もちろん、冗談に過ぎない話だが、河岡が金のために原稿を書いていたのでないことは、たしかだろう。筆者の知るかぎり、河岡は生涯、生活にゆとりがあったとは思えない。

当然、少年時代から、むちゃなエピソードがあるはずだが、自ら告白しているのは、神戸の小学校時代に、嫌がる女子生徒の着物の襟首に毛虫を放り込んで、先生に叱られた話ぐらいだ。

毛虫を背中に入れられて泣き叫ぶ女子生徒を見て、よろこんでいた河岡だったが、その場面を、いつも物静かな先生に見られてしまった。授業が始まったが、先生はなにもいわない。ほっとしていると、授業が終わってから、先生が呼ぶ。

そして、学校の裏庭にいる、気が荒く食いつくことで有名な犬のところに連れていかれた。先生は、その犬に毛虫を食わせてみろという。そんなことをしたら、自分が食いつかれる。躊躇していると、男は弱い者いじめをするものではない。強い者に向かっていくものだ。卑怯なまねはするなと、怒られたという。この先生のひとことによって、自分は変わったと述懐している。

〔天狗倶楽部〕のメンバーは、いずれも正義感の強い人ばかりであるが、河岡の正義感の強さも、この事件をきっかけにして生まれたのだろう。

神戸一中（現・県立神戸高校）時代は、一学年上に後に美人画で有名になる竹久夢二がいた。この当時の竹久は、文学志望青年であったから、あるいは河岡とも交際があったかもしれないが、正確なところは、わからない。ただし、河岡が博文館に入社してからは、竹久との交流はあり、〈冒険世界〉に、竹久描くところの河岡の肖像スケッチなどが掲載されている。

竹久は〔天狗倶楽部〕メンバーではなかったが、学校を休んで観戦にいくほどの野球好きだったから、野球中心にスポーツ振興に努力した〔天狗倶楽部〕のメンバーとも親しかったと考えられる。

明治四十二年の七月のこと、母親とふたりで住んでいる河岡の家に、泥棒が入った。追いかけようとして逃げられてしまい、世の中には、コソ泥より悪い奴がいっぱいいるから、悔しくはないなどといいつつも、この次やってきたら容赦はしない。大いに格闘して、〈冒険世界〉記者の肩書をはずかしめないようにやると、強がりをいっている。負け惜しみでは、他のメンバーにも、ひけを取らない人物だったようだ。

河岡が、対応の悪い会社に対して、怒りをぶつけている文章がある。引用文ばかりでいささか恐縮だが、『五五の春』から、「気持の好い保険会社と癪に障る会社」の一篇を紹介しよう。要約してもいいのだが、それでは、河岡の気持ちが読者に伝わらない。

▲矢野氏の部下▼

ビジネスマンには豪傑と仙人と怠け物が禁物であるという。吾輩門外漢にして多くを知らぬが、近頃こんな実例があった。

時は七月二十九日午後三時半なり。余分の金が入ったから保険料を払う気になった。曰《いわ》く、第一生命保険会社、曰く日清生命保険会社。

最初第一生命へ取りに来るよう電話をかけた。すると今集金人が出払っていますから、もう少し遅くてよければ参りましょうとあった。

ちょうど日吉町のカッフェープランタンに飲んでいる某君から急に相談したいと電話がかかった。

考えてみれば二会社の前を通る訳だ。序《ついで》に払っておこうと俥を走らせた。まず通三丁目の第一の方へ立ち寄る。受付に事業服を着て、白いものを装った小娘、吾輩が支払いにきた旨告げると、会釈して引込んだが、すぐに頭髪を分けた社員が、『やァどうも恐入りました——生憎《あいにく》と集金人がいませんでしたから』

手早く受取証を出し、二、三の質問に丁寧に答えてくれた。流石《さすが》はポケット論語の矢野さんの会社員たるに恥じない。この人、回天の偉業が出来るか出来ぬかそこまでの保証せぬが、ビジネスマンとして立派なものだ。まだ年も若い様子。勉強さっしゃいと、心の中でそう思った。

▲梁山泊会社▼

雨は頻《しきり》に降りしきる。地にありとあるものを、悉《ことごと》く腐らしめ、朽さしめるまでは歇《や》まぬといわんばかりに降りしきる。

この中を衝いて、俥は日清生命の玄関へコトリと轅棒《ながえ》をおろした。

時刻移った故でもあろうが、何だか薄ぐらい玄関、それに、ちょうど退出時間と見え、オッカナイ目付のオジさんが二人も三人も、下駄を持って、右往左往。

霜降りの洋服を着た、口に締りのない給仕が、『何ですか』と訊く。

『保険金を払いに来たのです——所？　名前？　小石川の河岡というのだ』

『……』

口をモグつかせて二階へ上がって行った。

『河岡って人が保険を収めに来ました』

というのが聞こえる。河岡って人には相違ないが、外にいい様がありそうなものだと思っていると、いよいよ出でていよいよ猛烈。

『オイ君の方に、河岡てのがあるか』

『ソンナモノないよ』

とガタピシャやっている——退社時刻が近い。

やがて、商家の番頭風の一人がきて、やや物やわらかに、

『カワタさんは貴郎《あなた》ですか』

『河田じゃない河岡ですよ』

『お払込の金額と期限は？』

『そんな事を改めて問われる筈はなかろうと思う』

少々癪にさわったから、こわい目つきをしてやった。すると、

『ヘッ！　一寸《ちよつと》お待ち下さいまし――これお前、あそこへ御案内を』

傍《かたわら》に立てる例の給仕を見かえる。導かれて、薄ぐらい応接室に通る。一庭《いつてい》の梅雨。しめじめして、何となく陰鬱だ。

舌うちながら、時計出して待つ。廊下を誰かが「何て間がいいんでしょう」を歌って通る。

少しも間がよくない吾輩、御機嫌いよいよ斜めだ。


八分待った。

ようやく調べてきたが、期間がよくわからぬ、仮受取で支払えという。いよいよ呆れ、蛙の面に水と澄す事も出来ぬ。

『それならば今日はよそう。明日集金人をよこしたまえ』

といいおいて出た。

▲保険官営の日を想ふ▼

あの時吾輩の名を呼びすてにした、カイゼル髭のオジさんや、こわい目つきのオジさん。さては、壮士のように肩の怒ったオジさん。あの人々は悉くエライ人で、回天の事業を成し得る人々かも知れぬが、断じて断じてビジネスマンではない！と思った。

その翌日、集金人は来なかった（序《ついで》にいうが、先払いに行った一因は、日清の集金人がいつも借金とりのように威張散らすので、家の者がいやがるからでもある）。

翌々日舞い込んだ一葉のハガキ。走りがきの全文に曰く、
『さて、昨日電話を以て御照会に接し申し候貴殿保険料の納付の件、本日詳細に取調べ申候ところ、次回御払込の期日は来る八月に御座候に付、その節まで御支払見合せに相成る方御都合善きかと存候。しかしこの際ぜひとも御納付下さる事なれば、早速集金人を差し遣わすべく候。右は一寸御回答まで。早々』
もうナニも申すまい。期限が来たら謹んで納付するまでの事。吾輩は英雄クライブを簿記台に座らしめた頃の東印度会社をおもい、更に保険官営の暁を想像せざるを得ない。

これを読むと、いつの時代も、大会社の応対は変わらないという気がするが、河岡のバンカラ気質を考えると、その怒りの気持ちが、手に取るようにわかるようだ。

河岡は、はっきりしないのだが、大学時代から、各大学やそのOBで構成されていたと思われる弁論クラブ〔丁未倶楽部〕にも所属しており、折りあるごとに演説会に参加していた。各種の資料によると、なかなかの弁論家だったようだ。『少年雄弁術』という本を出版していることからも、それが推測できる。

その点、文章は躍動的だが、演説になると極めてへたくそだった押川春浪などとは少し異なり、文章、弁舌どちらにもたけていたらしい。

その河岡の属する〔丁未倶楽部〕は、明治四十三年、白瀬《しらせ》矗《のぶ》中尉が南極探検隊を結成すると、ただちに、その後援会のひとつになった。正式な資金力のある後援会は、大隈重信《おおくましげのぶ》を会長とする会があったが、〔丁未倶楽部〕も、その資金集めに協力をしたのだ。

白瀬中尉の最初の探検は、南極に向かった時期が遅れたために失敗する。そこで、明治四十四年の初夏、再度、挑戦をするために、探検船〔開南丸〕の船長と探検隊の書記が一時帰国して、資金集めに奔走するの

だが、その時、〔丁未倶楽部〕も、それに力を貸した。

この時、河岡の脊椎カリエスはかなり重くなっていたが、南極探検地方演説と称して、病身に鞭打ち、二十五日間二千五百マイルの演説旅行を行っている。その経過は『五五の春』に簡単に記されているが、最後に、「南極探検遊説は病軀がいか程までの激務に堪ゆるかを自験するよき試金石であった。一行中、筆に縁ありし為、僕が一番多事なりしはやや面くらった。二十五日間二千五百二十七哩《マイル》余の旅。演説二十回、聴衆一万と号するに至っては、吾ながら務めたりと申すべし」と記している。

河岡の不撓不屈の精神が、よく現れている。健康な人間でも、連日、旅を続けながら、演説を二十回もすれば、相当に体力を消耗するのではなかろうか。しかし、結果的には、この旅は、当然からだによくはなかったようで、命を縮める一因になってしまったのではないかと、筆者などは考えている。

とにかく、このように、負けん気の強さでは人一倍で、〔天狗倶楽部〕のメンバーとも仲良くやっていた河岡に、思わぬ事件がふりかかってきたのは、明治四十四年秋十一月のことだった。

すでに筆者は、その事件の詳細な研究を、先に紹介した『熱血児　押川春浪――野球害毒論と新渡戸稲造』という作品で発表しているが、明治四十四年八月末、新聞の購読部数拡張を狙った〈東京朝日新聞〉（現〈朝日新聞〉）が、以前の好意的態度から一変して、いわゆる〔野球害毒論〕なるものを連載した。

これは、野球選手（当時はプロ野球はなく、学生野球）が、華美に走り、芸者などに買われる者も多く、また、野球はスポーツとして見ても、決してからだにいいものではないという主張だった。

これに対して、大反論をしたのが、当時、早稲田大学野球部部長の安部磯雄と〔天狗倶楽部〕だった。中でも、押川春浪の憤りは激しく、野球擁護に回った〈読売新聞〉や〈東京日日新聞〉（現〈毎日新聞〉）紙上で、激論を戦わせた。

この時、押川春浪は自らが主筆の〈冒険世界〉の三分の一のページを割いて、大野球擁護論を掲載する予定でいた。ところが、掲載寸前になって、上司から〈東京朝日新聞〉とのもめごとはまずいと、ストップがかかってしまった。それによって、いったんは矛《ほこ》を納めた春浪だったが、どうしてもなっとくできず、十一月の末に博文館を退社することになった。

　これに、〈天狗倶楽部〉のメンバーが全員、同調した。それまで、〈天狗倶楽部〉は春浪との関係から博文館、〈冒険世界〉には全面的に協力していたのだが、いっせいに手を引いたのだ。その時、ふたりだけ博文館側に残った人物がいた。それが、河岡と阿武天風だった。

　阿武は春浪に頼まれて、〈冒険世界〉の主筆を引き継ぎ、河岡は、その助手として残った。どんな細かい事情があったかはわからない。春浪にかわいがられていた河岡も、当然、他のメンバーに同調して博文館を退社すると、みんなは思っていた。だが、河岡は退社しなかったのだ。

　これが、〈天狗倶楽部〉の他のメンバーには、癪に障った。そして、いっせいに、河岡を除け者扱いにしたのだ。その時、阿武天風も攻撃されたが、これは後に誤解が解けている。阿武は春浪に、自分が〈冒険世界〉の主筆を辞めたあとは、主筆を頼むと請われて、押川と交代で博文館に入社するのだが、春浪に頼まれたことを口にしなかったために、心のないやつだと批難されたのだ。

　これは、筆者の推測にすぎないが、河岡も同じであったのだろう。おそらく春浪に、阿武を助けて〈冒険世界〉を発展させてくれといわれたにちがいない。それに、当時、〈天狗倶楽部〉のメンバーのほとんどがは博文館の社員ではなかった。

　それぞれ別の職業を持っていたか、フリーの立場にあったのだ。だから、博文館と手を切ることは、別に、それほど難しいことではなかった。けれど、社員である河岡が退社するのは、いろいろ複雑な事情があったにちがいない。

しかし、熱血漢の集まりである〔天狗倶楽部〕の他のメンバーは、河岡の態度を不服として、その後、交際を断ったようだ。このあたりが、〔天狗倶楽部〕の団結の固さでもあり、融通の利かなさ、欠点でもある。河岡が博文館に残った時点で、河岡は〈冒険世界〉の助手であると同時に、〈野球界〉という雑誌の編集員でもあった。

ところが、河岡の態度に怒った〔天狗倶楽部〕メンバーは、この〈野球界〉にも、原稿を渡さなくなった。ある有力な〔天狗倶楽部〕メンバーは、〈野球界〉の対抗誌でもあった〈運動世界〉に原稿を寄せ、これは本来〈野球界〉用に執筆したものだが、〈運動世界〉に載せると、わざわざ断っている。

また、別のメンバーは他の場所で、河岡某は低能児で、先を見ることのできない人間だ。こんな人間に編集される〈野球界〉は気の毒だ。引き受けた河岡も無鉄砲で哀れみを感じるなどと、まるで悪人でも見るような書きかたで、河岡を攻撃している。だが、これに対して、河岡は、ひとことも反論しなかった。阿武もそうだったが、これもまた、〔天狗倶楽部〕メンバーのメンバーたる潔さだった。

やがて、河岡の脊椎カリエスは、日に日に悪化し、その後、一年を待たずして、死にいたらしめる。博文館を退社した押川春浪は、翌明治四十五年一月から武俠世界社を設立して、〈冒険世界〉のライバル雑誌として〈武俠世界〉を創刊、その主筆になるが、〔天狗倶楽部〕のメンバーも、そっくりそちらに移っていった。

その中に、初期〔天狗倶楽部〕のメンバーの写った写真が掲載されたことがある。が、その中でも、河岡は説明のキャプションで、その名を抹殺されている。河岡が遂に倒れた時も、〈武俠世界〉はその死をさえ報告しなかった。

河岡は、自分の本心を他のメンバーに伝えたかっただろう。筆者には、そう思えてならない。けれど、わかる時がくればわかるとして、それをしなかったのが、河岡の美学にちがいなかった。

河岡は結婚はしなかった。けれど、バンカラ精神の持ち主ではあったが、女性に恋をしない女嫌いであったわけではない。河岡が、晩年、熱烈に恋をした女性がひとりいた。内藤千代子という文学少女だ。なれそめは知らないが、博文館で発行していた〈女学世界〉という雑誌に投稿をしていた少女で、文学的才能を持っていた。

文学事典によれば、明治二十六年生まれとあるから、河岡より六つ歳下になる。東京で生まれたが、神奈川県藤沢の鵠沼《くげぬま》に移り、ここで盛んに小説を書いた。象牙彫物師の娘として生まれ、学校教育を受けなかったにもかかわらず、独学で小説を勉強した。その小説は、実に表現の美しい、透き通るような文章だ。

この少女と河岡は、恋に陥った。『五五の春』のあとがきには、理由は書いてないが、毎週末に河岡は鵠沼に通っているると書いているから、内藤のところにいっていたのだろう。また、別のところに別人が書いた文に、河岡の妻ということばが出てくる。おそらく、内藤を指すのだろう。

内藤は、明治四十四年に刊行した『スイートホーム』をはじめ、判明しているだけで五冊の著書を著しているが、そのうちの数冊には、発行人の名前が、河岡勝となっている。勝は、まちがいなく河岡のペンネームだと思うが、内藤の著書に、なぜ河岡が発行人になっているのか、それもペンネームになっているのかは、わからない。ただ、それだけ親しかったことは想像に難くない。

河岡が死んだころには、一緒に暮らしていたのかもしれない。新聞の、河岡の死亡記事には、「恋の内藤千代子」と題して、その葬儀の列に、内藤が加わっていたことが書かれている。からだの悪い河岡が、毎週、鵠沼まで通っていたのは、〔天狗倶楽部〕のメンバーに見放されてしまった、寂しさを癒やす気持ちもあったのかもしれない。

『五五の春』には、内藤のことはひとことも出てこない。ただ、きっと病気を克服して、第二の人生をはじめるという強い決意を、何度も繰り返して書いている。内藤のためにも、自分は死ねないという強い思いが込められているように思える。

だが、河岡の強靭《きょうじん》な精神力も、病魔には勝てなかった。そして、野球害毒論争の時、自らの取らねばならなかった行動の説明も、他のメンバーに知らせることもなく、この世を去った。死の直前に、河岡の脳裏を去来したものは、なんであっただろうか。

なお、内藤千代子も大正十四年、三十一歳の若さで他界している。熱血文士と少女小説作家、どちらも、現在では、ほとんど忘れさられた存在だが、天国では、いっしょに暮らせたのではないかと思っている。

最後に河岡の資料を調べていて、思わぬところに、その名前が出てきたのでおどろいた。村松梢風の『沢正風雲録』によると、先年解散した〔新国劇〕の創始者・沢田正二郎が、演劇の道に進みたいがどうしたらいいかと、ある人に相談したところ、その人が、河岡に相談するといいと紹介した。

そこで、面識はなかったが、河岡をたずねると、それならば早稲田大学に入りなさいといわれ、入学したのだという。河岡が演劇に詳しかったという記録はないが、思わぬところに、思わぬ人間のつながりがあり、おどろいたものだ。筆者は〔新国劇〕については知識がないが、もし、河岡と沢田の出会いがなければ、あの一世を風靡《ふうび》した〔新国劇〕も、あるいは、存在しなかったかもしれない。歴史とは、おもしろいものだ。

それにしても、あと十年、神が河岡に命を与えてやったら、どれほど楽しい作品を残してくれたか。押川春浪にも負けない、傑作を書いてくれたのではないかと思う。

河岡は大正を目前にした明治四十五年七月十三日、二十五歳の若さで、遂に倒れた。それは、あまりにも早すぎる死だった。

〔参考文献〕
『五五の春』（河岡潮風・明治四十五年五月・博文館）
『快男子快挙録』（河岡潮風・明治四十五年二月・東京堂）
『書生界名物男』（河岡潮風・明治四十四年七月・本郷書院）
『沢正風雲録』（村松梢風・昭和三十三年五月・自由国民社）
『夢二画集　春の巻』（竹久夢二・明治四十二年十二月・洛陽堂）
〈冒険世界〉
〈武侠世界〉
〈野球界〉

中沢臨川

なかざわ・りんせん
本名・重雄
1878～1920

春浪と〈天狗倶楽部〉を結成。物心ともに会を支えた実力者。

〈天狗倶楽部〉のメンバーは、早稲田大学系の人物が八割ぐらいを占めており、スポーツ選手も七割ほどを占めている。その中で、中沢臨川は、そのどちらでもない珍しい存在だが、それでいて押川春浪を頭目とすれば、ナンバー2の座を占めていたといっていい人物だった。明治十一年十月二十八日生まれだから、押川より二歳年下になる。

長野県伊那郡南方《みなみかた》村大字大草《おおくさ》（現・上伊那郡中川村大草）の生まれで、生家・塩沢家は養命酒の製造元として、地元で名の知られた名家であり尊敬もされていた。中沢は七人兄妹の次男で、すぐ下の弟・幸一は後に海軍大将になっている。

中沢は明治三十二年に、同県南安曇野《あずみの》郡梓《あずさ》村（現・同郡梓川村）の中沢家の養子となった。その条件が、中沢の学資を負担するということだったというが、塩沢家は江戸時代から庄屋を務めた家柄でもあり、当時、養命酒の製造元として繁昌していたのだから、学資負担だけが条件というのは、いささか解《げ》せない気もする。

むしろ、学資負担というより、高等教育をさせるという約束と見たほうが適切かもしれない。というのは、中沢は松本中学（現・県立松本深志高校）に入学したが、二年上に後に高名な詩人になる窪田空穂《くぼたうつぼ》、一年下に作家になる吉江孤雁《よしえこがん》がおり、中沢もそれに影響されてか、投稿雑誌の〈文庫〉に盛んに投稿をしていたし、数学が得意で電気科学を専攻していたというからだ。

松本中学を卒業した中沢は、仙台の第二高等学校（現・東北大学）に入学。ここでは藤村詩集を愛読し、国粋主義雑誌の〈日本人〉を読み、燕趙悲歌《えんちょうひか》の士、忠君愛国の信徒だった。そして、しだいに西洋文学に興味を持つようになり、とくにビクトル・ユーゴーの『レ・ミゼラブル』に熱中したという。

その熱中ぶりは、生はんかなものではなく、第二高等学校時代の友人で、後に弁護士になった、やはり〔天狗倶楽部〕メンバーの中村秋三郎は、こういっている。

中沢のユーゴーを愛読した事は非常なもので「ミゼラブル」のごときはあの厚い原本を三回も四回も反読したものだ。始めの時などは、知らない字には一々仮名を付けて読んだ。何でも、本が悉《ことごと》く皆毀《こわ》れて、二、三度新しく買ったように覚えている。

明治三十二年に中沢家に養子に入った臨川は、同時に結婚したようだ。当主に子供がなかったため、妻の末妹のほもが入籍して、中沢と結婚した。変形の夫婦養子ということだろうか。

明治三十四年、上京し本郷に居を構え、東京帝国大学工科大学（現・東京大学工学部）へ入学、電気学を専攻した。妻は跡見女学校（現・跡見学園中高等学校）に通学し、夫婦で学生生活を送ったという。工科大学に入ったが、文芸熱も冷めやらず、とくにロシア文学に関心を持ち、トルストイ、ツルゲーネフに傾倒した。

三十五年には、窪田空穂、小山内薫《おさないかおる》、吉江孤雁などと同人誌〈やまびこ〉を創刊。国木田独歩なども協力してくれた。この雑誌は一年半ほどで潰れたが、これが文壇進出のきっかけとなり、国木田とも、以後、親しいつきあいをした。

三十七年、工科大学を卒業すると、東京電気鉄道会社（都電の前身）の技師となり、さらに転じて京浜電気鉄道会社（現・京浜急行電鉄株式会社）の電気課長となる。三十八年には、第一文集『鬢華集《びんか》』を出版、当時の文学青年に感動を与えた。以後、各種雑誌に文芸評論、翻訳などを載せ、いずれも好評を得た。

四十一年ごろ、国木田独歩、田山花袋、島崎藤村、正宗白鳥、岩野泡鳴などと〔土龍会《どりゅう》〕という文士の社交クラブを作った。押川春浪とのつきあいがはじまったのも、このころではないかと思われるが、はっきりしない。春浪は〔土龍会〕の会員ではなかったが、国木田や田山、岩野と、これより以前から交流があったので、これらのうちの、だれかを通じての交際だったのだろう。

中沢と国木田のつきあいは深かった。友人というよりも、むしろ国木田を先輩として尊敬しており、国木田が胃癌で三十八歳の若さで倒れ、その葬式に臨んだ時は、柩に向かって弔辞を朗読したが、痙攣の発作でもあるかのように、ぶるぶるとからだを震わせていたという。

その後、中沢が、春浪に第一の親友とまでいわしめるほどに深いつきあいになったのは、酒を通じてだろうか。春浪の酒量は、このころには、かなり多かったようだが、中沢も飲むことにかけては、ひけをとらなかったらしい。また、文学者としては、ふたりの方向はまったくちがうが、正義漢、愛国精神、スポーツ好きというところが、共鳴しあったとも考えられる。はっきりした記録はないが、中沢は、中学時代から野球に親しんでいたという。もっとも、その下手さかげんは、〔天狗倶楽部〕の下手の代表といわれた春浪よりも、まだ下手だったという。もっとも、そういっているのは、春浪だから信憑性は保証できない。

文学者としての中沢は、大正時代に入って開花する。大正元年（＝明治四十五年）、当時、文学者として、これに載れば一流といわれた〈中央公論〉にトルストイ論が掲載され、これが各方面から賛辞を受け、三年から五年にかけては文芸時評欄を担当して、目ざましい活躍をした。やがて、中沢の興味はニーチェ、ベルグソン、ロマン・ロラン、タゴールなどに移っていったが、いずれも、その評論は好評で、死去するまで〈中央公論〉とのつきあいは深かった。

押川春浪と並んで、中沢が深いつきあいをした吉江孤雁は、中沢の文学活動を、次のように評している。

◎実際中沢君の書くものは感激の充ちた、感興の溢れた文章である。恐らく書くに当って、時とすると彼はいかにその感激を押えんか、いかにその感興をしずめんかに苦心していることもあろう。彼の文の陰には彼の慄《ふる》える呼吸の響きがある。たぎり落つるような感激の勢を彼はしずめつつゆっくり徐《ゆるや》かに筆をすすめている。この感興とそれを押さゆる力、そこに彼の尊い情緒の豊かさと、強い意志と、明晰《めいせき》な思考力とが表れている。冷淡な批評や解剖や、ものを遠くに置いて、彼方《かなた》からも此方《こなた》からも眺めやって、フォルト、ファインディングの眼をして、そのものの周囲を繞《めぐ》っているような間接的な対称《(ママ)》的な比較的な態度やは彼には求められない。彼は自分の定めた目標に近づき、それを抱き、それと交わり、それを愛せずにはいられない。

◎しかし彼には明晰な批判力と、厳正な撰択性とがある。彼は盲動的に愛しはしない。彼は自己を尊重するごとく、他を尊重する。物をして処を得せしめ、安住せしめる。謙遜な心と、確かなる実行とが常に伴っている。盲動は彼の最も嫌うところであり、また事実彼の行動には毫《ごう》も盲動がない。極めて明晰である、闊達である。即ちあくまで男らしい。この男らしい愛情が彼の文章の気品であり、響きであり、味わいである。

〈天狗倶楽部〉の弓館小鰐は、中沢が東京電気鉄道会社時代に知り合ったようだが、文壇の中沢と電車会社技師の中沢が同一人物とは思わず、みんなが「臨川君、臨川君」と呼ぶのがふしぎでならなかったといっている。

大正三年、親友の押川春浪が急逝すると、一時期〈武侠世界〉の主筆も務めたが、五年、長野に帰り、文学活動に努めながら、松本市外に中沢電気会社（信州白板工業所という説もある）を設立、社長を務めた。大正七年にはニーチェの中年期を綴った小説〈嵐の前〉を発表し、創作にも意欲を燃やしたが、結局、この希望は達成されず、この作品が中沢の唯一の小説となった。

このころより、中沢の興味はカール・マルクスに移った。とにかく、ひとつのことをなし遂げると、同じところに留まっていられず、常に次の目標を定めて進む意欲的な人物であることは、衆人の認めているところだ。

筆鋒は衰えることなく、その評論活動には力が入ったが、大正八年ごろから健康がすぐれなくなり、会社経営にもつまずき、東京の荻窪に転居した。さらに静養のため、小田原に転居したりしたが、その甲斐もなく大正九年八月九日、喉頭結核により荻窪の自宅で死去した。晩年の中沢については、〈中央公論〉の担当記者だった木佐木勝《きさきまさる》の『木佐木日記』が参考になる。〈天狗倶楽部〉での中沢は前述のように、押川春浪に次ぐナンバー2の位置にあったようだが、春浪と同じく、少しも威張るところもなく、なにか会などを催す時には、その費用はほとんど春浪とふたりで負担していたという。

非常に人情に厚い人で、同郷の友人・島崎藤村、吉江孤雁がヨーロッパにいった時や、国木田独歩が雑誌社を経営していた時も、陰で財政援助をしていたそうだ。学費をもらって卒業した早稲田大学の野球選手もいた。また、中沢が保証人を引き受けたある学生が、月謝を滞らすと、学校から催促を受けるたびに黙って払ってやり、後でわかって詫びをいうと、「俺も昔はやったもんだ、そのための保証人じゃないか」と笑うだけだったという。「僕が成金になったという噂があるそうだね。実際、少しは儲けたんだよ。けれどもそれは友人の借金を払ってやって、またもとの木阿彌」ともいっていたという。

それで偽善事業や意気地のない人間を嫌うことは人一倍だった。中沢を金持ちと思って、自分の口を糊する慈善事業の寄付を申し込んだり、女々しい泣きごとを並べて、金を借りにいったりする軟骨漢には、絶対に金を貸さなかった。しかし、意気投合すれば、よろこんで金を貸しもしたし、人の知らないところで、ずいぶんポケットマネーも出したらしい。したがって、金を儲けるのもうまかったが、決して、その生活は裕福ではなかったという。

木佐木によれば、中沢は、松本で経営していた電気会社を解散した時も、私財を投げ出して、全部を職工や社員たちに与えたそうだし、中沢の事業のために恩恵を受けた人々は、後々まで中沢に感謝していたという。

中沢の〔天狗倶楽部〕関係の最大の功績は、押川春浪とともに、〔天狗倶楽部〕を作ったことにある。というのは、もし中沢という人物が存在しなかったら、〔天狗倶楽部〕も結成されなかった可能性があるのだ。

ある酒宴の席で、春浪が中沢に、学校以外の公共の運動場を作って、一般人の体育も奨励したいといった。すると、盃を持って笑っていた中沢が、よし、自分に考えがあるから、あとで相談しようということになった。その時、中沢は京浜電気鉄道会社の電気課長だったので、上層部にその話を持っていき、当時、使用されていなかった羽田の土地六万坪のうちの一万坪を、グラウンドとして提供させてしまったのだ。

もちろん、春浪も中沢と一緒に重役連を説得して回ったが、それがきっかけで〔日本運動倶楽部〕ができ、さらに〔天狗倶楽部〕が作られたのだ。そういう意味では中沢は、春浪以上に重要な〔天狗倶楽部〕の産みの親ということになる。ちなみに、このグラウンドは、日本最初の電鉄会社経営のものだったが、大正の初期、洪水で破壊され、再建されないままに終わってしまった。

春浪によれば、中には京浜電気鉄道会社の儲け主義だと、このグラウンドを批難した連中もあったが、実際には中沢の努力のたまものによる、いわば、ボランティア精神に打たれて、会社がオーケイを出したもので、この時にも、ほとんどの人が知らないが、中沢は個人の金をずいぶん出しているという。

〔天狗倶楽部〕誕生のきっかけが、酒宴の席だったと書いたが、中沢の酒は相当なものだったらしい。長女の高橋つづ子氏によれば、毎晩、大勢を集めて酒を飲み、つづ子氏に『カチュウシャの唄』を歌わせていたという。ある時などは、新橋の料亭で痛飲した挙げ句、呼んであった七人組その他の芸者を全員、自宅に連れていき、飲み明かしだと、さらに盃を重ねるようなこともしたという。また、知人や部下を集めて、一夜に五、六百円も使うような豪遊をやったり、一か月間に一万円だけ飲んでやろうと企てて、そのとおりのことをやったこともあるそうだ。

女性に対しても、あっさりしていた。新橋や柳橋の一流どころの芸者などでも、生意気や厭味なのは、一喝して追い返したが、なんにしても、ひとりで女性相手に酒を飲むというようなことはなく、いつでも、友人同伴。芸者をむちゃくちゃにあげて遊んだこともあるので、誤解している人もあったようだが、美人が十人いても二十人いても、酔うとゴロリとその場に寝てしまう。

そうなったが最後、自分で起きるまでは、だれが起こしても起きない。やがて、むっくり起き上がると、プイと帰ってしまうのだった。それでいて、その態度には少しも厭味がなかったと、春浪は書いている。

中沢と親交のあった博文館の編集者・前田晁《まえだあきら》によれば、ある酒好きの人が、からだのために酒をやめた、といったところ、「そういうものだろうか。僕なんか好きな物を止《よ》してまでも長生きしようとは思わないね」と小声で、しかも、しみじみといったという。

そして、なんといっても、中沢の酒と切っても切れないのが、国木田独歩が都々逸《どどいつ》と称した「馬鹿野郎!」だ。ふだんは口数の少ない中沢だが、酔うと、この「馬鹿野郎!」を連発した。〔天狗倶楽部〕のメンバーでも、この洗礼を受けなかった者はないといわれているが、この馬鹿野郎について、先の前田の文章がある。中沢の告別式の帰りを述懐したものだ。

昨日の告別式にわたし達が参列しようとして荻窪の停車場に降りた時には、雨が篠突くといおうか、車軸を流さんばかりといおうか、降って降ってどしゃ降りに降り抜いた。そして焼香を済ましてまた停車場へ引返そうとした時には、更に一層猛烈に降り襲った。が、停車場に着いて、帰りの切符など買ってしまうと、俄《にわか》に小降りになって、電車に乗り込んでしまった頃には、すっと霽《は》れあがりかけて来た。その時誰かが言った。

「まるで今日の雨は、中沢君の、馬鹿野郎みたいだね。われわれはその馬鹿野郎の一喝を浴せられに来たようなものだね」

中沢君の「馬鹿野郎」はそれほど有名なものであった。とはいえ、中沢君の「馬鹿野郎」は殆ど酔った時の噯《おくび》みたいなもので、相手が誰であろうと構わなかった。絶対平等、無差別無選択であった。一緒に酒を飲んで、——もちろん、中沢君が酔うほど飲んだ時に、——この馬鹿野郎を浴せられなかったものはないと言ってもいいくらいであった。世間にはよく、ふだんしらふの時には言いたいことも言えずにいて、酔うとその鬱憤を晴らす為に、罵倒などするものがあるが、中沢君の「馬鹿野郎」はそういう種類のものでもなかったようだ。もしそうだとすれば、頗《すこぶ》る毒のない、無邪気な鬱憤であったというべきである。かって独歩は、中沢君のこの馬鹿野郎が始まった時に、「そら、中沢の都々逸がはじまった」と独特の謦句を言ってにこにこしていたものである。

これほど有名な馬鹿野郎だったが、なぜか、田山花袋は一緒に飲んでも、この馬鹿野郎を食らったことがないようで、「なにしろ極めて謙遜な、善良な、友情に富んだ、当世には珍しい人物と思う」と評している。はたして、この馬鹿野郎を経験しなかった田山は、運がよかったのか、それとも、運が悪かったのか？

また作家の吉井勇《よしいいさむ》も、こういっている。「しかし氏にして一度杯を手にしたならば、私はここにまた異なった氏の姿を見出さなければならぬ。氏は最初は静かに満を引いているけれども、やや耳熱し興熟して来る頃になると、そこに忽《たちま》ち『狂熱せる』氏の姿を見ることが出来る。そうして多くの人はこういう時に罵倒を試みるものであるけれども、氏は寧《むし》ろ賛美を試みる時の方が多い。国木田独歩氏、島崎藤村氏、田山花袋氏、正宗白鳥氏——常にこういう時に賛美されるのはこういう人々である」。

もっとも、馬鹿野郎が元で喧嘩をした人物もいる。同じ〔天狗倶楽部〕の画家・小杉未醒は、「馬鹿野郎はしかしながら余り善良な癖でもあるまい。この都々逸は人によって通ぜぬであろうから、臨川居士と雖《いえど》も、対手《あいて》を見て謡ったかも知れぬ。初めて独歩の家で落合った時、折ふし野口米次郎詩人が日本に帰ったばかり。大そう評判が高かったのでつい話題に上った。えらい男だ、いやそのようにえらくはあるまい、という程の事から、この馬鹿野郎を喰って、若くはあり、大きに腹を立てて、日比谷公園に連れ出して、決闘を申込むという青筋を立てた話もあった」と語っている。

独歩の家でというから、〔土龍会《どりゅう》〕かも知れない。それで、以後〔土龍会〕では、馬鹿野郎は控えていたという可能性もある。田山が、馬鹿野郎を聞かなかったのは、そのせいではないか。吉井の話とも合致するような気がする。〔天狗倶楽部〕発足のきっかけが酒席であったというように、おそらく中沢の酒は、見かけはともかく、実際には前後不覚になるような酒ではなかったように思えるから、時と所をわきまえての馬鹿野郎だったとも思える。

〔天狗倶楽部〕メンバーの飛田穂洲によると、この馬鹿野郎の恩恵をこうむったのは、〔天狗倶楽部〕の面々だけでなく、劇作家の小山内薫《おさないかおる》、俳優の上山草人《かみやまそうじん》などもやられたといっている。そして、もちろん、飛田もこの馬鹿野郎を食らった。

押川春浪が死去した後、中沢が代わって〈武俠世界〉の主筆になった。ある時、会食をしながら雑誌編集の話をしていたが、話題が冒険小説におよぶと、中沢は、だれか春浪の遺志をついで、冒険小説を書く者はいないかといった。だれも返事をしない。すると、中沢は飛田に、君、書いてみろといったのだ。

それまで小説を書いた経験のない飛田、とてもだめです、というと、そんなことはない、ぜひ書けという。そこで、飛田が「僕の冒険小説を読んでくれるのは、おそらく先生くらいのものでしょう。武俠世界がますます売れなくなり、春浪先生の名を恥かしめることになりますよ」といった。

これが、いけなかった。中沢は、しばらく口をもぐつかせていたが、いきなり「馬鹿野郎」。しかし、飛田は、いつものことだと驚かなかった。

けれども、運悪く私と先生とチャブ台を隔てて向き合っていた。先生は立ち上がった。大抵の場合は馬鹿野郎だけで武勇を揮《ふる》わない先生であったから、隣り合っていた針重君にもなんらの用意がなかった。しかるに手にしていた盃が電光石火、私の面上を襲った。武術の心得はなくとも野球の心得は下手ながら持ち合わせている。しかしなにしろ三尺(一メートル)とは隔っていないのだから投げ盃を巧みに受けとるようなぐあいにはいかぬ。盃は私のうしろに流れる。とみるや、先生の右手は徳利にかかった。第二弾の射撃、これは少々危険であったが、身を避ける間もないので私はそのまま座わっていた。徳利で一撃を食らえば私の眉間はやぶれたろうが、先生はとっさの間に気転を利かせて私の頭から徳利の酒をそそぎかけた。

針重君がなだめて座らせると、も一つおまけに馬鹿野郎を見舞って、首をうなだれ、それきりウムともスウともいわない。先生得意の居眠りである。先生は酒席でよくねむった。人と話をしながら盃を持ったままねむるという芸当があった。

二、三十分すぎたと思うころ、眼をさまして一座を見回した先生は、また盃をとりあげた。私は再び馬鹿野郎を頂戴するものと思ったが、今度は至極真顔になって私に呼びかけた。

「飛田君、失敬した。勘弁して下さい。しかし君になお一言したいことは、人間には謙譲の徳がなくては困るが、なんでもかんでも謙譲することが美徳だとはいわない。できないことまでもできるふりをする奴には閉口だが、ある場合には人に先んじみずから進んで行う精神がなくてはならぬ。遠慮しつつ何事もなし得ずに終わる人がある。僕は君がそういう人々の仲間入りをなさざらんことを望むんだ」

徳利の酒を浴びた瞬間、わが輩の癇癪《かんしゃく》は少なからず動いた。「これが先輩でなければクソ……」と思ったが、いま静かにこの忠言に耳を傾けたとき自然に頭が下がった。

中沢には、もうひとつ、交番にくると小便をするという特技(?)があったらしいが、このほうは、詳しいことはわかっていない。交番の外にするのか、トイレを借りたのか？　どっちなのだろう。

豪傑面をした〔天狗倶楽部〕のメンバーが多い中、中沢は温和そうな外見をしている。けれど、強引に上司を説得して羽田運動場を会社に作らせた意志の強さでもわかるように、押川にいわせれば、「どこかに非常に強い精神と、燃えるような義気とを有している快男子」で「平生は平々凡々の風をしているが、いざとなると随分思い切った事をする」「徒《いたず》らに物に恐れるとか、無益の遠慮をするとかいうような事は決してない、是《これ》と信ずる事は何者にも憚《はばか》らず、いかに自己の不利益になっても、ドシドシ遂行する勇気を持っている」人物だった。

この人情に厚く、負けず嫌いな性格は、どこから生まれたものか。吉江孤雁によれば、信州の南に育ったからだという。伊那は地勢が南に向かっていて、竹が多く生え、野生の棕櫚《シュロ》もある。天竜川が南に流れ、駒ヶ岳が北西の木曽の境界に聳えて、麓には広い高原がある。信濃としては、暖かい明るいテーブルランドだ。中沢の明るい堅実な気質は、この出生地、育成地のせいではないかというのだ。

出生地で、その性格や人格が形成されてしまうとも思えないが、たしかに環境は人を作るだろう。あながち、無視することのできないことばのようにも思える。中沢が、温室を作って愛でるほど花が好きだったというのも、あるいは、そのあたりと関連しているのかもしれない。

また一方で、中沢は、専門家も顔負けするような犬に対する評論を書いたほど犬好きだった。いつも、家には二、三匹の犬がいたが、数百円を出して買ったブルドッグが夜逃げをした時には、さすがに物惜しみをしない中沢も、必死で探しまわったという。

犬でおもしろいエピソードは、押川春浪の犬との関係だ。

先年氏の家には一頭の猛犬がおった。なかなか立派な牡犬で、ちょうどそのころ吾輩の家にはポインター種の牝犬がおったので、種を取る積もりで中沢君の猛犬を数日間借りて来た。ところが煩悩の犬その本能を発揮して、猛犬先生すでに職務を終ったが決して牝犬と別れようとはしない。数回中沢君の家へ連れて帰ったが、いかなる鉄鎖でも断ち切って、数十町の道を飛ぶように吾輩の家へ舞戻って来る。迚《とて》も始末に行かぬので、その猛犬は到頭《とうとう》ズルズルベッタリに吾輩の家の牝犬のお婿さんになってしまったが、その時中沢君嘆じて曰く、『犬の恋路も馬鹿に出来ない』と。甚しく悄気《しょげ》ていた顔は今でも眼に見えるようである。

中沢の犬好きがよくわかる文章であると同時に、春浪との関係の深さも、読み取れて楽しい。この春浪の家に居ついてしまった犬は、中沢が弟の、後に海軍大将になる幸一を介して、外国から手に入れた犬のようだから、よほど、がっかりしたにちがいない。たしかに、しょげた中沢の顔が目に浮かぶようだ。

中沢のエピソードといえば、馬鹿野郎も犬も欠かせないが、もう、ひとつ、極めつきのエピソードがある。ビール事件と呼ばれる珍談だ。この事件については、多くの人が書いているが、ここでは、〔天狗倶楽部〕のメンバーではなかったが、メンバーと親しかった小《こ》泉《いずみ》葵南《きなん》の描く文章を紹介しておこう。

ある晩、酔友の故押川春浪漁史等と自宅において痛飲また痛飲、ビールに日本酒に鯨のごとくグッグッと呷《あお》った。かくてその夜、春浪氏は同家へ泊る事となり、臨川氏は階下に、春浪氏は二階に各々《おのおの》床に就いた。ところが夜中になると春浪氏は、ビールの祟りで小便を催す事甚だしいが、勝手は知らずに下に降りるのも面倒臭いからと、二階から放射しようとしたが、どうしても戸が開かぬ。窮余の一策、先刻飲んだビール壜の蔵《しま》い残したのが五、六本並んでいたので、しめたとばかりこれに発射し、かくする事が両三度、翌朝までに二、三本を満した。

　翌朝起きると、また飲まずには済まされぬ連中の事だから堪らない。起きるが否や酒だ酒だと大騒ぎ。けれども日本酒はシツコイからとビールということになった。臨川居士まずコップに注いで一寸《ちよつと》啜ると、なんだか変な味である。

『オイ、このビールは変ってるんじゃないか、少し味が変だぜ』

　と女中を呼んで聴くと、女中の答えはこうである。

『昨晩お抜きになったばかりで、召上らないのが二、三本ございましたから、なんでもあるまいと思って差上げましたのですが……』

　それまで気が付かずにいた春浪氏、さてはと思ったが、この場合そう明す訳には行かない。可笑《おか》しいところがかえって気の毒で堪らないので、日本酒にしようと無理無体に日本酒を主張し、その場は何とも言わずにすました。しこうして、後になってから春浪氏この事を臨川居士に話すと、居士もまた一奇人、直ちに平然と答えて曰く、

『ナーに君、構わんさ。腹の中を素通りにして来たんじゃないか、いくらも真物と違やしないよ』

　酒の席での「馬鹿野郎」を別にすれば、温和で、非常に暖かみのある中沢だったが、喉頭結核になって、治る見込みがないとなった時には、さすがに性格の暗い面が顔を出したようだ。

　中沢の死の前年の大正八年末、木佐木が原稿をもらいに中沢の家を訪れ、よもやま話に、中沢の知人が成功した話をすると、中沢の明るかった表情が変わり、やつれた顔にさっと暗い影がさして、それっきり口をつぐんでしまった。その後、その知人が失脚したことを知ると、今度は喜んだそうだ。

　その知人が、中沢とどういう関係にあったのか知らないが、これを読むと、病魔は中沢の心まで冒していたとしか思えない。

中沢の死の時、押川春浪はすでに亡く、吉江孤雁はフランス滞在中であったが、最後まで吉江が帰国するまでは生きていたいといっていたという。四十三歳、中沢もまた、志半ばにしての死だった。

〔参考文献〕
『近代文学研究叢書14』（人見圓吉・昭和三十七年十二月・昭和女子大学近代文化研究所）
『野球生活五十年（選手篇）』（飛田穂洲・昭和二十二年十月・双山社）
『明治の文学者たち』（前田晁・昭和十七年四月・砂子屋書房）
『工房小閑』
『野球ローマンス』
『ニヤニヤ交友帖』
『木佐木日記』
〈冒険世界〉〈武侠世界〉〈運動世界〉
〈運動界〉〈中央公論〉

泉谷祐勝

いずみたに・すけかつ
1882〜1967

第一回早慶戦、一番打者。
宮内省野球班を組織して、快進撃。

〔天狗倶楽部〕のメンバーは、その七割ほどがスポーツ関係者であり、そのうちの七割ぐらいが野球関係者だ。ほとんどが、明治時代後期の早慶全盛期の選手だが、やはり当時の名選手で、野球殿堂入りはしなかったものの、特異な経歴を持ち、後世に名を残すことになったのが、泉谷祐勝だ。

泉谷祐勝は、明治十五年三月、兵庫県、神戸元町通（現・神戸市中央区元町通り）の善照寺というお寺に三人兄弟の次男として生まれた。生家の姓は佐々木だが、幼いころ養子に出されて、母方の泉谷を名乗ることになったという。

神戸は横浜と同じく居留外国人の多い町で、早くから野球が盛んだったが、泉谷は高等小学校三年のころから、師範学校のチームに入って外野を守っていた。

明治二十九年に開校した神戸第一中学（現・県立神戸高校）に入学すると、すぐに野球部を創設し、その一方で社会人チームの神戸倶楽部に入り、日曜日や休日には、近所の子供たちを集めて練習に励んだという。泉谷は野球以外でもスポーツ少年で、中学時代は陸上競技でも活躍した。

明治三十五年四月、泉谷は早稲田大学と改称される半年前の、東京専門学校に入学した。そして、明治三十六年十一月二十一日の栄えある第一回の早慶戦にキャッチャー、一番で出場している。明治三十八年四月の早稲田大学野球部、アメリカ遠征にも参加した。

このころの笑い話にバントがある。神戸で洗練された野球を身につけていた泉谷は、早稲田に入ると、試合で、当時ブントと呼ばれていたバントを盛んにやった。ところが、これを見た安部部長が、そんな卑怯な打ちかたはいけないといって、叱ったというのだ。

ところが、アメリカに遠征してみると、向こうの選手は、作戦のひとつとしてバントを行う。これを知った安部磯雄部長は、やっとなっとくしたというのだ。これ以上ないというほど、野球に理解を示していた安部が、バントを卑怯な打法といったというのだから、当時の野球の稚拙さが偲ばれる。

泉谷のプレーぶりは、さすがに神戸仕込みで、洗練されてスマートだった。早稲田野球部初代主将でキャッチャーの大橋武太郎が、家庭の事情で学校をやめ、キャッチャーがいないところに、泉谷が入ってきた。しかも名選手なので、早稲田野球部ではおおいによろこんだという。

ちなみに、慶応義塾大学野球部で後に活躍する佐々木勝麿は、泉谷の実弟で、ショートを守り、華麗な守備で人気があったが、この兄弟の野球センスは抜群だったらしい。

明治三十九年に大学を卒業した泉谷は、神戸に帰った。単なるサラリーマンではなく、独立して貿易会社をやるつもりだったという。また、子供の時から海外雄飛にあこがれ、ハワイ移住を本気で考えていたし、アメリカ遠征の時、初めてアイスクリームを食べ、こんなうまいものはないから輸入しようと考えたこともあったそうだ。

泉谷は、神戸でアメリカ在住の友人とタイアップして、花蓆《はなむしろ》の輸出会社を設立した。けれども、これはアメリカの輸入関税の高率化が障害となって途中で挫折する。そして、十二月に、一年志願兵で東京麻布の第一歩兵連隊に入隊した。この時、おもしろいエピソードを残している。

早大旧選手の泉谷祐勝君が志願兵生活をやっていた時の事である。

ある時、師団の演習に従って茨城県は土浦方面へ出掛けて行ったが、時しも数時間の暇があったので、ブラブラ散歩しながら同地の中学辺へ行ってみると、そのグラウンドで中学生が頻りと練習をしているところに出会《でくわ》した。日ごろ軍規とかなんとかいうやかましい規則に縛られて、この世ながらの別天地に籠っている身には、浮世の風が懐しい。まして快よい戛々《かつかつ》の響きを聞いたのであるから、矢も楯も堪まらず、僕にも打たしてくれとバットを握った。

中学生連中は何を生意気な兵隊奴《め》がと思ったが、それでも快諾して打たしてやると、これはまあ、打つは打つは、火の出るような痛快な奴を三つ四つ五つと連発する。少々驚いてその後はカーブも投げてみたが、それもまたお茶の子だ。これは唯者ではないと見て取ったが、まだそれでも早大に名ある大選手とは気が付かない。驚いた揚句が癪に触って、とどのつまりはデッドボールを喰わしたそうな。

後に至って、中学生らはこれが泉谷君なる事を知ってさらに驚き、苟《いやし》くも帝都の名士にかかる無礼を働いては野球冥加《みょうが》に尽きるの道理、一同謝罪に行かなければならぬとまで協議を定めたが、そのうちに隊は出発して、事はそれなりけり。ただ徒《いたずら》に泉谷君旅中の一笑話として、今もなお話の種になっている。当時土浦の投手をしておって泉谷君に球を投げ付けた星野三郎君、著者に語って曰く、『実際、癪に触りやんしてね、でも後で泉谷さんと知った時にゃ、本統《ほんとう》に驚いて蒼くなりやんしたよ』と。

除隊後、泉谷は獅子内謹一郎とともに、京浜電気鉄道会社（現・京浜急行電鉄）に入社したといわれる。ただし、獅子内の入社は明治四十三年だし、明治四十四年四月のスポーツ雑誌に、「御承知の通り、僕は二、三年間郷里に働いておった」とあるから、除隊後、すぐ入社し、羽田グラウンドの建設に携わったというのは、まちがいだろう。なんにしても、泉谷入社は、この会社ですでに技師長として働いていた、中沢臨川との関係からにちがいない。

明治三十九年の早慶戦中止と並ぶ、明治野球界の二大紛争のひとつである野球害毒論争は、明治四十四年秋からはじまったが、この問題に関して、泉谷は、こんな感想を述べている。

御承知の通り、僕は二、三年間郷里に働いておった。その間野球に対する渇望は、大小となくあった。二、三有力なる新聞紙によって漸《ようや》く癒しておったのだ。在京諸君の想像にも及ぶまいが、地方の好球家が一般各新聞の運動欄を待ち焦れ、かつその記事を盲信する事は全く大したもので、それによって判断し、それによって□がれるものだ。僕のごとき比較的野球家に親交あるものですら、新聞記事を過度に信じ、とんでもない間違いを引起した例は少なくない。ところが実際に臨んで、始めて記事の無責任なる事を確め得たのである。これも東都新聞の全部ではない。畢竟《ひっきょう》、ある一、二の新聞が人気に投ぜんため、敢てするのである。

僕がここに無責任といい陋劣《ろうれつ》というのは、仕合経過の不正確や数字上の誤謬《ごびゅう》などではない。もちろん個人の批評でもない。寧《むし》ろ僕は寸鉄人を刺すような、また大に叱咤鞭撻して技術の進歩や精神上の修養に貢献する批評に対しては、真に感謝しておるのである。ただ野球の何たるをも知らず、もちろん選手や関係者と親交もなく、一の政策として選手の名を傷《きず》つけ、団体を中傷し、ひいて野球そのものを罵倒するような記事をいうのである。これらの記事は、表面上その関係者に非常なる迷惑を与う事のみならず、一面には我野球界の発展を直接間接に阻害するは、確かである。これに就いては他日詳しく話そうと思うている。要するに、無責任なる記事が前途洋々たる我野球界に禍根を残してある事は事実である以上、野球選手はもちろん、我々野球関係者たるもの、それに対する策を講ずる必要があると思うのである。それで僕はこの策の第一歩として、この後再び無責任なる陋劣なる記事を掲げ、少くとも我野球界を傷けんとする新聞紙に対しては、各学校野球部及び団体より公然その新聞首脳者に記者の派遣を断り、入場を謝絶し、場合によりては我野球界のため、鉄拳制裁の一つも加えてやりたいのである。

あえて、野球害毒論については、ここでは繰り返さないが、まだ本格的な〈天狗倶楽部〉対〈東京朝日新聞〉の戦いになっていない段階で、スマートな紳士といわれた泉谷が鉄拳制裁を主張しているということは、泉谷が、いかに野球を愛していたかを物語る証左といえるだろう。

泉谷は真からのスポーツマンだった。明治四十四年の十一月、翌年、日本が初めて参加したスウェーデンのストックホルムで行われた第五回オリンピック大会の予選会が、〈日本運動倶楽部〉と〈大日本体育協会〉

の共催のような形で、羽田グラウンドで行われた。その時、泉谷は百メートルと立幅跳び（当時はオリンピック種目だった）に、出場している。この時、三十歳。百メートルでは、同じ〔天狗倶楽部〕の三島彌彦に敗れたが、立幅跳びでは、みごと優勝している。けれど、オリンピックの代表選手は、短距離の三島とマラソンの金栗四三《かなぐりしそう》に決まり、惜しくも泉谷は選ばれなかった。

泉谷が、京浜電気鉄道会社を辞めたのは、いつのことかわからない。しかし、大正三年十月号の〈武俠世界〉には、東西製薬株式会社社員となっている。ここで、泉谷は進歩的なスポーツ論を展開している。

曰く寸暇《ひま》がない……曰く大人気《おとなげ》ない……曰く年を取ると駄目だ……こんな人に「テング」の意気を鼓吹したい。

在学当時は立派な運動家で快活無邪気な選手も、一歩校門を去ると、全く別人のように運動を疎《うと》んずる人がある。それが近年ますます多くなる傾向がある。

もちろん運動という範囲内には野球、庭球、蹴球、ホッケー、ゴルフ、短艇競漕等はいうまでもなく、柔道、撃剣、弓術、水泳種種雑多なものが含まれている。しかし僕がここにことさらいうのは、最も縁の深い野球選手から得た事実を主とするのである。

僕は旧野球選手の多くを知っておるが、今なおボールに親んでいる人はごく少数である。中には球でも握ろうものなら罪悪のように一口にケナす人がある。こんな人は最も甚しいものであるが、多くの人は『寸暇がない』というか『大人気ないから』とか『年を取ると駄目だ』などというのが普通の理由である。僕は諸君の前に断言する。いかに繁雑な仕事に従事する人でも、運動のために割く暫くの時間を絶対得られないという事はない。論より証拠だ。吾が天狗倶楽部の連中もあるいは編集室に、画室に、鉱山に、事務室にそれぞれ面倒臭い仕事を持っていれば、また家庭の用務もある。また責任ある教育に従事してござる教授連もある。種々雑多な人々の寄り集りだ。しかし日曜の午後に何かあると、始末に付かないほど我れも我れもと集ってござる。僕だって日々細かい仕事をやっておる。それに最近日曜もなく、実に閉口頓首しておるが、やはり運動の機会は決して逃さない。出来得るだけの都合をして、半日でも運動場で汗を流して来る。『大人気ない』とか『年を取ると駄目だ』などいうのはもってのほかで、彼等は嘗《かつ》ては自分等が親んだ運動競技を『大人気ない』とケナし、『年を取ると駄目だ』と自ら早老し大《おお》いに紳士振ってござるが、僕は彼等の心得違いが誠に不憫である。同時に彼等が在学中選手たる栄冠を荷《にな》うておったのは、実際運動そのものに多大なる趣味を有し、これによって身体の強健を計り、生気を養うという考えはなく、ただ伎倆のみについて周囲より称賛さるることを得意としておった、一種の見え坊でなかったかと疑いたくなる。僕などは旧選手として年からいえば申分もない老《ろう》耄《もう》だが、決して運動競技を大人気ないとは思わない。僕は早熟したくない。いつまでもいつまでも青年の元気、当年の意気を保持したい。(中略)

ある人はいうかも知れない。日本人は小さくとも先祖伝来の大和魂がある世界の強国だと。その世界の強国たる大和民族が、運動によってますます軀を鍛えたならば、層一層世界に誇るべき国民たるを得る道理である。

要するに僕は、こんな心得違いの旧野球選手諸君はもちろん、各種運動選手と否とを問わず、社会一般の青年諸君に吾々の信ずる『テング』の意気を鼓吹したいのである。所謂《いわゆる》正義大道のため、自己の信ずる所をドシドシやって退《の》けるまでである。運動は何でも来いだ。野球、庭球はもちろん、柔道、撃剣、相撲、弓術、競走、玉突、あらゆる競技は決して辞さない。時には壮快極まる武者旅行もやる、遠征も企てる、講演会も催す。
この活気と意気とを国民挙《こぞ》って発揮したならば、将来我日本人は精神的にも肉体的にも大発展を来す事と信ずるのである。テテンのグー。

泉谷が宮内省（現・宮内庁）に入ったのは、大正三年のこと。辞令には九月二十六日付で「主猟寮勤務ヲ命ス」となっている。そのいきさつを友人に宛てた手紙がある。『天皇の野球チーム――スコアブックの中の昭和史』（桑原稲敏）より、孫引きする。

これ（宮内省入り）はもちろん郷土の連中を驚かせた。しかし、根を洗えば不思議でもなんでもない。血縁関係の者が多く省内にいたし、仕事が仕事で、形こそ違っているが一種のスポーツで、民間で個人でやれば、大した道楽で大変な費用を要するシュウチングゲーム（狩猟）を、しかも手当て給料を貰って年がら年中大威張りで、当時の宮内省風を吹かせながらやるのだから、これほど有難いことはない。
民間で一狩猟期間かかっても撃ち切れない弾数を一日で撃ちまくれるほど、ゲームが出来るのだから全く壮快だ。お陰であらゆる鳥類から最後には猪、熊と一騎討するスリルも味わった。

泉谷の配属された式部職主猟寮は、天皇陛下や皇族が狩猟を楽しまれる時、その下準備をしたり、お供をするのが仕事だった。なぜ、泉谷が宮内省の仕事につくようになったかは、あきらかではないようだ。だが、人脈は泉谷の夫人・鎮子かららしい。鎮子の父親は第十五代将軍・徳川慶喜の実弟で、その関係から宮内省に勤めている血縁者がいたようだ。
宮内省に入った泉谷が、幼少時代より野球に興味を持って、三角ベースをやって遊んでいた当時の摂政宮祐仁《ひろひと》親王（後の昭和天皇）のご内意を受けて、宮内省の野球チーム結成に取りかかったのは、大正十二年の秋だった。泉谷は飛田穂洲などとも相談して、早稲田実業の選手を数人、宮内省に入れ、もともとの宮内省の職員で野球のできるものを集めて、宮内省野球班を組織した。

こうして、泉谷の努力で結成された宮内省野球班は、大正十三年五月、二十七チーム参加した第二回の丸の内野球選手権大会に出場した。そして、快進撃を続け、遂に決勝戦で第百銀行チームと戦い、延長十五回の大激戦の末、優勝した。この試合で、泉谷は監督で一塁を守っている。

その後も、宮内省野球班は摂政宮や皇族の要望で、毎週のように親善試合をやった。その相手には学習院大学、早稲田大学などにまじって、歌舞伎の六代目・尾上菊五郎のチームや、奇術の天勝野球団なども含まれている。

この宮内省野球班が有名になると、女性ファンが増えたが、中でもモテたのは泉谷だったという。当時の新聞には、ずいぶんと艶聞をおもしろおかしく書き立てられたが、それは、まんざら火のないところに立った煙ではなかったらしい。そんな泉谷も、家ではワンマンだった。

とにかく口うるさい男で、身体の弱い母にも絶対に昼寝をさせなかった。隣の部屋へ行こうとすれば、手ぶらで行くな！　と怒鳴るんですからね。母はそんなおやじに疲れ切ったのか、四十五歳で亡くなったの。子供の教育もスパルタで、机のそばについてビシビシ鍛えた。そのお陰で、子供たちの成績はよかったけどね。あんなおやじのどこが偉いもんですか！　たしかに顔立ちは立派だけど、中身は自分勝手な男ですよ。髭を生やす男は気の弱い奴って、昔から相場が決まっているでしょう。家では絶えず吼《ほ》えている狼みたいな男で、口応えなんかしようものなら、すぐにゲンコツが飛んできて、一里くらい吹っ飛ばされちゃう。そのくせ一歩外に出ると愛想をふりまき、すごく評判がいいんですからね。

泉谷が宮内省を辞めたのは、大正十四年の半ばだった。宮内省が世間の批判を浴びて、禁猟区を開放し、銃器による狩猟を中止したのが、きっかけだった。

宮内省を辞めた泉谷は、東邦電力に入社し、昭和十四年まで勤務。この年、東京大学野球連盟の常務理事に就任している。昭和十六年十二月に太平洋戦争が勃発すると、泉谷は軍に駆り出されて、軍需産業開発のために、樺太《カラフト》から北朝鮮、台湾、中国南部、海南島などを回った。

終戦直後に肺炎を病み、それを機に自称〈天下の浪人〉を名乗ったという。晩年の泉谷は、宮内省に勤めていた時に覚えた菊作りと、金魚の飼育が趣味だったという。

昭和四十二年二月三日、死亡。八十五歳だった。

泉谷の野球に関する遺品は、その後、遺族により、秩父宮記念博物館に寄贈された。

〔参考文献〕
『天皇の野球チーム』
『野球ローマンス』
『早稲田大学野球部五十年史』
『もうひとつのプロ野球』
〈冒険世界〉
〈武侠世界〉
〈運動世界〉
〈月刊国立競技場〉

獅子内謹一郎

ししうち・きんいちろう
1884～1941

早大野球部、屈指の強打者。
地方野球の育成に地道な努力。

〈天狗倶楽部〉の野球殿堂入り四人男のうち、橋戸頑鉄は社会人野球の父、飛田穂洲は学生野球の父、押川清と河野安通志は日本プロ野球の創始者として、その足跡を球界に大きく残している。いずれも、早稲田大学野球部黎明期の名選手だ。だが、名選手は、これだけではない。地方野球にではあるが、立派な貢献をなし、父と仰がれている人物がいる。それが、岩手野球の父と呼ばれる獅子内謹一郎だ。

獅子内は、明治十七年三月二十五日、岩手県盛岡加賀野村（現・盛岡市加賀野）に哲三の長男として生まれた。祖父は明治維新前は武士であり、獅子内の家柄は武士だった。明治二十六年四月、獅子内は盛岡第三尋常小学校（現・城南小学校）を経て、盛岡高等小学校（現・下ノ橋中学校）に進学。明治三十年四月、盛岡尋常中学（現・県立盛岡第一高校）に入学した。

一年下に歌人の石川啄木がいたが、獅子内が一度、落第したため、ふたりは同級になり、仲がよかったという。当時の盛岡中学は、非常に成績に厳しく、たとえば獅子内より一年早く入学した生徒は百七十七名だったが、順調に卒業したのは、たった四十六名だったそうだ。

獅子内と石川は屁垂れ仲間として、学校の休憩時間などに、運動場の芝生に横になり、ハシゴッ屁やうぐいすの谷渡りなる妙技を競った。いずれも健啖家で、ある日、蕎麦の食べ比べをし、獅子内はかけそばを二十杯食べて第二位（第一位は二十一杯）になったことがあるという。

獅子内が三年生の時、学校に野球部ができた。さっそく入部した獅子内はキャッチャーを務めたが、五年生の時、一関中学（現・県立一関第一高校）から試合を申し込まれ（もっとも、これは野球部ではなく有志だったらしい）、この時、はじめてピッチャーをやり、32対2の大差で一関中学を撃破した。

明治三十六年、盛岡中学を卒業した獅子内は、早稲田大学に入学し、野球部に所属した。この年の十月十日、早稲田野球部は横浜アマチュア倶楽部と対戦したが、獅子内はよほどバッティングがよかったらしく、橋戸や押川を押し退けて四番を打っている。

さらに十一月二十一日に行われた、記念すべき最初の早慶戦ではセンターで五番を任された。成績は五打数二安打。何回かに早稲田が点を取った時、獅子内が生還したが、ホームベースで慶応のキャッチャー・青木と衝突。青木がボールを落としてセーフになったが、その戦況を獅子内が東北弁で「慶応のキャッチャーに、ディーンとぶつかりやした」と説明したが、その口調がおもしろく、一同、大笑いで、以後、獅子内は〈デーンデーン〉とあだ名されたという笑い話もある。

また、この試合では河野安通志がピッチャーを務めたが、その後、河野が肩をいためたために、獅子内がピッチャーに転向した。速球投手で、キャッチャーの泉谷祐勝や押川清がキャッチボールの相手をしても、ミットに響いて手が痛くてたまらないという速さだった。

当時、一番ボールが速いといわれたのは第一高等学校（現・東京大学教養学部）の黒田昌恵だったが、これよりも速いといわれたほどだった。しかも、獅子内は外見は粗豪に見えても、なかなか神経質な凝り性だったから、この重任を背負ってからは、一生懸命ピッチングの練習をし、その冬の休暇に故郷に帰った時は、中学のグラウンドに行って、生徒を相手にキャッチボールをやった。

また、自分の家の裏に雪で土手を作り、ストライクの標的を作って投げる。毎日、五百球、六百球と投げ、いちいち、その成績をパーセントで出して押川や橋戸に送ってきたという熱心さだった。

明治三十七年の二月末、前年、早稲田に15対5で負けた独逸協会（現・独協大学）から復讐戦を申し込んできた。この試合で、獅子内はピッチャーを承ったが10対1で返り討ちにしてしまった。この一戦が、獅子内が公式戦でピッチャーを務めた唯一の試合になった。

というのも、これで獅子内の順調な野球人生が始まるかと思われたが、まもなく、獅子内は早稲田を退学してしまう。家庭の都合で、盛岡高等農林学校（現・岩手大学農学部）の獣医科に入学してしまったのだ。

有力なピッチャーを失った早稲田は大いに弱った。一応、肩を痛めた河野がピッチャーに復帰したが、なんともおぼつかない。そこで、野球部長の安部磯雄は、獅子内の家まで赴き、早稲田大学復帰を懇請した。これに対して、獅子内家も、要望を受け入れ、獅子内はふたたび早稲田のユニフォームを着ることになった。

復帰したのがいつのことかわからないが、明治三十七年十月三十日の、対慶応大学第二回戦には六番サードで出場している。そして、獅子内の早稲田復帰は、非常にタイミングがよかった。というのは、安部部長は、野球部創設当初から、その年に日本一になったらアメリカ遠征を約束していたのだが、なんと、この年、この慶応戦で勝ちをおさめたのをしめくくりとし、学習院、一高など強豪をすべて倒した早稲田は、七戦七勝の成績で日本一になったのだ。

明治三十八年四月四日、早稲田大学チームは、アメリカ汽船［コレア号］で、アメリカ西海岸のスタンフォード大学をはじめとする、いくつかの大学や高校との試合をするために、横浜を出発した。一行は安部部長をはじめ十三人だったが、もちろん、その中に獅子内も含まれていた。

この渡米には、ずいぶん、おもしろいエピソードもあったようで、獅子内がオランダ人を柔道で投げ飛ばし、弟子にしたというのだ。というのも、この船には、アメリカに柔道武者修行に行く、講道館の大野秋太郎三段が同乗していたのだが、この大野と獅子内が試合をやったのだ。

この日午後、寝床の敷物四、五枚を甲板上に運びて、大野氏（講道館三段）と余等一行の獅子内氏（無級）との柔術試合あり。外人の物珍しげに環視するに、我より仕合を促せしも、応ずる者無かりしが、一稽古を終りて大野氏室に帰るや、両手を拱《こまぬ》きて傍目《わきめ》も振らず熱心に見居たる一外人、突如として踊り出で、彼より仕合を求むるに、こは面白しと獅子内氏は、腕に息を吹き掛けつつ、むずと組合しが、彼は骨格逞ましき天晴《あっぱ》れの好漢、我に敗あらば日本柔道の名を汚がさんかと、一同心に獅子内氏の勝を祈りしが、最初はまず彼を組で伏せ、その咽喉を扼《やく》して我の勝となりしも、彼の力量侮るべからず。再度は一度下になりし獅子内氏、矢声《やごえ》と共に刎返《はねかえ》りて、ついに敵を膝下に敷き、二回とも勝は我に帰したり。看客は喝采して日本の柔道を称賛する事頻りなりき。強健なる一和蘭《オランダ》人はこの勝負を見て初めて柔道の妙を悟り、膝を屈して獅子内氏にその教授を受けんと乞い、航海中の子弟となれり。

早稲田大学のアメリカ遠征は、成績は七勝十九敗と、見るべきところはなかったが、学んできたものは多かった。スパイクシューズの使用、ピッチャーのワインドアップ投法、バント、グラブの使用法……。これらは、早稲田大学野球部が帰国すると、安部部長、橋戸主将をはじめ、各選手たちが率先して、日本球界に普及させていくが、獅子内も、そのひとりだった。

明治三十九年秋、恒例の早慶戦は、一勝一敗で、いよいよ決勝戦というところで、中止になってしまう。両校応援隊の応援合戦が過熱しすぎてしまったのだ。

先の二試合に四番サードで出場していた獅子内も、残念だったにちがいない。

しかし、野球をやめたわけではなく、その後もアメリカ軍艦チームや慶応以外の強豪チームと戦っている。たいてい三番、四番、五番を打っているから、よほど打撃のいい選手だったにちがいない。

そのほかにも、この早稲田時代、獅子内が熱中したのは、柔道とカルタ（百人一首）だった。柔道は〔コレア号〕の経験がきっかけになったのかもしれないが、在学中に講道館二段になっている。カルタは突手という札の取りかたのうまい選手で、大学時代に全日本選手権を獲得したという。明治四十四年二月に中央歌留多同盟が発表した番付では、西の横綱に獅子内の名前があり、一等と書いてあるから、これが優勝した年のことかもしれない。

相撲も強かった。やはり、学生時代からはじめたようで、大相撲の幕下中位とは互角に勝負したらしい。獅子内は明治四十三年七月に早稲田大学を卒業したが、明治四十四年三月にチームが第二回目のアメリカ遠征をする際、〔天狗倶楽部〕主催で早大渡米選手送別大角力というのが行われたらしい。その時、横綱の土俵入りをやったのは、〔天狗倶楽部〕の大関といわれた大村一蔵のようだが、三役の獅子内を太刀持ちに推挙したと、〔天狗倶楽部〕メンバーで早稲田野球部のチームメイトだった泉谷祐勝が書いている。

また明治四十三年一月の〔天狗倶楽部〕対一高の相撲の番付では、東前頭五枚目に、恐山雄獅川とある。おそらく、これが獅子内だろう。

そのほか、獅子内は、なんにでも凝るほうで、悪筆を直そうと書道の先生のところに通い、相当の字を書くようになったという。マージャン、釣り、茸《きのこ》取りにも熱中したそうだ。

大学を卒業した獅子内は明治四十三年に京浜電気鉄道会社（現・京浜急行電鉄）に入社し、主として羽田グラウンドを管理する仕事についた。これは〔天狗倶楽部〕の中沢臨川の縁からではないかと思う。

大正三年、満州に渡り、南満州鉄道（満鉄）に入社した。これは、やはり満鉄に勤務していた〔天狗倶楽部〕メンバーの内垣実衛との関係からだと思われる。大正四年十月、〔天狗倶楽部〕の有志が満州・朝鮮旅行をした時は、長春で内垣と共に一行を迎え、地元の野球クラブと試合をしたり、審判を務めたりしている。満州でも、野球はかなりやったらしく、満州野球界の開拓者としての評価も高い。

大正七年、四国出身のソノと結婚。このころは長春駅の助役（貨物主任説もある）を務めていたようだ。この年の四月に、ロシアに向かう途中で長春を訪れた吉岡信敬も、歓迎を受けている。

大正八年、帰国。しばらく東京に住んでいたが、その後、盛岡にもどった。十年春、盛岡中学野球部から指導を依頼される。この指導がよかったのか、盛岡中学は、第七回全国中等学校優勝野球大会（現・全国高等学校野球選手権大会）の東北予選に破竹の快進撃をして優勝した。

獅子内は、「腰の弱い者、尻の肉付きの薄い者は、強打者にはなれない」と力説し足腰の強化を重視した指導を行ったという。また精神面では、「野球の練習の時は、天狗になったらダメだ。練習時には、世界中で自分ほど下手な者はないと思え。そして、試合の時は、世界中で一番自分が上手だと思ってプレイしろ。そうすれば、試合で上がることはない」といったそうだ。

大正十二年、国鉄・仙台運輸保線事務所（現・JR東日本＝仙台支社）に入社、野球部監督に就任。さらに昭和二年には盛岡運輸保線事務局（現・同＝盛岡支社）の開設に伴い、盛岡にもどり、ここでも野球部監督を務めた。監督を辞めてからは、山田線の上盛岡駅長として勤務。駅構内にダリアの花を植え〔ダリア駅長〕と呼ばれる。

このころ、盛岡中学が駅から近かったこともあり、非番の時など、着流しでグラウンドに足を運び、そのスタイルで、「怒れ！　怒れ！　返球を俺にぶっつけろ！」といって猛ノックを続けたという。選手が本気で返球しても、獅子内は軽くバットのグリップエンドでそれを受け止める。すると、それが、火の出るようなゴロになって選手のほうに飛んでいったという。

そんな獅子内だったが、昭和十三年、子供たちと相撲を取っている時、からだの変調に気がつく。診断を受けると腰椎炎だった。この病気がもとで、晩年は床につきがちになり、昭和十六年十月二十九日に死亡。五十八歳だった。

昭和三十年、岩手県の社会人野球発展の功労者としての獅子内の遺徳を偲んで、都市対抗野球岩手県予選に、〈獅子内賞〉が創設され、最高殊勲選手に贈られることになった。

〔参考文献〕
『盛岡一高野球百年』（弓村胡鰐・平成三年八月・私家版）
〈冒険世界〉〈武侠世界〉
〈運動世界〉〈報知新聞〉

佐竹信四郎

さたけ・のぶしろう
?〜1936

世界柔道武者修行。前田光世とも「対決」して、波瀾の結末に。

〔天狗倶楽部〕のメンバーに柔道家は少なくないが、その一番手は講道館柔道の前田光世（コンデ・コマ）、そして第二番手が（第2部の会員名簿ではまだ四段だが）佐竹信四郎五段だ。生年をはじめ、出身地、略歴など、ほとんどわかっていない。講道館入門は明治二十五年五月。

前田は明治三十七年に、世界武者修行の途に上り、結局、日本にもどらず、ブラジルでその生涯を終えたが、佐竹は明治三十八年大相撲の横綱・常陸山《ひたちやま》一行とともに渡米し、前田らと合流したり、単独行動をとったりしながら、二十八年間、世界各地を武者修行して歩いた。

しかし、残念ながら、その業績は前田ほどには残っていない。最初、佐竹は柔道の普及というより遊学のつもりでアメリカに渡り、コロンビア大学に入学しようかと考えたらしい。ところが、前田の活躍を聞いて、じっとしていられなくなり柔道修行をした。

前田とは十年間ぐらい行動を共にしたが、ふたりとも大酒飲みで、とくに前田の酒から起こった失敗談がある。これが、実におもしろい。南米はブラジルでの話だ。

チリをあとにアルゼンチンに入ったのは一九二〇年ごろだった。ここでも例によって土地の猛者連と試合して、前田君はブラジルへ、僕はウルグアイ、パラグアイの二国へ回り、三ヶ月後、リオデジャネイロでおち合った。

おち合う前に、前田君からの手紙によると、ブラジルではこの三ヶ月のうちに、挑戦して来た奴を皆片づけてしまって、君が来ても相手はない、しかしもう半年くらいは柔道の印象を叩き込む必要があるから、二人で何とかひと芝居うとうじゃないかといってきた。それから二、三回手紙の往復あって、すっかりお膳立てができ上り、いよいよ僕のアルゼンチン乗込み——という段取りになった。この芝居の筋書きは、柔道家が書いたにしては傑作で、二人もなかなか役者だったと思う。

さて、わたしがリオデジャネイロに行くと新聞記者がインタビウに来た。いろいろ話の末、記者が、

「前田という柔道家が来ているのを知ってるか。彼は自分が柔道の世界的チャンピオンだといっている」

というから、

「前田とは何者か。柔道の世界チャンピオンは俺だ。どんな奴か知らんが怪しからん」

と、奮慨してみせた。

これが早速、翌朝の新聞にデカデカと出る。すると更に次の日、新聞記者が前田に会った顚末《てんまつ》が出ている。

「佐竹という男が柔道の世界チャンピオンを僭称しているそうだが、甚《はなは》だ心外の至りである。この上は彼と一戦して、どちらが本物か実力によって世間に問う必要がある」

てなことをいって、前田が頻りに憤慨しているという記事だ。

そこで土地の大新聞社が主催になって、二人の決戦試合を開こう——となったのだが、前田のほうでオイソレと承知しない。

「佐竹が僕と試合をするのなら、まずその前、僕がこの土地で殪《たお》した連中を全部、しかも僕が彼等を殪すに要したのと同じ時間、またはそれ以下の時間で片づけた上でなければ御免蒙《ごめんこうむ》る」

と、主張するのである。

実はこれが芝居のヤマで、前田が先に来てやっつけた連中十二、三人と一人ずつ試合をするには、少くとも二ヶ月以上かかる。しかも以上の条件で試合すれば、二番煎《せん》じでも相当人気がある筈である——つまり、前田が先に来て上げた成績を、わたしがまたソックリそのまま挙げようという計画だった。

策戦が図に当って、それから二ヶ月半の間演《や》った試合は非常な評判で、毎夜押すな押すなの観衆だった。

この間は、前田と何かの会合や、路上などで出会っても、お互いに特製の仏頂面をして、言葉も交さんという用意周到ぶり。会って話がしたくなるときは深更人目を忍んで、まるで御法度の恋に悩む二人が媾曳《あいびき》きでもするよう。

こんな苦心をして――といっても茶気半分だが、(ママ)どうやら僕の責任額だけの相手を片づけて、二ヶ月半が過ぎ、いよいよ二人の決戦ということになった。

試合は三本勝負で、火曜、木曜、日曜の三日間に亘《わた》るように、八百長もなるべく華やかにやろうというわけ。この決戦試合は大入りと見越して、市の一番大きな劇場を選んだが、それでも入りきらぬほどの群衆が殺到してきた。

筋書きによって初日は僕の負け。相当の激戦をみせたから、観衆も堪能して帰っていった。ところが二日目になると、前田君すっかり安心して、また酒を飲みだしたから、

「おい、今日だけは止してくれ、またチリでやった一件を繰返されると困るから」

と、僕は心配していったが、

「なァに、大丈夫だよ」

と、いいながらチビリチビリやって肯《き》かばこそ、とうとうまた時間も迫ったというのにベロンベロンに酔ってしまった。

仕方がないのでそのまま柔道着に着替えさせ、リングに上ったが、ゲップをやりながらあっちによろよろ、こっちによろよろ、摑んでる手を放せばすぐにドタリと転んでしまう有様。さすがにこの容子をみて観衆も、

「こりゃァどうもヘンだぞ」

と、思ったらしく、急にがやがやと騒ぎだした。その夜は僕が勝つ番だったので、尻尾《しっぽ》が出んうちに極《け》りをつけてしまおうと思い、いいかげんのところで前田を倒して首締めをかけたが、倒されたのを幸いに前田はグウグウ高鼾《いびき》をかいてしまう。

「おい、手を叩くんだ」(ママ)おとしてしまっては体裁が悪いので、

と、耳元に口をつけて何度もいったが、まるッきり白河夜舟である。二千燭光の電気が四つも灯っている下で、六千人以上の目が一斉に注がれているのだから、僕もすっかり油汗を流してしまった。

しまいに腹が立ってチョット乱暴に揺すぶったら、前田はようやくムニャムニャいいながら薄目を明けて、「何だ」という顔。

「おい、手を叩くんだよ」

と、僕は焦々《じりじり》としながらいうと、分ったような分らんような表情をして、まるで盆踊りの手拍子をとるような恰好で、頗る悠長な拍手を五、六ぺんも続けて打つのである。

「もういい、もういい」

黙っていたらいつまでやっているか分らんので、そういうとようやく止めたが、いやこの時ばかりは顔から火が出るような思いをしてしまった。

審判は、そこで僕の勝ちを宣したが、八百長も程度によりけりで、こんなオカシナ試合を見せては、いかに柔道を知らん観衆といっても承知しない、

「インチキだ!」

「八百長だ!」

「入場料を返せ!」

と、満場総立ちになって、轟々たる騒ぎ。とうとう警官がきて取り鎮め、いきり立った観衆を帰したが、帰してから警官が前田に一寸《ちよつと》警察まで来てくれとなった。

前田は酔歩蹣跚《まんさん》として出かけて行ったが、何を喋ったのか、結局罰金を五百円とられてしまった。

こんなことがあって、せっかく打った芝居も大事なところでぺしゃんこになってしまい、この調子なら日曜にやる筈の最終戦も、いまさらおめおめと出来まい――と、われわれすッかりクサリ込んでいたが、翌朝、何気なく新聞をみると、

『ゆうべの柔道戦は、実に奇怪千万な試合である。

吾人《われら》は強豪前田があんなだらしのない負け方をするとは夢にも思っていなかった』

ここまでは何の変哲もないが、次がふるっている。

『思うに佐竹は、前日の試合にとうてい勝味のないことを知って、卑怯にも前田に酒を飲ませ、その酔いに乗じて勝ったに違いない。前田が締められて奇妙な合図をしたのは、彼が従来一度も負けた経験がなく、手の叩き方を知らなかったのに原因する――』

前田が三ヶ月ばかり先に来ていたばかりにすっかり同情され、お陰でこちらは卑怯者呼ばわりをされるという――どこまでも貧棒籤《くじ》である。

しかし、そのため俄然人気が盛り返され、われわれの杞憂は雲散霧消して、日曜の第三回戦は前のどの試合のときよりも盛会だった。このときは大接戦を演じ、結局わたしが負けて、ブラジルにおける輝かしき世界柔道選手権は前田六段の手に帰したのである。日本において今考えると、八百長試合などをするのは、頗る不真面目のように思われるかも知らぬが、全然理解のない土地に柔道を弘めるためには、時としてこんな手段もとらねばならなかった――ということだけを知っていただきたいのである。

この話は、前田光世によるとメキシコとなっているが、どちらにしても、笑い話であると同時に、先駆者の厳しさを物語るものでもある。

佐竹が、外国人レスラーやボクサーと闘った話はいくつかあるが、いずれも、あっけなくやっつけてしまったというもので、おもしろくない。前田が佐竹とともにキューバに滞在していた時、起こした珍談と武勇伝を紹介しよう。

時は明治四十五年、当時のキューバは常に情勢不安で各地で暴動が起こっていたが、ある時、三千五百人もの反乱軍が蜂起した。これに対して、キューバ政府は義勇兵を募集したが、外国人でもなんでもかまわないというので、佐竹はこれに応募することにした。

「俺だって北清事変の折りには第二補充として招集され、三ヶ月の軍隊教育と第二期の検閲まで受けた。これだけの教育があれば、何も知らん玖馬《キューバ》の軍隊では将官位の資格は充分にある。それに撃剣は余り上手ではないが、それでも真貝忠篤先生の直弟子だ。腕は冴《さ》えんでも持っている長船《おさふね》の業物《わざもの》が斬《き》れる。なにも一生に一度のこと、玖馬の軍人になってみるのも変っていて面白い。日本刀の切れ味を見せてやるのも面白かろう」。

というわけで、政府の兵隊募集係のところへ出かけていった。係官は、柔道で名前を知られている佐竹がきたのでよろこんだ。さっそく採用にしようとすると、「しかし少佐以上でなければいけません。少佐以上なら中将でも大将でも関《かま》わないが、少佐以下では御免を蒙《こうむ》る」と佐竹先生、大きく出た。これには、係官も返事ができない。自分の一存では決められないから、あとで連絡しますと、体のいい拒否。

ぷんぷんして帰ってきた佐竹に、前田が、少し吹き過ぎたんじゃないかというと、「戯談《じょうだん》いうな。少佐よりはどうしても一文も負からない。一兵卒だって別段関いはせんが、苟《いやしく》も日本人が玖馬のような国で、雑兵に出たとあっては、日本人の意気地に関する。将来の歴史にも残る事だ。佐竹少佐が日本刀を揮って敵兵数十人を斬るなどというと、余程エラく見えるからなあ」。さすがは外国にあっても〔天狗倶楽部〕のメンバー。

ところが、事件は、これでは終わらなかった。前田や佐竹が毎日いく体育クラブで、佐竹が、キューバ人は意気地がないと演説をやったのだ。半分は冗談での演説だったが、これを聞いたキューバの軍人が怒った。佐竹に向かって、日本人は中国人と一緒で、口先ばかりだ、といったのだ。

今度は佐竹が怒った。中国と日本を一緒にするなと、この軍人を殴ってしまった。その結果、ついに外に出ろということになった。軍人は決闘だと息まいている。

いやだといえば、弱虫といわれるだろうし、勝ったところでも自慢にならないと思った佐竹、しょうがないから、敵に攻撃だけさせて、自分は防御のみの戦法をとることにした。

ところが予《かね》て申合せたものか、軍人の友達が三人介添人然としてやってきた。そして顔を突け睾丸を蹴れと盛んに応援する。これに加え、佐竹に向って、柔道を用いてはならん、玖馬《キューバ》の決闘は拳闘でなくてはいかんなどという。佐竹は、

『俺は決闘してるんじゃない、防御してるんだ』

と悠然として敵手《あいて》を遇《あし》らっていると、三人は大に激して、

『それなら俺等が加勢してお前にかかるぞ』と一緒に飛蒐《とびかか》る気勢を示した。佐竹はここにおいて猛然として怒った。

『汝等は全く訳の判らん奴だ。俺は今日敵手の軍人に気の毒をしたと思ってるから、それで防御ばかりしているのだ。攻撃しようという考えがあれば、拳闘よりも一歩進んだ当身《あてみ》を応用するのに何の訳はない。それも知らず四人で蒐《かか》るというなら、今度こそ実際に決闘する。痛められても後で苦情をいわんという事を書いて一一署名しろ』

とポケットから手帳を出して、三人に突付けた。意久地のない三人はその勢に尻込して、

『イヤそんな訳でいったのではない』

『そんなら黙って見ておれ。余計な事をいうな』

と更に軍人と戦闘を続ける。

敵手は流石《さすが》に軍人の体面を知ってると見え、恐れもせず再び突進して来る。佐竹は依然柔道の稽古でもするようにやっているが、敵手は全力を挙げ十数分間戦っても、佐竹に一指も染める事が出来ぬ。

彼は遂に精神惑乱したのか、一歩退ると見るや、突然抜剣して滅茶苦茶に切蒐《きりかか》って来る。佐竹は真《ま》逆《さか》と思っていたから、身をかわす間もなく臀部を

やられたが、先方が周章《あわ》てているので刀の平で切ったから、微傷をも受けない。余りの暴状に佐竹もとうとう堪忍袋の緒を切り、敵手の腕でも折ってくれんずと本気で突進すると、友達は危うしと見て中に入る。同時に、異変ありと聞いて騎馬巡査が二、三騎飛んで来る。これで敵手は腕を折られずに済んだが、故意か偶然か友達の一人が持っていた剃刀を現場に落してあったので、少しく面倒となり、いよいよ警察の御厄介となる事となった。

佐竹は別に恥ずるところはないので、別に心配もせなんだが、敵手方は驚いたと見えて、前の勢はどこへやら、抜剣した事は警官の前でいわぬようにと頻りに嘆願する。佐竹は笑って答えなかったが、警察に行っても別に多くを語らず、単に向こうのいうた事を承諾して、その夜は佐竹のみ帰宅を許された。

翌日は裁判所に呼出されて、予審判事の訊問だ。幸い判事は佐竹の門弟なので逐一事情を申立て、国家有事の際、軍人が一小事のため罪を受くるがごとき事は極めて残念であるという風に説いたので、判事もその意を諒とし、単に説諭を与えたのみで、軍人も無事放免さるる事となり、この事件は落着を告げた。

佐竹は相変らずの元気で、今も、時々蛮勇を振う。どうも日本人の欠点としてすぐ手の方が先に出るが、佐竹もこの事に就ては大《おおい》に軽率を恥じておった。しかし少佐落第の素破抜《すっぱぬき》と同時に、一寸《ちょっと》報告する事然り!!

こうして、世界を股にかけて暴れ回った佐竹は昭和九年に、二十八年振りに日本に帰国したが、昭和十一年五月十一日に死亡した。五十四～六歳ぐらいではなかったかと推定される。

〔参考文献〕
『世界横行　柔道武者修業』

『世界横行第二　新柔道武者修業』
〈冒険世界〉〈武侠世界〉
〈柔道〉〈中央公論〉

三矢新太郎

みつや・しんたろう
通称・魚屋の新公
生没年不詳

早稲田鶴巻町の野球通。
その魚新とは俺のこと。

〔天狗倶楽部〕のメンバーの中で、最も異色の存在が、三矢新太郎だろう。三矢の名前は、〔天狗倶楽部〕会員名簿には見出すことができないが、会員とみなして問題はない。早慶野球戦華やかなりしころから、牛込区（現・新宿区東部）早稲田鶴巻町に、野球狂の魚屋がおり、それが三矢だった。

熱狂的な早稲田ファンで、早稲田の試合があると仕事を放り出して見物にいく。いつのまにか早稲田の選手や〔天狗倶楽部〕のメンバーとも親しくなって、〔天狗倶楽部〕の半纏《はんてん》を着て、応援をするようになったり、運動雑誌に選手と一緒に写真に写るようにもなった。

早稲田大学運動場を中心として、ボールの音、バットの音の響が聞ゆる所、戸塚村一帯の人は多少ベースボールに趣味を持たぬものはない。勧学院の雀が習わぬ経を読みだしたように、ただ大学の学生が仕合をするのを見るばかりでは承知が出来ず、遂に自分達が運動服姿甲斐《かい》々しく、運動場に立ってバットを揮い、球を投げるようになった。戸塚野球団は即ちこの先生達の名称である。

このチームの支配人が、有名な野球狂肴《さかな》屋の新公である。早稲田の運動場に野球仕合のある折りは、いつでも天狗倶楽部の印半纏を着た、頭の少しばかり禿げかかった四尺八寸ばかりの小男が、縦横に奔走して世話を焼いているのを見るだろう。それが実に新公その人なのだ。

新公はなかなかの野球通である。野球団の述語なぞは、一切英語で知っている。中学生なぞは、野球英語ではとても彼にはかなわない。新公は魔球の種類から早慶現選手の長短所、コップがデトロイトでワグナーがアメリカンスなぞと、遠い亜米《アメ》利加《リカ》のプロフェショナルの批評まで心得ているのだ。

彼は野球に関する知識を求めるためには、自分を空《むな》しうして、人に下って教えを乞うを決して辞さない。近所にいる野球通の書生サンの下宿に押しかけて行っては、案内書の講釈を聞く。かくして得たる知識は、充分消化されて、彼の野球眼を肥やし、正鵠《せいこく》的確なる批評となって現われる。

野球は新公の生命だ、彼は嘗《かつ》て飯よりも賭博が好きであった。家を外に、打って回って女房を泣かした事が度々《たびたび》あった。しかし一度野球の趣味を理解するようになってからは、がらりと性格が変化した。花札を投げ捨て賽《さい》を忘れて、一身を野球に傾倒した。野球見物は彼の道楽となった。仕合のある日は、得意回りを早く済せて運動場に駆けつけて、仕合の準備の手伝いをやる。運動場を掃くやら水を撒くやら、一生懸命で忠実に働く。しこうして仕合が始まると、選手席の後に陣取って物もいわずに静かに仕合を見る。

新公は恐ろしく早稲田贔屓《びいき》だ。早稲田の悪口でもいうものがあると、真赤になって怒る。ベランメイ早稲田は偉いんだぞとは新公の口癖である。早稲田の選手が市加俄《シカゴ》大学選手と仕合をして敗けた時なぞは、涙を流して口惜しがった。新公は誠実と熱誠を以て早稲田の選手に仕えている。早稲田野球団の応援旗を天狗倶楽部の印半纏を着て持つ事は彼新公の誇りである。新公はこれを大なる名誉として己の光栄これに過ぐるものなしと思っているらしい。かくのごとき新公は正に毛色の変た男ではあるまいか。

とにかく、一介の魚屋でありながら、その野球に対する情熱は、並たいていのものではなく、また、実際に、よく野球を理解していた。たとえば、明治四十三年秋にアメリカのウィスコンシン大学が来日して早稲田大学と戦った時、〈運動世界〉というスポーツ雑誌に『肴屋の審判評』として談話さえ寄せている。

野球はやはり面白いや。この間の仕合だって一度も欠かしはしませんよ。面白いからだよ。……話しですかい、私だって話はありますあ。まずねえ、『審判官に付きまして』と大きく出ますか……大抵大きなマッチだと審判官は二人というのが当り前のようになっておりますが、なぜこの仕合には審判官を一人にしたのでしょう。一人じゃあドーしたってうまく出来やしませんや。それに中野さんはベースの方には走って行っても側まで行かないから、あれじゃあよく判りっこはありやしません。早稲田との第三回のにだれだったか忘れましたが、毛唐がホームに辷《すべ》り込んだ時、中野さんが最初セーフって言って、後からアウトと言い直した事がありますね。あの時なんかはホームベースから五寸も離れているので、てんでベースに手が障っちゃあいなかったのです。それでも毛唐が一寸文句を付けましたね。あーいう時なんかベースのすぐ側に行ってチャンと見ておったら、少しだって文句なんか付けっこはあるものですか。

こんな本格的な審判術まで語れる三矢だが、これを、おもしろくないと思う同業者もあった。野球雑誌〈FAN〉には、日本橋魚がしのい生という人が『魚新君に苦言す』と編集人に対して投書している。

興山先生――球界の所謂《いわゆる》名物男魚新君（早稲田の肴《さかな》屋）は魚がしにては通称高田と言い、もとは相当の肴屋であったそうで、自分自身でもそう言うし、また一部の人からも『野球の好きなために商売を失敗したのだ』と言われているが、吾人《われわれ》の観た眼では決してそうとは受けとれない。魚新君の所謂球狂と言う意味は、自分で野球技をやるのではなく見物するでもなく、ただ人足替わりに働くのみだ。昔のことはいざ知らず、昨今では野球によって自分の生活費の一端を補うことに務めている。

試合のある日には河岸へは来ないし、自身でもこんな事を常に口にしている。『大学リーグ戦やその他の対校試合は一番割が悪くてつまらない。ただお極《きま》りの日当しか貰えぬが、角力団や実業団は一番好い。祝儀なども沢山出るのだから……』

吾人《われわれ》は彼よりこの言を耳にして実に苦々しき事と思った。もし魚新君の言が過《あやま》りないとすれば、我日本橋の魚市場に出入りする魚商人の収入は日当以下の収入しかないというように聴えるが、苟《いやしく》も我魚がしにはそんなケチな商人はないと信ずる。しかるに独り魚新君がそうだとすれば、君は一般の商人以下の働きしかない怠け者としか思われない。

仮にも球界名物男と銘打って堂々グラウンドに出入りする以上は、自分の営業は一人前立派にやり、試合日の手伝い等は一切報酬を受けずに働いてこそ真の魚新君の面目を維持する所以《ゆえん》であろうと思う。この考えから、小生ら友人と相謀《はか》り、魚新君にはその営業上に出来るだけの便宜を計る事にしている。

興山先生――小生の魚新君観は以上の通りである。野球は今やますます隆盛ならんとしている。誠に慶賀に堪えぬ次第である。しかしこの際心得なければならぬは、野球の真意を誤解して、自分の大切な営業までこれを無視し、為に身を過るがごときことなきよう戒めたい。

実際に、三矢がグラウンド整備を手伝って、日当をもらっていたかどうかはわからない。魚屋仲間でも、三矢の野球好きは有名だったのだ。飛田穂洲も三矢のことを書いている。

魚屋の新公こと、三矢新太郎が野球に惚れ込んで常習の賭博をやめ、野球選手よりも有名になったのは、私が上京したのちであるから、福田老よりはもちろん後輩である。新公は後年野球と絶縁してテニス・コートづくりの請負人となり、十数人の乾分《こぶん》を有し、裕福な生活をしていっぱしの親分になったが、当時の新公はみすぼらしいものであった。

魚屋を渡世にしていたが、資本を食ってしまったり、打ってしまったりするので満足に渡世ができず、多くはグラウンドに来て練習をみたり、選手がいない時は、近所の子供を相手におぼつかないキャッチ・ボールをして楽しんでいた。そのうち選手たちに認められ、四十一年秋諏訪《すわ》に最初の合宿が設けられるに至って、おばあさん近藤つるの片腕となって働いた。

新公は酒も煙草も嫌いであるから、一件さえ廃業すれば必ず身が持てる男であった。老成していたそのころの選手はたびたび新公を脅かした。

「賭博をうったらもう合宿へ寄せつけない。グラウンドなどに立ち回ったらバットで向こう脛をかっぱらうからそう思え」

野球には恐ろしい執心を持った新公、この一言を真にうけて、その後はパッタリとワルサを止め、魚をかつぎ回るようになった。選手中には資本を融通してやったものもあったろう。口の悪い選手連は新公の魚はときどき腐っているから剣呑だ、などとからかったものであるが、新公自身は、

「おれの魚を食っている選手の元気を見ねえな」

と自慢にしていた。野球部に出入りをしているうち、親類筋の庭球部にも調法がられるようになり、自然コートのつくり方を覚え込み、運動熱の昂騰《こうとう》とともに、各会社、商店が競ってグラウンドやコートを設置するに当たり、新公の運は求めずして開けてきた。彼は大正九年ごろまで野球部に出入りし、試合のたびに世話を焼いていたが、漸次足遠くなり、その後まったく姿を見せなくなった。請負仕事が忙しくなり、いよいよ独立して開業するに至ったのである。

しかし彼はいつまでも野球のことを忘れなかったのであろう。私のコーチ時代、ある試合に勝ったとき合宿の玄関先に水引のかかったサイダーの一箱があり、それに祝大勝——三矢新太郎と筆太に書かれてある。私どもは魚屋の新公、新公と呼び馴れていたから、彼の本名を知らなかった。サイダーが三ツ矢で贈主が三矢、サイダー屋の主人に懇意はないがと、おばあさんに聞いてみたら
「三矢新太郎というのは魚屋の新公のことでがす」。

ああそうか、やはり彼は野球のことを忘れてはいないのだ。私はなんとなくうれしい気持がした。

渡世にものぐさの評判をとっていた新公、一度グラウンドに現われると、二人前も三人前も働く。彼の弟もよくグラウンドの人夫の中に混っていたが、少しでも横着をしていると、ものもいわずにはりたおす。いい年をした弟が兄貴にげんこをかまされて泣面をしているのを私はたびたび見た。

「この野郎、手前が横着をしていたら他のものが動かないじゃないか、手前のような奴あ帰っちめい」

魚屋の新公と、グラウンドの新公とはまったく

別人の感があった。この真剣ぶりがあって初めてのちの三矢新太郎の成功をみたのであろう。

テニス・コート職人になって以後の三矢の消息は、まったく不明だが、〔天狗倶楽部〕メンバーの異色として記憶しておきたい。

〔参考文献〕
『飛田穂洲選集』
〈運動世界〉〈サンデー〉〈FAN〉〈読売新聞〉

押川春浪

おしかわ・しゅんろう
本名・方存（まさあり）
1876〜1914

〔天狗倶楽部〕ナンバー1。
日本SFの祖にして冒険小説家。

〔天狗倶楽部〕は、いまでこそ、忘れさられたスポーツ社交団体だが、その創設者が、日本SFの祖と呼ばれ、明治中期から大正初期にかけて、青少年向き冒険小説・SF作家として、一世を風靡《ふうび》した押川春浪だ。押川春浪という人物が存在していなければ、〔天狗倶楽部〕も存在しなかっただろう。ある意味で押川春浪は〔天狗倶楽部〕の産みの親であると同時に、〔天狗倶楽部〕そのものといってもいい。

押川春浪は明治九年三月二十一日、愛媛県松山小唐人町（現・松山市二番町二丁目）に、父・方義《まさよし》、母・常の長男として生まれた。父・方義は横浜バンド出身のプロテスタントで、日本キリスト教界の元老的存在であり、宮城県仙台市の東北学院の創立者でもある。

春浪は生後八か月で、両親とともに伝道のため新潟に移転した。したがって、出生地は松山だが、その記憶はないと思われる。春浪の幼時の記録は、ほとんど残っていないが、両親にかわいがられ、父は手製の乳母車のようなものを作って、これに春浪を乗せて教会にいったという。このころ、幼時洗礼を受けたという話もあるが、これも、はっきりはしていない。

明治十三年、新潟では七千戸近くが焼失するという大火災が起こった。この大火事で、新潟での布教活動が事実上、不可能になった押川一家は、その年の九月に仙台に転居した。明治十六年、春浪は宮城師範付属小学校（現・宮城教育大学付属小学校）に入学した。春浪は生来、蒲柳《ほりゅう》の質《たち》のようだったが、意志は強かった。この時代、春浪はこんなエピソードを残している。

キリスト教徒の春浪は、学校の食事の時間に、必ず、黙禱を捧げてから箸を取ったのだ。ところが、クラスの仲間たちは、これを見て、笑ったり、悪口をいったりする。そこで春浪は、弁当を食べなくなってしまったのだ。家族も、そのことを知らないが、なにしろ、育ち盛りの少年が昼食を取らないのだから、日に日に元気が衰えていった。

遂に倒れてしまった春浪は、医者に連れていかれたが、どこといって悪いところも見当たらない。そこで、母が春浪に問いつめると、前後の事情がわかった。母が、皆さんと同じように食べればいいのにというと、春浪は「神様にお礼をせずにいただくことは出来ません。そういうことをするよりも、僕は食べずにおる方がよかったのです」と答えたという。

付属小学校四年を終えた春浪は、続いて高等小学校に進んだ。おそらく明治二十年のことと思われる。そして高等小学校二年を終了した時点で、単身上京し、芝区（現・港区東、南部）白金の明治学院に入学した。ここで春浪は、生まれてはじめて野球というスポーツに接し、たちまちのうちに、その魅力に取りつかれる。

当時明治学院野球部には、有名な白州兄弟だの飯田だのという名手がいて、学生間に大に幅を利かせていた。もちろん今日から見ると、日本野球界太古時代の産物で、迚《とて》も早慶のセコチャン程にも行くまいが、それでも僕等は彼等のマッチを見て、あれ以上に巧くなれる人はあるまいと舌を巻いていたものだ。その先生達に教えられて、僕もそろそろ野球を始めたが、性来《たち》が悪いのでなかなか巧くはなれぬ。

その頃の野球は随分《ずいぶん》蛮的であった。まずその扮装からいっても、脚絆で素足の男もあれば、半風子《しらみ》のいそうな古シャツでブラブラ出て来る者もあり、それでも明治学院の奴等はシャレていると攻撃されたものだ。道具なども至って不完全で、グローブもなければ、まだミット時代にも至らず、内野手も素手でピシャピシャ球を受ける。球もきっと弱かったんだろうが、その蛮勇だけは感服すべきである。

春浪には楽しい学生生活だったようだが、野球にのめり込みすぎたのがいけなかった。二度続けて落第し、父に大目玉を食い、仙台に呼びもどされるはめになってしまったのだ。そして、父親が院長を務める東北学院の普通科に入学した。はっきりわからないが十五歳ぐらいの時のことだろう。ところが、ここでも春浪は、乱暴狼藉を働いた。その中のひとつに、犬肉食い事件がある。

その頃生理学の先生に鈴木親吉と呼ぶ農学士があった。解剖の実験をするから犬を殺してもってこいと口を辷《すべ》らしたところ、即刻勇み起ったのは一部の面々、

「ソラお許が出た。天下晴れての犬殺しじゃ！」

と、放課後には近所の犬をさがしてあるく。運悪く白羽の矢の立ったのは、近藤理学博士の犬で、あまり性質のよくないムク犬である。殺せ、イヤ

叱られるぞと犇《ひし》めくを聞いた博士殿、そこは流石《さすが》に学者だけあり、解剖するのなら持っておいでとさばけて出た。早速首に縄をつけて校庭に引っぱり込み、さて撲殺するばかりとなったが、地体犬殺しなど一度も経験のない腕白坊ちゃん共なれば、打てど叩けど死なばこそ、キャンキャンワンワンと牙をむいて吠え立てるばかりだ。

とにかく、首に縄をつけて殺しはしたが、この現場を見ていた上級生と、春浪たちが殴る蹴るの喧嘩になった。その場は、どうにか警官と教師があいだに入っておさまったが、翌日、またもや一騒動が起こった。

翌日漁史等が登校してみると、コワソモいかに？　昨日のムク犬、一夜の間に化けて骸骨になっている。何事ぞと詮議すれば、こいつはまた大変！　食いしんぼうの寄宿舎生が夜の間に来て、肉を尽《ことごと》く失敬して行ったのだ。皆な鑵詰《かんづめ》の空鑵に醤油と水を入れ、犬肉をブチ込んだものをストーブの上に載せておく。異臭紛々《(ママ)》として鼻を衝き、下等牛めし屋の軒に立つ思いがある。

来る先生も来る先生も知って知らん顔をして、授業しては出て行く。課業の間々には、半煮えの犬肉をツマみ出し、舌うち鳴らして、

『うめエうめエ!!』

漁史も三切ばかり食った。その次の時間が英語で、傭《やとい》外人のなんとか申す先生が、杉丸太のように長い軀を運び来って、教壇に立った。

頻《しき》りに曲がり鼻をヒコつかせて、

『フム、フム、臭い臭い』

と独り語をいう。臭い筈だよ、ストーブの上では、犬の肉が今ちょうど食べ加減に煮えている。漁史はもう一片パクつきたいと、涎《よだれ》を流さんばかり。洋人先生は忽《たちま》ち空鑵の一物を認めて、

『これは何だッ！』

と白い目をする。漁史は平然と、

『イット、イズ、エ、ドッグ!!』

と答えれば、先生見る見る赤くなって窓を開けるが早いか、悉《ことごと》く犬肉を投げすてて、イット、イズ、エ、ドッグとは、汝《なんじ》、それ何をいうかと責めかけた。何をいうも糸瓜《へちま》もない。ドッグだからドッグと正直に白状したのだ。他人の事を責むるより、先生は独断で人の所有物を捨ててよいものかと、逆捩《さかねじ》かけると、洋人は綺麗に分けたブロンドの髪に天を衝かせて怒った。イヤ怒っただけならばよいが、いきなり椅子を提げて、打ちもかからん風を示した。

揃《そろ》いも揃った腕白将軍、虚勢におじけて凹み申さぬ。何、失敬なと、気早の三、四人は、鉄拳かためて跳り出れば、彼元来が肝玉の小さきヤンキーなり。赤猿急に青猿と変じ、訳のわからぬ事をキャーキャー叫びながら、こけつ転びつ、尻もちつきつして、教員室へ逃げ込んだ!

そうこうしているうちに、東北学院にも、野球をやる者が入ってきた。春浪は大よろこびでチームを作り、野球をはじめる。ところが、また、大問題を引き起こした。春浪と同じクラスに髪の毛を長く伸ばした、虫の好かない男がいた。春浪は友人と語らって、この男をおどかしてやろうと考えた。その考えたことがすごい。

外国人の女の先生の授業中に、その男の後ろの席に陣取り、気がつかれないように、髪の毛に石油を塗り付け、いい加減、石油がしみ渡ったと思われるところで、マッチで火をつけたのだ。さあ、男の頭は、燃えあがる。春浪の父・方義は放任主義者だったが、いくらなんでも、院長の息子がこんなでたらめなことをやっては、放っておくことはできない。春浪は退学を命じられた。

そこで、次に入ったのが、北海道の札幌農学校(現・北海道大学)だった。官費での入学ができず、私費学生だった。春浪は、未開の原野を開拓して、大地主になってやろうと夢見た。が、ここも春浪には、いごこちのいい場所ではなかった。なんとか適当な理由を作って、学校をやめようと思っていたが、ある時、札幌のごろつきと喧嘩して、目を怪我した。それで、雪の反射は目に悪いというので、仙台に帰ってきた。

しかし、春浪はふたたび東北学院に入ったわけではなかった。明治二十七年に上京した春浪は、芝区三田四国町の大日本水産会水産伝習所（現・東京水産大学）に入学した。山の男がだめなら海の男になろうと考えたのだ。男らしいといえば男らしいが、かなり単純な発想でもある。けれど、これも長続きせず、すぐにやめてしまう。

次に入ったのが東京専門学校（現・早稲田大学）だった。明治二十八年の九月で、父・方義と創立者の大《おお》隈重信《くましげのぶ》が昵懇《じっこん》の間がらだったからだ。学科は専修英語科で、翌年、英語学部と改称された。明治三十一年には政学部邦語政治科に入学しなおした。

この時代の春浪には、めちゃくちゃなエピソードがめじろ押しだ。

五人組の一人、斎藤一郎は最も少額の学資金を送られていた。コレで人なみ以上に飲もうというのだから、その経営たるや苦心惨憺たるものである。三度三度メシを食っては損だとて、毎朝十一時過まで寝て、朝飯が省けたと喜ぶ。菜がなくなれば手近の畑から芋でも大根でも徴発（実は泥棒）してくる。家は田圃の中の一軒家で、以前番小屋であった二畳一間の掘立小屋然たるもの。かように窮迫してまでも酒を飲みたい男であった。

冬のある夜、凩《こがらし》、天地に暴れ狂う時、お定まりの連中、狭いこの間に小ざかもりをやった。杯めぐる数十行、みな酔い倒れてしまった。

漁史も酔ったが、何よりも目茶々々に糞がしたい。戸外へ出れば睾丸も凍るだろ。エエままよ！とモグリ込んだのは押入れだ。闇中ケツを捲くって、板の上だと思ってしたたかやっつ《（ママ）》けたのは斎藤の夜着の上。そしらぬ顔で出てきて、酔うた身の暖かきまま、ゴロ寝してしまったるぞ傍若無人なる。

目白の鐘がゴーンゴーンと淋しく二更《にこう》をつげたるに驚かされて、斎藤目をあけてみれば、灯は消えて真の闇。手さぐりに捜ぐれば豪傑算を乱して討死してるらしい。何はともあれ寒いのは閉口と、押入れから夜着引っぱり出せば、奇怪の臭は暗に漂うて、酔いもさめんばかり。

「フムフム。臭い臭い」

と独話すれば、知ってか知らずか、漁史の寝ボケ声で、

「そりゃ畑の中の家にいりゃ、時々は臭いのは当然じゃ。我慢しろ我慢しろ。ムニャムニャ」

という。斎藤生も何がさて、馬鹿に眠い折りなれば、まさか糞布団とは知らず、そのまま引きかついで寝入ったからたまらぬ。一座の面々糞斑々《はんぱん》として、鹿の子まだらになりにけり。

烏鳴き、夜は紫に明けてみれば、コワそもいかにこの始末。着物の襟が黄《(ママ)》くなっているもあれば、頭に糞の付着しているもあり。一同憤慨したのせぬの。押川もアンマリ無茶じゃ。ヒドイ事をすると喰ってかかれば、

「ハハハハハ、酔漢の行為は狂人の行為に同じ。不起訴じゃ不起訴じゃ。その訴は却下する」

なんかと漁史は平気なり。

やった事は仕方がない、貴様も手伝えと、井戸側へ蒲団担ぎ出して、つるべの水をジャブリジャブリかけて、蒲団の丸洗いをやった。ところが元来安蒲団、サラサの紅が剥げるやら、綿が固まってしまうやら、散々の為体《ていたらく》。おまけに冬の事とて、十日あまりは乾かず、斎藤大凹みに凹んで、押川の尻の穴は曲ってるから注意しろと、人毎に吹聴したものだ。

明治三十三年は、春浪にとって記念すべき年になっ

た。十一月十五日、精根こめて書いた『海島冒険綺譚　海底軍艦』が出版になったのだ。ひとつの学校に落ちつけず、野球にばかり夢中になっていた春浪にも、もうひとつの面があり、少年時代から雑誌に文章を投稿したり『水滸伝』などを読んでいたし、その後もユーゴーやデュマ、ヴェルヌなどを読んでいたのだ。

そして、痴情小説や淫猥文学ならいけないが、雄大豪健な小説なら日本にもあって欲しいと、三か月の時を費やして三百余枚の『海底軍艦』を書き上げた。それが、当時、大出版社であった博文館の社員の巌谷小波《いわやさざなみ》の推薦で、博文館の孫会社・文武堂から出版された。

日本の国籍を離れ、南海の孤島に隠れた軍人が、来るべき人種戦争のために、無敵の潜水艦を造って、時を待ち、日本の船に攻撃をしかけてきた海賊船団を撃滅するというスケールの大きな海洋軍事冒険小説は、読者から好評をもって迎えられた。ここに、冒険小説作家・押川春浪が誕生したのだ。

ちなみに、この春浪という雅号は、最初、巌谷小波がつけてくれた春波というのを、波の字が弱いといって浪に変えたものだった。

『海底軍艦』の成功により、春浪には少しずつ、作品の注文がくるようになった。明治三十四年六月には、短篇集の『航海綺譚』が大学館から刊行され、その翌月、春浪は東京専門学校を卒業した。巌谷小波との関係から、巌谷主宰の文学サークル〔木曜会〕に入った春浪は、田山花袋、永井荷風などとの付き合いもでき、また母の病気の療養先の鎌倉で、国木田独歩などとも知り合った。

明治三十六年に、春浪は浅草の鳥料理屋〔大金亭〕に勤めていた西山亀子と結婚した。亀子夫人を伝える資料はあまりないが、学生時代から大酒を飲んで暴れる春浪も、亀子夫人の前ではおとなしくなったという。

巌谷の誘いで、春浪が博文館に入社したのは、明治三十七年のことだった。日露戦争が始まると、博文館では〈日露戦争実記〉という戦争状況を伝える雑誌を創刊したが、その増刊号として〈日露戦争写真画報〉

というグラフ雑誌を出すことになった。そのスタッフに招かれたのだ。

翌年夏、日露戦争が終結すると、この雑誌は明治三十九年一月号から〈写真画報〉とタイトルを変え、読み物、漫画なども載せるグラフ誌に変身したが、この編集長に春浪が抜擢された。〈日露戦争写真画報〉での働きが認められたのだろう。

そして、さらに、この〈写真画報〉は、明治四十一年一月から〈冒険世界〉という雑誌に変身し、春浪は今度は主筆に迎えられることになる。この雑誌は、〈探検世界〉という先行雑誌の後追いだったが、春浪のキャラクターが強く打ち出された、冒険・探検・武侠を売り物にした、熱血青少年向き雑誌で、すばらしい売れ行きを見せた。


冒険世界は何故に出現せしか。他無し。全世界の壮快事を語り、豪胆、勇侠、磊落《らいらく》の精神を鼓吹し、柔弱、奸佞《かんねい》、堕落の鼠輩《そはい》を撲滅せんが為に出現せしなり。冒険世界は鉄なり、火なり、剣なり。千万の鉄艦鉄城を造り、五大州併呑《へいどん》的の壮途を語る事もあらん。猛火宇宙を焼尽すがごとき、破天荒の怪奇を述る事もあらん。また、抜けば玉散る三尺の秋水、天下の妖髡《ようこん》を鏖殺《おうさつ》するの快談を為す事もあらん。


勇ましい創刊号の巻頭言だが、春浪は実際、この通りの編集方針で〈冒険世界〉を作った。一方で、次々と武侠冒険小説を書く。子供も生まれた。春浪の前途は洋々たるものだった。春浪が、スポーツ振興・発展のために〔日本運動倶楽部〕を創立し、〔天狗倶楽部〕を組織するのは、明治四十二年四月、もっとも油の乗り切っている時だった。

元気もよかった。こんなエピソードがある。春浪が夫人や子供と千葉にいく汽車に乗った時のことだ。同じ車両に乗った、ふたりの陸軍将校が、下品な話をはじめた。

ところが、彼等の低級談はますます佳境に入ったものと見え、いよいよ風紀紊乱《びんらん》に問わねばならぬまで進んだ。もうどうにも我慢が出来ない。先生は蹶然《けつぜん》と起ち上るや、二人の将校を真正面から見た。一人は少佐、一人は大尉。先生はいきなり少佐の面前へ突貫した。そして彼の胸間に燦然《さんぜん》と輝いている金鵄《きんし》勲章を摘《つま》み上げ、チャラチャラと鳴らしながら、

「おいおい、コレは玩具《おもちゃ》の勲章なのか」

驚いたのは二人の将校。怫然《ふつぜん》色をなして叫んだ。

「コラ、貴様はなんという無礼な真似をするか。この勲章は武功により畏《おそ》れ多くも陛下から賜ったものではないか」

「陛下から賜ったものに相違ないか」

「もちろん、わかり切った事だ」

「陛下から賜ったものに相違なければ、貴様達は何という不良軍人だ」

「なに我々を不良軍人、もう捨ておくわけにはいかん」

「不良軍人でない？　不良軍人でないものがなんの話をしていた？」

「何を話していようと貴様の知った事じゃない」

「ほざくな逆臣。かりそめにも陛下より戴いた勲章をつけながら、口にすべからざる猥《みだ》らな話をして恥とせざるは、それでも軍人の体面に関せぬと抗弁するか」

色白の漁史が瀟洒《しょうしゃ》たる白セルの洋服を着た姿は、鬼のような二人の将校の前には何等の威力を示すものではなかった。彼等は言葉には詰ったが、最後の武器を持っていた。

「生意気をいうな」

大尉は剣を握って威嚇した。

「なんだ貴様、斬るというのか」

「帝国軍人を侮辱するも甚だしい。ぶったぎってしまう」

「これは面白い。望むところだ。さあ潔く戦おう。待て用意をする」

先生はそういい切らぬうちに上着を脱ぎ捨て、カフスボタンを引きちぎるや左の腕をまくし上げた。白いあまり強そうにもない二の腕が現われると、それをポンと叩いた。

「俺は生憎《あいにく》なんにも武器を持っておらぬ。さあこの腕を斬れ。俺はそれを以て貴様等と闘うのだ。さあ斬れ」

二人は凜然《りんぜん》たる男の魂に打たれて、暫《しば》し呆然として立ちすくんだ。

「さあ斬れ。臆したか、みっともないぞ」

ややあって、少佐は直立不動の姿勢に、挙手の礼をとりながら、

「許して下さい。私共の誤りでありましたッ」

大尉も等しく挙手注目の礼をとって恐れ入ってしまった。


できすぎた話のようであるが、いかにも春浪を思わせる行動だ。

〈冒険世界〉も、春浪自身の作品も、売れに売れた。だが、いいことばかりは続かなかった。明治四十三年の秋から、〈東京朝日新聞〉（現〈朝日新聞〉）が野球害毒論なるキャンペーンを張って、野球選手や野球競技そのものの攻撃をはじめるのだ。そして翌年、野球を愛する〔天狗倶楽部〕一党と、真正面からぶつかり合う。

このキャンペーンの音頭を取ったのは、〈東京朝日新聞〉の社会部長で、その手腕を評価された渋川玄耳《しぶかわげんじ》だが、この渋川に踊らされた新渡戸《にとべ》稲造《いなぞう》博士が、野球は巾着切りのスポーツだなどと発言したため、春浪は激怒し、〈東京朝日新聞〉と大論争になる。さらに、野球擁護にまわった〈東京日日新聞〉（現〈毎日新聞〉）、〈読売新聞〉などが、新聞販売合戦にこの野球害毒論キャンペーンを利用し、社会的問題にさえなった。

春浪は、〈東京朝日新聞〉と徹底的に戦うことを宣

言し、〈冒険世界〉の三分の一のページを使って、大反論を書くことを決意したが、これは上司に拒否された。春浪は、これを不満として、博文館を退社し、盟友・小杉未醒の紹介によって興文社という会社を発売元にして〈武侠世界〉を創立する。

　春浪漁史が博文館を出たのは、野球問題で言い分が通らなかったが元であったと思う。運動家及び運動好きの人々に親しく、ある種の中心人物ともなっていた観あり、それらについて責任を感じたであろう。そこで博文館を出て、自身は北海道へ去るなどといっていた。北海道へ遣るは惜しい、別に自身勝手になる一雑誌を作ったらよかろう、という説が友人間にも出で、自身もその気になり、興文社を私が紹介して武侠世界というを造る。天狗倶楽部連中総後援という景気、それでいて自身義理堅きところあり、多年なじみの博文館、自身によって作られた冒険世界、それらに対立せねばならぬことが多分に心を傷め、坪谷氏などが、思い返せと勧告するにも情の断ちがたきものあり、朝から飲んで悶を撥する。深酒となり、その為からだを害《そこな》ったが、武侠世界はよく売れた。
　武侠世界がつまりかれの晩年の仕事で、いくばくならずして死んだ。死期を早めたは、ずいぶんと酒のお影があったろう。なぜまたああも呑んだものか。武侠世界を初めて少しの後、酒の為に病臥《びょうが》した。蚊帳《かや》のまわりを、白衣の巫女が環歩する幻覚があった、などと自身の話。一年ばかり編集を休んだ。寝たり起きたり、仕事をしたり。それから小笠原島へ渡る。小笠原では島の役人に悪政ありとなして、大きに武侠を揮う。早稲田の学校近くの飲食店に悪声あり、生徒の為にならぬとて、これを退治せんとする。天狗倶楽部の活躍など、以前は著作によりてのみ懐抱を述べた。晩年実行に手を出す。期するところは、民族的国家的に、大きい話を持っていたろうが、実行に手の出る時は、眼前不平の事。小問題でも触れようで我慢が出来なかったろう。

かれの書斎に書籍なく、常には一面の世界地図を掛く。南洋、インド洋、アフリカあたりに、日本不平の志士が活躍する幾多の小説の場面は、思うにこの一面の世界地図を眺めていての空想からであったろう。矢野龍渓氏の浮城物語、乃至《ないし》はかのうねび艦の不思議な消失などが、そもそもかれの製作の手がかりをなしたであろう。

「年々五十万ずつ殖える日本の人口を、どうするか」、とよくいっていたが、それも十余年の昔で、今では六、七十万ずつもふえることであろう。まことにこの人口をどうしたものか。北一輝氏のパンフレットには、五十年後には一億になるという計算があった。春浪漁史はこの過剰の人口がひどく気になり、それの出口を塞ぐ外国人の不条理が良からぬ事に思われ、それらの力を、力を以て打開するに、日本的英雄と美しき青年勇士とを用いた。当時の少年のこの上なき面白き読み物、春浪著作の愛読者は、今髯男となって、カナリ多くある事であろう。春浪自身には、もちろん著作その物の興味もあろうが、また大きに実用的の所期あったと思われる。

深酒の原因は、ほかにもあった。野球害毒論から派生して、新渡戸稲造を敵としている男に利用されてしまった春浪は、苦境に陥るのだ。野球害毒論争の直前には、溺愛《できあい》していた長男を亡くし、論争の翌年には母と次男を亡くした。春浪の悲しみは大きかった。

豪放な彼のことであるから、その愛児の死に対しても、人前では涙一滴落したことがない。しかし、彼の心中でどれだけ愛惜の情の深かったかということは、当時の彼の動作を見て、隠微の間に推し測ることが能《でき》る。彼は亡児の残した形見のカバン……小学生の用いるズック製の粗末なカバンを二年越し、その肩から離さずに懸けて歩いた。
（中略）
彼の一挙手一投足、さてはその笑い声の陰にさえ、何となく失神的な暗い影が付き纏《まと》っているように思われてならなんだ。彼の眼からは、従前の元気――生命の光が薄らいでいた。

もっとも親しい友であった中沢臨川は、当時の春浪を、冷静にそして的確に見つめている。

さすがに青少年のカリスマ的存在だった春浪も、新渡戸攻撃で世間の批判を浴びることになった。春浪は、飲みたくもない酒を、むちゃくちゃに飲むようになったのだ。

断酒のために、父に諭されて小笠原にいったが、ここでも、結局、酒を断ち切ることができず、春浪のからだは、ますます酒にむしばまれていくのだ。

大正三年六月に、小笠原島から帰ってきた後の春浪の行動は、ほとんどわかっていない。だが、からだの衰弱はひどかったようで、ある盗作事件の訴訟用の書類さえ、本人は署名しただけで、あとは弟の清が代筆している。それでも、十月二十五日に行われた〔天狗倶楽部〕対運動記者団の野球試合には出場している。ほんとうに、野球には目がなかったようだ。

春浪が肺炎の徴候をきたして床についたのは、十一月のはじめのことのようだが、その原因は、近くに住む、貧しい生活をしている老人が、父のかつての弟子であったというので、どしゃぶりの雨の中を、食べ物の入った南京袋を担いで、持っていったことにあるらしい。自分のからだが満足でないのに、どしゃぶり雨に打たれたのが、一層ぐあいを悪くしたようだ。

十二、三日ごろからは、脳のぐあいもよくなかったようで、混濁した意識の中で、慷慨《こうがい》の口調でうわごとを繰り返し、両手で空を摑んでは「大きい、大きい!!」と口走ったという。また、父に対しては「晩節を汚さないでください」と懇願し、「自分も神の存在を認めているので基督《キリスト》教信者の一人である」と語ったともいわれている。

大正三年十一月十六日、春浪は父、妻、弟、三人の子供たちに見取られて永眠した。わずか、三十八歳の若さだった。

十八日、雑司《ぞうし》ヶ谷《や》の斎場で、キリスト教式の葬儀が行われた。大隈重信《おおくましげのぶ》、杉浦重剛、高田《たかだ》早苗《さなえ》など、各界から五百人の参列者があった。早稲田大学野球部部長の安部磯雄は、万感胸に迫り、途中で弔辞が読めなくなってしまったという。

十一月二十三日、早稲田の戸塚グラウンドにおいて、〔天狗倶楽部〕追悼野球大会、十二月六日、神田青年館で、追悼演説会が開催された。

大正十四年十一月十六日、雑司ヶ谷墓地の押川家墓所において〔春浪天狗碑〕建碑式が行われ、〔天狗倶楽部〕関係者など二十数名が参加した。

〔春浪天狗碑〕の表には、父・方義の書により、「春浪天狗碑　大正十四年中秋　天狗同人建之」と刻まれている。

〔参考文献〕

『近代文学研究叢書15』（昭和女子大学近代文学研究室・昭和三十五年六月・昭和女子大学近代文化研究所）
『蛮勇豪語』（押川春浪・大正三年三月・九十九書店）
『快男子快挙録』
『工房小閑』
『飛田穂洲選集』
『ニヤニヤ交友帖』
『熱血児　押川春浪』（横田順彌・平成三年十二月・三一書房）
『快男児　押川春浪』（會津信吾、横田順彌・平成三年五月・徳間書店）
〈日露戦争写真画報〉
〈写真画報〉
〈冒険世界〉
〈武俠世界〉
〈運動世界〉
〈少年世界〉
〈野球界〉
〈東京朝日新聞〉
〈東京日日新聞〉
〈読売新聞〉

第2部　〔天狗倶楽部〕熱血録

本州横断　癇《かん》癪《しゃく》徒歩旅行――押川春浪

不思議の血＝懦弱《だじゃく》と欲張＝髯将軍の一喝＝技手の惨死＝狡猾船頭＝盆踊り見物＝弱い剛力＝登山競走＝天狗の面＝天幕《てんと》の火事＝廃殿の一夜＝山頂の地震＝剛力の逃亡＝焼酎の祟＝一里の徒競走＝とんだ宿屋

（一）昼寝罵倒《ばとう》

この奮励努力すべき世の中で、ゴロゴロ昼寝などする馬鹿があるかッ！　暑い暑いと凹垂《へこた》れるごときは意気地無しの骨頂じゃ。夏が暑くなければそれこそ大変！　米も出来ず、果実も実らず、万物尽《ことごと》く生色《せいしょく》を失う事となる。夏の暑いのがそれほど嫌な奴は、勝手に海中へでも飛込んで死ぬがよい。今や狭い地球上――ことにこの狭い日本では、碌《ろく》でもない人間が殖《ふ》え過ぎて甚《はなは》だ困っている。怠惰者《なまけもの》や意気地無しがドシドシ死んでしまえば、穀潰《ごくつぶ》しの減るだけでも国家の為に幸福かも知れぬ。

吾党《わがとう》は大いに夏を愛する。暑ければ暑い程鋭気に満ちて来る。やれやれ、何か面白い事をやってくれようと、そこで企てたのが本州横断徒歩旅行！ もちろん亜弗利加《アフリカ》内地旅行だの、両極探検だのに比すれば、まるで猫の額を蚤《のみ》がマゴついているようなものであるが、それでも、口をアングリ開けて昼寝をしているよりは、千倍も万倍も愉快に相違ない。

　出発は八月十日、同行は差当り五人、蛮カラ画伯小《こ》杉未醒《すぎみせい》子、髯《ひげ》の早大応援将軍吉岡信敬《よしおかしんけい》子、日曜画報写真技師木川専介《きがわせんすけ》子、本誌記者井沢衣水《いさわいすい》子、それに病気揚句の吾輩《わがはい》である。吾輩は腹式呼吸と実験から得た心身強健法とで、漸《ようや》く病気の全快したばかりのところへ、要務が山積しているので、実は徒歩発足地の水戸まで一行を見送り、そこで御免を蒙《こうむ》る積《つも》りであったが、さて水戸まで行ってみると、オイソレと逃げる訳にも参らず、とうとう牛に曳かれて八溝山《やみぞやま》の天険を踰《こ》え、九尾の狐の化けた那須野ヶ原《なすのはら》まで、テクテクお伴をする事に相成った。

（二）奇異の血汐《ちしお》

　徒歩出発地は前にいう太平洋沿岸方面の常州《じょうしゅう》水戸で、到着地は日本海沿岸の越後国直江津《えちごのくになおえつ》の予定。足跡《そくせき》は常陸《ひたち》、磐城《いわき》、上野《こうずけ》、下野《しもつけ》、信濃《しなの》、越後の六ヶ国に亘《わた》り、行程約百五十里、旅行日数二週間内外、なるべく人跡絶えたる深山を踏破して、地理歴史以外に、変った事を見聞《けんもん》し、変った旅行をしてみようというのである。

　ところが東都出発の数日以前から、殆《ほと》んど毎日のように暴風大雨《たいう》で、各地水害の飛報は頻々《ひんぴん》として来《きた》る。ことに出発の前夜は、烈風甍《いらか》を飛ばし、豪雨石を転《まろ》ばし、勢《いきおい》で、東都下町方面も多く水に浸され、この模様では今回の旅行も至極《しごく》困難であろうと想像しているところへ、ここに今考えても理由《わけ》の分からぬ事があった。というのは他《ほか》でもない、その夜の事である。本誌お馴《な》染《じみ》の断水坊、暴風雨を冒して遊びに来り、夜遅くまで、二人で将棋をパチクリパチクリやっておったが、時刻は夜半の零時か零時半頃であったろう、吾輩はなんでも香車か桂馬をばパチリッと盤面に打下《うちおろ》そうと手を伸ばした途端である。不意に何か吾輩の食指《ひとさしゆび》の中央《まんなか》にポタリと落ちた冷たいものがある。

「オヤ、雨が漏ったのか」と、熟視すると、雨ではない。豆粒程の大《おお》きさの生々しい血汐《ちしお》である。

「ヤッ、変だぞ、変だぞ」と、断水坊も将棋指す手を止め、この血は鼻から出たのであろうと、二人は顔面《かお》はいうに及ばず、全身残りなく検《しら》べてみたが、どこからも血の出た気勢《けはい》が微塵《みじん》程もない。また鼻から出たにしたところで、鼻先から一尺四、五寸も前へ突出《つきだ》した食指《ひとさしゆび》の上へ、豆粒程の大《おお》きさだけポタリと落ちる道理はないのだ。

「それでは天井から落ちたに相違ない」

「そうだそうだ、天井で鼠が喧嘩して、その負傷した血汐の滴り落ちたのだろう」と、断水坊は御苦労にも卓子《テーブル》を担ぎ出してその上へ登り、吾輩は懐中電灯を輝かして、蚤取眼《のみとりまなこ》で天井を隈《くま》なく詮索したが、血汐は愚か、水の滴り落ちた形跡すらどこにもない。どうも分からん分からん、不思議な事もあれば有るものだと、二人は暫時《しばし》顔を見合《みあわ》すばかり。鮮血は二人の身体《からだ》から出たものでなく、また天井から落ちたものでもないとすれば、空中から飛んで来たものとほか思う事は出来ない。誰か友人中に死んだ者でもあって、その暗示《しらせ》が来たのではあるまいか。イヤそんな事もあるまいが、横断旅行の首途《かどで》にこの理由《わけ》の分らぬ血汐は不吉千万、軍陣の血祭という事はあるが、これは余り有難くない、それにこの大風《たいふう》！　この大雨《たいう》！　万一の事があってはならぬから、明日の出発は四、五日延期してはどうかと、断水坊平生の洒《しゃあ》ツクにも似ず真面目臭《くさ》って忠告を始めたが、吾輩はナアニというので、その夜はグッスリと寝込み、翌朝目醒《めざ》めたのは七時前後、風は止んだが、雨は相変わらずジャアジャア降っている。

(三) 洪水の悲惨

上野発水戸行の汽車は午前十時と聴いたので、さっそく朝飯を掻込《かっこ》み、雨を冒して停車場《ステーション》へ駆け着けてみると、一行《いっこう》連中まだ誰も見えず、読売新聞の小泉君、雄弁会の大沢君など、肝腎の出発隊より先に見送りに来ている。その内に未醒《みせい》画伯の巨大なる軀幹《くかん》がノッソリ現われると、間もなく吉岡将軍の髯面《ひげづら》がヌッと出て来る。衣水子、木川子など、いずれも勇気勃々《ぼつぼつ》、雨が降ろうが火が降ろうが、そんな事には委細頓着《とんちゃく》ない。

やがて午前十時になったので、切符を購《もと》めて出札口に差し掛かると、

「ドッコイ、お待ちなさい。これは水戸行の汽車ではありません。水戸行は午前十一時五十五分です」と来た。

「オヤオヤ、オヤオヤ。誰だ誰だ、水戸行を午前十時だと言ったのは――」と、一同開《あ》いた口をヒン曲げて詮議に及んだが、誰も責任者は出て来ない。元来呑気《のんき》な連中の事とて、発車時間表もよくは調べず、誰言うとなく十時に極《き》めておったのだ。とにかく約二時間待たねばならぬ。ボンヤリしているのも智恵がないから、不忍《しのばず》の池の溢れた水中をジャブジャブ漕いで、納涼博覧会などを見物し、折から号外号外の声消魂《けたたま》しく、今にも東都全市街水中に葬られるかのように人を嚇《おどか》す号外を見ながら、午前十一時五十五分、今度は首尾よく上野出発。この時から常陸《ひたち》山中の大子《だいご》駅に至るまでの間の事は、既に日曜画報にも簡単に書いたので、日曜画報を見た諸君には、多少重複する点のある事は御勘

弁を願いたい。

汽車の旅行は平々凡々、未醒子ははや居眠りを始める。

「コラコラ、今から居眠りをするようでは駄目じゃッ」と、髯将軍の銅羅《どら》声はまず車中の荒肝《あらぎも》を拉《ひし》ぐ。

汽車、利根川の鉄橋に差し掛かれば、雨はますます激しく、ただ見る、河水は氾濫《はんらん》して両岸湖水のごとく、濁流滔々《とうとう》田畑《でんばた》を荒し回り、今にも押流されそうな人家も数軒見える。遭難者の身にとっては堪《たま》ったものではない。禿頭《はげ》に捩《ね》じ鉢巻で、血眼になって家財道具を運ぶ老爺《おやじ》もあれば、尻も臍《へそ》もあらわに着物を捲《まく》り上げ、濁流中で狂気《きちがい》のように立騒いでいる女も見える。融通の利かぬ巡査でも見付けたら、こんな場合でも用捨《ようしゃ》なく風俗壊乱の罪に問うかも知れぬが、今は尻や臍の問題ではない、生命《いのち》の問題である。近来、殆んど連年かかる悲惨なる目に遭い、その上苛税《かぜい》の誅求《ちゅうきゅう》を受けるこの辺《へん》の住民は禍《わざわ》いなるかな。天公桂《かつら》内閣の暴政を怒《いか》るか、天災地変は年一年甚《はなはだ》しくなる。国家のため実に寒心に堪えぬ次第ではないか。

しかるに、走り行く此方《こなた》の車内では、税務署か小林《しょうりん》区《く》署の小役人らしき気障《きざ》男、洪水に悩める女の有様などを面白そうに打《うち》眺めつつ、隣席の連れと覚《お》ぼしき薄髭の痩男に向い、

「どうです、一句出ましたぜ、洪水に女の股《もも》の白きかな――ハッ、ハッ、いかがでげす」などと、嘔吐《へど》のごとき醜句《しゅうく》を吐き出せば、側《かたわら》の痩男は小首を捻《ひね》って、

「なるほどな、秀逸でげす」などと相槌《あいづち》を打つ。同胞の難儀を難儀とも思わぬ困った奴等である。こんな冷酷な役人根性もまた桂内閣お得意の産物なるか、咄《とつ》！

（四）変な駄洒落《だじゃれ》

憤慨ばかりが能ではあるまいから、一つ汽車中の駄洒落を御愛嬌《ごあいきょう》に記そう。

元来、今回の横断旅行は、出発地を太平洋波打際《なみうちぎわ》の大洗《おおあらい》にしようか、大洗水戸間三里の道は平々凡々だから、無駄足を運ばず水戸からにしようかという事は未定問題であったので、吾輩は大洗説を主張し、

「今夜は大洗に一泊して、沖合の夜釣をやってみようではないか」と、提議すれば、未醒子羅漢面《づら》の眉を揚げて、

「途方もない。この風雨《しけ》に夜釣なんか出来るものか。魚は釣れず、濡鼠《ぬれねずみ》になって、大洗（大笑い）になるまでさ」と洒落のめす。吾輩も負けてはおらず、

「そんな洒落は未醒（未製）品じゃ」

「ドッコイ、来たな、駄洒落は止しに春浪《しゅんろう》」

側《かたわら》から吉岡信敬将軍、髯面《ひげづら》を突出《つきだ》して、

「とにかく夜釣は危《あぶな》い危い。横断旅行が海底旅行になっては大変じゃ」

「ナアニ、危いもんか。そう信敬（神経）を起すな」

「アハハハ、アハハハ」と、一同は笑い崩れる。

その内に汽車は水戸に到着、停車場《ステーション》前の太平旅館に荷物を投込み、直ちに水戸公園を見物する。芝原《しばはら》広く、梅樹雅趣《ばいじゅ》を帯びて、春はさこそと思われる。時刻は既に遅かったので、有名な好文亭は外から一見したばかり。この好文亭は水戸烈公が一夜忽然《こつぜん》として薨去《こうきょ》された処《ところ》で、その薨去が余り急激であったため、一時は井《い》伊掃部頭《かもんのかみ》の刺客の業だと噂されたという事だ。

（五）懦弱《だじゃく》千万

大洗《おおあらい》までの無駄足は止《よ》しにして、水戸から発足と決定した。というのは、翌日は行程十五里、山間の大子《だいご》駅まで辿り着いておかねば、その次の日、予定のごとく八溝山《やみぞやま》の絶頂へ達する事は極めて困難であるからだ。その夜は座相撲《すわりずもう》や腕押しで夜遅くまで大いに騒いだ。ところで、水戸から膝栗毛《ひざくりげ》に鞭打って、我が一行に馳《は》せ加わった三勇士がある。水戸の有志家杉田恭介君《すぎたきようすけ》、川又英君《かわまたえい》、及び水戸中学出身の津川五郎君《つがわごろう》で、孰《いず》れも健脚御自慢、旅行は三度の飯より好きだという愉快な連中だ。ところで困ったのは吾輩である。吾輩は元来ここまで一行を見送り、明日は失敬して帰京する予定なので、旅装も何もして来なかったが、新手《あらて》の武者さえ馳《は》せ加わっては、見苦しく尻に帆掛けて逃出す訳にも行かない。且《かつ》は吾輩の膝栗毛も頻《しき》りに跳ね出したい様子なので、ままよ後《あと》の要務は徹夜してでも片付けろと、八溝山をこえて那須野《なすの》ヶ原《はら》まで、一行の尻馬に跟《つ》いてお伴をする事に相成った。

翌日午前七時、昨日《きのう》までの雨に引替えてギラギラ光る太陽に射られながら水戸出発、右に久慈川《くじがわ》の濁流を眺めつつ進む。数里の間《あいだ》格別変った事もなく、ただ汗のだらだら流れるばかり。だんだん田舎深く入込《いりこ》めば、この道中一行の呆れ返らざるを得なかったのは、この地方住民の懶惰《らんだ》極まる事である。孟子の所謂《いわゆる》恒産無き者は恒心無しとでも謂《い》うものか、多少でも財産や田畑《でんばた》のある者は左程《さほど》でもないようだが、その他の奴等に至っては、どれもこれも、汗水流して少しばかりの金を儲《もう》けるよりは、ゴロゴロ寝ていた方が楽だといわねばかり。どこの家《うち》を覗いてみても、一人か二人昼寝をしておらぬ家は殆んど一軒もない。男は越中褌《ふんどし》一本、女は腰巻一枚、大の字也《なり》になり、鼻から青提灯《あおぢょうちん》をぶら下げて、惰眠を貪《むさぼ》っている醜体《しゅうたい》は見られたものではない。試みに寝惚《ねぼ》け眼を摩《こす》って起上った彼等のある者を摑《つか》まえ、

「暑いのは誰でも暑いのだ。ゴロゴロ昼寝ばかりしていずに、ドシドシ草鞋《わらじ》でも筵《むしろ》でも作って売ったらどうだ。寝ている暇に少しでも金儲けが出来るではないか」といえば、彼等は面倒臭いといわぬばかりに、

「この暑いに——、沢山《たんと》の儲《もうけ》がねえだ」と、鼻の先で笑っている。彼等の顔は全く無気力と自暴自棄との色に曇っているのだ。そのくせ、欲はなかなか深い。一寸《ちよつと》した物を買っても、すぐに暴利を貪ろうとする。実に懦弱で欲張り根性の突張った奴等ほど済度《さいど》し難い者はないのだ。

(六) 髯《ひげ》将軍の一喝

一寸《ちよつと》した実例を示せば、我等が船負《ふなふ》という村に差し掛かった時だ。一行は朝から重い天幕《てんと》だの、写真器械だの、食糧品だの、雑嚢《ざつのう》だのを引担ぎ、既に数里の道をテクテク歩き、流るる汗は滝のごとく、身体《からだ》も多少疲れたので、このさき大子《だいご》駅まで四、五里の間、二人ばかり荷物を担ぐ人夫を雇いたいものだ、と村中駆け回って談判に及んだが、誰も進んで行こうとする者はない。

「賃銭はいくらでも出す」と嗾《そその》かせば、

「それではいくら出す」とはや欲張る。

「一人前一円ずつ遣《や》ろう」というと、

「一円ばかしでは——、この暑いに——」と仲間相《あい》顧

みて、「去年来た洋人《いじん》さんは、五両ずつくれたっけなァ」などと吐《ぬ》かす。

「四、五里の道に五円もくれる馬鹿は日本人には無い。それでは一円五十銭ずつ遣ろう」といっても、彼等はいつまでも煮え切らずブツブツいっているので、髯将軍の癇癪《かんしやく》玉が忽《たちま》ち破裂して大喝一声、

「黙れッ！　馬鹿野郎、もう頼まない。ウエー、ウエー、ウエー」と、将軍独得の豚声一喝を食わせ、一行は再び重い荷物を分担してテクテクテクテク。

吾輩は敢《あえ》て重い荷物を担がせられたから憤慨するのではないが、一国の生命は地方人士の朴直勤勉なる精神にありとさえいわれているのに、その地方人士の一部がかくも懦弱にして狡猾なる気風に向いつつあるのは、実に痛嘆すべき次第である。かかる傾向は決してこの地方に限った事ではなく、今や全国に漲《みなぎ》らんとする悪潮流ではあるまいか。彼等朴直勤勉なるべき地方人士をして、かくも懦弱に、かくも不真面目ならしめたのは、偽《にせ》文明の悪風漸《ようや》く日本の奥までも吹き込んで、時々この辺に来る高慢な洋人輩《ようじんはい》や、軽薄な都人士《とじんし》等《ら》の悪感化を受けた故《せい》もあろう。苛税誅求《かぜいちゆうきゆう》の結果、少しばかりの金を儲けたとて仕方なしとの、自暴自棄に陥った故《せい》もあろうが、要するに大体の政治その宜しきを得ず、中央政府及び地方行政官は、徒《いたず》らに軽佻《けいちよう》浮華なる物質的文明の完成にのみ焦り、国家の生命の何物であるかを忘れ、一も偉大なる精神的感化力をば、彼等に与うるの道を知らざる為である事は疑いを容《い》れない。国家の最も憂うる処《ところ》は、貧乏でもない、外敵でもない、宏大な官庁が無い事でもない、狭軌鉄道が広軌鉄道にならぬ事でもない、実に国人《こくじん》意気の沈滞と民心の腐敗とである。民心の腐敗その極に至れば、国家は遂に見苦しく自滅する他《ほか》はないのだ。今日我国は貧乏にして生産力に乏しいというが、富力を増し生産力を高める余裕はまだまだ沢山ある。ブラブラ遊んで暮らすのを誇りとしている一部上流社会の奴原《やつばら》を初めとし、ろくろく食う物も食えぬくせに、汗を流して努力する事を

好まぬ下等人士に至るまで、惰眠を貪《むさぼ》りつつ穀潰《ごくつぶ》しをやっておる者共は、今日少くとも日本国民三分の一位はあるであろう。願《ねがわ》くは何か峻烈《しゅんれつ》なる刺激を与え、鞭《べん》撻《たつ》激励して彼等を努力せしめたならば、日本の生産力もまた必ず多大の増加を見る事は疑いを容《い》れまい。こんな事は民力の発展などは眼中にない愚劣政治家共に話したとて分るまいが、真に国家の前途を憂うる人士は、大いに沈思熟考せねばならぬ問題であろうと思う。実に今日は、レオニダスのごとき大政治家出《い》づるか、日蓮のごとき大宗教家現われ、鉄腕を揮《ふる》い、獅子吼《ししく》を放って、国民の惰眠を覚醒せねばならぬ時代であろう。区々たる藩閥の巣窟に閉籠《とじこも》り、自家の功名栄達にのみ汲々《きゅうきゅう》たる桂内閣ごときでは、到底、永遠に日本の活力を増進せしめる事は出来ない。

(七)狡猾船頭

思わず理屈を捏《こ》ねたが、この時は理屈どころではない。疲れて足を引摺《ひきず》り引摺り、だんだん山道に差し掛かる。道は少しも険阻ではないが、ただ連日の大雨《たいう》のため諸所《ところどころ》山崩れがあって、時々頭上の断崖からは、土石がバラバラと一行の前後に落ちて来るには閉口閉口。一貫目位の巌石《がんせき》がガンと一つ頭へ衝《あた》ろうものなら、忽《たちま》ち眼下の谷間へ跳ね飛ばされ、微塵《みじん》となって成仏する事受合《うけあい》だ。ああ南無阿彌陀仏南無阿彌陀仏。現に久《く》慈《じ》川《がわ》のとある渡船場《わたしば》付近では、見上ぐる前方の絶壁の上から、巨巌大石《きょがんだいせき》の夥《おびただ》しく河岸に墜落しているのを見る。この絶壁下には先頃まで鉱山事務所があったのだが、轟然《ごうぜん》たる山崩れと共にその事務所はメチャメチャになり、一人の技手は逃げ損って蛙のごとくに押潰され、その片腕とか片脚とかは、かの巨巌の下に今なお取出す事が出来ず残っているという事だ。これには流石《さすが》の髯《ひげ》将軍も首を縮めて、お得意の奇声を放つこと飢えたる豚のごとし。

この渡船場で滑稽な事があった。河水はさまで氾濫していなかったが、渡船《わたし》に乗って向うの岸に着き、

「船頭、いくら遣《や》ろう」と訊《き》けば、

「一人前四銭ずつだ」と、黒鬼のような船頭は澄ました顔をしている。

「そうか、高い渡船銭《わたしせん》だな」といいながら、八人前三十二銭渡して岸に上《あが》ると、岸上の立札には明《あきら》かに一人前一銭ずつと書いてある。

「此奴《こやつ》、狡猾《ずる》い奴だ」と、兵站《へいたん》係の衣《い》水《すい》子、眼玉を剝き出し、

「八人前八銭でないか、余分を返せ」と談判に及べば、船頭は一旦《いったん》握った金を容易に放して堪《たま》るものかと、

「この大水だで――」と頑強に抵抗したが、「馬鹿をいうな。二尺や三尺増水したとて、四倍も増銭《ましせん》を取る奴があるものか。癖になるから返せ返せ」と、無理無理に二十銭だけ取返せば、船頭は口惜《くや》しそうに、

「ケチなお客だなァ」と、一行を見送りつついつまでも口を尖《とが》らしている。こっちがケチなのではない。山男のくせに欲張るからとんだ罵倒《ばとう》を受けたのだ。

（八）盆踊り見物

それより山道を或《ある》いは登り、或いは降《くだ》り、山間の大《だい》子《ご》駅の一里半ほど手前まで来かかると、日はタップリと暮れて、十七夜の月が山巓《さんてん》に顔を出した。描けるごとき白雲は山腹を掠《かす》めて飛び、眼下の久慈川《くじがわ》には金竜銀波跳《おど》って、その絶景はいわん方《かた》もなく、駄句の一つも唸《うな》りたいところであるが、一行は疲れ切っているの

でグウの音も出ず、時々思い出したように、オイチニ、オイチニなどと付景気《つけげいき》をして進んで行くと、この山中諸所《ところどころ》の孤村では、今宵の月景色を背景に、三々五々男女相集《あいあつま》って盛んに盆踊りをやっているが、我が一行の扮装《いでたち》は猿股一つの裸体《はだか》もあれば白洋服もあり、月の光に遠望すれば巡査の一行かとも見えるので、彼等は皆周章《あわ》てて盆踊りを止《や》め、奇妙頂来な顔付をして百鬼夜行的の我等を見送っている。ある農家の前に差し掛かった時など、ここでも確かに我が一行に驚いて盆踊りを止めたものと見え、七、八人の男女はキョトンとした面付《つらつき》をして立っておったが、我等の変テコな扮装《いでたち》を見て、

「なんだ、査公《おまわりさん》でねえだ」と、一人の若者、獅子鼻《ししっぱな》を動《うご》しつつ忌々《いまいま》し気にいうと、中に交った頬被りの三十前後の女房、黄《きいろ》い歯を現わしてゲラゲラと笑い、

「白い物が何でも査公《おまわりさん》なら、俺《わし》が頭の手拭も査公《おまわりさん》だんべえ」と、警句一番、これにはヘトヘトの一行も失笑《ふきだ》さずにはおられなかった。

元来盆踊りは先祖代々各村落に伝わり、汗を流して働く農民随一の娯楽で、その唄とても、「ままになるならこの丸髷《まるまげ》を、元の島田にしてみたい」位なもので、東京の真中《まんなか》、新橋や赤坂等の魔窟《まくつ》で、小生意気なハイカラや醜業婦共の歌う下劣極まる唄に比すれば、決して卑猥《ひわい》なるものという事は出来ない。彼《か》の舶来の舞踏など、余程高尚な積りでおるかは知らぬが、その変梃《へんてこ》な足取、その淫猥《いや》らしき腰は、盆踊りより数倍も馬鹿気たものである。しかるに、盆踊りは野蛮の遺風だとかなんとかいって、一も二もなく先祖伝来の盆踊りを禁止し、他《た》に楽み少なき農民の娯楽を奪い去るとは、当世の役人や警官はよくよく冷酷な根性になったものかな。盆踊りの後《あと》で淫猥《いんわい》の実行が行われるから困ると非難する者もあるが、その実行は盆踊りの後に限った事ではない。芝居の帰途《かえり》にもある。活動写真の戻りにもある。日々《(ママ)》谷公園の散歩中にもある。それら淫猥の実行は他の方法で取締るのが当然だ。帝都の真中で密売淫や強姦を十分に取締る事の出来ぬ警察力や、待

合の二階で醜業婦共に鼻毛を読まれている当世の大臣や役人輩《ばら》に、盆踊り位をとやかくいう権能は余りあるまいテ、馬鹿な話である。

その夜十時頃、大子駅に到着。山間の孤駅であるが一寸《ちよつと》有福《ゆうふく》らしき町である。未醒《みせい》子や吾輩は水戸から加入の三人武者を相手に快談に花を咲かせ、髯将軍や木《き》川《がわ》子や衣水《いすい》子は夜中にも拘《かかわ》らず、写真器械引担いで町見物にと出掛け、折よく町はずれで盛んな盆踊りを見付けたので、今度は巡査と間違えられる気遣いもなく、髯将軍は盆踊りの親方らしき若者と交渉の上、首尾よく珍妙な踊りを二、三枚撮影したが、夜中《やちゅう》の事とて不意に閃電《せんでん》のごとくマグネシヤを爆発させて撮影するので、その音に驚き、キャッと叫ぶ女もあれば、閃光に眼《まなこ》を射られて暫時《しばし》は四方真暗、眼玉を白黒にしてブツブツいっている男のあるなど滑稽滑稽。

（九）弱い剛力《ごうりき》

翌日午前六時大子《だいご》駅出発。これから八里の山道を登って、今夜は海抜三千三百三十三尺、八溝山《やみぞさん》の絶頂に露営する積りである。そこで剛力を二人雇い、写真器械だの、天幕《てんと》だの二日分の糧食だけを背負わせたところ、重い重いと頗《すこぶ》る不平顔。

「ナァニ、こんな物が重いものか」と、追い立てるようにして出発したが、その遅いこと牛の歩行《あゆみ》も宜《よろ》しくである。仕方がないから一同その荷物の幾分を分担したが、それでもなかなか速くは歩かぬ。ことに若い方の剛力は懦弱極まる奴で、歩きながら無精な事ばかりいっている。剛力でない、弱力と呼んだ方が適当だろう。

「こんな奴はズット先へ遣っておいた方がよかろう」というので、二、三里先へ行って待っていろと命令して先発させ、一行は或《あるい》は山水の奇勝を写真に撮り、或いはゆるゆる写生などをし、もう牛的《ぎゆう》剛力も余程遠くへ行っているだろうと思い、急足《きゆうあし》に半里《はんみち》ばかりも進んでみると、剛力先生泰然自若と茶屋に腰打ち掛け、贅沢にも半腐りの玉ラムネなんか飲んでござる。癪《しやく》に触って堪らぬ。ホイホイ背後《うしろ》から追い追い立て、約二里ばかり進めば、八溝川の上流、過般の出水の為に橋が落ちている。橋が無ければ徒歩じゃ徒歩じゃと、一同ジャブジャブ水を漕いで渡るに、深さは腰にも及ばぬ程であるが、水流は石をも転《まろ》ばす勢《いきおい》なので、下手をすれば足掬《すく》われて転びそうになる。ドッコイ、ドッコイ、ドッコイショと、爺《じい》様のような懸声《かけごえ》をしながら漸《ようや》く河を渡り、やがて町付《まちつき》という寒村に来掛かれば、もう時刻は正午に近い。

「アア腹が減った。腹が減った」という声が頻《しき》りに起る。この昼食《ひるめし》分は剛力に担がせて持って来たのだが、この前途《さき》山中に迷わぬものでもないから、なるべく食物《しよくもつ》を残しておけと、折りから通り掛かった路傍《みちばた》に、「旅人宿《りよじんやど》」と怪し気な行灯《あんどん》のブラ下がった家があるので、吾輩は早速跳《おど》り込み、

「オイ、飯を食わせろ」と叫ぶと、安《あ》達《だち》ヶ原《はら》の鬼婆然たる婆さん、皺首《しわくび》を伸ばして、

「飯はねえよ」

「無ければ炊いてくれ」

「暇が掛かるだよ」

「三十分や一時間なら待とうが。何か菜《さい》があるか」

「菜は格別ねえだよ。缶詰でも出すべえか」

「缶詰ならこっちにもある。そんな物は食いたくない。芋でも大根でも煮てくれないか」

「芋も大根もねえだよ」

嘘ばかりいっている。現に裏の畑には芋も大根もあるのに、それを掘るのが面倒なのか、高い缶詰を売付けようとするのか、不親切も甚《はなは》だしいので、未醒子《みせいし》大いに腹を立て、

「止《よ》せ止せ、こんな家の厄介になるな」と、一行は尻をたたいてこの家《や》を出たが、婆さん一向《いっこう》平気なもの、振向いてもみない。食物《しょくもつ》本位の宿屋ではなかったと見える。

三、四町行くとまた一軒の汚い旅人宿、幸いここでは、鰌《どじょう》の丸煮か何かで漸《ようや》く昼飯に有付くことが出来た。東京では迚《とて》も食われぬ不味《まず》さであるが、腹が減っているので食うわ食うわ。水中の津川五郎子八杯、未醒子七杯、髯将軍と吾輩六杯、その他平均五杯ずつ、合計約五十杯、さしもに大きな飯櫃《おはち》の底もカタンカタン。

(一〇) 登山競走

町付村《まちつき》から、山道は漸《ようや》く深くなり、初めは諸所《ところどころ》に風流な水車小屋なども見えたが、八溝川《やみぞがわ》の草茂き岸に沿うて遡《さかのぼ》り、急流に懸けたる独木橋《まるき》を渡ること五、六回、だんだん山深く入込《いりこ》めば、最早どこにも人家は見えず、午後四時頃、常州《じょうしゅう》第一の高山八溝山の登り口に達した。登り口には古びた大きな鳥居が立っている。ここから山道は急に険しくなるのだ。絶頂までは一里半、頂上間近になれば、登山者の最もくるしむ胸突《むねつき》八丁もあるとの事だ。

例の剛力先生なかなかやって来ない。鳥居の下で待つこと約三十分、杉田子、衣水子、木川子など付添で漸くやって来た。聴けばある坂道で、剛力先生凹垂《へこた》れて容易に動かばこそ、仕方がないので、衣水子金剛力を出して、エイヤエイヤと剛力の尻を押上げたとの事。これではまるで反対《あべこべ》だ。呆れ返った剛力どのかな。

八溝山の登り口からは、一里半登山競走という事に相成った。凹垂《へこた》れ剛力などは眼中にない。後《あと》からゆっくり来いというので、一同疲れし膝栗毛に鞭を加え、力声《ちからごえ》を揚げてぞ突貫する。初め山道は麓の村落で嚇《おどか》された程急ではないが、漸く樵夫《きこり》の通う位の細道で、両側から身長《みのたけ》よりも高き雑草で蔽《おお》われている処もある。赤土の急勾配、溝のごとくになり、辷《すべ》って転ぶ事も幾回なるを知らず、足を大の字形《なり》に拡げて両側の草を踏みつつ、ヨタヨタ進まねば容易に登る事の出来ぬ場所も五、六町。巌角《いわ》の突出《つきい》で巌石《がんせき》の砕けて一面に転《ころ》ばっている坂道は、草鞋《わらじ》の底を破って足の裏の痛きこと夥《おびただ》しく、折から雲霧は山腹を包んで、雨はザアザア降って来れば、水はこの巌石の細道を滝のごとく上から流れ落ち、さながら急流を踏んで山を登るに異《ことな》らず。

ここに奇妙な事には、昨年日光の山中旅行では、常に凹垂れの大将となり、一行の厄介者であった吾輩、今日はいかなる風の吹き回しか、その元気凄《すさ》まじく、水戸の津川五郎子と前後して先頭に立っている。ああら有難《ありがた》し、これも腹式呼吸のお陰《かげ》、強健術実行の賜物《たまもの》ぞと、勇気日頃に百倍し、半身裸体に雨を浴びてぞ突進する。こんな場合にいつも先陣を争う髯将軍はいかにせしぞと後《のち》に聴けば、将軍、剛力の遅々《ぐずぐず》が癪《しゃく》に触って堪らず、暫時叱咤《しばししった》督励していた為に、思わず大いに遅れたという事だ。

だんだん山道を高く登れば、四方に聳《そび》ゆる群山は呼べば応《こた》えんばかり、今まで遥か高く見えた山々の絶頂も、いつの間にか視線と並行になり、更に登ればはや眼下に見えるようになる。その愉快なることいわん方なく、膝栗毛の進みもますます速く、来た処は、音に名高き胸突き八丁の登り口。日ははや暮れかかり、渓谷《たにま》も森林も寂莫《せきばく》として、真に深山の面影がある。

胸突き八丁の登り口に近く、青い苔の生《む》した断崖から は、金性水《きんせいすい》と呼ぶ清泉が滾々《こんこん》と瀑布《たき》のごとく谷間に流れ落ちている。これぞ八溝川の水源で、この細流に四方の水が合し、滔々《とうとう》として常州の山野を流れ行くのだ。

（一一）先登《せんとう》の自慢

吾輩と津川五郎子とは、百鯨《ひゃくげい》の長川《ちょうせん》を吸うがごとくガブガブ金性水を飲み、太鼓のように膨れた水腹を抱えて胸突き八丁を登って行く。頂上まで殆《ほと》ど一直線に付けられた巌石《がんせき》の道で、西側には老杉亭々《ろうさんていてい》として昼なお暗く、なるほど道の険しい事は数歩前《さき》の巌角《いわかど》の胸を突かんばかり、胸突き八丁の名も道理《ことわり》だ。

しかしこんな事に凹垂《へこた》れる吾輩でない、などと先頭に立っているので大いに得意になり、津川子と共にエイヤエイヤの掛声を揚げて攀登《よじ》る。雨は漸《よう》く霽《は》れたが、流るる汗は滝のごとく、それに梢から滴る露を浴びつつ、帽子もズボンもズブ濡れになって、頓《や》て六、七町も登って上を仰ぐと、嬉しや嬉しや、頭上には古びた神社の屋根らしき物が見える。あすここそ頂上に相違ないと、余りの嬉しさに周章《あわ》てたものか、吾輩は巌角《いわかど》から足踏み滑らして十分に向脛《むこうずね》を打《したた》った。痛い痛いと脛《すね》を撫でつつ漸くそこに達し、拝殿にも上らず、直ちにその後《うしろ》の丘の上に駆け上《あが》ると、ここぞ海抜三千三百三十三尺、高さからいえば富士山の三分の一位のものであるが、人跡余り到らぬ常州《じょうしゅう》第一の深山八溝山の絶頂である。

頂上には一個の石標があって、ここは常陸《ひたち》と下野《しもつけ》の国境《くにざかい》である事を示す。吾輩はすぐさまその石標の上に跳《おど》り上り、遠からん者は音にも聴け、近くば寄って眼にも見よ、吾こそは今日登山競走の第一着、冒険和尚字《あざな》は春浪《しゅんろう》なりと呼《よば》わったが、音に聴く者も眼に見る者も側《かたわら》なる津川五郎子ばかり。四方《よも》の山々は、なんだ人間一疋《ぴき》、蚊のような声を出すなと嘲《あざ》けっているように見える。未醒《みせい》子の漫画では、吾輩群を抜いて一着のように描《か》いてあるが、その実津川子と同着、シカモ吾輩は裸一貫、津川子には重い荷物のハンデキャップが付いている。残念ながら正直に白状仕《つかま》つる。

その内に髯将軍は、全身から湯けむり立てて登って来る。続いて未醒子、木川子など、一行は尽《ことごと》く到着したが、例の剛力先生容易に到着する気遣いはない。

見渡せば、群を抜ける八溝山の絶頂は雲表《うんぴょう》に聳《そび》え、臣下のごとき千山万峰は皆眼下に頭を揃えている。雲霧深くして、遠く那須野《なすの》の茫々《ぼうぼう》たる平原を一眸《いちぼう》に収める事の出来ぬのは遺憾《いかん》であったが、脚下に渦巻く雲の海の間から、さながら大洋中の群島のように、緑深き山々の頭を突出《とっしゅつ》している有様は、実になんともいう事の出来ぬ雄大なる光景であった。泰岳《たいがく》巨峰の風物は人間の精神を雄大ならしめるというが、全くその通りに思われる。

衣水子は山嶽《さんがく》志でも読んで来たものと見え、得意になって頻《しき》りに八溝山の講釈をやる。

「そもそもこの八溝山というのは、全く海抜三千三百三十三尺という不思議な高さで、山中には三水《さんすい》と唱える金性水《きんせいすい》、竜毛水《りゅうもうすい》、白毛水《はくもうすい》の清泉が湧き、五つの瀑布《たき》と八つの丘嶽《おか》とまた八つの渓谷《たに》とがあって、孰《いず》れも奇観だ。ことにこの山中に生ずるサヤハタという木は、水中に在ってもよく燃えるので、その皮を炬火《たいまつ》として大雨中《だいうちゅう》でも振回して歩く事が出来るそうだ。先刻《さっき》通ったあの金性水の所には、昔時《むかし》四斗樽《だる》程の大蛇が棲《す》んでおって、麓の村へ出てはしばしば人畜を害したので、須藤権守《すどうごんのかみ》という豪傑が退治したという口碑が伝わっている。現に今でもこの山中にはなかなか毒蛇が沢山いるという事だ、御用心御用心」と、首を縮めて腰の辺《あたり》を撫でている。

（一二）汗臭い握飯《にぎりめし》

その話は面白いが、しかし吾輩は山登りの汗が引込むに随《したが》い、だんだん寒くなって仕方がなくなった。それもその筈《はず》である。吾輩は帽子もズボンもズブ濡れで、腰から上は丸裸、山頂の雲霧を交えた冷風がヒューヒュー吹き付けるのだから堪ったものではない。シャツや上衣《うわぎ》は今朝剛力の担ぐ荷物の中へ巻入れてしまったので、暑い道中は誠に結構であったが、この寒さでは閉口閉口。ブルブル震えながら山頂に立って、

「オーイ、剛力ィ――。オーイ、剛力ィ――」と叫んで見たが、応《こた》うるものは木精《こだま》ばかり、馬糞《うまくそ》剛力どこをマゴ付いている事やら。

その内に再び雨さえ降って来たので、コリャ堪らぬ堪らぬと、杉田子はお年寄り役だけに、若手の面々を指揮して枯木枯枝を集めさせ、廃殿の横手に穴のような処を見付け出し、頻《しき》りに焚火《たきび》をしようと焦ってござるが、風が吹く、雨が降る、その上燃料が湿っているので火はなかなか付かぬ。エイ生意気な雨だと怒って見ても、雨は相手にならず。

漸《ようや》く火の盛んに燃え付いた頃、剛力先生もまた漸く上《あが》って来たので、まず早速着服に及ぶ。何はともあれ腹が減って堪らぬから、一同は焚火を囲んで夕食に取掛かったが、これはしたり！　一行二日分の握飯は風呂敷に包んで若い方の剛力が背負《しょ》って来たのだが、この男元来の無精者、雨が降っても蔽《おお》いもしなかったものと見え、グチャグチャに崩れた上に、雨に濡れてベトベトになっている。

「こんな物食えるものか」と、怒っても、他《た》に食う物はないので、仕方なく一口やってみたが、これはまた

したり！　なんだか臭いようで、その塩からいこと夥《おびただ》しい。握飯がこんなに塩からい理由《わけ》はないと、よくよく調べてみると、ああ汚いかな、剛力先生数里の間汗だらけになって握飯を背負《しょ》って来たので、流るる汗が風呂敷を通して尽《ことごと》く握飯に染み込んだ次第、つまり握飯の汗漬《あせづけ》が出来た訳だ。

コリャ堪らん。英雄豪傑の汗なら好んでもしゃぶるが、こんな懦弱《よわ》い奴の汗を舐《な》めるのは御免である。万一その懦弱が伝染しては堪らぬと、吾輩はペッと吐出してしまったが、それでも背に腹は替えられずと、苦い顔をしながら食った連中もあった。剛力は無論自分の汗だから平気である。得意になってムシャムシャ頬張っている面の癪《しゃく》に触る事！

吾輩等は握飯を失ったので仕方なく、コーンビーフの缶詰を切り、握飯の中の梅干だけはまさか汗漬にもなるまいと、塩からい冷肉をパク付き、梅干をしゃぶっている心細さ！

（一三）駆落《かけおち》の落書

このミゼラブルな夕食を終ったのは、午後の九時前後であったろう。夜《よ》は暗く、ただ焚火の光の空を焦がすのみ。雨は相変らずショボショボと降り、風は雑草を揺がして泣くように吹く、人里離れし山巓《さんてん》の寂莫《せきばく》はまた格別である。

廃殿の柱や扉には、曾《かつ》てここを過ぎた者の記念と見え、色々様々の文字が記してあるが、中にこんな事も書いてあった。

「明治四十三年十月二十日、黒羽町《くろばね》万盛楼《まんせいろう》の娼妓《しょうぎ》小万《こまん》、男と共に逃亡、この山奥に逃込みし筈《はず》、捜索のため云々《うんぬん》――」と、捜索に来た人間の名も麗々と記してある。こんな山奥に逃込むとは驚いた女もあるものかな、もしや男と共に谷間へ投身《みなげ》でもしたのではあるまいか、どこかそこらの森林で首でも縊《くく》って死んだのではあるまいかと思うと、余り好《い》い気持はせぬ。

その内に夜はシンシンと更けてくる。しかしまだ寝るには早い。イヤ寝るにも毛布《けっと》も蒲団も無いので、一同は焚火を取囲み、付元気《つけげんき》に詩吟するもあり、ズボン歌《うた》を唱《うた》うもあり。風上にいる者は雨の飛沫《しぶき》を受けるだけで我慢もなるが、風下にいる連中は渦巻く煙に咽《むせ》び返って眼玉を真赤《まつか》にし、クンクン狸のように鼻ばかり鳴らしている。

とかくする内に、一同は咽《のど》が乾(ママ)いて堪らなくなって来た。それもその筈だ。汗水たらして激しく山登りをして来た上に、握飯には有付けず、塩からい冷肉を無《む》暗《やみ》にパク付いたので、迚《とて》も堪《たま》ったものではない。

「ああ咽が渇く、咽が渇く」との嘆声八方より起る。なるほど八人口々に唸るのだから、これこそ本当の八方じゃ。

なんでもこの山巓《さんてん》を少し降《くだ》った叢《くさむら》の中には、どこかに岩間から湧《わ》き出る清泉《せいせん》があるとは、日中麓《ふもと》の村で耳にしたので、

「オイ、その清泉《いずみ》の所在《ありか》を知らぬか」と剛力に聴いてみたが、

「一向知らねえだ」と澄ました顔をしている。後《あと》から考えてみると、数回この山に登った奴が全然知らぬ道理はない。きっとこの雨の中を汲みに遣られては堪らぬと、自分等も咽の渇くのを我慢して、焚火に噛《かじ》り着いていたいため、知らぬ顔の半兵衛を極《き》め込んでいたものと見える。

一行は手分けをして、雨に濡《うるお》う身長《みのたけ》より高い草を押分け押分け、蚤取眼《のみとりまなこ》で四方八方捜索したが、いかにしても見出す事が出来ない。咽はいよいよ渇いて来る。ある先生はショボショボ降る雨でも飲んでくれようと考えたものか、空を仰いで大口開けて突立っているが、

雨はなかなか旨《うま》く口中へ降り込んではくれぬ。その馬鹿気た風体は見られたものではなかった。

(一四) 暗中水汲《みずくみ》隊

いよいよ山巓《さんてん》に近く水が無いものとすれば、胸突《むねつき》八丁を降《くだ》って金性水《きんせいすい》まで汲みに行かねばならぬ。オオ金性水よ！ 金性水よ！ そこには氷のごとき清水が瀑《た》布《き》のように落ちているのだ。それを考えただけでも咽《のど》がグウグウ鳴る。しかしこの疲れた足で金性水を汲みに行くのは容易な事ではない。この暗い夜！ 胸突き八丁の険阻。ことにこんなジメジメした夜中《やちゅう》には、蝮《まむし》が多く叢《くさむら》から途中に出ているので、それを踏み付けようものなら、生命《いのち》にも係わる危険であるが、咽の渇きも迚《とて》も怺《こら》える事が出来ぬので、一同は評議の上、留守師団は水汲み隊の帰って来るまでの間に、天幕《てんと》を張り、寝る用意を総《すべ》て整えておく事とし、未醒《みせい》子、杉田子、髯将軍の三人は、身を殺して仁を為すといわぬばかりに、甲斐甲斐《かいがい》しく身仕度を整え、水筒はただ三個の他《ほか》はないので、こればかりの水では足らぬと、廃殿の中を捜し回り、古びた花立てのような長い竹筒を見付け出したので、それ等をぶら下げ、懐中電灯に暗い険しい胸突き八丁の道を照しつつ、雨を冒して金性水の方《かた》へと降りて行った。

跡に残った吾輩等は、焚火に燃ゆる枯枝を松明《たいまつ》と振り照らし、とある大木の下の草の上に天幕《てんと》を張り出したが、松明は雨で消える、鉄釘は草の中へ落ちて見えなくなる、その困却は一通りでなかったが、彼《か》の殿様然たる剛力どのには、水を汲みに行こうとはいわねば、天幕を張る手伝いをするでもなく、ただ焚火に噛《かじ》り着いてはや居眠りを始めてござる。

三、四十分も掛かって漸《ようや》く天幕《てんと》を張り終り、筵《むしろ》を敷いてそこへ覚束《おぼつか》なくも焚火を始めた頃、水汲み隊は息を切らしヘトヘトになって帰って来た。

「万歳万歳」の声は四方に起り、一同は蟻《あり》の甘味《あまき》に付くように水汲み隊の周囲《まわり》に集り、咽《のど》を鳴らして水筒の口から水を呷《あお》る。その旨《うま》い事！　甘露ともなんとも譬《たと》えようがない。

スルト今まで居眠りをしていた剛力先生、二人共ノソノソやって来て、吾輩等の背後《うしろ》から猿臂《えんぴ》を伸ばして水筒を摑《つか》もうとする。

「コラッ、貴様ッ、ろくろく働きもせぬくせに、生血《いきち》のような水を唯《ただ》飲みしようとは、怪《け》しからん奴だ」と呶《ど》鳴《な》り付けたが、考えてみればあれも人の子、咽の渇くのは同じだろうと惻隠《そくいん》の心も起り、

「皆飲むなよ」と、長い竹筒の水を渡してやれば、先生竹筒に口を当てるが早いか、逆様《さかさま》にして皆ゴボゴボと飲んでしまった。イヤ腹の中へ飲んだのならまだいいが、奴《やっこ》さん一口でも多く飲んでやろうと周章《あわ》てたため、水汲み隊が汗水流して汲んで来た大事な水をば、大半ゴボゴボと溢《こぼ》して地面に飲ませてしまったのだ。よくよく癪《しゃく》に触る奴等であるわい。

（一五）巨大な天狗面

しかし小言《こごと》をいったとて帰らぬ事、一同は些《いささ》か咽《のど》の渇きも止《とま》ったので、

「サァ明朝《あす》は早いぞ、もう寝ようか」と、狭い天幕《てんと》内へゾロゾロと入り込んだが、下は薄い筵《むしろ》一枚で水がジメジメ透《とう》して来る。雨はますます激しく、開放《あけはな》しの入口は風と共に霧さえ吹込んで来るので、なかなか以て

横になる事も出来ない。その内に焚火は天幕の一隅に燃え付いて、天幕は鬼火のように燃え上がる。

「ヤア、火事だ火事だ」と、周章《あわ》てて揉み消す。火の粉は八方に散る。

「これは迚《とて》もいかん。寧《むし》ろ廃殿の中で眠った方が得策だ」と早速天幕を畳み、一同はまたもやゾロゾロと、簷《のき》は傾き、壁板は倒れ、床は朽ちて陥込《おちこ》んでいる廃殿に上《のぼ》り、化物の出そうな変な廊下を伝《つたわ》って奥殿へと進み、試みに重い扉を力任せに押してみると、鍵は掛《かか》っておらず、扉はギーと開《あ》いたので、これは有難いと、懐中電灯の光に中を照《てら》してみると、奥殿の床板は塵《ちり》埃《ほこり》の山を為《な》し、一方には古びた巨《おお》太鼓が横《よこた》わり、正面には三尺四方程の真赤《まつか》な恐ろしい天狗の面がハッタとこちらを睨んでござる。一人でこんな場所へ来てこんな恐ろしい面を見たら、キャッと叫んで逃げ出すかも知れぬが、一行は大勢なのでチットも驚かない。

「ハハァ、天狗様が祀《まつ》ってあるのだな、これは御挨拶を申さずばなるまい」と、そこで髯将軍は恭《うやうや》しく脱帽三拝し、出鱈目《でたらめ》の祭文《さいもん》を真面目臭《くさ》って読み上げる。その文言《もんく》に曰《いわ》く、

「コレ、天狗殿、吾輩は東京天狗倶楽部の一人《にん》、吉岡信敬なり。敢《あえ》て閣下の子分に非《あら》ずと雖《いえど》も、また多少の因縁なきにしもあらず。今夜ここに泊る。もし猛獣毒蛇来《きた》らば、その眼玉で睨み殺して賜われ。猛獣ならばその皮は吾輩有難く頂戴《ちょうだい》する。終りッ!」

スルト側から水戸の川又子、俳号を五茶と申す、宗匠気取りで、

ああら天狗一夜の宿を貸し給え

と駄句《だく》れば、

「アーメン」と誰か混ぜ返した者がある。

「コラ、そんな事をいうと、天狗様の罰が当るぞ」と、未《み》醒《せい》子は眼を剝く。先生の相貌、羅漢に似たる為か、アーメンはよくよく嫌いと見えたり。

（一六）拝殿《（ママ）》の一夜

サア天狗様へ御挨拶《あいさつ》も済んだというので、一同は奥殿の片隅を拝借し、多くはビショビショに濡れたまま、雑嚢《ざつのう》や新しい草鞋《わらじ》を枕に横《よこた》わったが、なかなか以て眠られる次第ではない。下は毛布《けっと》一枚敷かぬ堅い床板なので、腰骨や肩先が痛くなる。深夜の寒気《さむけ》にブルブル震えて来る。その上得体も知れぬ虫がウジウジ出て来て、誰かの顔へは四寸程の蚰蜒《げじげじ》が這《は》い上《あが》ったというので大騒ぎ。あっちでもブウブウ、こっちでもブウブウ、その内にゴーゴーと遠雷のような音響《ひびき》、山岳鳴動してかなり大きな地震があった。

「ソラ、天狗様の御立腹だ」と、一同は眼玉を円《まる》くする。ヌット雲表《うんぴょう》に突立《つった》つ高山の頂辺《てっぺん》の地震、左程の震動でもないが、余り好《い》い気持のものでもない。しかしこんな高山絶頂の野営中に地震に出逢うとは、一生に再び有る事やら無い事やら、これも後日一つ話《ばなし》の記念となるであろう。

とにかく寒気《さむさ》と虫類のウジウジ押し寄せるので、吾輩はいかに日中の疲労《つかれ》があっても容易に眠る事は出来ず、早く夜が明けてくれればいいがと待つばかり。その内に一時間位はウットリしたのであろう。なんだか悪魔に腰骨でも蹴られたような夢を見てハット驚き目を開《あ》くと、眼前には真赤《まっか》な恐ろしい天狗の面。将《まさ》に消えなんとする蠟燭《ろうそく》の光は朦朧《もうろう》とそれを照《てら》している。時計を出して見ると午前三時。まだ夜の明けるには間《ま》があるが、いつまでもこんな所に寝ていられるものかと、吾輩は突如《いきなり》跳ね起き、拳《こぶし》を固めて傍《そば》の巨太鼓《おお》を、ドドンコ、ドンドン、ドドンコ、ドンドンと無暗《むやみ》に打叩けば、何人《なにびと》も満足に睡《ねむ》っていた者は無かったものと見え、

執《いずれ》もムクムクと頭を擡《もた》げて、

「何時だ何時だ」

「まだ三時だが、もうそろそろ出立と致そう」

「よかろうよかろう」と、一同も起上《おきあが》り、着のみ着のままで寝たので身仕度の手間は入らず、顔を洗おうにも水はない。また握飯《にぎりめし》はオジャンとなったので朝食《あさめし》の世話もないが、今日の行程は七里以上、何も食わずでは堪らぬと、昨夜《ゆうべ》咽《のど》を渇かしたにも懲りず、またしても塩からいコーンビーフに些《いささ》か腹を作り、氷砂糖などをしゃぶりつつ、出発の用意全く出来上ったが、ここに困った事には、例の剛力先生、今日のお伴は真平《まつぴら》だといい出した一件で、

「こんな苦しいお伴をした事は生れて初めてだ。荷物の重いばかりでなく、箆棒《べらぼう》に前途《さき》ばかり急いで、途中ろくろく休む事も出来ねえ。どこまでも付従《くっつ》いて行ったら生命《いのち》を取られるかも知れねえだ。俺達はここから帰る帰る」

とダダを捏《こ》ねている。

「そんな事をいっては困る。この深山で置いてきぼりを食っては、麓へ降りる道も分からないではないか。今日は荷物もウント軽くしてやる。ゆっくり休ませてもやるから、ぜひ行ってくれ」と頼んでも、

「厭《いや》だ厭《いや》だ、ここで御免蒙《こうむ》るだ」と、いつまでもグズグズいっているので、吾輩大いに腹を立て、

「勝手にしろ。山を降りれば何かあるに相違ない。何かに付いて降《おり》れば、どこかの村に着《つく》に極《きま》っている。汝等《なんじら》ごとき懦弱漢はかえって手《て》足纏《あしまと》いだ。帰れ帰れ」

と追い帰し、重い荷物は各自分担して、駄馬のごとく、背に負い、八溝山万歳を三呼して廃殿を立ち出《い》でた。

（一七）山中マゴツキ

この時は午前の四時少し過ぎ、東の空は漸《ようや》く白んで来たようだが、濃霧は四方を立て罩《こ》めて、どこの山の姿も分らない。もし濃霧霽《は》れて、東天に太陽の昇るのを見たならば、その絶景はいかばかりだろうと思うが、今日到底その望みはないので、一行は濃霧中に道を捜しつつ山を降《くだ》って行く。

登る時には長い時間と多くの汗水とを費《ついや》させた八溝山も、その降《おり》る時は頗《すこぶ》る早い。しかし降《お》り道も決して楽ではなかった。濃霧は山を降《おり》るに随《したが》い次第次第に薄くなって、緑の山々も四方に見えるようになったが、道はしばしば草に埋没して見えなくなる。崖の崩れて進むに難《かた》い処《ところ》もある。赤土の道では油断をすると足を掬《すく》われて一、二回滑り落《おち》、巌石《がんせき》の道では躓《つまず》いて生爪を剝がす者などもある。その上、虻《あぶ》の押寄せる事甚《はなはだ》しく、手や首筋を刺されて閉口閉口。

絶頂から一里ほど降《おり》ると、果《はた》して急流矢のごとくに走っている。急流の岸には一軒の水車小屋も淋《さび》し気に立っている。一行は今夜、那須《なす》野ヶ原《はら》の黒羽《くろばね》町に一泊の予定で、その途中、有名な雲巌寺《うんがんじ》へ回ってみる積りなので、急流の岸の水車小屋に足を運び、

「ここから雲巌寺までは何里ある」と訊《き》けば、

「二里位だ」と答える。有難《ありがた》し有難し、二里位なら一足飛びだと、くわしく道を聴き、急流に沿うて、或《あるい》は水を渉《わた》り、或《あるい》は岩角を踰《こ》え、漸《よう》く道らしい道に出たので、一行は勇気数倍し、髯将軍真先《まつさき》に軍歌などを唱《うた》い出し、得意になってだんだん山を降《くだ》ること一里半ばかり、むこうから樵夫《きこり》らしい男が来たので、

「雲巌寺へはこの道を行けばいいのか」と訊《き》けば、

「滅相もない。この道を行けば棚倉《たなぐら》へ出てしまう。雲巌寺へはズット後戻りして、細い道を右へ曲って行かねば駄目だ」と、悉《くわ》しく道を教えられて有難いやらガッカリやら。一同はその教えられた通りにまたもや一里半ほど進むと、今度は頬被《ほおかむ》りの馬士《まご》がドウドウと馬を曳《ひ》いてやって来たので、もう雲巌寺も間近だろうと胸算用をしながら、

「お寺へは何里だね」と軽く訊《たず》ねると、

「そうさね、二里半もあろうか」といい捨てて行き過ぎる。

「ハテナ、来れば来るほど道が遠くなるとはこれ如何《いか》に」禅宗の問答ではないが分からぬ事限りなし。初め雲巌寺まで二里と聴いた水車小屋からは、二里は愚《おろ》か無駄足をして既に四、五里は来たのに、この先まだ二里半あるとはガッカリガッカリ。孔明《こうめい》の縮地の法という事は聞いているが、この辺《へん》に伸地の魔法でも使う坊主でもいるのではあるまいかと、一同は俄《にわ》かに疲労《つかれ》を感じてきた足を引摺《ひきず》り引摺り、更に半里ほど歩んで、路傍《みちばた》の農家にチョン髷《まげ》の猿のような顔をした老爺《おやじ》が立っていたので、またしても凝《こ》り性《しょう》なく、

「雲巌寺まで何里だ」と問うと、

「二里半だ」と相変らずである。これでは歩いているのだか、ツクネンと立っているのだかさっぱり分からぬ。

「いくら歩いたって駄目だ。まだ二里半あるなどと、そんな馬鹿な事があるものか。道を近くいう奴は可愛らしいが、遠くいう奴は憎らしい。あの老爺《おやじ》の面《つら》も癪《しゃく》に触るではないか」と、老爺どのとんだお憎《にく》しみを受けたものだ。蓋《けだ》し足の重くなった旅行家の真情を暴露したものだ。

（一八）焼酎《しょうちゅう》の御馳走

一行は多少ヤケ気味に、それよりはブラリブラリと牛の歩み宜《よろ》しく、またもや一里あまり進んで、南方村《みなみかた》という寒村に来掛かれば、路傍《みちばた》の開放《あけはな》されたる一軒家では、褌《ふんどし》一本の村の爺《じい》さん達四、五人集《あつま》って、頻《しき》りに白馬《どぶろく》か何か飲んでいる。ここでもまたまた雲巌寺へ何里あると問えば、

「そうさね、一里には近かろう」との答えだ。

「善哉《ぜんざい》！　善哉！　この爺さん達はエライよ」と、一同はホッと一息。時刻は正午《ひる》間近なので、朝飯の不足に腹が減って堪らず、ここは掛茶屋ではないが、一同は御免候《そうら》えと腰を下し、何か食う物は無いかと聴くと、何も食う物は無いが、焼酎に漬物位なら有るという。

「焼酎でも結構結構」と、焼酎五、六合に胡瓜《きゅうり》の漬物を出して貰い、まだ一缶残っておった牛肉の缶詰を切って、上戸《じょうご》は焼酎をグビリグビリ、下戸《げこ》は仕方がないので、牛肉ムシャムシャ、胡瓜パクパク。漬物は五、六杯お代りをすれば、もう一家中にあるだけ尽《ことごと》く平《たい》らげてしまったので、今度は生の胡瓜に塩をつけて丸噛《まるかじ》り。減腹《すきはら》に焼酎を呷《あお》った連中はフラフラして来る。吾輩も白状すれば大いに参った。

何しろ重い荷物を引担いで山道は迷う、炎天には照りつけられる、その上昨夜《ゆうべ》の睡眠不足も手伝って、一行は足の重きこと夥《おびただ》しく、些《いささ》か意気消沈の気味にも見えるので、こんな事ではいかん、反対療法に如《し》くは無しと、その実吾輩も大いに凹垂《へこた》れているくせに、

「ここから雲巌寺まで約一里、クロスカンツリーレースを行《や》ろうではないか」と威張り出せば、誰も凹垂れたと見られるのは厭なものと見え、

「賛成賛成」と孰《いずれ》も疲れ切ったる毛脛《けずね》を叩く。

「お前様達、一里駆《かけ》ッこをするのかね」と爺さん達は眼を円《まる》くしている。

そこで農家の爺さん達にお頼み申し、重い荷物は尽《ことごと》く駄馬に着けて、近道を黒羽町《くろばね》まで送り届けて貰う事とし、黒羽町の宿屋は△△屋というのが一等だと聴いたのでそこと取極《とりき》め、さて一行は半身裸体なるもあればシャツ一枚となるもある、内心困った事になったと思いながらも、程よく一列に並び、一、二、三の掛声で砂塵を蹴立てて一目散に駆け出した。

（一九）一里競争

先頭は誰ぞと見れば、腕力自慢の衣水子韋駄天《いすいいだてん》走り、遥か遅れて髯将軍、羅漢《らかん》将軍の未醒《みせい》子と前後を争っていたが、七、八町に駆けるうちに、衣水子ははや凹垂《へこた》れてヒョロヒョロ走《ばし》り、四、五町にいた水戸中学の津川五郎子、非常なヘビーを出して遥か先頭に進み、続いて髯将軍、羅漢将軍等、髭面《ひげづら》抱えてスタコラ走って行《ゆ》く有様は、全く正気の沙汰《さた》とは思われず、田畑の農民等は何事ぞと、腰を伸ばして眼を見張っているばかり。


吾輩はいかにと自分で自分を見れば、これはいかなこと！　昨日《きのう》登山第一の元気はどこへやら、焼酎《しょうちゅう》は頭へ上《のぼ》って、胸の悪《あし》き事甚《はなはだ》しく、十二、三町走るか走らぬに、迚《とて》も堪《たま》らず、煙草《たばこ》畑の中へ首を突込んで嘔吐《へど》を吐《つ》く。焼酎と胡瓜《きゅうり》は尽《ことごと》く吐《は》き出したが、同時に食った牛肉は不思議にも出て参らず、胃の腑《ふ》もなかなか都合好く出来たものかな。

そこに背後《うしろ》に人の足音が聴こえたので、南無三宝！　見付けられたかと、大急ぎで煙草畑から首を突出してみると、幸いに嘔吐《へど》はくところは見付けられず、そこには六十ばかりの梅干婆《ばあ》さん眼玉を円《まる》くして、あっちに駆け行く一行を眺めつつ、

「何事が起ったただね」と、さも驚いた顔。

吾輩は空惚《そらとぼ》けて、

「泥棒を追掛けているのだ」というと、婆さんなるほどといわぬばかり、

「あの髯生えた黒い洋服《ふく》、泥棒だんべい。お前様方刑事かね」と、ここから真先《まっさき》に逃げているように見える髯将軍は泥棒と間違えられ、吾輩等は刑事と相成った次第。

「そうだよそうだよ」と、吾輩焼酎を吐出してしまったので大いに気持もよく、またもやスタコラ走って漸《ようや》く雲巌寺の山門に着いてみると、先着の面々は丸裸となり、山門前を流るる渓流で水泳などをやっている。元気驚くべし！

一着は水中の津川五郎子で、一哩《まいる》の時間十五分十二秒、二着は髯将軍、三着は羅漢将軍、四着は走れそうもない木川子が泳ぐようにして辿《たど》り着いたという事で、吾輩はビリの到着。昨日《きのう》の第一着は差引きでゼロと相成った。残念残念。

雲巌寺は開基五百余年の古寺《ふるでら》で、境内に後嵯峨《ごさが》天皇の皇子《おうじ》仏国国師《ふっこくこくし》の墳墓がある。山門の前を流るる渓流は、その水清きこと水晶のごとく、奇巌《きがん》怪石の間を縫うて水流の末はここから三里半ばかり、黒羽の町はずれを通っていると聴くので、足の重くて堪《たま》らぬ吾輩は一策を案じ出し、

「どうだ、大きな盥《たらい》を八個《やっつ》買ってそれに乗り、呑気《のんき》に四方の景色を見ながら水流《ながれ》に泛《うか》んで下ったら、自然に黒羽町に着くだろう」と、そこで新しい盥でも古い盥でも構わん、人間一疋《ぴき》乗れそうな盥を売ってくれぬかと、そこらをウロウロ捜し回ったが、こんな寒村に大盥が八個《やっつ》もあろう筈はないので、せっかくの妙案もあわれオジャンと相成った。

しかし雲巌寺を出発してから行く途々《みちみち》、渓流に沿うて断岸の上から眼下を見れば、この渓流には瀑布《たき》もあ

れば、泡立ち流るる早瀬もあり、また物凄く渦巻く深淵などもあって、好奇《ものずき》に盥に乗って下《くだ》ろうものなら、二人や三人土左衛門と改名したかも知れぬのだ。盥が無くて仕合《しあわせ》仕合。

(二〇) とんだ宿屋

雲巌寺から黒羽町《くろばねまち》までは炎天干しで、その暑い事は焦熱地獄よろしくだ。半身裸体の吾輩などは茹章魚《うでだこ》のごとくになり申した。疲れに疲れし一行は、途中掛茶屋さえあれば腰を下《おろ》して、氷水を飲む、真桑瓜《まくわうり》を食う、饅頭《まんじゅう》をパク付く。衛生も糸瓜《へちま》もあったものではないが、こんな蛮勇には病魔の方から御免を蒙るのだから、途中腹を下すような弱虫は一人もなく、牛の歩みも一歩一歩黒羽町に近づき、この前途《さき》もう半里《はんみち》ばかりという処《ところ》まで来かかると、ここにも飴《あめ》ン棒など並べて一軒茶屋。一行はまたもや一休みして、

「黒羽で好《よ》い宿屋はどこだ」と試みに問うと、将棋を指していた四、五人の爺《じじい》連、

「そうさね、新しく出来た花月がよかんべい。あの家《うち》は堅えだ。お前様方どこへ泊るね」

というので、

「△△屋がいいと聞いたので、荷物も先回しに遣っておいた」と答えると、

「へへへへへ、あの家もよかんべい。梅《うめ》ヶ谷《たに》みたいな女《あま》も二人いるだで――」と妙に笑う。形勢甚《はなは》だ穏かならん。よくよく聴きただせば、△△屋というのは女郎屋と背中合せの曖昧《あいまい》屋で、我が一行の荷物は先回しに、淫売宿《いんばいやど》へ担ぎ込まれた次第と分ったり。

「サア大変じゃ！」

第一に敦圉《いきま》き出したのは髯《ひげ》将軍、

「これはいかん！　これはいかん！　淫売屋などへ泊れるものか、堅いという花月へ行こう」

「荷物はどうする」

「荷物なんか構うものか。△△屋の前は知らん顔に素通りして、後《あと》から宿屋の者を取りに遣る。ぐずぐずったら査公《おまわり》に持って来て貰うさ」

「そうじゃそうじゃ」と評議一決。やがて黒羽町に入《いり》込《こ》むと、なるほど、遊廓と背中合せに、木賃宿に毛の生えたような宿屋が一軒、簷先《のき》には△△屋と記してある。

「これだな」と、一行は澄ました顔をしてその前を素通りしながら、そっと横眼を使って店内《みせうち》を眺めると、有るわ有るわ、天幕《てんと》、写真器械、雑嚢《ざつのう》など、一行の荷物は店頭に堆高《うずたか》く積んである。宝の山に入りながらではないが、我が荷物ながらオイ遣《よこ》せと持出す訳にも行かず、知らぬ顔に一、二町スタスタ行き過ぎると、忽《たちま》ち背後《うしろ》からオーイオーイと呼ぶ者がある。振返ってみると、なるほど、梅ヶ谷のような大女《おおおんな》、顔を真白《まつしろ》に塗立てた人三化七《じんばけ》が、頻《しき》りに手招きしながら追っ掛けて来る。

「ソラ来た」というので、一同はワッと逃げ出す。その速い事！　今までの足の重さもどこへやら、五、六町韋駄天《いだてん》走りに逃げ延びて、フウフウ息を切らしながら再び振返ってみると、これはしたり、一行中の杉田子は、件《くだん》の大女に摑《つか》まって何か談判最中。救助隊を出さねばなるまいという者もあったが、ナァニあの先生が捕虜になる気遣いはないと、一同は一足お先に那河《なか》川《がわ》に架けたる橋を渡り、河畔の景色佳《けいしょくよ》き花月旅店《りよてん》に着いて待っていると、間《ま》もなく杉田先生得意満面、一行の荷物を腕車《わんしゃ》に満載してやって来た。聴けば、杉田先生はお年寄役だけに、三十六計の奥の手も余り穏かならじとあって、単身踏み留《とど》まり、なんとかかんとか胡《ご》魔化《まか》して、荷物をことごとく巻上げて来たとの事だ。鬼ヶ島から帰って来た桃太郎よりも大手柄大手柄。

　黒羽の宿屋で久し振りにビール一杯。ペコペコに減った腹に鰻飯《うなぎめし》！　その旨《うま》かった事！　咽《のど》から手が出て蒲焼を引摺《ひきず》り込むかと思われた。

翌日《あす》は茫漠たる那須野《なすの》ヶ原《はら》を横断して西那須野停車場《ステーション》。ここで吾輩は水戸からの三人武者と共に、横断隊に別れて帰京の途に着いた。横断隊は未醒子、髯将軍、衣水子、木川子、これから日本海沿岸まで山中の突貫旅行をやるのである。

小山《おやま》駅で水戸の三人武者とも別れて、後《あと》はただ一人、俄《にわ》かに淋《さび》しくなれば数日以来の疲労も格段に覚えて、吾輩は日光の鮮かに照《てら》す汽車の窓から遠近《おちこち》の景色を眺めていると、吾輩に向い合って腰掛けていたのは頬骨の高いハイカラ紳士、物をもいわず猿臂《えんぴ》を伸ばして、吾輩が外を眺めている車窓の日除け扉《ど》を閉ざす。これは怪《け》しからん奴じゃ、他《ひと》の領分の扉を無断で閉ざす奴があるものかと、吾輩は用捨なくすぐに開けると、暫時《しばらく》してまたノコノコ手を伸ばして閉める。

「何をする」と呶鳴《どな》り付けると、

「日が射して困る」と、ハンカチーフなんかで鼻の頭を撫でている。

「馬鹿をいうな、太陽様《おてんとうさま》は結構じゃ」と、吾輩は遠慮会釈もなく再び扉を開け、今度は閉められぬようにと窓の上に肱《ひじ》を凭《もた》せて頑張っていると、これには流石《さすが》のハイカラ先生も閉口し、ブツブツいいながら日の当らぬ方へと退却に及んだ。こんな奴は自分で自分の身体《からだ》を弱くしようしようと掛かっている馬鹿者と見える。太陽の光線《ひかり》に当るのが左程恐《さほどこわ》ければ、来生《らいせい》は土鼠《もぐらもち》にでも生れ変って来るがいい。日陰の唐茄子《とうなす》の萎《しな》びているごとく、十分に大気に当り、十分に太陽の光線を浴びぬ奴は心身共に柔弱になる。東京の電車に乗ってもそうだ。大の男や頑強なるべき学生輩に至るまで、窓から太陽が射して来ようものなら、毒虫《どくちゅう》にでも襲われたように周章《あわ》てて窓を閉ざして得意でいる。事小《ことしょう》なりと雖《いえど》も、こんな奴等も剛勇を誇る日本国民の一部かと思うと心細くなる。半死半生の病人や色の黒くなるのを困る婦女子ではあるまいし、太陽の光線《ひかり》がなんでそんなに恐《こわ》いのだ。現代の所謂《いわゆる》ハイカラなどという奴は、柔弱、無気力、軽薄を文明の真髄と心得ている馬鹿者共である。こんな奴は終《つい》には亡国の種を播《ま》く糞虫《くそむし》となるのだ。太陽は有難い！　剛健強勇を生命とする快男子は、須《すべか》らく太陽に向かって突貫し、その力ある光勢を渾身《こんしん》に吸込む位の元気が無ければ駄目じゃ。

午後三時半、上野に着く。実に今回の旅行は愉快であったが、思えば初めから終りまで癪《しゃく》の種も尽きぬ旅行であったわい。

付記。吾輩の今回の旅行はこれで終ったが、横断隊は勇気勃々《ぼっぼっ》として突貫旅行を続けている。髯将軍と衣水子の快筆は、未醒子の漫画、木川子の写真と共に、必ず痛快に本誌の次号を飾るであろう。

〔〈冒険世界〉明治44年9月号掲載〕

本州横断

痛快徒歩旅行――押川春浪補／井沢衣水記

前号でお別れしてから横断旅行の一隊は、炎天に照り付けられ、豪雨に洗われて、その行《こう》を続けた。峠を越すこと四、人跡絶せる深山に分け入り、峡谷の巌頭《がんとう》を攀《よ》じてついた日本海沿岸に出た。詳しくは全編を読め。

▲ヨタ馬車を追い越せッ

いよいよ一行は四人と相なった。水戸以来総勢八人、八溝《やみぞ》の天嶮も何のその、一足跳びにワッショイワッショイと飛び越えて来たものの、急に少なくなると何だか寂しい。それに春浪《しゅんろう》冒険将軍が都合で帰京したので、恰《あた》かも百千の味方を失ったような心地だ。

西那須《にしなす》からは三島通庸《つうよう》君が栃木県令時代に俗論を排して開いた名高い三島道路。先頭に立ったのが吉岡虎《こ》髯《ぜん》将軍、屑屋《くずや》に払ったらば三銭五厘位のボロ洋傘《こうもり》をつき立てて進む。後《あと》に続く木川子、それにかく申す吾輩、殿軍《しんがり》としては五尺六寸ヌーボー式を発揮した未醒《みせい》画伯、孰《いず》れも着茣蓙《きござ》を羽織って、意気揚々塩原《しおばら》へこそ乗りこんだり。

太陽《おてんとさま》は猛烈に照り付ける。汗は滝のように流れるけれども、そんなことは平気の平左、グングン先に立つ馬車を追越すこと前後合計五台。はるかに馬車の影が見えてテートーと喇叭《らっぱ》を吹けば、これ我等がためにマーチを吹くなりと称して痛快に馳《か》け出し、忽《たちま》ちにして追い越してしまう。大那須野平野を行くこと五里にして関谷《せきや》へ着く。

ここでひと息入れて、さらに進む半里ばかり、いよいよ塩原の峡谷へ差しかかる。入勝橋《にゅうしょうばし》というを渡れば山勢、渓流いよいよ非凡奇抜、ケチ臭い滝が路《みち》の両側にあったが、名は悉《ことごと》く忘却仕《つかまつ》った。ただ谷が莫迦《ばか》に深かいのと巌壁《がんぺき》を開鑿《かいさく》して造った桟道とは流石《さすが》に宏壮、雄大の景だと思われた。大網《おおあみ》を過ぐればやがて福渡《ふくわたり》。この辺の景色は絶景といっても差支えあるまい。ここを通り越せば、その尖端《せんたん》雲に入《い》るかと思わる天狗岩が掃川《はきがわ》の岸から聳《そび》え立っているワイ。

由来塩原という処、金持共が贅沢《ぜいたく》に夏の暑さを避けに来る土地ゆえ、街路には至る処ハイカラ男女共が手を連ねてノサ張りまわりつつあり。老人や隠居や病人共が、養生のために来ているなら結構であるが、若い身空で親爺《おやじ》の脛《すね》を噛《かじ》り噛りロクな事もしないでブラブラ女の手を引いて歩るく、なんぞいう奴が多いから癪《しゃく》に触る。大手を振って、薄汚ない服を着ながら、大道《だいどう》せましと乗り込んだ吾等一行の有様を見て、細い目を見張ったのも痛快じゃった。

古町《ふるまち》の会津屋旅館へ御投宿。早速一風呂浴びて渓流を耳にしながら杯を傾け、寝《しん》に付く前四人して浴場へ志ざす。第一に飛び込んだる髯将軍、オットセイと称して浴槽の中へ仰《あお》のけのまま跳《おど》り込み、頭から、足からザブンザブン飛び込むこと十数回、危うく浴槽内の土左衛門さんとならんとせしところを三人して引挙げ、ようやく事なきを得た。将軍浴場内に大の字に成ってへた張ったところ、三人して頭からガジャガジャ冷水の洗礼を見舞うとこ、たちまち家屋を震動せしむるウエーウエーの大声を連発する数回。宿屋の番頭殿びっくりして飛んで来て、眼をキョロキョロさせながら、

「何でございますえ、今の声は」

▲ヤッ断橋！

翌朝強力《ごうりき》を雇って宿を出発したのが七時。これからいよいよ高原越え、元気はますます加わる。塩原古町《ふるまち》から一里ほど人里放れた(ママ)山の中を行くと新湯《あらゆ》に出る。ここらでチョイトひと休み。山間の僻村《へきそん》、人皆淳朴《じゅんぼく》で、休んだ大黒屋旅館も気持ちのいい家であった。これからは殆《ほと》んど人の歩るいた事のないような谷合を通り、前黒山《まえぐろやま》、釈迦《しゃか》ヶ岳の山の中腹を迂回して深林の薄暗い中を行《ゆ》くのである。幸《さいわい》にも晴天だからいいようなものの、これが雨降りでもあったものなら、たまったものではない。熊笹は人の身の丈を没すという深さ、暗い林の遠くには気味の悪い鳥の声がして、谿川《たにがわ》の音は物《もの》凄《すご》いように樹立《こだち》の間に唱《うた》っている。

行くこと数里、深山幽谷深かく分け入ると、谿川の流れ巌《いわ》に激しく、奔流矢を射るごとき淵に出た。

「ヤッ橋が落ちてるぞッ」

と真先《まっさき》に立ちたる未醒《みせい》君、立留《たちど》まって、一行を顧みた。見れば正《まさ》しく橋は陥落して、碧流巌《へきりゅういわ》を嚙《か》む。一行相顧みて唖然《あぜん》たり。

「ヨシヨシ仕方がない。吾々の足が勝つか、水の勢いが勝つか、一つ力比べをやろう。飛び込め飛び込め」これ位のことは覚悟の上だ、ゴシンゴシン渡れっとばかりに各々手は連ねて、なるたけ大きな岩の上へ脚をしつかとのせ、「踏ん張れ踏ん張れ」とばかり、忽《たちま》ちにして彼岸へ達することが出来た。

水深腰に及び、河原の岩の上に座してまずホッと一息。

痛快痛快。

すると、遥か河下に方《あた》って百雷の轟ろくがごとき音響が地を鳴らして聞える。なんだろう？　早速吾輩が飛んでく。河に沿うて凡《およ》そ三丁ばかり、一大飛瀑発見！　大滝！

「オーイ皆《み》んな来い、大瀑布！　大瀑布がある‼」

残りの三人宙を飛んで馳《か》けつけた。岩にせばまれたる一条の水路、懸崖百尺の九天よりすさまじき音響を立て、落下する。巌《いわ》に飛び散る霧は雨のよう。恐々《こわごわ》ながら巌頭《がんとう》に四つん這《ば》いになると、数十丈遥か下の滝壺は紺碧《こんぺき》を湛《たた》えて、白泡物凄《ものすご》く涌《わ》き返るさま、とてもチラチラして長く見ていることが出来ぬ。木川子の腰に細引を結び付けて、将軍が巌角《いわかど》に足を踏ん張り、大冒険を企てて、早速奔流落下の状《さま》を写し取った。案内の父爺《おやじ》に聞けば「これが赤川の大滝です。この辺は年に一回とも人が来ませんから、こんな大滝でも知ってる人は、山林局の御役人様位でがんす」。

▲薄気味悪き工夫《こうふ》殿

密林鬱乎《うっこ》として怪鳥《かいちょう》梢に鳴く深山を行くこと二里余、初めて広々とした高原へ出た。ここから左方に高原《たかはら》の山が聳《そび》えて見える。右方の栗の古木は栗山《くりやま》へ続く林だということだ。維新以前、会津侯が江戸登城の折は四千余尺のこの山道を通られたということで、路傍の叢《そう》中《ちゅう》には一基の古碑、その面《おもて》に「右塩原あら湯道《みち》、左会津道」と刻されてあるのが蘚苔《せんたい》に覆われて読める。少し行くと古《いにし》えの高原《たかはら》駅の跡がある。四十余年前までは高原の村はこの山上に在ったのだそうだ。廃駅の陣屋跡に、石垣の草に埋《うず》もれたのや、形の殆《ほと》んど崩れてしまった石の地蔵尊が、尾花の中にボンヤリ立っているのも、人里離れたこの山上にはことに趣が深かった。

塩原から雇って来た強力殿《ごうりきどの》の足の早いこと、凡《およ》そ五、六貫位の重荷であるが、平気でドンドン行く。鉄脚自慢の我々もゴシゴシ引張られて閉口した。やがて眼界頓《にわか》に開けた所へ出れば、重畳《ちょうじょう》せる群山波浪のごとく起伏して、下瞰《かかん》すれば鬼怒《きぬ》の清流真っ白く、新しき褌《ふんどし》のごとく山裾《やますそ》を迂《めぐ》っている。

高原でひとまず人夫を返し、荷馬車に大荷物を頼んでテクル事にした。一茶店に入りて用意の握り飯を噛《か》じる。胡瓜揉《うりも》みを命じたところが、怪し気な女が出て来て大皿の中にチョッピリ盛り付けたのが、驚くなかれ代価四十銭。イクラ開けない山の中でも、あんまり人を馬鹿にしている。田舎といったところが、なかなかこの調子では馬鹿に出来ない。

棒のようになった脚を引摺って出かけた。汗は用捨《ようしゃ》なく出る。服はグショ濡れだ。これからは鬼怒の渓流に沿うて桟道を行くのである。

この辺《へん》は鬼怒川水力電気の工事があるので、至る処、鬼のような工夫に逢う。大きな鶴嘴《つるはし》を手にして大道の上に五人十人休んでいる。孰《いづ》れも薄気味悪るいギョロギョロした眼を光らして、吾等一行を見送っている。この工事が初まってから、縄からげの土左右衛門が血まみれになって河下へ流れて来たという話を聞いておったから、ひと通りならず薄気味悪かった。一騎当千の吾々、喧嘩では五、六人相手にしても負けない元気でいるが、なにしろ向うの連中はダイナマイトを持っているから、空心《うつかり》したことは出来ぬ。ダイナマイトで粉々に砕かれてはつまらぬし、高《たか》が工夫、相手にしたところが自慢にもならない。ここは温《おと》なしく通り越した。

しかし、鬼怒の渓流は天下に紹介しても恥ずかしからぬ、壮大な、雄偉な、しかして変化に富める渓谷であると思った。

藤原から十七、八才になる人夫を雇って荷物を担がせた。時計を見るともう五時過ぎである。どうしても今日のうちに日光まで辿《たど》り着かぬと予定の行路が狂う。ウンコラウンコラ脚を飛ばして行くこと二里。着いたのが、大原《おおはら》という村である。

▲蛮力、馬を助く

八時今市《いまいち》発の汽車に乗らぬと、今晩中に日光へ行《ゆ》くことは出来ぬ。一体《いったい》、塩原から日光へひと跳びというのが已《すで》に人間業《わざ》ではない。自慢じゃないが、高原《たかはら》越えだけで普通の人間ならば凹垂《へこた》れるところである。高原七里の峠を越えて、これから十里、日光まで伸ばそうというのだから、まるで天狗の仕事である。無謀といわばいえ。吾々は朝に計画した事を夕に変更することは断じて採らざる所、なんでもいいから今日中にやっつけろというのだ。そうすると、歩るいてた分には今晩歩るき通しにしなければ日光へは出られぬ。よし、かくなる上は今市日光間の四哩《まいる》を汽車で行こうということになった。

日はもう暮れに近い。それに雨が降って来そうになった。どうあっても八時に今市まで行かなければならぬ。仕方がない、今市まで馬車に乗ってウンと飛ばそうとなった。大原という処は鬼怒《きぬ》水電工事の中心である。ために入込《はいりこ》んでいる工夫《こうふ》の数は三千人程あるという話だ。山間の僻地《へきち》の割には景気がいいらしい。商賈《しょうこ》もドシドシ建つようだし、人間の往来も多い。しかしながら、今まで素朴であった村邑《むらむら》が工夫という渡り物の来たためにアブク銭が落ち込むので、農家はいずれも半《なか》ば飲食店のようになり、善良なりし村家《むらや》の戸毎《こごと》から酒気溢れ、淫声戸外に洩るるようになったのは、残念で堪らぬような気がした。金力の跋扈《ばっこ》、ことに下等獣類に等しき工夫共の手により質朴なる田舎に撒かる悪銭は、実に慨嘆に堪えぬ。余計な心配だが、これから五年あるいは十年の後《のち》、工事了《おわ》りて元の閑寂なる山村に帰った時、初めて眼醒《めざ》むる彼等の苦痛は、一旦《いったん》心に印《いん》せられた惰弱の風《ふう》と共に永久に消ゆるの時がなかろう。可憐《あわれ》のものじゃ。

馬車に乗って二里の道程を飛ばすこととした。幸いに御者《ぎょしゃ》先生は十六、七の小僧君。将軍早速談判して、八時までに今市へ着けば五十銭の酒代をやることにした。が、先生も欲と二人連れ、帰れば一晩ゆっくり遊べるという寸法だから、馬の尻を叩くは叩くは、

「ハイヨウハイヨウ、ピシッ」

初めの一里ばかりは馬君風《うまくんふう》を斫《き》って駆けたが、次第に暗くはなるし、山路の事とて路《みち》は素敵に悪るい。路の中には大きな石がゴロゴロしている。打っても叩いても進まばこそ、五十銭損得の境だから御者少年も汗みずくだ。一生懸命になって「ハイ、ッコラ、ヨッ」。最初は吾々も我慢して乗っていたが、いよいよ歩みの遅々たるに業を煮やし、ソレッとばかり飛び下りて、四人がワッショイワッショイ馬車の後押し、前後左右へガッタンガッタンするのを、一向お構いなく一生懸命になって馬車の後押しをした。お客が馬車の後押しをするなんてことは恐らくどこにもあるまい。村の人は軒に立って何事かと出てみては呆れている。お陰様で八時には今市へ着いた。五十銭の酒代で御者先生ホクホクもの。盛んに礼をいっておった。

八時の汽車には間に合ったが、さて乗り込んだところが連日の強行軍で洋服は泥まみれ。その上、大きな莫蓙《ござ》を抱え込んだものだから、日光避暑連中は目を回しておった。これ位ならまだいいとして、汗臭氛々《ふんぷん》用捨なく室内に漲《みなぎ》るには、日光行きのハイカラ先生少なからず顔をしかめておったわい。

日光へ着くと、未醒《みせい》画伯は弟妹首を延ばして待っている郷家《きょうか》へ一夜の宿り、吾々三人はボロ洋服に莫蓙《ござ》を引っ掛けて小西別館へと入り込んだ。幸いにも天から拒絶されなかったのが何より。風呂から上がり、姿見に向かい三人相顧みて、

「随分《ずいぶん》黒くなったなあ」

この夜、吉岡髯将軍ビール二杯呑んだところが早速酔っ払ってしまい、自分から注文した名物の羊羹《ようかん》が来たのも知らずに、鼾声雷《かんせいらい》のごとくグーグームニャムニャ。木川子と吾輩二人で一皿を平らぐ。ただし、この事、将軍にはナイショナイショ。

▲雨中の突進

翌朝、未醒《みせい》画伯九時に雨を冒して来たり。

「ドウダ、用意はまだか、早くしろ早くしろ」

雨の中に立って大《おお》元気なり。早速足ごしらいをして飛び立つ。案内者を一名雇う。佐十《さじゅう》さんという頑強日光一の案内老爺《おやじ》。負梯子《おいばしご》に一行の荷物をのせて雨中を出かける。

馬返《うまがえ》し辺《へん》に至れば、雨ますます烈しくして男体颪《なんたいおろし》の強風吹き捲《ま》くって、うっかり足の力を抜けば、五、六町吹き返されるは請合《うけあい》なり。満身の力を足に集注して大谷川の沿岸を遡《さかのぼ》る。河身を見れば濁水巨巌《きょがん》に咆哮《ほうこう》して正《まさ》しく天に漲《みな》ぎるの有様、方等般若《ほうとうはんにゃ》の滝もあったものにあらず、濁り水が汚なく絶壁を落つるに過ぎない。中の茶屋で昼食《ちゅうじき》。出かけるとまたもや烈風強雨。その中を冒して突進、不動坂を駆け上がるのが髯将軍、早くも胸つき八丁の上に方《あた》りてまたぞろ雨中でウエーウエー。

猛烈の雨中突進、遮二無二《しゃにむに》登りつめれば中禅寺の八丁平なり。ここから華厳《けごん》の滝壺を見に行った。この滝壺道というのは、五郎平爺《じい》が十三年の日子《にっし》を費やして独力造り上げた道である。惜しいかな、この老爺《ろうや》、今年四月病いを得て死んでしまった。

雨中を冒して、将軍と吾輩勇を鼓して五郎平茶屋より一丁あまり、懸崖路《けんがいみち》なき所を下りて、滝壺探検と出かけた。雨水を含んでいる岩角はウッカリすると墜落して手も足もかけることが出来ぬ。木の根岩角に手をかけ、足を踏みしめて、ようよう飛沫《ひまつ》雨のごとき中に下り立ちて、巨巌の上へ登り、海内《かいだい》無双の大瀑布、華厳の雄姿を眺めた時には思わず快哉三呼《かいさいさんこ》。

足の皮を擂りむいて五郎平茶屋へ這い上がる。

▲将軍、またもや馬を救う

いよいよ中禅寺湖畔へ出た。湖面暗くして波浪上らず、雨脚《うきやく》矢のごとく湖上を打つ。毛唐《けとう》の乗ったボートは橋に引掛かり、対山の翠《みどり》は雨雲に包まれて、更に一鳥の飛ぶを見ず。商賈《しょうこ》戸を鎖《とざ》して風雨いよいよ烈しく、冷気肌を襲うてなんとなく物凄い。

五人は湖畔を辿《たど》って菖蒲《しょうぶ》ヶ浜へ出た。ここは昼なお暗き古木が深々として茂っている。この中に山林局の養魚場がある。白亜の洋館に行き養魚の有様を見んと訪《おとな》えば、ここに偶然にも、僕の旧知、法科大学生福田《ふくだ》甚二郎《じんじろう》君がいて、種々養魚上の説明をしてくれ、ここの所長をしている谷口利三郎《たにぐちりさぶろう》氏も出て来られて、雨中に学術上の説明をしてくれた。

ここを出て地獄茶屋でひと休み息《やす》んでいると、只事《ただごと》ならぬ叫び声が聞える。スワ何事の出来《しゅったい》と、四人一度に飛び出す。見れば一頭の悍馬《かんば》谷川へ陥《お》ちて今や押し流されんず有様。何でこの状を目睹《もくと》して躊躇《ちゅうちょ》すべき。将軍、忽《たちま》ち着のみ着のまま川の中へ飛び込んで口元を確《しっ》かりと握り、金剛力を振《ふる》い起こし、「エーヤッ」とばかりに引揚げた。呆気《あっけ》に取られて見ていた馬子さん、涙を流さんばかりに、

「どうもありがとうございました。お陰様《かげさま》で……」と平身低頭礼を言っている。馬殿、鼻をブルンブルンいわせながら、一声風《せい》に嘶《いなな》いてヒーン。将軍濡鼠のごとくなって陸《おか》に上がり、茶屋でボロ洋服を乾かす。

竜頭《りゅうず》の滝を見て、戦場ヶ原の入口に入《い》りし時は、雨ようやく晴れて、額が痛くなるほど黒髪山《くろかみやま》が頭上にのぞいている。強風は例によって猛烈に吹く。雨が歇《や》んだので未醒画伯戦場ヶ原の真中《まんなか》へ三脚を立て、悠々《ゆうゆう》写生を初めたところが、折悪しく吹き捲《ま》くって来た一陣の烈風に、画板を吹っ飛ばされ、絵の具は躍り出す、いやはや大狼狽《ろうばい》。せっかく計画して来た戦場ヶ原の写生もこれでおジャン。

右顧左眄《うこさべん》、雄大無比なるこの高原の絶勝を眺めながら湯本へ着いたのが、もう日が暮れて大分間が経ってからである。先発宿定《き》めの佐十さんが南摩《なんま》ホテルで拒絶され、釜屋で門前払いを食い、ようやくにして佐野屋という変梃《へんてこ》な家の二階と決まる。後《あと》から乗り込んだ吾々、至る処引張り回されて、薄汚い二階へ案内された時にはヤレヤレ。未醒君の発起で陰気な二階の一夜を怪談に更かす。

▲ヒー、イズ、アクター

十八日朝七時出発、快晴。今日は名にし負《お》う金精峠《こんせい》である。殆《ほと》んど直立せる断崖絶壁を登ること一里八丁、樵夫《きこり》が連れて来た犬が莫迦《ばか》に吠《ほ》え付いて始末におえぬ。

将軍の一喝、小牛大の猛犬忽《たちま》ち縮み上がりて熊笹の間へ逃げ込んでしまった。六十の佐十さんは壮者を凌《しの》ぐ程の元気。脚の達者なことといったら比類なし。グングン荷物を担いだまま登る。

峠の頂上に達して振り返れば、屏風《びょうぶ》を立てたごとき山腹の路《みち》は赤くなって見える。遠くには湯の湖、戦場ヶ原を隔てて男体山が毅然《きぜん》として雲表に聳《そび》え立っている。雄大な眺めだ。将軍山頂に便を催おし、叢《くさむら》の中に男体山を眺めながら、上野《こうずけ》と下野《しもつけ》の国境上に真黒な塊を残す。

深山を下ること二里余り、紺碧《こんぺき》の水を湛《たた》えたる湖の畔《ほとり》へ出た。ここで渇したる咽《のど》を清水に濡《うる》おし、物凄き山中を行くと、深林の中に人が歩るいたらしい小径《しょうけい》がある。物好半分の連中、早速行ってみると、驚くべし、人の住み捨てた家が壊《くず》れて雨に柱が朽ちかかっているのを見出した。棒の先で屋根の下を掘ってみると、中から出たのは人骨か、獣の骨か、――ゴソゴソとひと固まり。有繋《さすが》の将軍も、「ヒャー何物！」。

何が出るか掘ってみようというので、なおも一生懸命に棒の先で掻き散らしてみると、出たものは土鍋の破片一個、茶碗三個、衣服ようのもの一つ、錆鉈《さびなた》一挺《ちょう》、一同不審の思をなしてここを出発した。これから丸沼《まるぬま》へ出て、その次が大尻沼《おおじりぬま》である。この湖畔に一軒の掘《ほっ》建《たて》小屋があって、ここには丈夫そうな漁師夫婦が住んでいる。ここで茶を貰い、昼食《ちゅうじき》をすます。ここから人間の住んでいる村へ出るには、二里余の山を行かなければならないそうである。

吾々の後《あと》から一人の西洋人が人夫を一人連れて湯本からやって来た。将軍忽《たちま》ち怪し気なる会話を始める。一心に写生をやっている未醒画伯を指《ゆびさ》して「あれはなんだ」と聞かれ、将軍反り返り、得意になって曰《いわ》く、「ヒー、イズ、アクター」

西洋人、目を丸くして未醒氏の顔を見る。将軍、アーチストとアクターとを何の気なしに滑らして、色の黒い未醒画伯とうとう俳優となってしまった。

食後の小憩を未醒氏渚の扁舟《へんしゅう》に棹《さお》さして湖心に出《い》づ。木川子は真裸になりて水中に泳ぐこと一、二分、たちまち躍り出して「アー冷たい」。

ここから渓流に沿うて下ること二里。山中に朽木の独木橋《まるき》を渡り、アワヤ谷底へ真逆様にならんとせしは某君。難なく東小川《ひがしおがわ》村へ着いた。普通の人はここへ泊るのが一日の行程だそうだが、足は多少痛くても元気はますます加わる吾等一行、小憩の後《のち》、片品《かたしな》川の沿岸に沿うてここから四里余もある追貝《おいかい》まで猛烈なる強行軍。暮靄《ぼあい》寒村をこむる夕方、片品川の水声を聞きつつ淀屋《よどや》というへ泊す。

▲未醒画伯、一命を棒に振らんとす

十九日、朝の内《うち》に付近の景勝を探ろうと、宿の女の子を案内に吹割《ふきわり》へ行ってみる。片品の水せばまりて峡《けい》をなしている処、奔流碧潭《へきたん》、両岸の絶壁いずれも凡ならず。一行いずれも意外の景色に驚く。

「栗生《くりう》峠はなかなか難所だが馬で越すことが出来るそうだ。どうだ、一つ峠の凸凹道を馬上《うま》で越そうではないか」といい出したのは未醒《みせい》画伯。随分乱暴な話だ。歩るいてさえ冷々《ひやひや》する峠路《とうげみち》を馬背《ばはい》によりて行くとは、少し猛烈過ぎるけれども、吾々はそんな事にひるむ人間ではない。冒険は元々覚悟の上だ。「よかろう。それも面白いだろう」と忽《たちま》ち一決。田舎の荒くれ馬を四頭雇い入れて、いよいよ馬上、栗生峠を越すことになった。

髯将軍は馬術の名人なり。少し位の悍馬《かんば》でも峠位は差支えなかろうが、後《あと》の三人と来ては、生まれて以来、しみじみ馬背の厄介になった事すらない人間だ。物好き連とはいいながら、多少剣呑《けんのん》である。平地《へいち》を行く時は大得意、馬上ゆたかに四囲の山々を眺め回わし、微《び》吟《ぎん》に興をやって、ボコタリボコタリ進む。

麓の村で馬に水飼い、さあこれからいよいよ栗生峠である。最初登りはダラダラであるから孰《いず》れも平気の平佐。愉快愉快とばかりに馬上打興じて、左手に赤城《あかぎ》、榛名《はるな》の山を眺め、あれが赤城の地蔵岳だの、やれあれが伊香保《いかほ》の何々山だのと語りながら馬を進ませたが、次第に路が嶮岨《けんそ》になって、馬が躓《つま》ずいたり止まったりすると、なかなか話どころではない。そのうちに身体は左右へゴロチャラゴロチャラ揺れる。細い路の片側は恐ろしい谷である。馬上孰れも汗ダクダク。

その内ドサリと音がして「ヤッ」という声がした。先頭に立った吾輩は振り顧見《かえりみ》ると、三番目に乗って来た未醒画伯、馬から真逆様に落ちて、大地へ四ツん這いになっておる。一歩外へ落とされたら、忽ち奈落《ならく》の谷底である。今頃は死出《しで》の山路で峠越しでもやっておらなければならなかったが、幸いなるかな、身に寸毫《すんごう》の傷だも負わずして、危うき一命を取り止めた。馬で峠を越そうなぞと強がった天罰覿面《てきめん》、谷へ落ちなかったのが何よりのめっけもの。元気は再び旧に倍す。

峠を越して高平《たかひら》という処で馬を捨てた。茶屋へ入ったところが作り立ての饅頭《まんじゆう》がある。オーライオーライとばかり頬張《ほおば》ること数十個、これでようやく腹が治まった。が、治まらないのは馬子先生である。法外な賃金を強請《ゆす》って頑《がん》として動かぬ。欲張りの田舎者ほど面《つら》憎いものはない。将軍忽ち、

「馬鹿にするない。定《き》めた賃金だけ持ってサッサと帰れ」

頭から浴びせ掛けられて、馬子さんブツブツいいながら帰ってしまった。

ここから沼田まで二里。平坦な道を一気に突破して午後の三時半というに沼田町へ着いた。ここの旅館丸杉は、以前未醒画伯の宿《やど》ったことがある家だという。早速宿ることとして旅装をとく。

▲将軍、空前の大演説

宿に着いてから日没までは、各々感心にも日記その他の整理をした。聞けば今晩当町に南極探検後援会の活動写真が劇場においてあるとの事。夕飯を食ったならば早速行ってみるべしと一決したが、もう一つ、青年大角力《おおずもう》があるという話も聞いた。これも行ってみたい。そこで未醒《みせい》画伯と木川子が大角力に向い、吾輩と将軍が活動写真の方へ行った。

見れば田舎の小劇場はもはや満員で、殆んど入ることが出来ない位だ。しかしながら、せっかく五、六丁の道をやって来たのである。見ないのも残念とあって、二人、人を別《わ》けて桟敷《さじき》に押し上がり、一角に陣取って活動を見る。影写（ママ）の合間には地方の有力者が立って、南極探検の説明やら挨拶やらをするが、淳朴なる田舎の婦子供《おんなこども》を動かすには余りに学術的に亘《わた》り、その効果は認められないようであった。

ここにおいて髯将軍たちまち熱狂し、見物席なる二階のボックスに突っ立ち上がり、旅館の浴衣《ゆかた》のまま、汗と埃《ほこり》に汚れた白帽子を右手に握り締め、天地を震愕《しんがく》せしむる大音声に、

「諸君ッ、満場の諸君」

とやらかした。驚ろいたのは場内の見物人。婆さんも子供も女も、一整《いっせい》に驚愕の眼《まなこ》を将軍の顔上に集注した。今まで騒々しかった場内は急に水を打ったようになる。観衆三百人、まず将軍の頭抜けて大きな蛮声に度肝を抜かれたのである。

「諸君よ、吾輩は当地旅行の一青年である。はからずも今晩この活動写真会に会し、献身的に働らいておらるる一行諸君の熱情に感じ、ここに一場の感慨を述べ

る次第である。諸君よ、もし諸君が菓子饅頭《まんじゅう》を買うの余裕あるならば、この国家的大事業なる南極探検に応分の寄付なし給い。空しく結氷に遮《とざ》されて南海シドニーの郊外に、涙を呑んで故国よりの吉報を待っておる探検隊一行の心中は、実に気の毒に堪えぬではないか」

をきっかけに熱弁を振《ふる》うこと十五分、満場悉《ことごと》く感動して、一人の声を出すものもなし。蛮声終れば拍手

▲猛悪なる土方

翌早朝出発。渋川までは無難。ただ連中饅頭《まんじゅう》が食いたくなって、しきりに饅頭屋を探したのだが、生憎《あいにく》一軒も無くって大悄気《しょげ》。渋川からは吾妻川《あがつまがわ》の流れに沿うて行くのである。ところが途中洪水のため沿岸の道路は崩壊されて、山路を十八町程余計に歩るかなければならぬ処へ出た。目下修築最中で旧道は行通《こうつう》遮断と来

急霰《きゅうさん》のごとし。将軍の髯面、ために穴の開く程観衆より見られた。意外の大手柄を立てて旅館へ帰る。

角力《すもう》より帰った未醒氏、余程残念だったと見え、

「せめて今晩、大村がいればなあ。俺《お》れじゃとても青年角力の大関を投げ飛ばすことは難かしい」

註に曰《いわ》く、大村とは天狗倶楽部の大関、工学士大村市造《いちぞう》（横田注・一蔵）君で、未醒子、番付は天狗倶楽部の三段目なり。口惜《くや》しがるのも無理はない。

た。十八町を回るのは厄介である。そう呑気な旅でもないから一歩ずつでも無駄足はしたくない。休んだ茶屋の爺《じじい》に「どうだろう、工事をしているところは通れないだろうか」と尋ねたところが、爺平然として曰く、「なあに差支《さしつか》えござあせんよ。あの通り幾人も人が通るのでがすから行けますすべい」。頗《すこぶ》る曖昧《あいまい》なる返答で

あるが、現在旅人が通るのを見ると行けるに相違ない。何にせよ行ける処まで行こうという事になった。

吾妻川は素晴らしい大洪水があったと見えて、沿岸の家屋の押倒されたのや、河岸が崩されて道路に大亀裂を生じたのや、砂河原となっておる処が至るところにある。この間を縫うて四人は一歩一歩辿《たど》った。ちょうど中頃の最も崩壊の甚だしい処に至ると、頭上唸《とうじょううな》りを生じて一大石塊が地に陥《お》ちた。ハッと驚ろく間もなく、バラバラと石塊混りの土砂が雪崩《なだれ》をなして落ちて来る。

仰おぎ見ると、コハそもいかに。真黒ケの大の男五、六人、四、五丈高き断崖の中腹に鶴嘴《つるはし》を持ってゲラゲラ大口開いて笑っている。吾々の立止まるを見るや、彼等はなおも猛烈に土砂石塊を浴《あび》せかけんと、鶴嘴を振り上げる。これには有繋《さすが》の豪傑連も少なからず困った。地駄太踏《じだんだ》んで憤慨したが、当の相手は五、六丈上方に天険を控えて待構えている。将軍もこれには手の出しようがない。こんな時こそ三十六計の奥の手を出して一散に駆け出し、危うく吾妻川の河底《かてい》へ生埋めになる急場を辛くも通り過ぎ、四人相顧みて工夫《こうふ》の猛悪なるに驚ろく。

中の条町にて昼食《ちゅうじき》。掛茶屋に腰を下ろしている間に、前の通りで五十ばかりになる田舎者と馬車の馭者《ぎょしゃ》とが押問答をしている。田舎者の連《つれ》らしい三十位の女が子を抱いて傍《そば》に立っていた。

何でも馬車へ乗せるとか乗せぬとかいう話らしい。爺《じじ》は頻《しき》りに嘆願しているが、馬車屋は頑《がん》として応ぜぬ。事情を聞けば、草津行の乗合馬車には赤馬車と称する会社があって、頗《すこ》ぶる専横を極めている。知らずして他の個人経営の馬車にでも乗ろうものなら、それこそ大変。中の条から先の山路は歩かなければならぬのだそうだ。赤馬車は通じても、他の馬車で来たものはいくら中が空《す》いておっても断じて乗せぬ。彼《か》の田舎老爺《おやじ》もこの事を知らなかったため横暴なる赤馬車に虐《いじ》められているのであるが、いかに山の中とはいえ、かくのごとき不親切極まる営業振りは聞捨てにならぬ。天下を旅行する多くの人のために、吾人《ごじん》は一日も早く草津行赤馬車の全滅を祈るものである。

憤慨また憤慨

脚下に轟々《ごうごう》たる水声を聞き、雲に懸けたかと思わる、絶壁の中腹の危うき桟道を越えて行くことしばらくにして、右手に全山悉く《ことごと》岩石より成る山を見る。これ岩櫃山《いわびつやま》というて正平《しょうへい》年間吾妻《あがつま》太郎行盛《ろうゆきもり》の城跡、巨巌《きょがん》重畳《じゅうじょう》、断崖聳立《しょうりつ》、山中に古戦場あり、今日に及んでなお白骨の横《よこた》わるものありという。河原の温泉を過ぎて吾妻川の峡谷を遡《さかのぼ》れば、前面に方《あた》りて何となく物凄き一大魔形の山が見える。これ吾妻の丸山といって、昔、羽根尾《はねお》長門守《ながとのかみ》の臣篠原玄蕃《しのはらげんば》という剛の者、この山上に砦《とりで》を構えしといい伝えられている。遠く望めば山の形恰《あた》かも円筒《まるづつ》を立てたるがごとく、前面は直立せる千丈の絶壁、上部は鬱蒼《うっそう》として樹木生茂っている。一《いっ》見《けん》薄気味の悪い魔形の山、お伽噺《とぎばなし》の中にある怪物の棲《す》む山である。

長尾原《ながおはら》で夕食をなし、これから草津まで暗夜の強行軍。中途より雨さえ加わりて路《みち》は膝を没する泥濘《でいねい》、とても歩けたものでない。足踏み辷《すべ》らして谷底へ落ち損なったことが度々あった。暗中降雨を冒して進むこと数里、いよいよ人家の近付いたと思わるころ、風に煽《あお》られて暗中に漂う湯の香《かおり》プンと鼻を打った時には、足の痛みなぞはすっかり忘れて跳べ跳べ。

草津へ着いたのが九時。長尾原より、遅くも着くと大東館という旅館へ電話をかけておいたはよいが、来てみるとどうだ。番頭奴《め》ジロリ我々一行の姿を見て、忽《たちま》ち態度を一変し、無礼極まる言辞を弄《ろう》して、別館という、梅毒患者ばかり押込めておく薄汚い室《しつ》へ追い込もうとした。

ここにおいて将軍大いに憤慨し「こんな不親切極まる旅館へは宿《とま》らんでもよい。他《た》を見付けよう」と提議して一決。大東館の東隣りなる望雲館へ出かけた。ところがここのヒョロクタ老ぼれ番頭、玄関へ出て来てジロリ、ジロリ一行の身装《みなり》を上から下まで見上げ見下ろし、十分も経ってから初めて口を開いて曰《いわ》く、

「どうも只今満員で、お気の毒様でございます」

足は痛くなる、夜は更ける、洋服はグショ濡れになってゾクゾク寒い事ひと通りではない。戸外に煮え切らない番頭の返事を永く聴いていてはとても堪らぬ。一同の癇癪《かんしゃく》はまたまた破裂した。「ヨシヨシ、こんな家へ泊るな」とばかり出かけたが、さて宿屋といっては、土地不案内であるからどこがよいかわからぬ。将軍と吾輩は駐在所へ行って、巡査に依頼してようやく、一井《いちい》という旅館へ宿《とま》ることとなった。いかさま、お巡《まわ》りさんでも頼まなければ、どの家でも泊めてくれなかったかも知れぬ。連日炎天の行軍で顔は赤銅《しゃくどう》のごとく、光っているのは眼ばかり。それに洋服は汗と埃《ほこり》でグシャグシャになった上に臭くなっている。その上へ莫蓙《ござ》を付し、檜木笠《ひのきがさ》を被っているのだから「どうも御気の毒様で」といわれたのも無理はない。しかし、服装や荷物を一見してお客の品定めをし宿泊を断るというに至っては、不届き千万である。かくのごとく一般旅客に不親切なる旅館は、一刻も早く滅亡すべし。望雲館、大東館の不親切なるに反し、一井旅館は極めて親切にしてくれた。火を落として何物も出来ないとの事、缶詰を破って腹を癒《い》やし、翌朝八時頃まで悠々《ゆうゆう》と寝込む。

渋峠の険

朝のうちに草津の町を見る。極めて平凡なる土地なり。ただ高原の中《うち》より湧く温泉が霊験あるというだけ。景色としてはゼロ。梅毒患者が療養すべき土地にして、わざわざ東京から見物がてら避暑なぞという気の利いた所ではない。

十時発。荷物は一頭の馬を雇ってこれにのせ、四人は身軽になって鉄脚を飛ばす。途中より未醒画伯、髯将軍は白根噴火口へ回るという意気込み。途上遥か右《う》方《ほう》に褌《したひも》を懸けたるがごとく、白帯一条の見ゆるは常布《じょうふ》滝という。この辺悉《へんことごと》く裸山にして、往年白根噴火の名残《なごり》として焼石の背《はい》を表わしているのと枯木の幹が白くなって立っている。この辺頗《すこぶ》る毒水多し。芳ヶ平という処に茶屋がある。茶屋といったところで、壁も何もない荒れ屋である。ここで一休みしようとまず軒を入《い》れば、こはそもいかに、白髪《しらが》の形相恐ろしき婆《（ママ）》が薄《うす》穢《ぎた》ない垢《あか》だらけの着物を引摺ってノソノソ出かけて来て、汚れた茶椀へ茶を汲《く》んで出す。とても呑まれたものでない。忽《たちま》ち茶代を抛《ほう》り投げ、弁当を担いで逃げ出して、ホット一息。

途中で別れた白根行きの二人、帰途、この茶屋へ知らずに飛び込み、有繋《さすが》の両人も孤屋《こおく》の怪婆《かいば》に吃驚敗亡《きつきょうはいぼう》、後《あと》をも見ず一目散に逃げ出したそうである。ちょうど峠の頂上に近かき所において、路傍の木陰より一頭の兎《うさぎ》が飛び出した。それッと木川君と吾輩はステッキ持ち直すが早いか、あとを追っかけた。岩に躓《つま》ずき、葛《かずら》に引っからまり、山中をかけずり回り、身体綿のごとくなってへたばる。兎は遂に行方不明。

一方、白根噴火口へ回った連中は、焼石のゴロゴロした中を辿《たど》って遂に頂《いただき》の噴火口の辺《あたり》へ出たそうである。白煙濛々《もうもう》と立昇る地獄穴熔岩《ようがん》を覗いて、未醒《みせい》画伯と髯将軍、快哉《かいさい》を叫んで躍り上がったところが、忽《たちま》ち麓から吹き上ぐる濃霧に包囲されて、危うく足踏み外し白煙中へ捲《ま》き込まれんとし、二人、一生懸命巌《いわ》に獅噛《しが》み付いて、ようよう命を陥《おと》さずに済んだそうである。

渋峠を余程下《くだ》った処に、潤満《かんまん》の滝という大滝が絶壁の上から落下する。右方《うほう》は原を隔てて琵琶《びわ》沼がある。この辺《へん》から西方雲煙《うんえん》の表《おもて》に夕陽《せきよう》の残光を受けて立つ日本アルプスの重畳《じゆうじよう》は実に雄麗壮大の眺めであった。濃霧の中を冒して渋温泉へ下る。かねて草津一井旅館から電報で通知しておいたという金具屋《かなぐや》へ着き、まず安心と思ったところが、番頭殿ノコノコと出て来て曰《いわ》く、「どうも只今は空《ま》き室が一つもございませんで、せっかくの電報でございましたから、この先十町ばかりの湯田中《ゆたなか》という所へ宿を見付けておきました」

しゃあしゃあとしていう番頭の面《つら》が癪《しやく》に触ってならなかった。戯談《じようだん》じゃない。これから先は一町でも一里に当る。旅館の不親切、呆れたものだ。十町を歩いて湯田中見崎《みさき》屋へ泊る。感じのいい家なり。温泉に浴して汗を流し、鯉汁《こいこく》のお代りをして飯八椀を平らぐ。翌朝まで何事も知らずに眠る。次の日は千曲川《ちくまがわ》の船橋を渡り、妙高山《みようこうざん》、黒姫山《くろひめやま》の麓を迂回して越後国《えちごのくに》高田に出《い》づ。ここに小憩して付近の勝《しよう》を探ぐり、はるかに左方春日山《かすがやま》の城跡《じようせき》を仰《あ》おいで、曠世《こうせい》の英傑上杉輝虎《てるとら》の雄図を偲《しの》び、夕陽《せきよう》斜めに北海の怒濤《どとう》を照《てら》すの夕闇に、潮鳴《うしおな》りの物凄き響きをききつつ、直江津《なおえつ》の町へ入った。停車場前のいか屋という旅館へひとまず泊ることとし、何はともあれ、まず第一に、山河二百里を蹴破り来《きた》りしこの鉄脚を、日本海の荒浪に洗わんものと、海岸を指《さ》して出かけた。孰《いず》れも勇気凜々《りんりん》、今日を限りにこの痛快無比の旅行と別るるのが残《のこり》多いようにも思われ、またこの行《こう》を了《おわ》ったという得意の念もあった。

いよいよ日本海に出《い》ずれば、渺茫《びようぼう》として際涯なく黒い海面は天に連なり、遥か左方は親知らず子知らずの辺《へん》ならん、海波を隔てて模糊《もこ》の間に巉巌《ざんがん》の直ちに海に聳立《そばだ》っている様が見える。右方は米山《よねやま》、彌彦山《やひこさん》、これもその頂は雲に隠れて、山裾《さんきょ》を海中に伸している。愉快愉快。かかる壮大なる景がまたとあろうか。山を攀《よ》じ、峠を越えてここに十有余日。炎天、烈風、猛雨、この間を突破し来りたる我々には、この広大無辺なる海洋の夕暮れに、闇らき波の白く《く》砕けて岸に咆《ほ》ゆる有様がいい知れぬ快感を惹《ひ》き起して、我れ知らず躍り上るを禁じ得なかった。

将軍忽ち岸の草陰に隠れて糞《くそ》をひる。これも何かの好紀念であろう。四人手を捉《と》り躍り上りて万歳を呼《よ》ぶ三呼《さんこ》。ああ、かくして我々の痛快なる旅行は了《おわ》ったのである。霎時《しばらく》にして海上を見渡せば、日は已《すで》に没し、海波暗くして怒濤砂を捲《ま》き、遥か沖合には漁火《いさりび》二、三。我々はこの行《こう》を了《おわ》りてこの無限の太洋に面す。限りなき喜悦は胸にあふれて快たとえ難し。

翌日、汽車に乗り、浅間の山の噴煙を眺め、絵のごとき信濃の国を過ぎて夜の十一時というに上野着。四人の色黒ろきこと印度人のごとし。眼ばかりキョロつかせ、相顧みて、「愉快だったなあ」。

旬日に余る旅、しかも多く人の難とする険所をのみ選みし行《こう》なれば、旅中の珍談奇談山のごとし。一々これを細叙《さいよ》しおれば本誌全誌を挙げてもなお不足を覚ゆる位である。これはいずれ機を得て追々発表することとし、今度はひとまずこれで擱筆《かくひつ》。(衣水《いすい》)

〔〈冒険世界〉明治44年10月号掲載〕

天狗倶楽部上古史

天狗秘書官

このたびは天下無比の痛快雑誌武侠世界において、天下無比の痛快倶楽部「テング」の怪気炎を付録に出されるとのこと、世道人心を啓発する為に誠に結構この上なき事と存じます。天狗倶楽部の痛快なる所以《ゆえん》、理想的なる所以、さては天狗諸先生の自慢話功名話は各々負けず劣らず発表される事と存じますから、私は差《さし》控《ひか》えると致して、この偉大なる倶楽部はいかなる動機によって成立ったか、いかなる歴史を辿《たど》って今日に至ったかに付いて申上げたい。これは単に倶楽部同人の思出の為ばかりでなく、録して後《こう》昆《こん》に伝えて世道人心に裨益《ひえき》せんと存ずるからです。

▲珍妙なる発会試合

天狗倶楽部の起原は全く漠として考うべからずです。その精神は数千年前我々の古い古い先祖の時分から存在していたものに違いありません。しかし、ここには倶楽部が事実としてこの世の中に出現して以来、形の上に現われた歴史―すなわち諸種の運動競技、あるいは口に筆に活動した有様だけを申し上げる事としますが、そもそもこの天狗倶楽部という名の起こったのは、今を距《さ》る事六年前、明治四十二年五月頃の事でした。

この頃、押川春浪《おしかわしゅんろう》君、中沢臨川《なかざわりんせん》君、弓館小鰐《ゆだてしょうがく》君、水谷《みずたに》竹紫《ちくし》君などという鼻張《はなつぱ》りばかり強い連中、俺達だってやりさえすりゃと、頻《しき》りに野球をやりたがってましたが、とうとう同志を羽田の運動場《うんどうば》に糾合して、老若混合の野球試合をやる事になりました。この時集まったものは、前記の四人のほかに、慶応の前監督で当時時事新報社員だった鷲沢与四二《わしざわよしじ》、当時中央新聞の太田茂《おおたしげる》、平塚断水《ひらつかだんすい》、吉岡《よしおか》将軍などのヘボ連を始め、押川清《おしかわきよし》、三《み》神《かみ》、飛田《とびた》、原《はら》、伊勢田《いせだ》、西尾《にしお》、野々村《ののむら》などという真物《ほんもの》の選手連で、その服装といえば、大抵、和服を脱いだままの襯衣《しやつ》に猿股《さるまた》だけ。中に野々村君などは単衣《ひとえ》に黒帯の襷掛《たすきがけ》という、梅坊主がカッポレでも踊るような風態です。弓館、鷲沢の両投手、押川、中沢の両遊撃などそれはそれは振《ふる》ったもので、球戦よりも寧《むし》ろ舌戦で罵《のの》り合い、滑稽のありったけを尽くし、とうとう鷲沢方の勝となりました。見物人はたった二人っきりで、それがまた半獣主義の本家岩野泡鳴《いわのほうめい》君、小説脚本家の柳川春葉《やながわしゅんよう》君ときてるから変ってるじゃありませんか。

試合が済んでから休憩所で鯣《するめ》を下物《さかな》に冷酒《ひやざけ》の大酒宴《おおさかもり》、伊勢田君のオハラハア節、野々村君の追分、原君の琵琶《びわ》などという余興まであって、滅茶苦茶《めちゃくちゃ》に怒鳴った末、引揚げました。歴史を遡《さかのぼ》ると、これがそもそも天狗倶楽部の出現となるのです。

これから数日の後、同じ羽田で米艦クリブランドと早稲田の野球戦が行われた時、天狗も押しかけて行って、やまと新聞のチームと前座ゲームをやりました。やまとの方はカーキ色の襯衣《しやつ》にＹ字を付けたユニフォームを着、キャプテン正岡芸陽《まさおかげいよう》氏などは威風実に堂々たるものでしたが、拙《つたな》い事はまた非常なもので、天狗は十三対二で大勝しました。これは天狗が外のチームと対した最初の試合で、五月三十一日の万朝報《よろずちょうほう》に「天狗チーム対やまと新聞の野球競技あり。頗《すこぶ》る滑稽にして、十三対二をもって天狗の勝に帰したり」と出ています。これは天狗の名が新聞に見えた最初で、また公衆の面前でやった最初の試合です。この時も、見物台の下に車座になってビールを呷《あお》りながら法螺《ほら》の吹合いをしましたが、興熟して一人一人何か歌う事になり、歌った人に対し鷲沢君が布哇《ハワイ》仕込みの英語で音頭を執り、一々乾杯して健康を祝しました。中に珍妙を極めたのは、春浪君の「一つとや、人の知らない処に毛が生いた、こいつぁまた抜かずにゃおかれまい……」という一つとや節、芸陽君の家鴨《あひる》が絞められるような「三勝半七《かっはん》」、清君の裂帛《れっぱく》の声の「川中島」、飛田君の水府流の浪花節、太田君の新内などで、いずれも一世一代の珍芸、何万円積んでも迚《とて》も聞かれぬ大芸術ばかりでした。

▲内垣《うちがき》老天加わる

こんな風でともかく拙《まず》い同士のメンバーが出来、得意の鼻風凄《すさ》まじく、向島にあったやまと新聞のグラウンドに二、三度出かけて行きましたが、このチームに対すると、木葉天狗《こつぱてんぐ》の面々でも数段の上手《うわて》で、打撃の時にグルグル回るので大車輪と綽名《あだな》された帝大の篠原君などは、いつも二塁打三塁打の類をカッ飛ばし、春浪君のごときでさえ偶《たま》には安打《ヒット》を飛ばす騒ぎですから、いつも二、三十点位ずつ勝って帰ったものです。清君、山脇君などがやまとへコーチに頼まれて出かけると、小鰐《しょうがく》君などまでがコーチ面《づら》をして同行したから、図々《ずうずう》しいもんでしょう。こうなるともう、やまと新聞位では食い足りんと威張り出して、七月頃から早稲田の庭球選手と野球戦をやり出しました。伎倆よりは面《つら》の皮で圧倒する積《つもり》の天狗でも、向うにも三神、関沢その他戦場に馴《な》れている皮の厚いのがいるし、それに終始顔を見知っていて天狗の拙いのを呑込《のみこ》んでる連中ばかりだから、いくら彌次《やじ》ったところが一向利目《ききめ》がありません。三神（八）君の小便カーブに参らされて、歯《は》噛《が》みをしてかかってもどうも敵《かな》わず、三、四回続け様に負けて盛んに威張られ、流石《さすが》の天狗もグーの音も出ませんでした。この辺の戦況を当時の新聞から抜粋してみましょう。

（六月三十日第一回戦）天狗方は山脇、押川のバッテリーに、十年前X《エックス》倶楽部《くらぶ》の統率者たりし内垣を遊撃とし、吉岡将軍一塁に拠《よ》り、その他春浪、小鰐、水谷等の滑稽スタイル例のごとく、庭球部は三神、関沢のバッテリーにて相互悪戦の結果、八対七にて天狗脆《もろ》くも鼻をヘシ折られたり。

老天といわれた内垣君はこの試合から現われてます。何でもこの数日前《ぜん》、早大運動場で天狗連が練習してると、一人の見知らぬ紳士が来て清君と話していたが、そのうち一緒になってキャッチボールをやる、ノックを取る、老人怪我でもせねばいいかと見ていると、スタイルは旧式だがなかなか巧いんです。後で紹介されて名刺を見ると「三井物産香港支店長内垣実衛《じつえ》」という人で、十余年前《ぜん》、橋戸、潮《うしお》、小林、押川、松井などが中学生としてその選手だったX倶楽部全盛時代のマネジャーをやった人だと判りました。これから「仲間入をします」という訳で天狗になり、束修《そくしゅう》（?）《（ママ）》としてビールを買ったのは振《ふる》ってました。

第二回戦以後は庭球部ばかりでなく、相手関《かま》わずどことでもやりました。

（七月四日）天狗はさきの一敗に懲りず、第二回戦を早大庭球部に挑みしが、気だけは強けれども腕これに伴わず、滑稽なる失策を続出して十九対六の大敗を被る。両軍の顔触《かおぶれ》左のごとし。

天　狗

P	鳥居大路
C	松　井
SS	篠　原
1B	弓　館
2B	太　田
3B	内　垣
RF	春　浪
CF	吉　岡
LF	水　谷

庭　球

P	三　神
C	豊　川
SS	鈴　堅
1B	藤　田
2B	関　沢
3B	品　川
RF	岩　村
CF	伊　藤
LF	前　田

天狗憤慨措《お》く能《あた》わず、直ちに三井物産会社軍を邀《むか》え、鷲沢を投手とし十七対八に破り、意気やや軒昂。この勢を駆り第三回戦を庭球部に挑み、山脇、押川のバッテリーにて必勝を期し奮戦せるが、寄る年波の老武者、血気の少年共には勝てぬと見え、再び八対四に敗れしは果敢なかりける事共なりし。しかし一日三回の続戦に少しも怯《おじ》けず、なお盛んに減らず口を叩く勇気は流石《さすが》年経る天狗と頷《うなず》かれける。

（七月十一日）三戦三敗なお凹《へこ》まず、羽田運動場まで出かけ、早大庭球部と第四回戦を行う。天狗奮戦して六回目まで零点なりしが、ついに四点を得られ、恢復《かいふく》するを得ずして四対零に敗る。天狗憤慨、直ちに復讐を申込み、奮戦力闘、形勢頗《すこぶ》るよかりしに、またも五対四にて際どきところを敗れ、流石《さすが》の天狗やや悄《しょ》気《げ》返って見えたり。

早大庭球部には、どういうものか、何度戦っても不思議に勝てませんでした。

対江見《えみ》水蔭《すいいん》部屋相撲

そのうち学校は皆夏休暇となりましたから、東京の運動界は天狗の一人舞台です。当時河野安通志《こうのあつし》君が店員をしていた伊勢清《いせせい》呉服店のチーム、今の明大の投手大沢君がいた早稲田倶楽部、天狗に負けずと名付けた早大一高学生連合の鞍馬《くらま》倶楽部、中学倶楽部中の錚々《そうそう》たる緑、村雨《むらさめ》、グリーンの各チームまで、八方から挑戦して来ましたが、天狗は多々益々《ますます》弁ずで悉《ことごと》くこれを引受け、或《あるい》は大いに勝ち、或は危うく勝ち、一度も敗辱を見なかったから偉いものでしょう。何でも七月の中頃の事でした。野球ばかりで牛耳っても面白くないから、一つ角力道《すもう》の方面にも発展しようという鼻息で品川の江見水蔭部屋に相撲戦を申込みますと、彼も好《よ》き敵御参なれと喜んで諾《だく》し、南馬場《みなみばんば》の同部屋土俵に出かけて行って、ジリジリ焼けるような暑い日（横田注・八月三日）に五日分の相撲を取りました。天狗は水谷、山田、押川兄弟、弓館《ゆだて》、篠原、小川、吉岡、佐々木などという連中、向うは大関水蔭、関脇古川（医師）、小結石川（高工学生）以下児玉花外《こだまかがい》君なども出、長谷川天渓《てんけい》、斎木菊雨《きくう》君が協会役の組合せ係、行司の式守刀根《しきもりとね》君が全く勿体《もったい》ない位です。天狗方は初め文士相撲何かあらんという意気組《いきぐみ》で出かけたのですが、水谷、山田両君が多少成ってるのを除いたほか、いずれも気ばかり強いヘボ連だから堪《たま》りません。吉岡君は声だけがいかにも強そうだが、土俵脇の枳殻《からたち》垣の中に投込まれて方々に傷《きず》つき、春浪君は押出されたのも知らず土俵外で敵に投をかけて自ら転倒し、清君は襷《たすき》に抜けられて頭の天辺《てんぺん》に砂が付く、篠原君は例の大車輪式に投出されるという始末。向うはともかく稽古が積んでるんだから、天狗散々の態たらくで、見《み》ん事《ごと》五日間に八点の負けとなりました。試合後、庭園におでん屋台が引込まれ、麦酒《ビール》にウイスキーに今度はへべり競《くら》べが始まりましたが、当日全勝を得た山田君、大得意で腰を抜《ぬか》さんばかりに酔払い、帰途大いに同行の天狗を手古摺《てこず》らせたのと、不思議にも土付かずになった弓館君が、数年後の今日まで「江見部屋はどうだった」などと忘れずに威張ってるのは呆《あき》れたもんです。

八月に入って活動がますます烈《はげ》しくなり、大抵の日曜には日に二、三回ずつの野球戦をやりました。中に春浪君の投手で伊勢清《いせせい》呉服店を十一対零に敗り、山脇君が投手をして長崎高商東京学生軍に二十三遍三度振《どぶり》させたなどの得意な珍レコードもありますが、非望を起して早大選手と戦った罰は覿面《てきめん》、三十対二という無惨なレコードも残してます。それはそうでしょう。天狗は三神、関沢、春浪、吉岡、押川、内垣、弓館、鈴《すず》堅《けん》、篠原という顔触《かおぶれ》ですのに、早大側は松田、山脇、伊勢田、大井、原、深堀、野々村、小川、西尾というシート通りの正選手を集めたんですもの、いくら彌次ったとて面の皮が厚いとて敵《かな》いっこはありませんや。

▲一日に四戦四勝

図に乗った天狗《てんぐ》は東京だけでは我慢が出来ず、八月十五日には横浜征伐と出かけました。第一回は対横浜倶楽部戦で、公園の綺麗《きれい》な芝生の上に汚ない不揃いな服装で躍り出し、土地ッ児の横浜倶楽部に応援する彌次に囲まれて平気で戦う図々しさ。当時の横浜倶楽部は増田君をキャプテンに早大、神中《じんちゅう》等の猛者を集めなかなか強いものでしたが、天狗の勢に呑まれて辛《ようや》く零敗を免れ、二対一で天狗の勝となりました。天狗は一息もくれず、ローン、ウォーカア、コレア、コースター等の腕揃いを集めたクレセント倶楽部と山脇、山口のバッテリーで対戦し、悪戦苦闘の後これも一対零で破り、大いに鼻を高くして羽田に引揚《ひきあげ》ると、ここにはかねて試合の約ある横浜商業の選手が待受けており、着くや否やすぐまた試合です。横商軍は山口、加藤、平井、遠藤などの若武者が揃ってましたが、これもとうとう面の皮で圧倒して二対一の勝ちを得たから、その気炎たらありません。ところが、ちょうど羽田に来合わせていた慶応の天狗連がこれを面憎《つらにく》く思い、その場で挑戦して来ましたから、強情我慢の天狗、ヘトヘトに疲れた体を起して、ヨシ来たとばかり第四回目の戦《たたかい》をやる事になりました。慶天は鷲沢君の投手に、吉武柔道三段の捕手、それに沢原、吉川《きつかわ》、桜井、平沼等の諸君という天狗揃い、味方は三神、山口のバッテリーに吉岡、山脇、小川、弓館などで、双方負けず劣らず口が酸《すっ》ぱくなる程彌次り合い、天下無比の騒々しい戦の後、五対三でこれにも見事勝を得ましたからサア大変です。一同は得意の絶頂、休憩所の露台の上に陣取り、付近の旅館に命じて鯛のうしおを作らせ、杓子《しゃくし》でこれを啜《すす》り合いながら、冷酒《ひやざけ》で各々の功名話に興尽る時がありません。この夜恰《あたか》も大森で報知新聞社主催の全国煙火大会があり、遥かにこれを眺めながら、涼風に吹かれて放歌高吟した痛快さ、未だに「一日に四戦四勝」と老天狗連の思出話になっています。

慶応天狗の復讐戦

天狗が大威張りで暴れ回るので、慶応の天狗連も復讐かたがた、その鼻を折ってやろうと意気込み、八月二十三日に遥々《はるばる》早稲田のグラウンドまで出かけて来ました。時恰《あたか》も、今の慶応の石川君を投手とした秋田中学が遠征に来ていたので、両天狗はまずこれと一勝負という訳で交互に試合《しあ》いましたが、秋田も若年ながら、菅瀬、佐々木両君のコーチを受けただけあって、なかなか手強く、本家の天狗は二対二、慶応天狗は三対三で双方共タイゲームとなり、いよいよ天狗同士の合戦となりました。この時早稲田の運動場、草茫々《ぼうぼう》の態でしたから、外野に打った球は容易に見付からず、臨川《りんせん》君、春浪《しゅんろう》君の各外野手がウロウロ探しているうちに、度々《たびたび》ホームランや三塁《スリーベース》を得られ、味方の方でも押川君、山脇君等《ら》が一、二度草隠れのホームランをやりました。戦況は新聞から抜粋します。

……かくてタイゲーム同士の両天狗、いよいよ鼻合せを始めしが、天狗の投手弓館、始めは脱兎《だっと》のごとかりしも終りは処女のごとく、慶天の為に盛んに好打を連発され、慶天は投手平沼横浜市会議員の緩球かえって多く打たしめず、双方滑稽失錯百出せしが、結局十対七を以て慶天勝ち、従来の成績一勝一敗となれり。この日観客千余人、競技者がワメキ合う喧噪と対してなかなかの騒ぎなりし。

慶天	
湧河	RF
鷲沢	LF
吉川	2B
桜井	SS
西河	CF
吉武	1B
和田	3B
宮内	C
平沼	P

天狗	
内垣	3B
山脇	SS
押川	2B
山口	C
吉岡	1B
田部	CF
臨川	LF
小鰐	P
春浪	RF

八月二十七日には例によって三回戦をやったが、この日は二度負けて少々沽券《こけん》を下げました。第一回はその頃東上した水戸倶楽部との戦《たたかい》で、水戸は飛田君が投手をやり、歯噛《はが》みをしながら奮闘しましたが、一対零で彌次り倒され、次に右京倶楽部というのとやると、九回目にウッチャリを食って一点の負けとなりました。右京は小泉野球界君麾下《きか》のチームで、前にしばしば酷《ひど》い目に遇《あ》わせた事があるからと油断した為にウッチャられたのです。天狗は懲りずに今度は早大の選手に挑みましたが、漸《ようや》く三回目で早くも十対一の大負けとなり、兜《かぶと》を脱いで引下ったのは余程運の悪い日だったと見えます。

▲一世一代の二塁打

さきに天狗に敗れたクレセントと横浜の両倶楽部は、余程口惜《くちお》しかったと見えて、すぐ復讐戦を申込んで来ましたから、八月三十日またぞろ横浜へ遠征です。横浜倶楽部は始め一向に振わず、八回まで一対零で進みましたから、天狗はまた勝ったと得意になってると、八回目に金天狗の三神君と押川君が失錯して二点を得られ、狽《あわ》てて九回目に奮戦したけれども駄目で、うまうま二対一で讐《かたき》を取られました。天狗は焼けっ腹になって次のクレセントを引受け、山脇の怪球、例によって敵の打手を悩ませ、これには二対零で勝って溜飲を下げ、帰途例の通り羽田に立寄り、慶天と水戸（一対零慶天敗）があった後《のち》で、六時過ぎから横浜商業とやりましたが、まるで暗闇の手探り試合で、流石《さすが》の天狗も通力が利かず、三回目までで三対一で負けました。この日横浜では、運動場の定めで入場料を取ったのですが、キャプテンの内垣老天、横浜倶楽部の渡辺マネージャーに談判して、入場料を取る以上、往復の旅費を支出して可なりと、汽車賃を分捕って帰ったなどは振《ふる》ってるではありませんか。

　翌三十一日には、再び大井君を投手とした水戸倶楽部と戦い、篠原大車輪君の三塁打で三点入れる事などがあったけれども、ついに五対四で負け、九月に入って、その四日にいよいよ三田運動場で対慶天決勝戦の段となりました。弓館君などは所用で故国《くに》に帰っていたのに、新聞の予報を見、乃公出《だいこうい》でずんばとの鼻息で急遽《きゅうきょ》上京し、上野から鞄を担いでスタコラ駆付けるという馬鹿熱心でしたが、天気が曖昧《あいまい》だったので天狗の寄りが悪く、人がなくて大困りです。漸《ようや》く見物に来ていた早大補欠選手の早川、山口両君を引張り出し、慶応からシャツ、ズボンの類を借着して漸く試合を始めました。この時の戦況が一寸《ちょつと》面白く万朝報に出てますから、左に転載します。

――審判は佐々木慶応選手、見物は両側のスタンドに溢《あふ》るるばかり。いずれもこんな試合には勿体《もったい》ない位なりしが、打撃はまず慶応より始まり、一回、桜井右翼の右を抜き、球、蜂須賀邸の垣に達し三塁打となり一点を得、二回、天狗の弓館が右翼の左を抜きたる一世一代の二塁打、見ん事二点を入れ、天候ますます不隠の兆を呈す。爾後《じご》両々相努め、虚々実々秘術を尽して縮尻《しくじ》り合いしが、慶応常に優勢を示し、本塁近く迫りしも天狗よく危きところを食い止めて、九回に入る。慶天最後の打撃に移り、ここで踏張らなくてはと振うと、天狗はここを防ぎ止めなくてはと争い、二死者にして二走者三、二塁による有様となしり時、日下野の難フライを遊撃三神逸して同点となり、慶天勢を得て、次の町野、火の出るようなグラウンダーにて遊撃の左を抜きたれば、慶天また一点を加え、勝敗所を転じ三対二にて天狗敗れ、啞然として引下がり、慶天は威張る事頻《しき》りなり。両天狗の陣立左のごとし。

慶天

LF	日下野
C	町野
SS	桜井
3B	吉川
1B	吉武
RF	和田
2B	平沼
CF	近藤
P	鷲沢

天狗

2B	早川
SS	三神
3B	大村
P	山脇
1B	内垣
C	山口
RF	春浪
LF	篠原
CF	弓館

かくして天狗はとうとう決勝戦に負けとなり、しきりに憤慨して三田を引下がったのは、相手が慶天だけ大分器量を下げた事でした。三神、大村、山口の諸君はその後こそ素晴らしいものになりましたが、この時分はまだ子供でしたから、充分実力の発揮が出来なかったようです。反対に老天組はいつも実力以上の功名をするので、ますます鼻を高くするのでした。

▲一高相撲戦の大勝

九月の中旬になって各学校が始まると、間もなくウィスコンシン大学が来朝しましたから、今まで東都の運動界を我物顔に振舞っていた天狗も、しばらく閉息の止むなきに至りましたが、十一月になってウ大学去り、再び活動の舞台が迫って来ました。しかし未だ倶楽部戦だの運動会だのがあって、夏中のようには勝手が出来ません。十一月中、野球戦ではわずかに常磐倶楽部と一勝一敗、立教中学には十三対七の大敗、若葉倶楽部とは五対四の勝、清国学生倶楽部には十対八の勝位のもので、こればかりでは迚《とて》も我慢し切れずに、その月の末（横田注・実際は十月二十日）、上州太田へ遠征を企てました。この遠征記は別に誰かが書くそうですから、ここには略しておきます。

十二月になって運動場が凍り出して来たから、今度は方面を換えて相撲に手を出し、その四日（横田注・実際は七日）に一高の土俵で一高学生の対抗相撲をやりました。今の天狗大関大村一蔵君が当時理科大学生として仲間に現われたのはこの頃の事で、この相撲戦も大村君の斡旋《あっせん》で成立ったのです。当日の顔触は、一高方は田中、大河原、渋沢、粟野、高瀬、稲月、宮野、石渡《いしわた》、小寺などという気鋭の連中、天狗は大村、三島を上置《うわおき》にして水谷、山田、阿部、望月、伊勢田、山脇、押川、関沢、飛田など両軍十五人ずつ、一高方は年が若いし体格もよし、何だか天狗が危なそうに見えます。勝負前の稽古に三島君が大村君の頭に口をぶつけて、三枚前歯を折るような椿事《ちんじ》が出来《しゅつたい》しましたが、見物に来ていた今の鹿児島造士館柔道師範半田義麿《はんだよしまろ》君を頼んで代理とし、なお脱走して不参した小杉未醒《みせい》君の代りには、今南洋にいる古藤鬼瓦君を出して、寒風の中に格闘が始まりました。一高は稽古が積んでいるだけ力量が平均して屑《くず》はありませんが、上の方になると癖者《くせもの》の天狗に食われて、大分負が込みます。それに、初日から小兵の伊勢田君が関脇大河原君を襷《たすき》に抜けて転ばしたり、山脇君が足取りで大兵の小寺君を送り出すような離れ業をやり、天狗は優勢を持して二日目、三日目と進行しますから、一高の彌次連は堪《たま》り兼ねて、例の「勝ったがいい」を怒鳴り始めます。天狗も春浪、臨川、小鰐、春葉、針重、吉岡等七、八人で、負けじとテテンのグーを絶叫してこれに酬《むく》い、結局勝星十三点の差で天狗の勝となり、嚶鳴堂《おうめいどう》で御馳走の鮨《すし》を馬食しながら快談して凱旋《がいせん》しました。この日、天狗の全勝は望月、伊勢田、古藤の三君、常陸山《ひたちやま》と僭称《せんしょう》した飛田君の全敗は滑稽でした。

▲続いて横綱を屠《ほふ》る

明くれば明治四十三年、その一月三十日には国技館で、やまと新聞が後援の第一回学生相撲大会が開かれました。天狗倶楽部が主として斡旋《あっせん》の労を執り成立ったので、出場者の成績も頗《すこぶ》るよく、華頂《かちょう》、久邇《くに》、伏見三若宮殿下が台臨《たいりん》の御前で、雷《いかずち》、友綱《ともづな》の両取締を検査役として力を角《かく》し、大成功の裡《うち》に閉会しました。慶応の神吉《かんき》君と天狗の伊勢田君の両野球選手が、土俵で握手をして相撲を取ったのはこの時で、この大会が後年学生相撲流行の素因を作ったのです。

二月六日には羽田運動場の土俵で横綱倶楽部と相撲戦をやりました。横綱は相撲における慶応の天狗で、柔道の有段者連を上席とし、神吉、桜井、平沼等の野球家連も下の方に控え、天狗は一高に出た連中のほか獅子内、河野、弓館、木下、増田等の諸君が加わり、双方二十人ずつで五日間分を戦ったのです。この戦《たたかい》、天狗危うしとの予想に反し、十七点の大勝となり、ますます鼻を高くさせましたが、当時の新聞は左の通りこれを報じてます。

横綱方は柔道三段以上の名手数名を以て幹部となし、その他いずれも気鋭の連中なれば、天狗いかに面の皮を以てするも、到底その敵に非《あら》ざるべしと思われしに、意外にも初日横綱の勝星六に対し十四を得、中に木下が石渡を吊出したる、北垣が中野を滅茶苦茶に突出したる、山田が吉武を巧みにハタキ込みたるなど大喝采《かっさい》にて、神吉が永谷をウッチャリたる、平賀が大村を吊出したるも目覚ましき働きなりし。横綱大《おおい》に憤慨し、力戦奮闘十対十の勝星を得て肉迫し、三日目も十対九にて僅《わず》かに一点を輸せるのみ。されど四日目に至り、十二対八にて横綱またも四点を負け、もはや回復の望なきに至り、五日目互いに声援して横綱はここを先途と悪戦したけれど、同じく四点を輸し、すなわち五十八対四十一にて天狗の勝利となりたり。天狗の勝は寧《むし》ろ予想外にて、実際の体力確かに横綱の方優りしが、天狗は流石《さすが》に天狗にて、この大勝を得たるは天晴《あっぱれ》なり。全勝は両軍を通じて平賀一人のみなりしは横綱の誇りとすべく、中野の奮闘、神吉の軽捷《けいしょう》も称すべし。張出大関吉武が当年の勇気なく勝星僅かに一を得、中川が山のごとき体格にて技倆も黒人《くろうと》じみたるに、しばしば敗れしは年のせいならん。天狗は河野やや老いたれどもしばしば妙手を出し、大村の強引、北垣の暴辣、増田、阿部の執拗、山田の奇勝ともに見るべきものあり。ことに中堅の辺《あたり》よかりしは勝利の主因にて、四十八手以外の珍手妙手連出し、近来の面白き勝負なりし。

この戦には天狗の意気なかなか鋭く、水滸伝《すいこでん》から花《か》和尚《おしょう》だの黒旋風《こくせんぷう》だのと各々強そうな名を付けて行《ゆ》くような有様だったから、その得意もまた一入《ひとしお》でした。戦後、羽田の一料亭で相互の茶話会《ちゃわかい》の後《のち》、天狗のみの酒話会で気炎を吐き散らし、深更引揚げました。

春場所と端艇《ボート》競漕

こんな風で天狗の鼻息ますます荒くなり、二月二十日には戸塚村なる旧野球部合宿所の土俵で本式に春場所をやるという勢です。ちょうどこの日は小雪サラサラと降る北風の寒い日でしたが、吹曝《ふきざら》し土俵で歯を食縛りながらの格闘はいかにも天狗式でした。東西各二十人ずつで、二段目の尻の方には内垣、春浪、未醒、臨川、天風、断水などの老天連も交り、滑稽百出の間に五日分を取終《とりおわ》せましたが、さてその後《のち》での馬食牛飲会の騒ぎと来たらありません。庭前数ヶ所に炭火を焚《た》き、大鍋で煮た豚汁を手摑みで食いながら四斗樽《しとだる》を抱えて痛飲する光景は、宛《さなが》ら山賊の巣を見るような光景です。法螺《ほら》を吹合い蛮歌を怒鳴り合うまでは無事でしたが、そのうち春浪君と小鰐《しょうがく》君とが吉例によって大口論を始める、天風君が真の裸踊りをやる、飛田君がまた相撲を取出して前歯を折る、吉岡君が転んで豚鍋に足を突込む、南里《なんり》君が飯と一緒に寝てゴタゴタになる、その他様々の珍事を演じて十二時過散会しました。

三月の野球期に入って、まずインヴィンシブルや高農等に大勝し、二十日の稲門艇友会小会には一つボートの方にも発展しようと、墨堤《ぼくてい》に出陣して早大卒業選手連と競漕しました。向うでは頭から天狗を馬鹿にしてたところを、死物狂いになって滅茶苦茶に漕いだから、艇友の老選手一時蒼《あお》くなりましたが、惜しいかな、真の一シートの差で天狗の敗《はい》となりました。顔触は左の通りで、いずれも二十貫近い大男揃いでした。

艇友

(舵)	渋谷
(整)	木村
(五)	深沢
(四)	高木
(三)	粒良
(二)	三堀
(舳)	三輪

天狗

(舵)	吉田
(整)	松田
(五)	北垣
(四)	古藤
(三)	西尾
(二)	大村
(舳)	関沢

▲零対零の預り試合

四、五月頃は方々の学校に色々な催しがあった為、大した活動が出来ず、僅かに五月一日の早大土俵開きと、同八日の国技館第二回学生相撲会で(ママ)気を吐いただけのものです。国技館の大会に参加した大学部選手は十人ずつ都合十組で、当日の優勝旗はむろん我等の掌中にありと、大村、河野、望月、北垣、水谷、八幡、古藤、増田等の精鋭を選《え》り、意気込んで出陣しましたところ、戸山学校の軍人連が案外に強く、三日間の取組に二十一の星を得られ、天狗は日本大学と共に十八の勝星で、残念にも優勝旗を逸しました。この日河野君が戸山の佐藤という巨漢と取直し二回の後、悪戦苦闘、双方ヒョロヒョロになり、遂に河野君の勝となった大相撲は、未だに話の種に残ってます。

六月早大の渡布《とふ》を送り、七月の夏休暇になって早大留守選手、早中及び白金、さつき、記者、三郡等の各倶楽部と各二、三回ずつ野球戦を試み、例のごとく手軽く勝を得ました。中に七月三十一日羽田で行われた対慶応天狗戦は最も面白かったもので、互いに鼻を曲げてやろうと、慶天は旧選手を以て陣を堅め、天狗は旧早中の精鋭を加え懸命に戦いましたが、双方共に一点も入らず、零対零の預りとなりました。八回目かに吉岡将軍が村上の好打を疾走して引摑《ひっつか》んだのは素敵な喝采《かっさい》で、蓋《けだ》し将軍の一世一代でしょう。

▲早大渡布《とふ》軍との対戦

九月二日に早大の渡布選手が帰朝してから、一つ布哇《ハワイ》天狗の鼻を挫《くじ》いてやろうという訳で、その十日早大運動場に顔合せをしました。しかしいくら天狗でも到底この敵には叶うまいと、内心は思っていましたところ、天狗の出来のいい事素晴らしく、五回共に一点、六回天狗一点、八回天狗二点という勢、九回に早軍一点を恢復したが、とうとう四アルファ対二で勝ったから大変です。得意の鼻を手の付けられぬ程延ばしてテテンのグーを唸るやら、紀念撮影と洒落《しゃれ》るやら大した

	天	狗	
2B(ママ)	泉		谷
SS	牧		野
2B(ママ)	押		川
P	山		本
CF	弓		館
1B	松		井
LF	吉		岡
RF	篠		原
C	福		永

	慶	天	
P	村		上
2B	高		浜
SS	桜		井
1B	吉		川
LF	西		河
3B	沢		原
RF	金		田
C	斎		藤
CF	平		沼

騒動でした。当日の顔触は、

	天	狗	
1B(ママ)	泉		谷
SS	牧		野
3B	獅	子	内
C(ママ)	増		田
1B(ママ)	押		川
LF	大		村
P	山		本
RF	弓		館
C(ママ)	福		永

	早	天	
2B		原	
RF	深		堀
3B	伊	勢	田
P	松		田
LF	三		神
CF	小		川
SS	野	々	村
1B	飛		田
C	山		口

で、十七日には天狗方の右翼に河野君が入り、早軍は大井君を投手として第二回戦をやりました。天狗は

馬車三台を連ね、シートによって1、2、3……と胸章の付いたユニフォームまで着、大澄しでグラウンドに乗込み、意気衝天の有様です。しかも試合は四回までに天狗五、早軍零の形勢ですから、もう勝った積りで大得意になっていると、四回の裏に早軍に一挙六点を得られ、次いで五、六回に三点ずつで都合十二点となりましたからいけません。しかも見物は天狗に悪口《あくこう》して早軍を助ける、天狗は負けじと彌次る、六回には伊勢田君が泉谷君の走り方について物言《ものいい》を付け、頑張って退場するというような、内輪同士の試合に見られぬ興奮の試合となり、天狗七回に四点、八回に一点を恢復したがついに追付かずして、十二アルファ対十でまんまと讐《かたき》を取られました。戦《たたかい》終って両軍馬車に同乗して神楽坂倶楽部の歓迎会場に押出し、大饗宴《きょうえん》を張りましたが、酒後は例の珍談山のごとく、中にも天風《てんぷう》君が三階から落下して、しかもケロリとして平気だった事などは後世の記録にも残るべきものでしょう。

▲各種各様の活動

その後、冒険世界の不忍池《しのばずち》畔《はん》運動会には時の主筆春浪君を援《たす》けて大《おおい》に活動し、十月にシカゴ大学が来た時には筵旗《むしろばた》を押立てての熱狂的大応援をやり、十一月一日に一高と第二回の相撲戦で二十四対十九に勝ち、その他、都下中学倶楽部野球戦を主催したり、大久保文学倶楽部を数回捻《ひね》ったりして、四十三年は暮れました。四十四年になって数回の野球戦のほか、吉例の春場所相撲、鎌倉師範遠征、対慶応ローリング倶楽部競漕の大勝《たいしょう》、青年会館の野球問題演説会など、記すべき事はまだ山程あります。四十五年以後は、新たに生れた武侠世界と結び付いて種々なる活動をなし、今日に至った事は、読者諸君もよく御存じでしょう。一々これ等を詳説していては、武侠世界全部を以てしてもなお足りぬ位ですから、此度《こんど》はまず上古史だけに止《とど》めて、余《よ》は他日を期し、さらに光栄ある天狗史を続けたいと思います。

それになお、来《きた》る十一月からは月刊天狗という雑誌が天狗倶楽部から出るという事ですから、そうすればこれからは天狗毎月娑婆《しゃば》に出て皆さんとお目に掛り、種々《いろいろ》お話しも出来、また功名談も出来ますから、天狗も大分力強いというものです。いずれにしましても天狗の通力《つうりき》は恐ろしいもので、活動は運動に限ったわけではありません。口も八丁手も八丁と申しますから、天狗今後の活動は素晴らしい事と思います。しかし天狗に吹き当てられて風邪でも引いてはいけませんから、その辺の所は用心して貰いたいものです。どんな雑誌が出ますか、我々仲間も待遠しいように思われます。諸君も、出たらばドシドシ買って下さい。失敬。

〔〈武侠世界〉大正3年10月号掲載〕

〔天狗倶楽部〕会員名簿

中沢臨川によれば、〔天狗倶楽部〕には会員名簿はないということだが、『武侠世界』大正三年十一月号・大正四年四月号に名簿が載っている。四年時点で総勢百名。全員が派手な活躍をしていたわけではないが、名前を紹介しておく。

押川春浪（武侠世界主筆）
中沢臨川（工学士）
小杉未醒（洋画家）
倉田白羊（洋画家）
柳川春葉（小説家）
阿武天風（冒険世界主筆）
田村三治（中央新聞記者）
内垣実衛（満州吉長鉄道支配人）
高杉滝蔵（早稲田大学教授、ドクトル・オブ・ヒロソヒー）
大村一蔵（宝田石油株式会社技師、理学士）
橋戸信（万朝報記者、旧早大野球選手）
弓館小鰐（万朝報記者）
押川清（鉱業、旧早大野球選手）
針重敬喜（武侠世界編集主任、旧早大庭球選手）
水谷竹紫（予備陸軍歩兵中尉、旧早大庭球部マネージャー）
平塚断水（中央新聞記者）
前田光世（柔道世界武者修行中、講道館五段）
佐竹信四郎（柔道世界武者修行中、講道館四段）
関沢廉（在米、旧早大庭球選手）
三神八四郎（在米、市俄古《シカゴ》稲門商会主、旧早大庭球選手）
三神吾郎（在米、ノックスカレージ在学）
山脇正治（在紐育《ニューヨーク》、森村組店員、旧早大野球選手）
森本繁雄（在桑港《サンフランシスコ》、甲斐商店マネージャー、旧早大野球選手）
三島彌彦（在桑港、正金銀行支店員、法学士、講道館二段、旧学習

院野球選手）
増田稲三郎（増田商店員、旧早大野球選手）
獅子内謹一郎（吉長鉄道員、旧早大野球選手）
山田敏行（万歳生命保険株式会社員、講道館三段）
松代林太郎（函館高揚館道場主、講道館四段）
半田義麿（九州帝国大学柔道師範、講道館四段）
北垣元（農業大学士、講道館四段）
泉谷祐勝（東西製薬株式会社員、旧早大野球選手）
伊勢田剛（旧早大野球選手）
河野安通志（早稲田大学講師、旧早大野球選手）
大井斉（大日本人造肥料株式会社員、旧早大野球選手）
西尾守一（大阪毎日新聞社員、旧早大野球選手）
鈴木堅三郎（大阪高島屋店員、旧早大庭球選手）
吉岡信敬（読売新聞記者、彌次将軍）
大西俊明（東京日日新聞記者、旧明大相撲部大関）
柳沼沢介（武侠世界社員）
豊川欽哉（在米、旧早大庭球選手）
福永光蔵（旧早大野球選手）
山口武（薪炭商若主人、旧早大野球選手）
山本正雄（久原鉱業所員、旧早大野球選手）

大村隆行（旧早大野球選手）
八幡恭助（旧早大野球選手）
山本為治（会社員、旧早大野球選手）
伊藤寛一（早大政学士、僧侶）
阪梨繁雄（井村石油所員、講道館三段）
赤堀秀雄（奈良新聞主筆、早大文学士）
中村秋三郎（弁護士、法学士）
奥村卯兵衛（海外発展社主）
野々村納（銀行員、旧早大野球選手）
長屋正志（岐阜県揖斐《いび》郡富秋村村長、旧早大野球選手）
松井小三郎（三菱造船所技師、工学士）
古藤秀三（在南洋、旧早大短艇選手）
松田捨吉（早大商学士、旧早大野球選手）
小川重吉（宮内省御用達、旧早大野球選手）
刀根豊之助（刀根小学校長、天狗相撲立行司）
高瀬養（大阪増田商店員）
栗屋精一（早大庭球選手）
城子悌二郎（勲六等）
飛田忠順（武侠世界社員、旧早大野球選手）
満谷国四郎（洋画家、文展審査委員）

茨木猪之吉（洋画家）
木下東作（高等生理科長）
平野豪（前高工教授）
平岡寅之助（製樽会社長）
高石信五郎（大毎通信部長）
佐藤林蔵（高工教授）
小室秀雄（大毎記者）
多梅雅（音楽家）
都築彌三郎（日本興業）
鳥谷徹助（尾崎汽船）
石井英祐（日本海上）
富岡通（東京電気支社）
河村三郎（横浜生糸）
土屋徳治（大阪商船）
長屋亥之助（高島屋）
西岡一雄（大阪税関）
西沢四郎（堀田商会）
梶原彌之助（地方裁判所判事）
吉田秀太郎（鈴木商店）
菊名寛一（大阪高医）

大河内正倫（山口銀行）
大谷光明（西本願寺）
安楽兼直（法科大学生）
杉山文太郎（法科大学生）
山沢鉄太郎（法学士）
前田亀千代（法科大学生）
中山再二郎（二中校長）
安達資門（法科大学）
阪本一次（法科大学）
小林精一郎（三高）
小畑義行（湯浅商店）
関沢房豊（川崎技師）
春日弘（住友銅売店）
佐々木勝麿（善勝寺）
奈良崎（湯浅商店）
中村長太郎（神戸高商）
野村活一（中学校長）

おわりに

昭和六十三年に、最初の明治研究というか、押川春浪を描いたノンフィクション『日本ＳＦの祖――快男児　押川春浪』（會津信吾氏と共著）を書いた時の枚数は約五百五十枚だった。

が、実は、この作品は、その時、三千枚を越える枚数が予定されており、その核となる押川春浪という人間の持つ魅力はもちろんのこと、その功績、交友関係、全作品解題、春浪が生きた時代背景までを、すべて描きあげるつもりでいた。

ところが、それでは、あまりにも作品が厖大《ぼうだい》になるという出版社側の理由を第一とし、われわれ書く側にも、あまり多項目にわたっては、いつ完成するかわからないという事情から、まず押川春浪の波瀾の生涯のみを描こうということになり、完成したのが『快男児押川春浪』だった。

しかし、この作品のみでは、押川春浪の全貌を描いたことにはならない。そこで、以後は、ふたりの筆者が、それぞれ得意の分野を分担して、徐々にこの押川春浪という巨人を紹介していこうということになった。

そこで筆者は、平成元年春に『明治バンカラ快人伝』（光風社出版）として、押川春浪の友人の中でも、特に異彩を放つ三人、吉岡信敬、前田光世、中村春吉の人物伝を描いた。押川春浪のすべてを知ってもらうには、友人関係を知ってもらわねばならないからだ。

ついで平成三年の夏に、サイドストーリーとして、押川春浪の弟・押川清や、親友の吉岡信敬が事件の中心になる『早慶戦の謎——空白の十九年』(ベースボール・マガジン社)を書いた。この書は、それまでの、この事件の研究に一石を投じる作品になったと思うが、テーマがマイナーなので、ほとんど野球史関係者からも無視されたのは、残念だった。

同じく平成三年の暮れには、押川春浪の一生の中で最大の事件であった、〈東京朝日新聞〉(現〈朝日新聞〉)との〔野球害毒論論争〕の核心に触れた『熱血児 押川春浪——野球害毒論と新渡戸稲造』(三一書房)を上梓した。

これは、押川春浪を語る時かんたんには避けて通ることのできない、春浪の死にさえ関係している、と筆者は思っている大事件で、われながら、よくぞここまで調べ尽くしたと思うほど、充実した内容の作品になった。ほとんど学術論文だというのが、多くの読者の感想だった。

平成四年暮れには、押川春浪研究のための資料集めの余波として、集まってきてしまった古書や資料、苦労話(というほどおおげさなものではないが)を、『探書記』(本の雑誌社)として軽い読み物調にまとめた。この書は、一見、押川春浪研究とは関係なさそうに見えるが、根底では深くつながりあっている。

そして本書は、押川春浪の作品研究とならんで、春浪研究の重要部分をなす、バンカラ集団〔天狗倶楽部〕の主たるメンバーを紹介することになった。押川春浪の三十八年間の短い一生を語るには、この〔天狗倶楽部〕抜きではできない。

正直なところ、筆者は、この作品を書くことはないだろうと考えていた。読者が、もう〔天狗倶楽部〕のメンバーに興味を持つ時代ではなくなっていると思っていたからだ。

ところが、それがこうして一冊の書になった。よろこび、この上ない。もちろん、〔天狗倶楽部〕の研究書は、これが空前だが、ひょっとすると絶後になるかもしれない。

メンバーの活躍分野が多岐にわたり、しかも七百七十枚（第2部を除く）という書き下ろしノンフィクションは、これが最初の経験で、くたびれ果てた。最初は十人ほどを紹介するつもりでいたのが、最終的には、この人も入れよう、あの人も入れようと二十五人になった。

筆者の不得意な分野の人物も多数おり、それを数人をのぞいてひとり三十枚の枠に納めて書くのは、苦しい作業だった。これまで書いたノンフィクションの中では、この作品が一番、辛かったように思う。だが、おそらく空前絶後の書になるであろうことを考えて、全力を注ぎ込んだ。それが読者に通じてくれれば、こんなうれしいことはない。

〔天狗倶楽部〕のメンバーとしては重要でありながら、まったく資料が残っておらず、書くことができない人などもいて、多少心残りもあるが、現段階では、これが筆者の調べの限界だ。『早慶戦の謎』や『熱血児押川春浪――』とはまた別の意味で、よくやったと、自分を褒めてやりたい。

表現のしかたとしては、あまり固くならないように、それでいて研究書としても使っていただきたいという思いから『明治バンカラ快人伝』の読み物タッチと、『熱血児　押川春浪――』の論文調の中間を取った。なるべく、おもしろいエピソードを中心にし、しかも一応、人物事典になっているという方法だ。ただ、資料が豊富な人と少ない人で極端に差があるため、全員を同じように書けなかった点は、お許しを願いたい。自伝を中心にしか書けなかった人物、全面的に追悼本に頼った人、第三者の書いた伝記を基礎資料にした人など、それぞれ、資料が異なっているので、統一性が取りにくかったのだ。

紹介した二十五人の中には、押川春浪をはじめとし、前記の書でより詳しく述べた人物もあるが、今回の作品においては、少なくとも一件は、前書で触れなかった新エピソード、新資料を入れるよう心がけた。

また、本書ほど先人の研究に頼ったのも、筆者の書の中ではははじめてだ。一応、参考文献は各人の項目の後につけたが、明記したもの以外にも、多数の参考書があることをお断りするとともに、その作者にお礼申しあげる。

なお、読み物としての一面と、人物事典の一面を合わせて表現するのが目的のひとつでもあったので、同じ描写や説明が、それぞれ別の人物の項に三度、四度と出てくるところがあり、少々うるさく感じられるかもしれないが、ご容赦願いたい。

第2部、熱血録の『本州横断癇癪徒歩旅行』と『痛快徒歩旅行』は、数多い〈天狗倶楽部〉メンバーの旅行記の中で、『快男児　押川春浪』に収録した『馬鹿旅行』と双璧をなす珍旅行記で、参加者は少ないが、ボリュームもあり、本書に最適と思う。

また、『天狗倶楽部上古史』は、大正三年末時点までの〈天狗倶楽部〉の活動史で、非常に貴重なものだ。まとまった活動史としては、これが唯一のものだろう。ぜひ後世に残したいので、収録した。

いつもながら、本書の執筆にあたっては、多くの人のご協力を得た。とくに登場人物のご遺族である押川昌一、河野通、渡部一郎ならびに貴重な資料を提供してくださった文芸評論家の福田久賀男、帝国石油株式会社の五十嵐賢一、相撲研究家の景山忠弘、野球史研究家の久慈勝浩、作家の桑原稲敏の諸氏に、お礼を申しあげる。野球体育博物館、三康図書館、国立国会図書館、日本近代文学館、ベースボール・マガジン社にも、お世話になった。會津信吾、松中正子、長山靖生の〈日本古典SF研究会〉のメンバーに、資料探索そのほかでお手伝いいただいたのも、いつもの通りだ。

上記の各氏、各団体に心からお礼申しあげるとともに、そのほか、お名前は記さないが、直接、間接にご協力いただいた、二十指を越える諸氏、団体に感謝の意を表させていただく。さらに、末筆ながら、この書を実現に導いてくださった、朝日ソノラマ社の村山実編集部長、担当編集者の今井章氏に衷心より深謝したい。両氏の熱意とご理解がなければ、本書は実現しなかった。

いつものことながら、筆者の誤記、思いちがいなどに気がつかれたかたは、ぜひ、ご指摘を願いたい。機会があれば訂正していきたいと思う。

筆者の押川春浪、〔天狗倶楽部〕、明治研究は、まだまだ続く。よろしく、ご支援いただきたい。

一九九三年六月

横田順彌

新版解説――北原尚彦〔作家・日本古典SF研究会会長〕

本書は押川春浪と、その仲間たち〔天狗倶楽部〕の面々について、一冊まるごと研究・解説したものである。朝日ソノラマから一九九三年に刊行され、その後絶版となって久しかったが、このたびめでたく《朝日選書》から復刊される運びとなった。

詳しい中身は実際にお読み頂くとして、ここでは簡単に述べておくと、押川春浪は明治時代に活躍したSF・冒険小説作家で、〔天狗倶楽部〕は春浪を中心に集まった文化人・スポーツマンによる交流クラブ、バンカラ集団である。

二〇一九年のNHK大河ドラマ『いだてん』前半は日本人が初めてオリンピックに参加する前後のエピソードが取り上げられたが、第一回の途中でいきなりハチャメチャな連中が登場した。それが〔天狗倶楽部〕である。架空の存在だと思われた方も多かったかもしれないが、彼らは実在の人物たちなのだ。それどころか、当時は日本中の多くの人が知っているほどの有名人たちだった。

本書前半（第一部）は、そんな〔天狗倶楽部〕の各人へ順番にスポットを当てて、紹介したものである。日本初のオリンピック選手・三島彌彦、弥次将軍と仇名された吉岡信敬、画家の小杉未醒、野球殿堂入りした橋戸頑鉄、世界に柔道を普及させた前田光世……。その他、魚屋から政治家まで多士済々。そんなメンバー一人一人の人物像が生き生きと活写され、人生がぎゅっと凝縮されている。情報が大量に詰まっているので、読み応えはたっぷりだ。必要なところを拾い読みするも可、最初から少しずつスルメを噛むようにちびちびと読み進めるも可、である。

そして後半となる第二部は、〈天狗倶楽部〉の実態を伝える、当時の文章を再録したものだ。こちらをお読み頂ければ判る通り、その行動はかなり無茶苦茶である。現在の感覚からすると（当時の感覚でもかもしれないが）眉をひそめてしまうようなことすらやっている。

押川春浪は当時は大人気を博していたが、戦後はすっかり「知る人ぞ知る」作家となっていた。〈天狗倶楽部〉に至っては、それぞれのジャンルでは記念すべき人物として記憶されている場合もあったが、集団としてはほぼ忘れ去られていた。そこに改めて光を当てたのが、本書の著者である横田順彌氏だった。

そもそも、横田氏はどうして春浪と〈天狗倶楽部〉を研究することになったのか。全てのきっかけは、一九六〇年代前半、高校生だった横田氏が古本屋で博文館文庫版の押川春浪『海底軍艦』と出会ったことにある。これを買って読んだ氏はすっかり押川春浪のとりことなる。横田氏は明治半ば生まれの父親と不仲だったが、『海底軍艦』を買ってきた時だけはこの作品をリアルタイムで読んでいた父親と楽しく春浪談義をしたという。

熱心なＳＦファンだった横田氏は、やがてＳＦ作家になると同時に古典ＳＦ研究家ともなるのだが、このの古典ＳＦ研究のきっかけとなったのは、もちろん春浪だった（この「古典ＳＦ」という概念を確立し、定着させたのも横田氏の功績である）。

やがて、古典ＳＦ研究から一歩進んで、人間・押川春浪について調べるようになる。その調査が『快男児 押川春浪――日本ＳＦの祖』（會津信吾共著、一九八七年）として結実。これによって日本ＳＦ大賞を受賞することになった。

そして、押川春浪研究から進んで、春浪の仲間たちである天狗倶楽部まで調べ始める。その研究成果の一環として執筆されたのが、本書なのである。

本書の後、研究は一気に広がり、明治文化全般を対象にするようになる。これは、春浪や天狗倶楽部について調べるため様々な資料を買い集めては読み漁っているうちに、色々と面白い事実を発掘したがゆえである。そのうちに天狗倶楽部とはあまり関係ない——しかし奇想天外な——人物についても調べ、その成果を発表した。

一方で、明治時代を背景とするSF、通称「明治SF」を書き始める。H・G・ウエルズ『宇宙戦争』の後日譚という設定の『火星人類の逆襲』に始まるシリーズは、押川春浪や天狗倶楽部がSF的な事件の中で活躍するさまを描いたものだった。読者は、研究書だけでなくこれらの小説によって、天狗倶楽部の存在を知ることとなったのだ。

明治SFにはさらに、鵜沢龍岳というキャラクターが登場するようになる。これは架空の存在だが、そのプロフィールや特徴をよくよく読めば、作者の分身であることがすぐに判る（ちなみに「鵜沢」は横田氏の御母堂の旧姓である）。横田氏は、春浪や天狗倶楽部の面々とともに暴れまわりたかった。その気持ちを、小説の形に昇華させたのだ。

これらの明治SFも、機会があれば是非ともお読み頂きたい。火星人の襲来などはもちろんフィクションではあるが、登場する実在の人物の行動や発生する事件などは、ほぼ史実の通りなのだ。例えば『火星人類の逆襲』では、河野安通志がオゾン発生器を販売する話が出てくるが、これについては本書の河野の項目で述べられているように、事実なのである。横田氏の明治SFを読む際に、本書を脇に置いて、天狗倶楽部のメンバーが登場するたびに参照するのもいいだろう。

やがて、横田氏はライフワークともいうべき古典SF研究に再び正面から取り組んだ。それが『近代日本奇想小説史』シリーズであり、それの第一部に当たる

『近代日本奇想小説史 明治篇』では、春浪についても改めて語り直している。同書は日本SF大賞特別賞、日本推理作家協会賞（評論その他の部門）、大衆文学研究賞（大衆文学部門）をトリプル受賞した。その続きである大正・昭和篇も連載発表されていたが、残念ながら完結はしなかった。横田氏が、二〇一九年一月に急逝したのである。

横田氏は奇想天外なユーモアSFである「ハチャハチャSF」で知られているくせに、非常に生真面目なところがあった。研究調査において判らなかったことは誤魔化したり想像で書いたりしないし、不明なところがあった場合もわざわざ断らずに飛ばしてしまえばいいのに「彼の少年時代については詳しく判らなかった」といった具合に丁寧に記している。

横田氏は博学にして記憶力抜群で、「ちょっと○○について教えて頂けますか」と質問すると、「ああ、それはね……」と、その場ですらすらと答えてくれるような人だった。様々なジャンルに亘る膨大な知識がその頭脳に詰まっており、それらが有機的に繋がりあって創作や研究の材料となっていた。あちこちの分野で活躍した〈天狗倶楽部〉の全貌を明らかにできたのも、そんな横田氏だったからこそである。

横田氏のおかげで、一度は年月の流れに埋もれかけていた天狗倶楽部が、再び日の目を見た。学校の歴史の教科書には載っていなくても、横田氏の著作（明治ノンフィクション、明治SFを問わず）を読んだ人ならば、押川春浪や天狗倶楽部のことを知るようになった。ドラマ『いだてん』で彼らが登場し、「テング、テング、テンテング、テテンノグー。奮え、奮え、天狗！」というエールがテレビから聞こえた時には、感無量だったことだろう。

ドラマのスタッフ一覧の中に「横田順彌」の名は記されていないが、事前に協力していることは横田氏から直接聞かされていた。しかし途中で「面倒臭くなったので手を引いた、名前も出さなくていいと言った」とのことだった。とはいえ、天狗倶楽部をきちんと研究しているのは横田氏ぐらいしかいない。おそらく製作陣がドラマに天狗倶楽部を出すに当たって、もっとも参考にしたのは本書に違いあるまい。ドラマ視聴者で本書を読んでいなかった場合、後からでも読めば理解が深まること間違いなしだ。

横田氏による〈天狗倶楽部〉に関する本としては、他にも『快絶壮遊〔天狗倶楽部〕』がある。こちらは〈天狗倶楽部〉を中心に、明治人たちの交流関係を解説したもの。横田氏が語った講演（講座）を基にしているため、非常に読みやすい。二〇一九年に早川書房から復刊（文庫化）されたので、こちらも是非お読み頂きたい。

明治関係のノンフィクションは他にも多数あるので、横田順彌追悼特集の組まれた〈ＳＦマガジン〉二〇一九年六月号掲載の「横田順彌著作目録」を参照して欲しい。

今後の研究課題も残っている。例えば、柳川春葉の処女出版である『怨の片袖』。これは海外の探偵小説の翻案だということだが、横田氏が英語が得意でなかったということもあって、その原作は突き止められていない。これなどは、推理小説移入史の研究家にとっても解明すべき重要課題だと言ってもよかろう。

こういった事柄は我々が横田氏からバトンとして受け取り、氏の著作を基礎として今後の研究を進めていかねばなるまい。

〈天狗倶楽部〉専門の研究家も、横田氏の後には出現していない。本書を読んで「我こそは！」と思った方は、是非とも後を継いで研究をして頂きたい。

横田順彌（よこた・じゅんや）
作家。1945年、佐賀県に生まれ東京で育つ。法政大学法学部卒業。サラリーマンを経て、70年、「週刊少年チャンピオン」にショートショートを発表し、商業誌デビュー。古典SF研究・明治文化史研究でも精力的に活動を継続。『快男児　押川春浪』（87年、會津信吾との共著）で第9回日本SF大賞、『近代日本奇想小説史　明治篇』（2011年）で第32回日本SF大賞特別賞、第65回日本推理作家協会賞評論その他部門、第24回大衆文学研究賞大衆文学部門をそれぞれ受賞。2019年没。

朝日選書 988

〔天狗倶楽部〕快傑伝
元気と正義の男たち

2019年8月25日　第1刷発行

著者　横田順彌

発行者　三宮博信

発行所　朝日新聞出版
〒104-8011　東京都中央区築地5-3-2
電話　03-5541-8832（編集）
03-5540-7793（販売）

印刷所　大日本印刷株式会社

Published in Japan by Asahi Shimbun Publications Inc.
ISBN978-4-02-263088-9
定価はカバーに表示してあります。

落丁・乱丁の場合は弊社業務部（電話 03-5540-7800）へご連絡ください。
送料弊社負担にてお取り替えいたします。